JN423529

개정판

기독교는 인류의 희망이며 비전

이홍림

한림원 출판사

기독교는 인류의 희망이며 비전

초 판 2023년 9월 25일
개정판 2024년 9월 25일

지은이 이홍림
발행인 김흥중
발행처 한림원출판사
주 소 서울특별시 중구 퇴계로 51길 20, 12층
전 화 02-2273-4201
팩 스 02-2273-4240
편집·인쇄 한림원(주) http://www.hanrimwon.com

ISBN • 978-89-93512-06-9 (03230) ₩ 18,000

* 이 책의 무단 전재 또는 복제를 금합니다.

목차
Contents

추천사 1 ◧ 이형복 명예교수(제자 대표)

이홍림 교수님의 저서에 대한 제자들의 추천사

▌ 연세대학교 신소재공학과 고온재료연구실 출신 제자 일동 ▌

이홍림 교수님은 연세대학교 신소재공학과에 오셔서 "고온재료연구실"을 설립하시고, 저희를 가르치시며 함께 연구하시면서 33년 6개월 동안 제자들과 함께 지내셨습니다.

그동안 저희들에게 신소재(세라믹스) 분야에 관해서 가르치시면서 또 함께 연구하셨을 뿐만 아니라 저희들과 함께 달리기 등의 체력 단련도 함께 하셨습니다. 그리고 기독교에 관해서 함께 성경을 읽고 발표와 토론을 주도하셨습니다. 특히 성경에 관해서 저희 제자들과 함께 발표를 하였을 뿐만 아니라 함께 토론을 하시면서, 기독교는 종교라기보다는 우리 인간의 삶과 생활 가이드라고 강조하시기도 하셨습니다.

우리 연세대학교는 미국의 언더우드(Underwood) 선교사가 세운 우리나라에서 가장 규모가 크고 오랜 전통의 기독교 대학으로서 기독교 정신을 가르치고 강조하는 대학이므로, 연세대학교에 들어오는 학생들이 기독교 강의를 듣고, 채플과 예배 시간을 통해서 기독교에 대해서 많이 배우고 하나님과 기독교에 대하여 많은 영향을 받아오고 있으며, 실제로 졸업 후에는 많은 동문들이 직장 생활을 하면서도 계속해서 기독교 신앙을 가지게 된 것은 잘 알려진 사실입니다.

이러한 기독교 대학에서 이홍림 교수님께서는 교수로 재직 중에는 신소재분야의 교육과 연구를 하시면서도 기독교 교회를 섬기시고 기독교 교육 관련 활동을 하셨으며, 제자들에게 예수 그리스도의 가르침을 전했을 뿐만 아니라, 연세대학교를 은퇴하신 후에는 횃불트리니티신학대학원대학교(Torch Trinity Graduate University)에 입학하셔서 3년 동안 정식으로 신학을 공부하시고 목회학석사(M.Div.) 학위를 받으셨습니다. 그리고 기독교 전도를 위한 "문서 사역"에 열정을 쏟으셨으며, 그 결과 오늘 마침내 이 책 "기독교는 인류의 희망이며 비전"을 우리 문하생들을 중심으로 하는 후세들의 기독교적인 삶을 위해 발표하시게 된 것입니다.

이에 우리 제자 일동은 교수님께서 기독교 선교의 "문서 사역"을 위해 은퇴 후에 집필하신 "기독교는 인류의 희망이며 비전"이란 이 책의 출판을 기념하고 축하를 드리며, 여러분이 읽으시고 각자의 삶에서 희망과 비전을 찾으시기 바라면서 추천해드리는 바입니다.

2023년 7월 31일 제자 대표
명지대학교 명예교수
이형복

추천사 2 ◧ 최승철 명예교수

이홍림(李弘林) 교수님의 저서의 추천사

저의 인생의 삶의 기준이자, 멘토이신 이홍림 교수님의 기독교 선교를 위한 자서전을 겸한 "기독교는 인류의 희망이며 비전"이라는 저서에 대한 추천사를 쓸 기회가 저에게 주어진 것은 무한한 영광이며 감사한 일입니다.

이 책의 저자이신 이홍림 교수님은 연세대학교 공과대학 신소재공학교수로 재직하시면서 12명의 국내외 대학교수와 103명의 석·박사를 배출하셨고, 2005년 5월 14일에는 연세대학교 창립 제120주년기념 최우수강의 교수 상(Best Teacher Award)을 수상하셨습니다. 한국화학 관련 학회 연합회 회장과 한국세라믹학회 회장 등을 역임하시면서 산·학·연 협력의 기치를 높이 들고 대한민국 산업과 공학교육 발전 크게 이바지하셨습니다. 이렇게 빛나고 영광스러운 훌륭한 업적은 결코 우연히 이루어진 것이 아니라 크리스천교수로서 근면하고 성실한 자세로 작은 일에 이르기까지 하나님께 충성하시면서, 부단히 노력한 결과라는 것을 우리 100여명의 석·박사 과정을 비롯하여 1500여명 이상의 문하생 모두는 잘 알고 있는 사실입니다.

이 책은, 교수님이 교수직을 은퇴하신 이후, 늦은 나이에도 불구하고, 양재 횃불센터와 온누리교회가 함께 후원하고 있는, 횃불트리니티신학대학원대학교(Torch Trinity Graduate University)에서, 신학을 공부하시고, 목회학석사(Master of Divinity, M.Div.) 학위를 취득하시면서 구체적으로는 "문서 선교"로 교수님께서 원하시던 선교의 지경을 넓히신 결과물이라고 할 수 있습니다.

저는 교수님께서 박사학위 과정에서 공부하시던 일본 선교를 위해 일본의 현장으로 뛰어드실 것을 예상하였으나, 이 "문서 선교"를 선택하신 것은 결과적으로 올바른 선택이라고 생각됩니다. 모든 사람이 현장에서 뛰는 선교사가 될 필요는 없는 것이며, "문서 사역" 역시 그에 못지않은 귀중한 하나님을 위한 사역이라고 생각되기 때문입니다. 바울의 선교사역을 위해 물심양면으로 헌신한 브리스길라와 아굴라, 수고하고 지친 그들에게 큰 위로가 되는 차세대 리더 디모데, 옥에 갇힌 바울을 로마에까지 찾아와서 그의 필요를 채워 주었던 오네시보로와 같은 조력자들이 모두 하나님을 위한 각자의 역할을 다한 것이라는 것을 우리는 다 잘 알고 있습니다.

이 "문서 선교"는 이 시대의 매우 의미 있고 중요한 사역이며, 한 분야에서 탁월한 실적을 남긴 인물이 할 수 있는 최선의 선택 중 하나라고 생각됩니다. 양재 횃불트리니티신학대학원에서 발전기금 기부자 벽면에 꽤 큰 면적의 이홍림 기부자의 플레이트를 발견할 수 있습니다. 이 기부 역시 그의 선교의 연장선상에 있는 것이라고 볼 수 있습니다.

저는 1980년 이홍림 교수님의 고온재료연구실 대학원 석사과정으로 입학하였습니다. 전국적으로 대학에 휴교령이 발동된 격동의 1980년대, 대학생들의 대학 출입이 금지된 캠퍼스에서 2년간 교수님으로부터 아주 세밀하고, 맞춤형의 집중 연구자 교육을 받을 수 있었습니다. 그 교육의 결과, 부족한 본인도 일본정부국비유학생으로 동경대학에서 공학박사학위를 취득할 수 있었습니다. 교수님은 각기 다른 장단점을 가진 제자들을 지도하실 때, 그들 속의 장점을 극대화시키는 맞춤형 지도방식으로 제자들을 성장시키는 놀라운 교육 재능도 가지고 계셨습니다. 당시 국내는 모든 연구 상황이 어려웠고, 실험 기자재는 매우 부족하였으나, 연구실 멤버들이 필요한 기자재의 재료를 직접 뛰어다니며 구입해 와서 직접 조립하고 제조한 것은 참으로 살아있는 또 하나의 교육이었습니다. 고온 반응로를 직접 제작하고, 산소분압제어장치를 연구실에서 직접 만들면서 배운 것이 그 이후의 연구실에서의 생존에 크게 도움이 되었습니다. 교수님께서는 아침 일찍 출근하셔서 저녁 늦게까지 연구실에서 성실과 근면의 태도와 모습을 보이시고, 강의 준비와 꾸준한 연구 아이디어의 추구, 거기에다 학생들을 인격적으로 대하시는 교수님의 삶의 모습을 보고 배운 제자들 가운데 마침내 12명의 국내외 대학 교수와 103명의 석·박사들이 결국 한국의 미래를 밝히는 과학기술과 공학의 발전을 만들어내는 값진 산물로 나타나게 된 것이라고 생각됩니다.

교수님의 이러한 교육과 연구의 꾸준한 모습과 추진력의 원천은 무엇 일까? 교수님의 아버지 이유석(李有石) 옹(翁)의 영향이 컸던 것으로 추측되고 있습니다. 교수님의 아버지 이유석 옹께서는 지방에서 연탄보일러 제조업을 하시면서 관련 지식재산권을 1982~1983년 연속으로 등록시키는 놀라운 실적이 있습니다. 당시 공대교수님들도 특허의 출원에 대한 이해가 부족하였으며, 특허출원이 자주 있는 일이 아니었습니다. 교수님의 청소년시절을 자세히 모르지만, 서울의 일류 부유층이 아닌 것으로 볼 때, 이홍림 교수님의 연구성과의 원천은 부친의 설비에 대한 지식과 설계능력, 관찰력, 창의성, 제조업자의 부지런함을 보고 배우신 것에 기인한 것으로 추측되고 있습니다. 그렇습니다! 그는 경남 울주의 창의성이 넘치는 집안이면서 창의공학의 명문가 출신이신 것이 분명하다고 생각됩니다.

또한 교수님은 전공분야의 학회 회장 출마에 대해 주변의 추천이 있었으나 갑자기 출마를 포기하시겠다는 발표가 있었습니다. 그 이유를 알아보니, 은퇴를 앞둔 어느 선배 교수의 입장을 배려하신 것이었습니다. 교수님께서는 항상 겸손의 사람이고, 남에 대한 배려가 많은 분이셨습니다. 시간이 지나 그 후에 결국에는 그 자리에 선출되셨고, 그 때는 보다 더 유능한 멤버들이 협조하는 집행진에 대거 합류함으로써, 그 학회의 50주년 기념사업의 기초를 견고히 마련하셨습니다. 제자들은 이렇게 자신을 때로는 낮추고 양보하는 모습이 교수님을 따라잡기 제일 어려운 부분이라고 입을 모으고 있습니다. 이런 교수님의 Servant Leadership을 보고, 어떤 사람들은 만만히 보고, 쉽게 여기는 일도 있으나, 결국 최종 승자는 겸손한 사람의 몫이며 이것이 바로 하나님을 섬기는 사람의 모습이라고 생각됩니다.

교수님께서 쓰신 이 책 "기독교는 인류의 희망이며 비전"은 제자들을 중심으로 하는 여러분과 미래세대들이 하나님을 알게 되고 그리스도의 가르침대로 살아가시기를 바라는 마음에서 펴내신 것이라고 확신하며 이에 추천해드립니다.

2023년 7월 31일
아주대학교 명예교수
최승철

저자의 마음 1: 나에게 가르침을 주신 은사님께

내 인생의 방향을 가르쳐 주신 은사님!

내가 대학 입시에 가까워질 무렵, 나는 가정형편이 어려워서 대학을 갈 수가 없었다. 그래서 아버지와 의논하여 부산에 있는 경남공업고등학교 응용화학과에서 장학금을 받으면서 공부할 수 있다는 조건으로 입학하였다. 그 당시 우리나라는 화학공업 육성 정책을 추진하고 있었던 중이어서 내가 응용화학과를 졸업하면 화학공장에 취직하는 것이 나에게는 큰 희망이었다. 그러면 부모님을 도와드려서 7남매를 비롯한 우리 가족이 먹고사는 데 큰 도움이 될 것으로 생각했다. 그런데 화학을 가르치시던 한기락 선생님은 나에게 충고와 조언을 해주셨다. 한기락 선생님은 그 당시 인기가 가장 높았던 서울대학교 공과대학 화학공학과에 수석으로 입학하고 또 수석으로 졸업하셨던 분이신데, 나를 한동안 가르치면서 관찰하시더니, 나더러 고등학교를 졸업하면 곧바로 취업하지 말고 대학을 진학하라고 하셨다. 그것도 한기락 선생님이 졸업하신 서울공대 화공과를 지망하라고 용기를 주시며 나를 억지로 떠밀었다. 나는 서울대 화공과를 지망했으나 실패하고 재수하기로 결심했다. 재수하는 동안 나는 학생 시절에 젊은 철학자이신 연세대학교 김형석 교수님께서 철학과 기독교에 대하여 방송을 통해 하시는 강의를 열심히 들으면서, 특히 기독교에 대하여 큰 관심을 가지기 시작하였다. 나는 언더우드 선교사가 기독교 정신으로 세운 연세대학교에 지망하여 수석으로 합격하고 입학하여 기독교에 대해 많이 깨달아 알게 된 것을 감사하고 있다.

한기락 선생님의 조언을 듣고, 또한 연세대학교 김형석 교수님의 방송을 듣게 된 것이 계기가 되어 내가 공업고등학교를 졸업하고서 화학공장에 들어가는 것에서 방향을 바꾸어, 나는 마침내 연세대학교 화공과에 들어가게 되고, 화공과뿐만 아니라 공대 전체에서 수석으로 합격하였다. 그 덕분에 입학금과 등록금 등을 면제받을 뿐만 아니라 재학 중에 교내외로부터 장학금 혜택을 많이 받게 되었고, 또 아르바이트(가정교사)를 하면서, 부모님의 경제적 부담을 덜어드릴 수 있게 되었다. 그뿐만 아니라 기독교 대학인 연세대학교에서 기독교 강의와 채플시간을 통해서 기독교에 대하여 하나님을 만나게 되고, 또 우리 인류를 죄에서 구원하기 위하여 예수 그리스도께서 당하신 고난에 대해서 알게 되어, 새사람이 된 것을 가장 큰 은혜와 축복이라고 믿고 있다.

나는 연세대학교에 다니면서 전공과목은 물론 특히 기독교 강의와 채플을 통해서 김형석 교수님을 비롯하여 수많은 유명한 기독교 교수님과 목사님을 통하여 하나님과 예수 그리스도를 알게 된 것을 하나님이 주신 은혜와 축복으로 생각한다. 또한 나에게 전공과목은 물론 인생행로에 관해 조언을 해주신 한기락 선생님을 결코 잊은 적이 없다. 그 외에도 나를 진정으로 이해해주시고 나의 앞길을 위해 조언해주신 한기락 선생님과 김형석 교수님을 비롯한 모든 분들을 나의 진정한 은사님으로 내 가슴에 모시고 살아가고 있다.

2023. 7. 31. 이홍림

저자의 마음 2: 그리운 나의 제자들에게

내 연구실 졸업생들이 석·박사 학위를 받고 교수나 연구원 또는 원하는 직장에서 많은 큰 역할을 잘하고 있는 것을 보면서 한없이 기쁘고 큰 보람을 느끼고 있다. 이제는 제자들이 모두 내가 가르치던 연구실에서 학위를 받고 나서 12명은 국내외 대학교수가 되어 가르치며 후진을 양성하고, 또한 국공립연구기관이나 회사 연구소에서 연구개발에 매진하고 있거나 또는 각종의 회사를 운영하고 있다. 그중에 어떤 졸업생은 이미 은퇴하기도 하였다. 가끔이 졸업생들과 만나게 되면 이제는 오히려 내가 배우는 입장이 되기도 하여 기쁘기 한량이 없음을 느끼는 바이다.

그리운 그 이름을 아래에 적어보았다. 학부에서 내가 가르쳐서 내보낸 학생 수는 모두 약 1천5백 명이 넘겠지만, 내 연구실에서 함께 연구하며 성경에 대해 대화를 나눈 대학원 이상의 학생 명단을 아래에 적어보았다. 모두가 내가 보고 싶고 만나고 싶은 그리운 이름이다. (1978~2011의 33년 6개월 동안 박사 18명 등 103명 석·박사 학위논문을 지도하였다)

강명구, 구자호, 구정회, 구창효, 권남희, 권종오, 권태윤, 김경수, 김경호, 김경환, 김규영, 김규호, 김기영, 김대준, 김병근, 김삼일, 김상동, 김성순, 김성욱, 김세기, 김 신, 김종우, 김종화, 김준태, 김태우, 김현호, 김혜림, 남서우, 도우혁, 문지웅, 박성은, 박세민, 박세웅, 박종서, 박지애, 박형경, 배준현, 배철훈, 변대섭, 서원선, 서유석, 손건목, 손연하, 송주영, 송태호, 신승엽, 신현곤, 심창한, 양상진, 여윤종, 오창준, 오한석, 유영창, 윤창현, 이규형, 이기태, 이상철, 이상훈, 이영석, 이영훈, 이온영, 이윤철, 이은복, 이재기, 이주신, 이중현, 이지섭, 이진형, 이형민, 이형복, 이형직, 이혜선, 이호순, 임창현, 임헌진, 장병국, 장주웅, 전명철, 전영환, 정상훈, 정성민, 정우찬, 정원도, 정종열, 정태환, 조덕호, 주혜미, 차준호, 최경선, 최동근, 최성욱, 최순목, 최승규, 최승철, 최정규, 최준영, 최태운, 최호윤, 한봉석, 함종근, 홍기곤, 홍성덕, 황해진(이상 103명, 가나다 순)

사랑하는 나의 제자 여러분!

오늘날 우리 인류는 플라톤이라는 출중한 제자가 있었기에 소크라테스를 기억할 수 있듯이, 나의 사랑하는 제자 여러분들이 어떠한 인재들로 성장하느냐에 따라 저에 대한 평가도 달라지게 될 것입니다. 여러분이 가지고 있는 과학기술을 인문학과 결합해 보다 창의적이고 창조적인 아이디어를 만들어 내고 또 이를 실현함으로써 인류의 삶을 향상시켜 줄 것입니다.

그리고 여러분들이 하나님과 그리스도를 아는 정도에 따라 여러분과 세상이 달라질 것입니다.

- 이홍림 -

서 론

나는 지금까지 살아오면서 주로 공학 분야에서, 넓은 의미에서 화학공학의 한 분야인 세라믹공학 분야를 대학에서 33년 6개월 동안 연구하고 가르치면서 살아왔다.

그런데, 33년 6개월 동안을 이 공학 분야에서 가르치는 일을 마치고 나니 더 이상 할 일이 없는 것이 아니라, 새로 할 일이 나타난 것이다. 그것은 지금까지는 나와 가족이 먹고 살기 위한 길이었지만, 이제는 내가 마지막으로 정리하고 가야할 길인데 그것은 내 후손들과 미래 세대, 그리고 모든 인류가 나아가야할 매우 중요하게 생각되는 것이다. 사실 오래전부터 생각해오던 것인데 그것은 내가 가지고 있는 종교와 신앙 문제이며, 또한 그것은 모든 사람이 가슴에 품고 살아가야 할 희망이며 비전이기도 하다.

나는 대학에 들어올 때부터 기독교에 대해 생각을 많이 하였다. 내가 다닌 대학은 우리나라에서 가장 큰 기독교 대학으로서 미국의 언더우드(Underwood) 선교사가 세운 연세대학교이고, 이 대학에서 기독교에 대해서 많이 배우고 공부한 것이 내 일생을 지배해왔다는 것을 나는 깨닫고 있다.

내가 연세대학교에서 1978년부터 교수직을 33년 6개월 동안 근무하고 은퇴한 2011년보다 1년 6개월 전인 2010년 3월에 나는 이미 신학대학에 입학하여 신학을 공부하기 시작하였다. 또 그보다 오래 전 내가 현직 교수일 때부터 집 근처의 교회에서 교회학교 교사도 하고 집사, 안수집사, 장로를 거치면서 교회를 위해 봉사도 하였다.

내가 연세대학교를 은퇴하기 직전에 나의 사랑하는 제자이면서 열렬한 크리스천인 최승철 교수(현재 아주대학교 명예교수)로부터 내가 신학공부를 하도록 권유받았다. 나는 즉시 받아들이고 은퇴하기 1년 6개월 전인 2010년 3월에 은퇴 직전의 다소 여유로운 시간을 활용하여 온누리교회 하용조 목사님이 총장으로 계신 횃불트리니티신학대학원대학교(Torch Trinity Graduate University)에 입학하여 매주 화·목·토 3일을 오후 4시부터 밤 10시까지 하루 6시간씩을 3년 동안 신학을 열심히 공부하였다. 그리고 6학기(3년) 동안의 수업을 완전히 마치고 2012년 12월에 졸업하면서 목회학석사 학위과정(MDv.)을 마쳤다.

그러나 이미 나이가 많아서 목회를 직접 하기보다는 어린 후세들의 기독교 전도를 위해 도움이 될 글을 쓰고자 하여 그 준비과정으로서 개인적으로 신학 관련 서적을 읽으면서 공부를 해왔다. 그러나 신학 공부라는 것이 그렇게 간단하지 않아서, 그럭저럭 하는 사이에 시간이 지나서 나이가 70이 넘어가게 되자 나는 그동안 준비해온 것을 정리하여 글을 쓰기 시작하게 되었다.

오늘날 우리 인류사회를 바라볼 때 너무나 문제점이 많은 것을 느끼게 되어, 나는 우리는 물론 우리 후손들이 더 행복하게 살아가기 위해서 어떻게 해야 할 것인지에 대해서 깊이 생각하게 되고, 마침내 우리와 후손들이 반드시 기독교에 대한 희망과 비전을 가지고 살아가야 한다고 생각하게 되어, 이렇게 글을 쓰기로 결심한 것이다.

우리 인류에게는 기독교가 유일한 희망이고 비전이라고 생각하면서 우리의 후손들에게 희망과 비전을 줄 수 있도록 바라는 마음에서 이 글을 쓰기 시작한 것이다. 부디 젊은 후배와 어린 후손들이 기독교에 희망과 비전과 꿈을 가지고 살아가기를 간절히 바라는 바이다. (2023년 6월 필자)

개정판 발행사

1923년 9월 25일에 발행된 "기독교는 인류의 희망이며 비전"을 보완하여 2024년 9월 25일에 개정판을 발행하게 되었습니다.

그 사유는 다음과 같습니다.

제2부의 367쪽에서 부터에 "11장 하나님이 찾으시는 사람·나라·세상: 하나님 나라"를 기록하였습니다.

그리고 제1판에서 발견된 오자와 일부의 내용을 수정하고, 전체적으로 내용을 보완하여 완벽을 기하였사오니 독자 여러분의 사랑과 응원을 부탁드리는 바입니다.

(2024년 9월 25일 저자 올림)

제 1 부

교육과 연구의 꿈을 이루며 살아온 나의 인생여정

제 1 부

교육과 연구의 꿈을 이루며 살아온 나의 인생여정

- 화학공학과 세라믹 분야에서 꿈과 비전을 키워온 나의 인생길 -

[지나온 나의 학력 · 경력 · 업적 소개]

연세대학교 신소재공학과
고온재료연구실 이홍림 교수

학 력

1951~1957 울산광역시 울주군 삼남면 중남초등(국민)학교 졸업
1957~1960 울산광역시 울주군 언양읍 언양중학교 졸업
1960~1963 부산광역시 경남공업고등학교 응용화학과 졸업
1964~1968 연세대학교 화학공학과 (공대 전체 수석합격) (공학사)
1970~1972 연세대학교 대학원 화학공학과 (공학석사)
1972~1973 일본 동경공업대학 국제대학원(UNESCO)과정 연구과정
1973~1975 연세대학교 화학공학과 박사과정 및 시간강사
1975~1978 동경공업대학 화학공학과 대학원 박사과정 고온재료전공 (공학박사)
2010~2013 횃불트리니티신학대학원대학교 목회학석사(MDiv) 과정수료(목회학석사)

경력 및 수상

1968~1970 육군 (ROTC) 근무 (육군 중위 전역)
1978~2011 연세대학교 신소재공학과(세라믹공학과) 조교수, 부교수, 교수
1984~1985 미국 Virginia Polytechnic Institute & State University, 연구교수
1986~1987 한국세라믹학회 편집간사
1989.5.14. 학술상(한국세라믹총협회)
1989~1990 연세대학교 공과대학 요업공학과장
1990~1992 연세대학교 공과대학 교학과장

1992~1993　연세대학교 공과대학 세라믹공학과장
1991~1992　한국세라믹학회 총무간사
1992.4.30.　과학기술 우수논문상 수상(한국과학기술단체총연합회)
1994~1995　영국 런던대학교, Queen Mary & W.F. College, 연구교수
1996~1997　한국세라믹학회 간사장
1996~1998　연세대학교 재료공학부장
1998~2009　한국세라믹학회 이사
1999~2001　연세대학교 산업기술연구소 소장
2003~2004　호주 University of Sydney, Visiting Professor
2005.5.14.　연세대학교 최우수 강의 교수상(Best Teacher Award) 수상
2007.4.20.　한국세라믹학회 학술상 수상
2008.1~12　한국세라믹학회 회장
2009.1~12　한국화학관련학회연합회 회장
2010~2012　코리아세라믹신성장포럼 공동의장
2011.8.30.　옥조근정훈장
2012~2016　한국세라믹연합회 산학연협력위원회 위원장
2016~2024　(사)한국시니어과학기술인협회 이사
(1978~2011　33년 6개월간 박사 18명 포함 103명 학위논문 지도)

학술 업적

1. SCI 등재 국제학술지 게재논문: 62편
2. SCI 외 등재 국제학술지 게재논문: 189편
3. 세라믹공학 관련 전문학술저서: 7권
4. 세라믹공학 관련 전문학술저서의 번역서: 7권
5. 학술회지 발간: ❶ 화학연합 창간(2009년 3월)
   ❷ 한국세라믹학회 50년사(2007년 11월 8일)
   ❸ 한일국제세라믹스 세미나 25년사(2008년 11월 19일)
6. 특허: 다기능성 텔루륨 제조 방법(2010년 5월 26일) 등 국내 8건 해외 2건
7. 기업연구과제 수행실적(삼성전자 등): 20건

기타 학술 및 봉사 25건

● 특기사항
연세대학교 최우수 강의 교수상
(Best Teacher Award)
교육 Innovation 분야
2005년 5월 14일

제 2 부

기독교는 인류의 희망이며 비전

- 사랑하는 나의 아내 · 가족 · 후손 · 제자 · 친구 · 이웃 및 인류 모두에게 -

▶ 차 례 ◀

독자님께 드리는 글

이 글을 나의 제자들, 나의 아내와 자녀(사위 · 딸) 손녀 · 손자 및 집안의 일가족, 그리고 나의 사랑하는 친구와 존경하는 이웃들에게 바칩니다.

나의 제자들에게

내가 이 글을 쓰고자 할 때 가장 먼저 떠오르는 것은 내가 연세대학교에 교수로 채용되어 3년 정도 되었을 때, 내가 조교수로 근무할 때입니다. 나는 그때 내 인생에서 가장 고민을 크게 할 때였습니다. 내가 연세대학교에 조교수로 임명받았을 그때 나는 한창 의욕적으로 전공과목을 가르치고 또 연구하면서 인생에 대해서 깊이 고민할 때였습니다. 그래서 가장 의욕적이면서도 나는 인생에 대해 온갖 고민을 다 하고 있을 때였습니다.

나는 내 연구실에 들어온 대학원생들과 연구과제의 내용을 토론하면서, 학생 각자를 포함한 우리 인류의 미래에 관해서도 많은 얘기를 나누었습니다. 그리고 신앙 문제 특히 기독교에 관해서도 얘기를 하면서 각자가 차례대로 성경을 읽는 시간을 가졌습니다. 사실 요즘 같으면 그렇게 할 수 없었을 것입니다. 그러나 내 연구실 출신들은 지금도 가끔 모임이 있을 때는, 그때 그 시절을 좋은 추억으로 얘기하면서 즐거워하고 있고, 그때 그 시간을 좋은 인연으로 하여 거의 모두가 크리스천이 되어 있다고 말하고 있습니다. 나는 이렇게 우리 연구실 출신의 졸업생들이 크리스천이 되고 또 결혼하여 태어난 2세들까지 크리스천이 되어 생활하고 있는 것을 볼 때, 큰 보람을 느낍니다.

내 연구실 졸업생들이 졸업 후에 교수나 연구원 또는 원하는 직장에서 많은 역할을 잘하고 있는 것을 보면서 한없이 기쁘고 큰 보람을 느끼고 있습니다. 이제는 모두 내가 가르치던 연구실에서 졸업한 후에 12명은 국내외 대학

교수가 되어 가르치며 후진을 양성하고, 또한 국공립연구기관이나 회사 연구소 또는 각종의 회사를 운영하고 있습니다. 그 중 어떤 졸업생은 이미 직장에서 은퇴하기도 하고, 가끔 이 졸업생들과 만나게 되면 이제는 오히려 내가 많이 배우는 입장이 되기도 하여 기쁘기 한량이 없음을 느끼고 있습니다.

학부까지 가르쳐서 내보낸 학생 수는 모두 약 1천5백 명이 넘겠지만, 특히 내 연구실에서 함께 연구하며 성경에 대해 대화를 나누었던 대학원 이상의 학생의 이름을 이 책에 적어두고 자주 불러보고 있습니다. 모두가 보고 싶고 만나고 싶은 그리운 이름입니다.

나의 부모님과 아내와 자녀(딸·사위), 손녀·손자 및 온 가족에게

나의 아내를 생각하면서 항상 감사하고 있습니다. 또 나를 항상 지켜주시고 보살펴주시며, 나 혼자서 해결할 수 없는 수많은 일을 도와주시고, 또 넓고도 큰 사랑으로 나를 대해주신 부모님과 아내에게 한없는 감사를 느끼면서 이처럼 고마우신 부모님과 아내를 내게 주신 하나님께 한없는 감사를 드립니다.

그리고 나의 사랑하는 모든 딸과 사위에게도 한없는 사랑과 감사를 느끼며, 그들이 낳아준 손녀와 손자들을 하나님의 자녀로 훌륭하게 키워준 것에 대하여 한없는 사랑을 느끼며, 또 이들에게 나의 진지한 사랑을 한량없이 전하는 바입니다.

특히, 나의 부모님과 형제자매와 4촌 형제자매를 비롯한 모든 집안의 가족에 대해서도 멀리 떠나서 지내는 동안 사랑을 드리지 못한 일에 대해 죄송하게 생각하며 도움을 받은 일에 대해서 감사를 드립니다.

나의 사랑하는 친구와 존경하는 이웃들에게

나의 친구들과 이웃들에 대하여 내가 친밀하고 따뜻한 마음으로 가까이 지내지 못하고 항상 나에게 주어진 삶을 위한 일로 바쁘게 지내온 것에 대해 송구하게 생각하며, 평소에 존경하면서도 가까이서 따뜻하게 지내지 못한 것을 나 스스로 매우 안타깝게 생각하는 바입니다.

앞으로 남은 여생동안 나의 친구와 이웃들을 위하여 하나님이 주시는 따뜻한 마음으로 사랑하며, 존경하면서, 마지막 날까지 하나님이 주시는 사랑의 마음으로 감사하며 살고자 하는 바입니다.

끝으로, 이 글을 나의 사랑하는 제자들과 나의 친구들과 가족들과 이웃들, 존경하는 선후배님들, 그리고 나의 아내와 자녀(딸과 사위), 또 나의 귀여운 손녀와 손자를 비롯한 온 인류의 후세들을 위해 이 글을 쓰고 있으며, 특히 후세들이 가능하면 어릴 때부터 하나님을 믿는 믿음을 갖도록 바라는 마음에서 이 글을 쓰고 있습니다.

나는 나의 사랑하는 모든 사람은 물론 또한 나를 모르는 사람과 온 인류와 미래의 세대들에게 하나님의 사랑과 나의 사랑을 전하면서 미래를 위한 기독교에 대한 비전을 갖기를 바라는 간절한 마음으로 이 글을 쓰고 있습니다.

일러두기

나는 이 글을 쓰면서 성경 및 성경과 관련되는 많은 기록과 문서 그리고 과거 인류의 역사에서 하나님이 인류에게 계시하고자 하는 것이 무엇인가를 알아내고자 하는 것에서부터, 특히 기독교가 인류의 미래를 위한 비전이라는 사실을 밝히는 일에 집중하고 있다.

처음 시작 부분에서는 인류의 초기 역사에서 하나님이 인간에게 전하고자 하는 계시를 밝히고자 하였다. 또한 아브라함을 비롯한 유대(고대 이스라엘)의 선지자(예언자)들 그리고 그리스 비극작가를 비롯한 문학자와 선각자를 통해 계시한 것을 살펴보고 그것에 대해 제1장~제2장에 기록하였다.

제3장에서는 출애굽과 이스라엘 초기의 사사와 왕들과 예언자(선지자)들을 통해서 하나님이 계시하고자 하신 것에 대해서 알아보았다.

제4장에서는 유대교와 기독교와의 관계에 대하여 알아보고 특히 초기 기독교가 발전하면서 기독교가 특히 윤리적인 면을 강조하였고, 특히 기독교가 로마 시대의 성윤리에 대해서 매우 비판적이었다는 내용을 살펴보았다.

제5장과 제6장에서는 유대교에서 기독교로 발전된 과정과 기독교의 세계 전도에 대하여 힘써 노력한 위대한 그리스도의 사도 바울에 대하여 알아보았다.

제7장에서는 하나님의 말씀인 신구약 성경의 구조와 예수 그리스도 복음의 중요한 핵심적인 부분에 대하여 알아보았다. 많은 분들이 바쁜 일상생활에 쫓겨 성경을 읽을 시간이 부족한 분들에 대해서는 적어도 이 부분만은 반드시 읽어두어야 할 필요가 있는 핵심적인 부분에 대해 기록하였다.

제8장에서는 종교개혁은 왜 일어났으며, 종교개혁과 오늘날 우리 인류의 삶은 어떤 관계가 있으며, 종교개혁이 일어남으로써 우리 인류가 어떤 유익함을 얻게 되었는지에 대하여 알아보았다.

제9장에서는 동북아시아에서 우리 대한민국은 어떻게 하여 유일하게 하나님을 섬기는 기독교의 나라가 되었으며, 앞으로 어떻게 해야 더욱 발전해나갈 수 있을 것인가에 대해 생각해보았다.

제10장에서는 미래 한국을 위해 우리나라의 호주제 폐지가 어떤 영향을 미치게 되었으며, 족보와 제사 제도는 어떻게 개선되어야만 할 것인지에 대해 알아보았다.

마지막으로 [에필로그]에서는 필자의 활동에 대한 약력과 우리나라의 미래를 위해 제언을 하였다.

이 책에서는 기독교 복음과 신학에 대해, 기독교에 관한 신뢰할 만한 서적과 자료와 지식을 모아서, 기독교 초보자라도 알기 쉽게 정리하였다. 따라서 많은 사람이 이 책을 읽고 하나님의 사랑과 은혜를 많이 받고 올바른 기독교인이 되어 보람된 인생을 살기를 간절히 바라면서 이 글을 쓰는 바이다.

그리고 무엇보다도 필자가 하나님께 대하여 죄인으로 살아온 삶을 하나님께 고백하고 회개하는 마음을 가지고 이 글을 쓰고 있다. 그것은 예수 그리스도께서는 죄를 회개하면 용서해주시고 사탄의 세력으로부터 구해주신다는 사실을 믿기 때문이다. 그리고 예수 그리스도께서는 이것을 필자와 모든 인류에게 올바른 삶을 살아가기 위하여 약속하시면서 십자가에서 피를 흘리시며 돌아가셨기 때문이다.

필자는 이 모든 것을 믿고 또 하나님을 믿고 의지하며 이 글을 쓰는 바이다.

2023.6.21. 필자

이 글을 쓰기 위해 인용한 주요 참고 자료

이 글을 쓰기 위하여 주로 다음의 책들을 참고 자료로 사용하였다.

(1) '바울의 생애와 신학'[1)]

(2) '처음으로 기독교인이라 불렸던 사람들'[2)]

(3) '창세기 강해'[3)] [4)]

(4) 신구약 성경: ① 개역한글 ② 개역개정 ③ 공동번역 ④ 표준새번역 ⑤ 새번역 ⑥ 현대인의 성경 이들 중에서 오늘날의 젊은이들이 읽기 쉬운 ④ 표준새번역 ⑤ 새번역 ⑥ 현대인의 성경을 주로 인용하였다.

(5) 본문의 내용을 설명할 때 중요한 부분에 대해서 성경을 인용할 필요가 있을 때는 알기 쉬운 '현대인의 성경'을 인용하여 본문을 이해하기 쉽게 하였다.

이 외에도 많은 참고서적을 인용하여 해당 페이지에 각주로 나타내었다.

---

1) 로버트 레이먼드(Robert L. Reymond) 지음, 원광연 옮김, 「바울의 생애와 신학」, (고양시: 크리스천다이제스트, 2003).

2) 래리 허타도(Larry W. Hurtado) 지음, 이주만 옮김, 「처음으로 기독교인이라 불렸던 사람들」, (고양시: 도서출판 이와우, 2017), 1~265.

3) 김성수, 창세기 강해 1 「개혁주의의 관점에서 본 창세기- 천지창조와 예수 그리스도」(서울: 도서출판 미스바, 2009).

4) 김성수, 창세기 강해 2 「개혁주의의 관점에서 본 창세기- 아브라함과 그 자손의 생애에 나타난 예수 그리스도」(서울: 도서출판 미스바, 2009).

프롤로그

그리스 비극(Greek Tragedy) '휴브리스'(Hubris, 오만)와 인류의 미래

영국 옥스퍼드 대학의 제임스 마틴(James Martin, 1933~2013) 교수는 그의 저서 '미래학 강의'에서 인간이 살고 있는 지구의 자연환경이 인간에 의해 파괴되고 있는 것을 '그리스 비극'의 '휴브리스'(Hubris. 오만)[5]에 비유하면서, 다음과 같이 말한다.

"지구에 가해진 손상은 개인이나 조직들이 나쁜 의도를 가지고 있었기 때문에 그렇게 되지는 않았다. 그들이 '그리스 비극'의 휴브리스(오만)에 너무 사로잡혀 있었기 때문이다. 고대 그리스 비극에서 영웅은 자신의 행동이 다른 사람들에게 불행한 결과를 가져올 것임을 전혀 알지 못한다. 인간의 현실에 대한 오산이 비극을 가져오는 것이다.

그리스 비극의 목적은 인간의 본성과 존재, 삶을 지배하는 여러 힘들과의 관계에 대해 의문을 던지는 것이었다. 관객은 가장 위대하고 훌륭한 인간조차 쓰러뜨릴 수 있는 강력한 힘이 세상에 존재한다는 것을 알아차린다. 그리고 무대 위에서 장엄하게 펼쳐지는 인간의 위대함을 바라본다. 제약과 한계를 뛰어넘어 영광스러운 이상에 도달하려고 안간힘을 쓰는 인간의 위대함을 목격한다. 그러한 그리스 영웅의 원죄는 오만이다. 지나친 자만과 자신감 때문에 신(하나님)의 경고를 무시하고, 결국에는 파국을 불러온다. 21세기는 그리스 비극의 무대와는 비교도 되지 않는 큰 무대에서 같은 주제를 상연하고 있다.… 그러한 비극들은 지구에 해를 입혔고, 암을 유발했고, 재앙과도 같은 인구성장을 초래했으며, 이 작고 유일한 지구에서 우리가 살아남을 수

5) 휴브리스(Hubris, ὕβρις): 고대 그리스 윤리·종교 사상에서 질서 있는 세계 속에서 인간의 행동을 규제하고 있는 한계를 불손하게 무시하는 자만 또는 교만을 일컫는 말.

있는 능력을 손상시켰다.… 그리고 아직 등장하지 않은, 다시 말해 언제 닥칠지 모르는 비극들이 또 나타나고… 이제 연극은 중반에 접어들었고, 우리는 결말을 어떻게 바꿀지 질문을 던져야 한다."[6)]

오늘날 우리 인류는 코로나 19 팬데믹(Pandemic)까지 불러왔고, 또 하나의 '그리스 비극'을 우리가 살고 있는 지구 전체의 극장에서 상연하고 있다.

오늘을 살고 있는 우리는 '휴브리스의 교훈'을 등한시하고 자신과 자신이 속한 집단의 지극히 이기적인 이익과 인간적인 욕망에 매달려서 서로 싸우면서 또한 자연을 파괴하며 지내다가 자연에게 복수를 당하고 신(하나님)의 심판을 받아 전 지구적 멸망으로 내몰리게 되고 말 것 같아 우려된다.

이제 우리 인류는 어리석음을 멈추고 더 현명해져야 한다. 인류의 현재의 삶과 미래를 위한 비전을 찾아야 하는 것이다.

기독교는 왜 인류의 미래를 위한 비전인가?

나는 한평생 동안 대학에서 과학과 공학 및 기술에 관련된 지식을 가르치는 교수로 지내면서 기독교를 신앙으로 가지고 살아왔다. 그리고 교회에서 주일학교 교사로서 학생들에게 기독교에 대해 가르치기도 했다. 그리고 대학교수를 은퇴하면서 신학교에 들어가서 3년 동안 목회학석사(M. Div., Master of Divinity) 과정에서 신학을 공부하면서, 나는 우리 인류사회의 모든 부조리를 해결하고 인간이 인간답게 살아갈 수 있는 유일한 비전은 오직 기독교에서 찾을 수 있다고 생각하게 되었다.

그리하여 최종적으로는 종교와 신앙, 특히 그중에서도 기독교가 가장 중요한 역할을 할 수 있고, 기독교가 인류사회를 위한 유일한 비전이라고 생각하게 되었다.

오늘날 우리나라를 비롯하여 전 세계가 긴밀하게 하나의 지구촌이라는 공동체를 이루고 있고, 인류사회는 매우 복잡하고 다양하게 얽혀 있다. 특히 아시아에서 한·중·일 3국은 매우 가까이 이웃하고 있고, 오래전부터 친밀

6) 제임스 마틴 지음, 류현 옮김, 「미래학 강의」, (경기도: 김영사, 2009), 48~49.

하게 지내오면서도 때로는 매우 극심하게 다투고 충돌하여, 전쟁을 일으키며 많은 문제를 일으켜왔기 때문에 오늘에 이르기까지도 해결해야 할 많은 문제를 안고 있다.

우리의 가장 가까운 이웃인 한·중·일 3국간의 어려운 문제들을 해결하기 위해서는 기독교의 관점에서 어느 정도 희망적인 해결 가능성을 찾을 수 있을 것이라는 생각이 든다.

우선 한·일 간의 문제에 대해서 먼저 생각해보면, 온누리교회의 하용조 목사가 시작한 '목숨을 건 일본사랑 러브 소나타'7) 운동이 가장 대표적으로 훌륭하다는 생각이 든다. 한·일 관계에 대해서 기독교적 입장에서 하용조 목사가 시작한 이 문제를 생각해보면, 인류의 밝은 미래를 위해서는 오직 기독교적인 하나님의 사랑과 능력과 은혜에 의해서만 인류가 공존할 수 있을 것이라는 생각이 든다.

지금까지는 죄인에 불과한 사람의 능력만으로는 인류 공존의 문제를 해결할 가능성이 없었기 때문이다. 이것은 한·일 간은 물론 한·중 간 및 모든 나라 사이의 문제, 특히 우리에게 있어 매우 중요한 한·미간의 협력 문제에 대해서도 마찬가지로 영·미의 선교사들이 한국에 대한 선교 활동으로 인해서 기독교적 사랑에 의해 활성화된 것을 생각하지 않을 수 없기 때문이다.

이러한 관점에서, 기독교는 하나의 종교나 신앙이라는 관점보다는 인류의 현재의 생존 문제는 물론 미래에도 모든 인류가 함께 공존할 가능성을 보여줄 수 있는 희망과 비전이라고 생각되는 것이다. 따라서 가장 먼저 기독교는 죄인인 모든 인류의 죄의 문제를 해결해줄 가능성을 가지고 있으므로, 기독교는 인류의 미래를 위한 희망과 비전을 품고 있는 것이 분명하다.

여기서 우리는 기독교의 탄생과 발전 과정, 그리고 기독교가 고대 이스라엘에서 유대교로부터 발전해오는 과정에 이바지한 이스라엘의 예언자들과 그리스 문인들의 정신적 영향, 그리고 예수 그리스도의 가르침과 바울을 비롯한 사도들의 수고와 기여와 역할에 대해서도 알아볼 필요가 있다고

7) 하용조, 「목숨을 건 일본사랑 러브 소나타」, (서울: 두란노서원, 2012), 87~88.

생각된다.

나는 이 문제에 대해 이미 수많은 역사가와 문인들과 예술가들, 그리고 신학자들이 연구하고 토론해온 업적을 알아보고 또 그것을 정리하여, 기독교에 대한 초신자들도 쉽게 이해할 수 있도록 책으로 만들어서 우선 나의 사랑하는 자녀들과 귀여운 손녀 · 손자들을 비롯한 모든 가족과 형제자매들, 그리고 나의 사랑하는 제자들과 이웃들은 물론 나아가서 전 인류에게 전하고 또 알려주고 싶으며, 또 이 일을 나에게 주어진 하나님의 사명으로 생각한다.

그리고 무엇보다도 기독교가 모든 인류를 위한 비전이라고 믿는 이유는, 이스라엘의 선지자(예언자)들 및 예수 그리스도의 제자들이 하나님의 계시를 받아서 기록한 하나님의 말씀인 성경 말씀에 따라 하나님 곧 예수 그리스도를 의지하여 그분의 말씀을 믿고 따르기만 하면, 비록 아무리 허물이 크고 죄 많은 사람이라 할지라도 상대방의 허물을 이해하고 용서할 수 있게 될 뿐만 아니라, 자신의 허물과 죄 역시 하나님으로부터 용서받을 수 있다는 것이 기독교의 원리이기 때문이다.

이것은 지금까지 이미 기독교 신앙의 영향을 받은 수많은 훌륭한 선배들에 의해서 증명되었고, 또 서로 용서하고 용서받은 수많은 이 세상의 사람들이 서로를 이해하고 존중하며 상대방의 입장을 긍정적으로 바라보고 서로를 똑같은 하나님의 귀한 자녀로 생각하면서 서로를 진정한 이웃으로 믿고 의지할 수 있게 되는 사실을 나 스스로가 알게 되었기 때문이다.

이것을 우리 인간들이 깨닫게 되도록 가르침을 주신 하나님 곧 예수 그리스도와 이것을 믿도록 도와주시는 성령님께 감사드리는 바이다. 그리고 이 사실을 세상에 널리 전함으로써 모든 인류가 하나님 곧 예수 그리스도의 사랑을 알게 되도록 한 사도 바울을 비롯한 예수님의 모든 제자의 노력과 은혜에 대해서 깊이 감사드리는 바이다.

사도 바울은 왜 세계 인류에게 기독교를 전파하려고 노력했는가?

예수님이 활동하던 AD 1세기의 그리스(헬라)-로마 세계에서 사도 바울은 그가 가진 모든 열정을 다해 기독교 복음(예수 그리스도의 가르침)을 가장 열심히 가장 효과적으로 전달한 사람이라고 할 수 있다. 1세기부터 그리스(헬라)-로마 세계에서 살았던 기독교인들은 21세기에 살고 있는 오늘날의 기독교인들이 가히 상상할 수도 없을 정도로 엄청난 고통과 박해를 당했다.

이러한 시대에 사도 바울은 복음을 받아들이기를 거부하는 극단적으로 보수적인 유대인들을 비롯하여 많은 이방인들에게 기독교를 전하고 또 설득하기 위해 열정을 다해 노력하였고 또 한편으로는 예수 그리스도의 복음을 왜곡시키려는 반대자들과 투쟁하면서 엄청나게 박해를 당하였다. 그리고 바울은 기독교를 전 인류를 위해서 세계적인 종교로 만들기 위해 엄청난 노력을 하였고 마침내 큰 성공을 거두게 되었다.

기독교의 복음이 유대 지역에만 국한된, 또는 인종적으로 유대인에만 적용되는 편협한 복음이 아니라 당시의 세계 전체를 포괄하는 전 세계적인 복음이 된 것은 이를 먼저 이해하고 전파한 예수 그리스도의 위대한 사도 바울의 노력이 있었기 때문이다.

그리고 이러한 바울의 노력을 위해서 그와 협력한 믿음의 동역자들은 물론 인류의 구원을 바라시는 하나님이시며 동시에 바로 그분의 아들이신 분, 아니 그 본성에서 바로 그분의 아들이라고 모든 성도들이 믿고 있는, 예수 그리스도와 항상 하나님과 함께 하시는 위대하신 성령님의 능력이 함께 하시기 때문이다.

이것은 또한 모든 인류가 하나님과 예수 그리스도와 성령님과 한 가족으로서 하나의 공동체가 될 수 있는 희망과 비전이 그리스도의 복음 속에 있기 때문이다.

오늘날 인류는 급격한 물질문명의 변화와 영적 갈등을 겪으면서, 온갖 다양한 이념과 사상의 공격에 직면하고 있다. 이러한 현대인들에게는 오직 예수 그리스도의 십자가 수난은 물론 바울을 비롯한 사도들의 순교와 열정과 노력과 모범에 힘입어 세계 인류를 위해 완성된 예수 그리스도의 가르침인 기독교(그리스도교)의 진리, 곧 성경말씀만이 능력이 되고 위로가 되고 비전이 될 수 있는 것이다.

바울은 인류를 구원하고자 하는 하나님의 뜻, 즉 예수 그리스도의 가르침을 정확하게 알고 있었고, 그것을 전 인류에게 알리기 위해 자기를 헌신하고 자신의 목숨을 바쳐 순교한 것이다. 이제 우리는 바울이 바친 헌신과 희생정신과 가르침을 배우고 그것을 비전으로 삼아 우리에게 주어진 삶을 살아가야 하는 것이다.

하나님의 약속: "네 후손들이 그 원수들을 정복할 것이다(창 22:17)."

(창 22:15~18) [15] 여호와의 천사가 하늘에서 다시 아브라함을 불러 [16]
여호와의 말씀을 전하였다. "내가 내 이름으로 맹세하지만 네가 이처럼 하나
밖에 없는 네 아들까지 아끼지 않았으므로 [17] 내가 너에게 한없는 복을
주어 네 후손을 하늘의 별과 바닷가의 모래알처럼 많게 하겠다. 네 후손들이
그 원수들을 정복할 것이다. [18] 그리고 네가 나에게 순종하였으므로 네 후
손을 통해 세상의 모든 민족이 복을 받을 것이다."

하나님의 약속의 말씀

① 위의 말씀 중에서 **"네 후손들이 그 원수들을 정복할 것이다(창 22:17)"**의 의미는, 일차적으로 아브라함의 후손인 이스라엘이 원수를 물리치고 약속된 성읍 가나안을 점령할 것이라는 뜻이지만, 이에는 보다 깊은 영적 의미가 담겨 있는데 곧 장차 메시아를 통하여 그를 믿는 모든 성도들, 즉 아브라함의 영적 후손들이 예수 그리스도의 복음으로 세상을 정복할 것이라는 뜻이다(갈 3:7~9,14).

② (창 22:17) "내가 너에게 한없는 복을 주어 네 후손을 하늘의 별과 바닷가의 모래알처럼 많게 하겠다. 네 후손들이 그 원수들을 정복할 것이다."는 말씀은 '세상에서 가장 작은 나라 이스라엘은 오랜 과거로부터 하나님의 말씀인 성경을 읽고 의지하여 살아오면서, 멸망당하지 않고, 하나님의 말씀대로 원수들을 정복하고, 나라를 영원히 지키면서 이어갈 것이다.'라고 하나님이 말씀하신 약속이다.

③ 하나님의 약속에 대한 바울의 해석(완성)

따라서 (창 22:17)의 일차적 의미는 아브라함의 후손인 이스라엘이 원수를 물리치고 약속된 성읍 가나안을 점령할 것이라는 뜻이다. 그런데 이에는 보다 깊은 영적 의미가 담겨 있는데 곧 장차 메시아를 통하여 그를 믿는 모든 성도, 즉 아브라함의 영적 후손들이 복음으로 세상을 정복할 것이라는 뜻이다(갈 3:7~9,14).

제 1 장 기독교는 왜 인류의 미래를 위한 희망이며 비전인가?

1. 천지창조와 하나님이 주신 인간의 창의성

1.1 천지창조와 성경 말씀, 그리고 전 인류와 한국인의 미래

(1) 미래학자와 인류의 미래

□ 미래학자 앨빈 토플러

그림 1. 앨빈 토플러(Alvin Toffler, 1928~2016)

미래학자 앨빈 토플러(그림 1)는 살아가고 있는 오늘의 사회 속에서 미래가 보인다고 말한다. 그리고 그의 저서 <제3의 물결>에서 '예견했던 일이 모두 현실화되었다'고 말하고 있다. 이와 같은 그의 미래를 훤히 내다보는 탁월한 통찰력은 그의 의욕적인 독서 습관에서 나온 것이라고 알려져 있다.

앨빈 토플러와 같은 미래학자가 미리 미래를 내다보고 자연과 우주의 존재와 운행 그리고 인생에 관여하는 하나님의 섭리를 이해하기 위해서는 독서를 많이 해야 한다. 마찬가지로 성경을 많이 읽으면 하나님을 깨닫게 되고 세상을 보는 안목이 넓어질 것이다.

■ 미래학자 제임스 마틴

그림 2. 제임스 마틴(James Martin)

저서: 미래학강의(2009) 영국 옥스퍼드대학 21세기 대학원 설립자

미래학자 제임스 마틴(그림 2)은 그의 저서 '미래학강의'에서 "멀리 떨어진 우주의 어느 행성에서 온 외계인이 지구에 와서 인류를 목격한다면 '이곳은 정말 흥미로운 곳이다. 지구상의 인간들은 스스로 자멸할 수 있는 지점에 도달해 있는데, 놀랍게도 경영대학원은 전 세계에 넘쳐나면서도, 지구와 인류의 생존을 가르치는 학교는 어디에도 없다'라고 말할 것이다." 라고 했다.

제임스 마틴은 옥스포드 대학에 <21세기 대학원>을 설립하고, 환경파괴, 식량부족, 물 부족, 지구온난화, 빈부격차 등과 같은 중요한 문제들을 해결하여 인류가 지구상에 생존하기 위해서는 과학기술의 경이로운 가능성과 잠재력에 기대를 걸 수 있을 것이라고 말하면서 미래를 위해 미래세대 교육에 노력하면서 과학기술의 잠재력에 미래에 대한 기대를 걸고 있다.

그런데 과연 지구상의 인간은 자신의 능력으로 구원받아 살아갈 수 있을 것인가에 대해 생각해보아야 할 것이다. 과연 인간의 잠재력과 창의력은 인간 스스로의 노력에 의해서 인간에게서 나올 수 있는 것인가? 과연 인간은 인간 스스로에게서 구원받을 수 있을 것인가에 대해서 진지하게 생각해보아야 할 것이다.

1.2 성경의 천지창조와 빅뱅 이론에 의한 우주 생성의 비교

(1) 천지창조와 빅뱅 이론(Big Bang Theory)

질량 에너지 등가이론

1905년 아인슈타인은 그의 특수 상대성이론을 발표하고, 질량(물질)과 에너지는 서로 변환될 수 있다는 유명한 질량과 에너지의 등가원리, 즉 $E=mc^2$(E: 에너지, m: 질량, c: 빛의 속도)를 주장하였다.

성경의 창세기 1장에서는 하나님이 태초에 천지(우주)를 창조하신 내용이 기록되어 있다. (창 1:3)에서 하나님이 "빛이 생겨라(있으라)"하시니 "빛이 생겼다(있었다)."는 것은 바로 그 유명한 아인슈타인의 질량과 에너지 등가원리에 의해서 하나님이 태초에 천지를 창조하실 때 '빅뱅이론'(Big Bang) 이론에 의하여 하나님이 빛을 창조하심으로써 만물이 생겨난 것을 말해주고 있는 것이라고 볼 수 있다. 하나님이 빛을 만드시자 그 빛 에너지로부터 질량과 에너지의 등가원리에 의해서 만물이 생겨난 것임을 말해주고 있다(그림 5).

■ (현대인의 성경) (창 1:1, 3) [1] <천지창조> 태초에 하나님이 천지를 창조하셨다. [2] 땅이 혼돈하고 공허하며, 어둠이 깊음 위에 있고, 하나님의 영은 물 위에 움직이고 계셨다. [3] 하나님이 말씀하시기를 "빛이 생겨라(개역개정판: 빛이 있으라)"하시니, 빛이 생겼다(개역개정판: 빛이 있었고). ■

(2) 지구의 자전과 공전, 중력(인력) 그리고 지구상에서 인간의 생존권

지구에는 중력(인력)이 작용하고 있어서 공기가 지구의 표면에서 약 10 km 높이까지 지구를 둘러싸고 있어서 사람이 숨을 쉬고, 동식물들이 살아갈 수 있으며, 육지와 바다에는 물이 있어서 사람과 동식물이 살아가기에 적합하다. 그러나 지구에서 10 km 이상의 높이에는 공기가 희박해지는데, 지표면에서 10 km까지의 고도에 이르기까지의 공간을 대류권이라고 하며 인간의 생존권(生存圈)이라고 하며, 여기서부터 약 70 km까지는 대기권이며, 그 이상 높아지면 공기가 없고 진공상태가 된다. 그리고 그 이상의 높이에 도달하면 더 이상 중력이 작용하지 않는 무중력 상태의 우주공간이 된다.

지구의 자전 속도는 지구의 지름과 지구가 하루에 한 바퀴 도는 데 걸리는 시간으로부터 계산할 수 있는데, Mach 1.4(소리 속도의 1.4배)가 된다. 또한 지구의 공전 속도는 지구와 태양 사이의 평균 거리(약 1억 5천만 km)와 지구가 태양을 한 바퀴 도는 데 필요한 1년의 기간으로부터 계산하여 구할 수 있는데, 약 Mach 88이 되며, 이렇게 지구가 빠른 속도로 자전과 공전을 할 때 지구에 중력(인력)이 작용하지 않으면 지구상에 사람이나 동식물을 비롯한 모든 물체가 원심력에 의해서 지구 밖으로 튕겨 나갈 수밖에 없다. 또 지구가 태양으로부터 1억 5천만 km만큼 떨어져 있으므로 지구상의 사람과 동식물들이 살아가기에 적당한 온도를 유지할 수 있다. 이보다 더 가까우면 지구상의 동식물이 너무 뜨거워서 살아갈 수 없고, 이보다 더 멀면 추워서 살아갈 수 없다. 또한 우리 태양계가 속해있는 은하계에는 약 2천억 개 이상의 별들이 서로 충돌하지 않도록 질서정연하게 자전과 공전을 하면서 움직이고 있는 것도 놀라운 기적이 아닐 수 없다(그림 3).

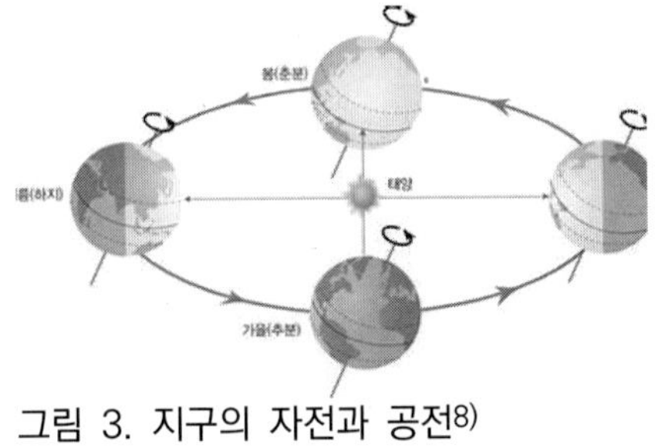

그림 3. 지구의 자전과 공전[8]

8) https://www.bing.com/images/search?q=%EC%A7%80%EA%B5%AC%20%EC%9E%90%EC%A0%84%20%EA%B3%B5%EC%A0%84&qs=UT&form=QBIR&sp=7&pq=%EC%A7%80%EA%B5%AC%20%EC%9E%90%EC%A0%84&sk=LT6&sc=8-5&cvid=3B477F18F2E34DDDAB866FD27958CC1A&first=1&tsc=ImageHoverTitle

이처럼 이 광활한 우주공간에서 인간이 살아갈 수 있는 생존권은 지구 표면에서 10 km밖에 되지 않는 실로 얼마 되지 않는 얇은 층의 공간에 불과하다.

(3) 천지창조, 지구의 자전과 공전, 그리고 지구상에서 인간의 생존권을 주장하시는 하나님

태초에 빅뱅(Big Bang) 사건에서 만물이 창조되고 막막한 우주공간에서 2천억 개 이상의 수많은 별들이 질서정연하게 운행하는 가운데, 작은 별인 지구상의 생존권이라는 얇은 공기층에서 살아가고 있는 우리 인간이 할 수 있는 일은 무엇이며, 인간의 생존과 관련된 모든 일을 과연 인간의 능력으로 해결하면서 미래에도 잘 살아갈 수 있을 것인가에 생각해보아야 할 것이다.

제임스 마틴은 영국 옥스포드 대학에 <21세기 대학원>을 설립하고, 환경파괴, 식량부족, 물부족, 지구온난화, 빈부격차 등과 같은 중요한 문제들을 해결하여 인류가 지구상에 생존하기 위해서는 과학기술의 경이로운 가능성과 잠재력에 기대를 걸 수 있을 것인가에 대해서 가르치고 있다.

빅뱅으로부터 인간이 지구상의 제한된 생존권 안에서 인간이 과연 미래에도 인간이 코로나를 비롯한 새로 당면하게 될 모든 질병을 이겨내고 또 중요한 문제들을 해결하고 인류가 지구상에 생존하기 위해서는 인간 자신의 창의적인 능력으로 개척해내는 과학기술에 의해서 구원을 받을 수 있을 것인지 아니면 태초부터 존재하는 하나님을 믿고 의지할 때 하나님으로부터 오는 놀랍고 신비스러운 능력에 의하여 구원을 받아서 살아갈 수 있을 것인지에 대해 깊이 생각해보아야 할 것이다.

1.3 인간의 죄는 어디서 오는 것인가?

인간은 왜 자신을 위해 천지를 창조하신 하나님의 사랑을 거역하는가?

(1) 인간은 왜 하나님의 사랑을 거역하며 죄를 짓는가?

한국 사회에는 오랜 과거로부터 불교와 유교 사회에서 유래되고 있는 전통적 용어인 오욕칠정(五慾七情)이라는 말이 있다. 인간은 육체와 정신(마음)을 가지고 있기 때문에 인간은 오욕칠정(五慾七情)이라는 다섯 가지 욕망과 일곱 가지 감정을 가지고 살아가고 있는데, 이것을 스스로 적절히 제어하지 못하면 다른 사람에게 피해를 주게 되는 죄를 짓게 되는 것이다.

5욕(慾)이란 재물욕(財物慾), 색욕(色慾)(성욕), 식욕(食慾), 명예욕(名譽慾), 수면욕(睡眠慾)의 5가지 욕망을 말하며, 이것을 만족하지 못할 때는 육체적으로나 정신적으로 만족하지 못하게 되어 매우 고통스럽게 되는 것이다.

1) **오욕**(五慾)

눈, 코, 귀, 혀, 피부의 다섯 가지 감각 기관인 오관(五官)이 각각 빛(色), 냄새(香), 소리(聲), 맛(味), 만지는 느낌(觸)(촉각)의 오경(五境)에 집착하여 야기되는 다섯 종의 욕망, 즉 재물욕(財物慾), 명예욕(名譽慾), 식욕(食慾), 수면욕(睡眠慾), 성욕(性慾, 색욕: 色慾)을 말한다.

2) **칠정**(七情)

사람의 오관을 통해 일어나는 일곱 가지의 감정은 희(喜)(기쁨), 노(怒)(노여움, 분노), 애(哀)(슬픔), 낙(樂)(즐거움), 애(愛)(사랑), 오(惡)(미움), 욕(欲)(욕망)을 말하며, 여기서 희(喜)가 정신적인 것을 의미한다면 낙(樂)은 육체적인 것을 의미한다.

이 칠정을 잘 다스리지 못할 때 사람은 다른 사람에게 피해를 끼치게 되는 죄를 짓게 되는 것이다.

(2) 인류가 기독교를 통해 죄에서 벗어나도록 가르쳐주시는 하나님의 방법

\\\ 율법과 복음

이상과 같은 것은 과거 우리나라가 불교와 유교의 영향을 받아서 내려온 전통에서 살펴본 현상이지만, 근본적으로 인간은 육체와 정신(마음)을 가지고 살아가는 동안에 자기의 육체와 정신(마음)을 다스리지 못하고 다른 사람의 육체와 정신(마음)에 피해를 주게 되는 죄를 범하게 되는 것이 문제이다.

이상에 대해 기독교에서는 다음과 같이 설명하고 있다.

하나님이 천지를 창조하시고 처음 인간인 아담과 하와를 지으셔서 에덴동산에 살게 하셨는데, 아담과 하와(이브)가 사탄(뱀; 악)의 유혹을 받고, 하나님이 에덴동산에 많은 열매 맺는 나무를 심으시고 모든 열매를 따 먹게 하였으나 특별히 하나님이 금하신 선악과(선과 악을 알게 하는 열매)는 먹지 못하게 금하시고 하나님께 순종하도록 하셨다. 그러나 사탄의 유혹을 거절하지 못한 아담과 하와는 하나님이 금지하신 선악과를 따먹음으로써 하나님께 순종하지 못하고 거역하는 죄를 짓게 되는 것으로 묘사하고 있다.

이처럼 사람이 죄를 짓는 것을 방지하기 위하여 구약에서는 율법이 주어졌고, 신약에서는 복음이 주어졌다. 그런데 아무리 훌륭한 율법이 주어질지라도 사람이 그 율법을 완전하게 지킬 수가 없다는 것을 깨달아 알게 되었다.

이에 예수 그리스도께서 하나님을 대신하여 하나님의 아들인 사람의 모습으로 이 세상에 오셔서 율법을 지킬 수 없어 죄를 짓게 된 죄인들을 구원하기 위하여 그들을 대신하여 피를 흘리며 십자가에서 돌아가신 것이다. 그리하여, 어떤 사람이라 할지라도 예수 그리스도께서 죄인들을 구원하시기 위해 돌아가셨다는 사실을 믿고 하나님의 아들로서 사람의 모습으로 이 세상에 오신 예수 그리스도를 믿기만 하면 구원을 받아서 우리 안에 성령님이 임하셔서 구원을 받고 '의인'으로 인정받아 새사람으로 다시 태어날 수 있다는 '복음'을 주신 것이다.

이 '복음'을 기록해놓은 것이 하나님의 말씀이며 예수 그리스도의 가르침인 '복음', 즉 '신약성경'이다. 우리는 매일 신구약의 성경을 읽고 성령의 인도하심을 받아 하나님이신 예수 그리스도께 의지하여 살면 이 세상에서 의인으로 살게 되고 죽으면 부활하여 영생을 누리게 되는 것이 기독교 복음의 내용이다.

1.4 하나님은 누구인가?

■ 하나님이 세상을 창조하신 그때부터 보이지 않는 그의 속성, 곧 그의 영원하신 능력과 신성이 그가 만드신 만물을 통해 분명히 나타나서 알게 되었으니 이제 그들은 변명할 수가 없습니다.(롬 1:20) ■

\\\ 인간과 천지 창조

하나님은 외롭지 않으시려고 자신과 함께 즐겁게 지내기 위하여 사람을 창조하셨다. 그리고 사람이 살 수 있도록 주변 환경 즉 천지를 창조하셨다. 또 하나님은 세상이 번창할 수 있도록 남녀를 만들고 만물에게 씨와 열매를 맺게 하셨다.

하나님은 사람이 하나님께 순종하면서 하나님을 경배하며 기도로 대화하고 하나님과 함께 경건하게 지낼 수 있도록 말과 글과 지성을 주시고 하나님의 말씀인 성경 말씀을 깨달아 알게 해주셨다.

하나님은 사람들이 하나님을 경배하면서 함께 지낼 수 있는 수준으로 스스로 깨닫도록 하기 위하여 "하나님이 세상을 창조하신 그때부터 보이지 않는 그의 속성, 곧 그의 영원하신 능력과 신성이 그가 만드신 만물을 통해 분명히 나타나서 알게 되었으니 이제 그들은 변명할 수가 없습니다.(롬 1:20)" 라는 말씀처럼 하나님의 창조물을 통해 모든 것을 깨달아 알 수 있게 하셨다.

그런데 사람들 사이에 자손들이 점점 더 많이 태어나서 사람의 수가 많아지고 사람들 사이에서 서로 생각이 갈라져서 복잡한 문제가 많이 생겨나기 시작하였다. 가장 큰 문제는 사람의 수준이 하나님에게 미치지 못하므로 하나님의 뜻에 거스르는 생각과 행동을 하면서 사람들 사이에 다툼과 살인과 음란 등 온갖 죄를 짓는 문제가 일어나기 시작하였다.

그런 중에도 하나님은 아브라함(아브람)의 믿음을 보시고 그를 의롭게 여기셨다. 그리고 사람 중에 선한 사람들은 하나님의 뜻을 잘 깨닫고 예배공동체를 만들어서 하나님을 섬기지만, 하나님의 뜻을 잘못 깨닫거나 악한 사람들은 자기들끼리 세상적인 악한 생각으로 세력을 합쳐서 하나님의 뜻에 거스르는 세상공동체를 이루게 되고, 이들의 생각을 지배하는 사탄 즉 마귀의 세력이 등장하여 하나님과 예배공동체에 대적하기에 이르게 된 것이다.

즉, 인간들로부터 예배를 받고자 하시는 하나님이 예배공동체 밖에 살고 있는 세상공동체로부터는 예배를 받지 못하게 된 것이다. 점점 더 많은 사람들이 죄를 짓고 살아가는 세상공동체의 삶을 좋아하게 되자 이 세상은 점점 죄악으로 물들어가게 된 것이다. 그리하여 세상은 점점 악이 지배하는 모습으로 변하고 말았다.

\\\ 홍수 사건

세상이 점점 악이 지배하게 되자 하나님은 의인으로 살아가던 노아의 가족을 제외하고는 할 수 없이 자신이 창조하신 인간들을 홍수로 쓸어버린다.

홍수로 인간들을 쓸어버리지만 또다시 노아의 예배공동체로부터 분리되어 나온 많은 반역자들, 즉 죄로 물든 사람들이 또다시 나타나기 시작하였다. 하나님이 창조하신 인간들이 이처럼 사탄(마귀)에게 쉽게 무너져서 조종당하거나 쉽게 악에 물들게 될 것이라는 것을 하나님이 예상하지 못했을 것이라고 생각할 수밖에 없는 것이 우리 인간들의 생각일 것이다. 그러나 하나님은 우리 인간의 생각을 뛰어넘는 분이신 것을 우리는 알아야 한다.

하나님은 이미 계획을 가지고 계신 것이다. 하나님이 만드신 만물 속에 하나님의 속성, 즉 신성이 분명히 사람들의 눈에 보이도록 준비해두셨을 뿐만 아니라, 이에 더하여 하나님을 신실하게 따르는 예배공동체의 사람 중에서 선지자(예언자)들을 예비해두셔서 그들을 통하여 하나님의 선하신 뜻이 실현되도록 하고 계신 것이다.

\\\\ 아브라함과 모세와 이사야 등 선지자(예언자)와 시인 문학자들의 출현

악에 대하여 쉽게 무너져버리는 많은 사람 중에서도 하나님의 말씀을 순종하며 듣고 있는 선지자(예언자)들을 찾고 계신 하나님께서는, 그들을 택하셔서 부르시고 그들에게 인간의 미래를 위한 희망이 되는 비전을 계시해주고 계시는 것이다.

이들 중에 아브라함과 모세와 이사야 등 선지자(예언자)들이 나타나게 되었고, 하나님을 찬양하는 시인과 문학자들이 나타나게 되었다.

이 선지자들과 시인과 문학자들이 하나님의 계시를 받고 하나님이 전하시는 계시의 말씀 즉 성경을 기록하게 하셨다. 모세는 출애굽이 끝나는 시점인 BC 1406~BC 1446 경에 처음으로 창세기, 출애굽기, 레위기, 민수기, 신명기 등 주로 사람이 살아가는 데 있어서 하나님 앞에서 지키면서 살아가야 할 율법(율법, Law)에 대하여 구약성경을 기록하고 그것을 이스라엘 백성들에게 가르쳤다.

또 하나님이 창조하신 만물을 통해, 그리고 인간이 개발한 문학과 예술과 역사 등 모든 학문과 인간의 활동을 통해서도 하나님의 뜻과 말씀은 인간세계에 널리 전해져왔던 것이다. 초기의 유대(히브리) 사상(Hebraism)과 그리스 사상(Hellenism) 속에서도 하나님은 자기의 뜻과 말씀이 계시로 나타나도록 암시해주신 것이다.

과거의 이사야[9] 등의 선지자(예언자)를 비롯하여 시인과 문학가와 예술가와 역사가들을 통해서 하나님은 자기의 뜻을 전하고 있었던 것이다. 이 하나님의 뜻을 알아차리고 사람들이 미리 세워서 나타난 것이 유대교(Judaism)이다. 이렇게 세워진 유대교 사회에서 하나님이 보내신 분이 예수 그리스도이며 그가 가르치기 시작한 새로운 복음이 곧 기독교(Christianity)이다.

우리 인간은 하나님이 주신 비전과 그 비전을 맡기신 하나님의 사람들, 즉 선지자(예언자)들, 그 후 오늘에 와서는 예수 그리스도의 가르침인 성경

---

9) (사 7:14) 여호와께서 직접 너희에게 표적을 주실 것이다. 처녀가 임신하여 아들을 낳을 것이며 그의 이름을 '임마누엘'이라 부를 것이다.

말씀과 그를 따르는 믿음의 사람들과 비저너리(Visionaries)들과 리더들에게 기대를 걸고 그들의 말에 귀를 기울여야 할 것이다.

\\\ 예수 그리스도의 오심과 구약 및 신약 시대

요한복음 1장 1절에는 "우주가 존재하기 전에 말씀 되시는 그리스도가 계셨다. 그분은 하나님과 함께 계셨으며 바로 그분이 하나님이셨다."고 기록하고 있다. 이것은 "예수 그리스도는 하나님의 본체이면서 그분의 아들로서 인류를 죄에서 구하고 사람에게 삶의 비전을 전해주기 위해 사람의 모습으로 세상에 오셨지만, 사실은 그분이 인간과 천지를 창조하신 하나님이시다."는 내용이다. 그분은, 자신이 직접 창조하신 인간이 타락하여 죄 가운데 사는 것을 그냥 두고 볼 수 없었던 것이다. 그리하여 하나님이 인간을 죄 없는 새로운 인간으로 바꾸어 놓기 위해, 직접 인간의 모습으로 인간 세상에 오신 것이다. 그가 인간 세상을 새롭게 바꾸어 놓기 위해서 말씀으로 가르침을 주신 것이 복음, 즉 신약성경이다.

구약성경은 사람이 살아가기 위해 지켜야 할 율법을 하나님으로부터 받은 것이다. 그러나 하나님을 믿기만 하면 '의인(義人)'이 된다는 구약성경(창 15:6)의 내용은 예수 그리스도의 복음의 핵심이 되고 있는 것도 사실이다. 이 구약성경(창 15:6)의 내용에 바탕을 두고 사도 바울이 기독교 신앙에서 매우 중요한 이신칭[득]의(以信稱[得]義)에 대해 기록한 그의 유명한 서신서인 로마서(롬 4:1~12)는 신학적으로 밝혀놓은 예수 그리스도의 가르침의 핵심이며, 이것은 곧 복음(Gospel, Good News)의 핵심이다.

우리는 복음의 기록을 새 시대를 열어가기 위한 신약성경이라고 하며, 이와 구별하여 그 이전에 하나님이 유대교에서 주신 율법과 가르침을 구약성경이라고 한다.

우리는 예수님과 그를 따른 12명의 제자들과 또한 사도 바울의 가르침인 신약성경과 그 이전에 기록된 구약성경을 함께 읽으면서 그리스도인의 삶을 살아가야 하는 것이다.

1.5 악과 싸우며 악의 세력으로부터 인류를 구원하는 예수 그리스도의 복음

우리 사회에 살고 있는 사람들이 일으키고 있는 크고 작은 많은 사건 속에는 선과 악이 서로 싸우는 것을 자주 볼 수 있다. 이때 우리 사람 중에서 선한 세력의 편에 많이 선다면 세상은 좋아질 것이고, 악한 세력의 편에 많이 서게 되면 세상은 점점 더 악한 세상으로 변하게 될 것이다.

하나님은 항상 선한 편에 서서 세상을 지배하고 있지만, 악한 세력인 마귀(사탄)는 하나님과 반대편에서 세상을 악(사탄)의 세력이 지배하게 하려고 선한 세력인 하나님과 싸우고 있다.

그런데 우리 곁에는 항상 선하고 지혜로운 기쁜 소식(복음)을 전해주는 것이 있는데, 그것은 하나님의 말씀인 성경이다. 매일 아침 일찍부터 또는 정해놓은 시간에 성경을 읽고 하루를 시작한다면 우리는 즐거운 마음을 가지고 즐거운 삶을 살아갈 수 있게 된다. 따라서 우리가 매일 하루의 일을 시작하기 전에 성경을 먼저 읽고 하나님께 기도하는 것을 습관으로 삼는다면 어떻겠는가? 그러면 우리가 비록 세상의 악한 세력이 접근해 와도 그것을 이겨낼 수 있는 능력이 우리 마음속에 잘 형성되어 있어서 주변에서 일어나는 사건들에 대해서 좋은 방향으로 이끌어 나아갈 수 있고 또 이 세상을 보다 나은 방향으로 이끌 수 있도록 하는 능력이 우리 마음속에 자연적으로 생겨나게 될 것이다.

따라서 특히 예수 그리스도의 가르침인 이 하나님의 말씀을 우리는 '복을 가져다주는 소식'이라고 하여 복음(Good News)라고 하며 '신약성경'이라고 한다. 그래서 그리스도인(크리스천)들은 이처럼 중요한 성경 말씀을 하나님과 예수 그리스도를 통해서 우리에게 주시는 복음(Good News)으로 받아들이고 있다. 그리고 크리스천들은 이 성경을 매일 읽고 그 말씀에 따라 살면서, 매일 새로운 사람으로 거듭나서, 이 세상에서 이미 천국을 맛보는 천국의 삶을 누리게 되는 것이다. 바로 이 순간, 우리는 이미 우리가 살아가고 있는 여기서 하나님 나라를 체험하게 되므로 이것을 '종말론적 이원론'이라고 한다.

이 하나님의 말씀인 성경을 읽음으로써 우리는 모두 이미 우리에게 다가와 있는 천국의 삶을 맛보고 살아가야 할 것이다. 그러므로 하나님의 말씀인 이 성경을 읽으면 예수 그리스도가 누구인지, 그리고 하나님이 누구인지, 또한 천국의 삶이 어떤 것인지 깨닫게 되는 것이다.

1.6 기독교 신앙, 부활 그리고 세례란 무엇인가?

신앙(믿음)이란 논리적으로는 도달할 수 없는 다른 차원의 것이며, 눈에 보이지 않는 것, 과학과 상식으로는 도저히 납득할 수 없는 것을 믿는 일을 말한다.

예수님이 인류의 죄를 용서하고 구원하기 위하여 십자가에서 돌아가시고 난 후 3일째 되는 날 이미 돌아가신 예수님이 다시 살아나신 부활을 믿음으로써 인간은 하나님으로부터 의로운 사람(의인)으로 인정받고 자기가 지은 죄로부터 구원을 받게 되는 것이다. 이것이 새로운 계약(신약)이며 그리스도교(기독교) 신앙이다.

세례는 예수님의 죽음과 부활을 상징하는 의식이다. 이 의식을 받은 사람은 그리스도와 함께 죽고 또 그리스도와 함께 부활함을 나타낸다. 각 교파에 따라 세례의식은 조금씩 다르지만 모두 지금까지의 낡은 자신을 죽이고 새로운 자신을 소생시킨다는 뜻이다.

1.7 과연 기독교는 인류의 희망과 비전이며, 성경은 인간의 삶을 위한 지침서인가?

■ 예수 그리스도의 가르침인 기독교(基督教, Christianity, 예수교, 그리스도교)의 진리는 오늘날 모든 사람에게 자유로운 삶을 누리고 삶의 가치와 보람과 행복을 추구하기 위한 목표가 되고 한 사람의 삶 전체를 위한 희망과 비전이 되고 있다. 그리고 이것을 깨달아 알기 위해서는 성경을 읽고 예수님과 하나님을 아는 일이 매우 중요한 것이다. ■

기독교는 왜 인류의 미래를 위한 희망이며 비전인가?

> 기독교는 한 개인은 물론 인류 전체의 미래를 위한 희망이며 비전이다.

기독교는 고대로부터 하나님을 섬겨온 유대교에 뿌리를 두고 있으며, 지금부터 2천 년 전에 예수님이 오셔서 제자들에게 복음을 전하고 바울을 비롯한 사도들의 전도 활동에 의해서 구체화된 종교이다. 기독교의 경전인 성경은 유대교의 선지자(예언자)들에 의해서 기록된 39권의 구약성경과 예수님의 가르침을 그의 제자들이 기록한 27권의 신약성경으로 되어 있어서 모두 66권으로 이루어져 있다. 그리고 신약성경은 예수 그리스도의 가르침과 사도 바울을 비롯한 예수님 제자들의 증언과 전도 활동의 기록으로 이루어져 있다.

기독교는 종교 또는 신앙이라는 의미에 그치지 않고, 하나님은 누구이며 하나님의 우주 창조의 원리와 사람이 살아가는 데 필요한 '올바른 삶의 지침과 비전'을 제시해주고 있는데 큰 의미를 가지고 있다고 할 수 있다.

따라서 기독교는 이처럼 사람이 어떻게 살아가야 할 것인가에 대한 의문과 해답을 동시에 제시하고 있으므로, 하나님의 말씀을 담고 있는 성경(구약과 신약)을 항상 읽고, 하나님께 기도하는 삶을 살아가면, 자연히 하나님과 동행하는 삶을 살아갈 수 있게 되는 것이다.

이처럼 성경에서는 사람이 어떻게 살아가야 하는지에 대한 비전을 발견할 수 있으므로, 성경에서 희망과 비전을 찾아서 자기의 삶을 보람되게 살아갈 수 있게 되는 것이다. 이러한 의미에서 여기서는 성경에 대해서 중요한 부분을 가능하면 알기 쉽게 설명하여, 독자들에게 기독교와 성경을 자세하고 친절하게 소개함으로써, 독자들이 성경을 즐겁게 읽고, 한 평생 동안은 물론 죽음 이후까지를 위해서까지도 하나님의 자녀로 즐겁고 행복하게 살아갈 수 있도록 도움을 드리고자 한다.

\\\ 인간이 영생을 얻기 위해 지켜야 할 가장 큰 계명

모세가 시내산에서 하나님으로부터 받은 '율법'은 모두 613 가지나 된다. 그러나 예수님이 오신 후에는 이렇게 많은 율법을 2가지 계명으로 정리했는데, 이것을 '율법의 완성'이라고 한다.

예수 그리스도는 인간이 영생을 얻기 위해 지켜야 할 '가장 큰 계명'으로서, "[29] 첫째는 이것이다. '이스라엘아, 들어라. 주, 곧 우리 하나님은 오직 한 분이신 주님이시다. [30] 네 마음을 다하고, 네 목숨을 다하고, 네 뜻을 다하고, 네 힘을 다하여, 주 너의 하나님을 사랑하여라.'10) [31] 둘째는 이것이다. '네 이웃을 네 몸과 같이 사랑하여라.'11) 이 계명보다 더 큰 계명은 없다. (표준새번역 막 12:29~31)" 라고 당시의 이스라엘 백성들에게 말씀하셨다. 똑같은 내용의 말씀을 마태복음12)과 누가복음13)에도 기록하고 있다. 그런데 이 두 가지 계명은 이미 모세가 하나님으로부터 받은 말씀으로 구약성경의 신명기와 레위기에 기록되어 있다.

따라서 기독교에서는 구약성경에서 모세가 하나님으로부디 받은 말씀을 그대로 예수님이 신약성경에서 재확인하고 정리하여, '율법의 완성'이라고 하는 '①하나님에 대한 사랑과 ②이웃(사람)에 대한 사랑'이라는 이 2가지 계명을 제시하셨다. 그리고 이것을 잘 기억하고 지켜내면, 우리는 구원받아, 영생을 얻으며 영원히 복을 받고 살아갈 수 있다고 가르치고 있다.

---

10) 신명기 6:4~5
11) 레위기 19:18
12) (마 22:35~40) [35] 그 중의 한 율법사가 예수를 시험하여 묻되 [36] 선생님 율법 중에서 어느 계명이 크니이까 [37] 예수께서 이르시되 네 마음을 다하고 목숨을 다하고 뜻을 다하여 주 너의 하나님을 사랑하라 하셨으니 [38] 이것이 크고 첫째 되는 계명이요 [39] 둘째도 그와 같으니 네 이웃을 네 자신 같이 사랑하라 하셨으니 [40] 이 두 계명이 온 율법과 선지자의 강령이니라.
13) (눅 10:25-28) [25] 어떤 율법교사가 일어나 예수를 시험하여 이르되 선생님 내가 무엇을 하여야 영생을 얻으리이까 [26] 예수께서 이르시되 율법에 무엇이라 기록되었으며 네가 어떻게 읽느냐 [27] 대답하여 이르되 네 마음을 다하며 목숨을 다하며 힘을 다하며 뜻을 다하여 주 너의 하나님을 사랑하고 또한 네 이웃을 네 자신 같이 사랑하라 하였나이다 [28] 예수께서 이르시되 네 대답이 옳도다 이를 행하라 그러면 살리라 하시니

사도 바울의 부탁 말씀(골로새서 3:5~10)

(골 3:5~10) [5] 그러므로 여러분은 땅에 있는 육체의 욕망을 죽이십시오. 음란과 더러운 짓과 정욕과 악한 욕망과 지나친 욕심은 버려야 합니다. 지나친 욕심은 우상숭배입니다. [6] 이런 것 때문에 하나님의 노여우심을 사게 됩니다. [7] 여러분도 전에 이런 욕망으로 살 때에는 그런 짓을 하였으나 [8] 이제는 분한 생각과 화내는 것과 악의와 비방과 입에서 나오는 더러운 말을 버리십시오. [9] 여러분은 서로 거짓말을 하지 마십시오. 옛날의 여러분은 이미 죽었고 [10] 이제는 새사람이 되었습니다. 이 새사람은 여러분 안에 새 생명을 창조하신 하나님의 모습을 따라 참된 지식에 이르도록 새롭게 되어가고 있습니다.

왜 기독교인가?

'법 없이 사는 사람들'이란 말이 있다. 이런 사람들은 훌륭한 양심을 가진 사람들이거나 훌륭한 믿음의 사람이기 때문이다. 기독교의 가장 기본이 되는 사상은 하나님을 두려워하는 마음으로 의지하는 믿음이 율법보다 먼저라는 것이다.

인간이 살아가는 세상에서 평화스러운 삶을 살아가기 위해서는 지켜야 할 법(율법)을 입법기관(국회)이 정해놓는다고 하더라도, 행정기관과 사법기관에 속하는 사람들이 하나님을 두려워하는 믿음이 없어서 그것을 지키지 않는다면, 국민의 자유와 권리는 짓밟히게 되어 하나님이 원하시는 올바른 세상이 만들어지지는 않게 되는 것이다. 그러나 입법 · 사법 · 행정 부서에 일하는 사람들과 국민 모두가 하나님을 믿고 그분의 말씀인 성경에 따라 살아간다면, 믿음의 사람들로 구성된 입법기관이 올바르게 정한 법에 따라서 행정기관이 그 법에 따라 집행하고, 사법부에서 입법과정과 집행과정을 잘 감시하고 잘잘못을 판단하여 바로 잡는다면, 그 나라와 사회는 하나님을 의지하여 하나님의 뜻에 따라 살아가는 아름다운 곳이 되는 것이다.

즉, 하나님의 뜻, 곧 '하나님의 말씀'이 기록되어 있는 성경을 읽고 그 성경말씀에 따라 살아가는 사람들은 하나님의 사람인 기독교인들이며, 그 사회는 기독교 공동체인 것이다. 그리고 기독교인이 되는 순간 그 즉시로 그는 천국의 삶으로 옮겨가게 되는 것이다.

왜 성경을 읽어야 하는가?

기독교를 알고 사람들에게 전하는 선교(전도)를 하기 위해서는 가장 먼저 예수님의 가르침, 즉 기독교의 진리이며 하나님의 말씀인 성경을 읽고 묵상하고 기도하면서 그 말씀대로 살아야 하는 것이다. 성경을 읽는 일이야말로 예수 그리스도를 믿고 하나님께 의지하여 살아가는 기독교인이 되기 위해 해야 할 가장 중요한 일이다.

우리의 중대 관심사인 '영생'에 대하여 성경에는 이렇게 쓰고 있다: "영원한 생명(영생)은 한 분밖에 없는 참된 하나님이신 아버지와 그리고 아버지께서 보내신 예수 그리스도를 아는 것을 말합니다."(요 17:3).

소설과 성경

프랑스의 소설가 빅토르 위고(Victor Hugo)의 유명한 소설 '레미제라블(Les Miserables) (장발장: Jean Valjean)'과 같은 소설은 사실이 아닌 허구(Fiction)이다. 소설의 주인공 장발장은 죄와 허물이 많은 인간 본래의 모습에서 자신의 죄를 회개하고 성경 내용과 하나님을 진실하게 믿음으로써 하나님의 은혜로 죄를 용서받고 구원을 받음으로써 새사람으로 다시 태어나는 모습을 바라보면서 많은 독자는 감동하고, 기독교가 인류사회의 현재와 미래를 위한 희망과 비전이라고 생각한다. 그러나, 이와는 반대로 많은 사람은 소설은 허구이기 때문에 소설은 비록 흥미롭게 읽지만, 기독교의 하나님이 눈에 보이지 않으므로 하나님을 믿지 못하고, 기독교를 비판하면서, 기독교의 핵심이며 하나님의 말씀인 성경을 읽는 것에 흥미를 갖지 않는다. 따라서 기독교가 인류의 현재와 미래를 위한 구원이 되고, 비전이라는 믿음을 갖기를 주저하고 있다. 이것은 인류사회가 가지고 있는 가장 큰 문제점이다. 기독교는 인류를 구원하기 위한 최고의 희망이요 비전임을 우리는 알아야 한다.

성경말씀에서 영감을 얻어 마취제를 발견한 스코틀랜드 의사 심슨!

스코틀랜드 의사 제임스 심슨(James Young Simpson, 1811~1870) 경은 창세기 2장 21절, "여호와 하나님은 아담을 깊이 잠들게 하시고 그가 자고 있는 동안 그의 갈빗대 하나를 뽑아내고 그 자리를 대신 살로 채우셨다."라는 성경말씀[14]을 믿고, 환자를 고통 없이 수술할 수 있는 방법을 연구하던 중 최초로 마취제 클로로포름(chloroform)을 발견하였다. 이처럼 인류는 하나님이 주시는 말씀인 성경에서 창의적인 아이디어와 비전을 찾고, 마침내 수술의 고통에서 벗어나는 구원을 받게 된 것이다.

러시아 황제들, 기독교국 스코틀랜드의 의사들에게 건강과 생명을 의지하였으나, 볼셰비키 공산주의 혁명으로 74년 동안 암흑기를 겪었다.

제정 러시아의 황제들 중, 러시아를 제국으로 성장시킨, 로마노프 왕조의 황제 표트르(재위 1682~1725) 대제, 예카테리나 2세 대제(재위 1762~1796년), 알렉산드르 1세(재위 1801~1825) 등 여러 러시아 황제들은 오랜 기간 동안 기독교국인 스코틀랜드의 의사들에게 그들의 건강과 생명을 의지하고 살았다.

그러나 1917년 레닌이 마르크스 사상에 기반을 두고 20세기 최초이자 세계 최초의 공산주의혁명인 10월 혁명(볼셰비키 혁명)을 일으켜, 제정러시아를 무너뜨리자, 이로 인해 새로 탄생한 소련은 다시는 유능한 스코틀랜드 의사들을 만날 수 없게 되고, 1991년 소련이 해체될 때까지, 러시아는 74년

14) 창세기 2장 21절.

동안 공산주의 독재체제의 암흑기[15]를 겪게 된다.

당시 스코틀랜드는 장로교와 청교도 창시자 존 낙스(John Knox, 1513?~1572)(그림 4)가 개신교를 정착시키고, '종교의 자유'와 개척 및 도전적인 청교도 정신을 불어넣음으로써, 매우 창의적이고 역동적인 사회가 되었다. 훗날 장로교와 청교도 정신은 영국 전 지역과 미국으로 퍼져나가 새로운 자유 민주주의의 세상을 열어가게 된다.

우리 인류는 진리의 말씀인 성경을 읽고 그 성경에서 비전을 찾고, 성경 말씀에 따라 살아야 할 것이다.

그림 4. 영국 장로교와 청교도 창시자 존 낙스 (John Knox, 1513～1572)[16]

라틴어 성경을 영어로 번역한 존 위클리프(John Wyclifffe)의 놀라운 주장

위대한 링컨의 말로 알려진 '국민의, 국민에 의한, 국민을 위한 정부'는 종교개혁의 선구자 위클리프(1320~1384)가 모든 사람에게 성경을 읽게 하도록 "성경이 국민의, 국민에 의한, 국민을 위한 정부를 만들어낼 것"이라고 주장한 말이었으며, 링컨은 이것에 의하여 미국을 세계에서 가장 모범적이고 훌륭한 민주주의 국가로 발전시켰다.

15) 1917년 볼셰비키혁명으로부터 1991년 러시아 대통령 보리스 옐친, 우크라이나 대통령 레오니드 크라브추크, 벨라루스 대통령 스타니슬라우 슈슈케비치가 한자리에 모여 소비에트 사회주의 공화국 연방(소련)의 종식을 합의할 때까지의 기간.

16) http://news.kmib.co.kr/article/view.asp?arcid=0923638018&code=23111638&cp=nv

제 2 장 모든 만물과 역사·과학·사상·학문 및 성경 속에 나타나 보이시는 하나님

"하나님이 세상을 창조하신 그때부터 보이지 않는 그의 속성, 곧 그의 영원하신 능력과 신성이 그가 만드신 만물을 통해 분명히 나타나서 알게 되었으니 이제 그들은 변명할 수가 없습니다.(현대인의 성경 롬 1:20)"라는 성경 말씀에서처럼, 창조된 천지 만물을 살펴보고 인간의 역사가 시작된 이래로 역사의 흐름 속에서 하나님이 일하시는 모습을 볼 수 있다. 즉, 천지와 인류의 모든 활동에 관한 기록인 역사(History) 그 자체가 하나님 그분(His)의 일하시는 모습을 기록한 이야기(Story), 즉 그분의 이야기(His Story)인 것을 알 수 있다.

여기서 우리는 인류의 역사 속에 하나님이 보이신 이야기를 살펴보기로 한다.

■ 태초부터 일하시는 하나님: 태초에 하나님이 천지를 창조하셨다.(창 1:1). 유대사상(Judaism, 헤브라이즘, Hebraism)과 그리스사상(헬레니즘, Hellenism)의 만남에서부터 하나님은 일하셨다. ■

2.1 성경의 천지창조와 빅뱅 이론에 의한 우주 생성 - 하나님의 우주 창조 -

천지창조와 빅뱅 이론(Big Bang Theory)

아인슈타인의 상대성 이론·질량과 에너지 등가 이론과 천지창조

1905년 아인슈타인은 그의 특수 상대성이론을 발표하고, 질량(물질)과 에너지는 서로 변환될 수 있다는 유명한 질량과 에너지의 등가원리, 즉 $E=mc^2$ (E: 에너지, m: 질량, c: 빛의 속도)를 주장하였다.

성경의 창세기 1장에서 하나님이 태초에 천지(우주)를 창조하신 내용이 기록되어 있는데, (창 1:3)에서 하나님이 "빛이 생겨라(있으라)"하시니 "빛이 생겼다(있었다)."는 것은 바로 그 유명한 아인슈타인의 질량과 에너지 등가원리에 의해서 하나님이 태초에 천지를 창조하실 때 '빅뱅이론'(Big Bang) 이론에 의하여 하나님이 빛을 창조하심으로써 만물이 생겨난 것을 말해주고 있는 것이라고 볼 수 있다(그림 5). 즉, 하나님이 빛을 만드시자 그 빛 에너지로부터 질량과 에너지의 등가원리에 의해서 만물이 생겨난 것임을 말해주고 있다.

■ (현대인의 성경)(창 1:1, 3) [1] <천지창조> 태초에 하나님이 천지를 창조하셨다. [2] 땅이 혼돈하고 공허하며, 어둠이 깊음 위에 있고, 하나님의 영은 물 위에 움직이고 계셨다. [3] 하나님이 말씀하시기를 "빛이 생겨라(개역개정판: 빛이 있으라)"하시니, 빛이 생겼다(개역개정판: 빛이 있었고). ■

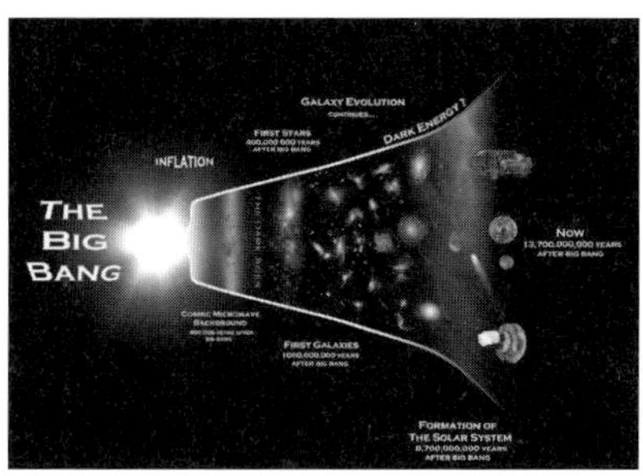

그림 5. 빅뱅 이론[17]

상대성이론에 의한 창조론과 우주의 나이의 설명

현대 물리학의 가장 위대하고 놀라운 발견이라고 하는 '상대성 이론'을 사용하여 우주의 나이를 과학적으로 설명하는 가장 합리적인 설명의 하나의

17) https://www.bing.com/images/search?q=%eb%b9%85%eb%b1%85%ec%9d%b4%eb%a1%a0&id=7EA34B40713E6AC563D57E82A8E8A33A816B37EC&form=EQNAMI&first=1&disoverlay=1

보기로서, '우주의 나이'18)라는 글을 여기에서 인용해보기로 한다. 이 글은 서울대학교 물리학과 제원호 교수가 "우주의 나이"라는 제목을 중앙일보에 게재한 것인데 여기에 소개하기로 한다.

우주 대폭발 직후의 우주 온도는 현재보다 약 1조 배 정도 높았는데, 이는 그 당시 우주의 팽창 속도가 거의 빛의 속력만큼 빨랐다는 것을 의미한다. 그런데 초기 우주의 온도가 지금보다 1조 배 정도 높았다는 것은 우주시계의 주파수가 지금보다 1조 배 정도 높았음을 의미한다. 즉 태초에 우주시계가 한 번 똑딱거리는 주기는 현재보다 1조 배 정도 짧았던 것이다. 따라서 우주 생성 직후의 1초는 오늘날 지구상의 시간으로 환산하면 1조 초 즉, 약 3만 년 정도가 된다. 이 결과를 사용하면 태초의 첫날 하루 24시간은 오늘날 시간으로 약 80억 년이 되는데, 이것을 그림 6과 그림 7에 알기 쉽게 나타내어 보았다.

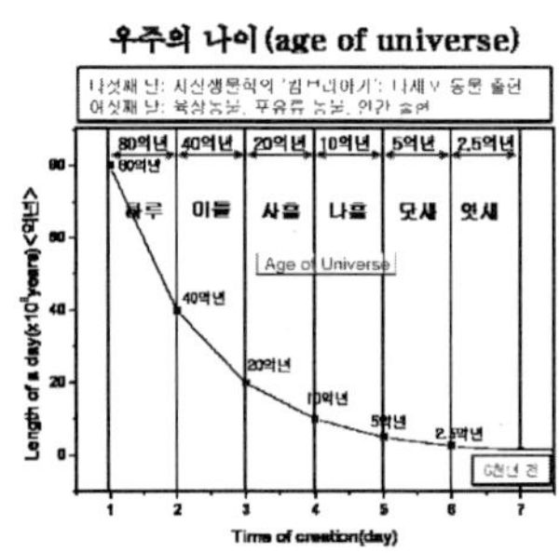

그림 6. 우주의 나이

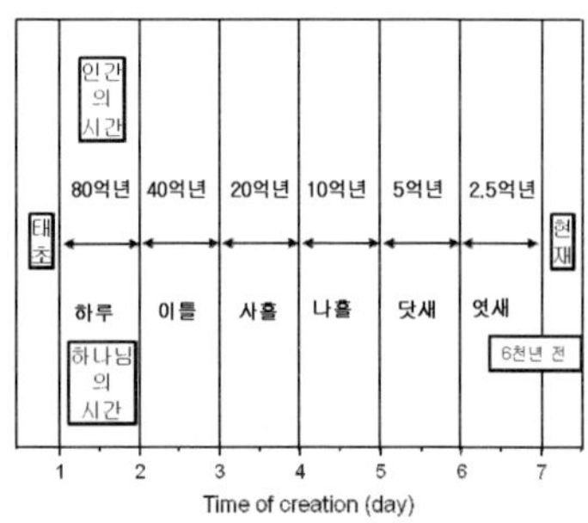

그림 7. 우주의 나이

그런데 우주가 급속히 팽창하면서 그 온도는 급격히 낮아지게 되어 우주의 팽창 속도가 그만큼 줄어들게 된다. 이런 냉각효과를 고려하면 둘째 날의 하루 24시간은 약 40억 년이 되는 것이다.

그리고 셋째 날의 하루는 약 20억 년이 걸린 셈이고, 넷째 날 하루는 10억 년, 다섯째 날은 5억 년, 여섯째 날은 대략 2.5억 년에 해당한다. 이것을 현재의 관점에서 역산해 보면 다섯째 날은 지금부터 7억5000만 년 전 시작해 2억 5000만 년 전에 끝난 것이 된다. 이 5억 년 동안의 기간은 지질생물학의 '캄

18) 제원호, "우주의 나이", 중앙일보, 2005년 4월 8일.

브리아기'를 포함하는데 이때 수많은 다세포 동물이 지구상에 출현하였다. 그리고 여섯째 날은 2억5000만 년 전부터 대략 6,000년 전까지로 볼 수 있다. 이 기간에 육상 동물과 포유류 동물이 많이 나타나고 물론 인간도 이때 출현하게 된다.

요컨대 우주는 인간이 과학적으로 측정한 137억 여 년 또는 그 이상의 오랜 역사를 갖게 된다. 그러나 창조주의 관점에서 보면 단지 창조에 걸린 6일간을 포함하여 그 이후로 지금까지 약 6,000년 정도의 기간인 것이다.

이상의 설명에서 알 수 있는 것처럼 우주의 나이(The Age of Universe)는 창조주의 관점에서 본 성경적 시간(또는 창조 시간)으로 볼 때, 빅뱅 때부터 오늘까지 창조의 6일간을 포함하여 약 6,000년의 시간이 흘렀으나, 우리가 사용하고 있는 인간이 과학적으로 측정한 시간으로는 약 137억년이 흘렀다고 말할 수 있다는 것이다.

따라서 과학은 점점 더 성경의 내용을 과학적으로 해석할 수 있는 방향으로 발전하여 왔음을 알 수 있다. 따라서 앞으로 되도록 많은 과학자들과 신학자들이 만나서 각자 자신들의 입장에서 주장하는 의견을 교환하고 서로 다른 의견의 폭을 좁혀가는 일은 과학기술의 발전에 따라 급속도로 발전하는 물질문명과 조화를 이루기 위해서도 매우 중요하다고 생각된다. 따라서 앞으로 과학기술 분야와 신학 분야가 함께하는 학술회의 등의 만남을 통해서 토론하는 것이 중요하다고 생각된다. 신학과 과학은 어쩌면 똑같은 것을 서로 다른 관점에서 바라보면서 서로 상대방을 외면하고 있는지도 모르는 일이다.

상대성 이론에 의한 설명으로 성경에서 이해하기 어려운 많은 부분이 설명이 가능하게 되어서, 창세기 1장 3절에는 "하나님이 이르시되 빛이 있으라(생겨라) 하시니 빛이 있었고(생겼다, 나타났다)"(And God said, "Let there be light," and there was light.")라고 기록되어 있는 것은 과학적인 측면에서 매우 중요한 의미를 갖는다고 생각된다. 즉, 아인슈타인의 특수 상대성 이론에 의하면 에너지 상태인 빛은 물질(질량)과 등가 관계이므로, $E=mc^2$ (E는 energy, m은 질량, c는 빛의 속도)의 관계식에서 빛이 일단 생겨나게 되면,

그것으로부터 만물의 원료(재료)인 물질이 생겨날 수 있게 되는 것이다.

성경에 의하면, 태초에 아무것도 없는 상태에서 하나님이 빛을 만드신 것이다. 그런데 성경에는 하나님이 곧 빛이라는 것이다[(요일 1:5) 하나님은 빛이시라(God is light)]. 그런데 이 빛 자체가 하나님이라면, 이 세상의 모든 것은 하나님으로부터 만들어진 것이며, 이것은 매우 흥미로운 사실이다. 이 우주의 주인이신 하나님이 처음부터 스스로 빛으로 존재하시면서 창세기 1장에서처럼 스스로 '빛이 있으라고(생겨나라고)' 선언하시면서 나타나는 것은 어려운 일이 아닐 것이다. 이와 같이 처음부터 우주의 주인이신 하나님으로 존재하는 빛으로부터 과학적 원리에 의해서 이 세상에 만물이 생겨나고 사람도 생겨날 수 있는 환경이 처음부터 조성되어 있었다는 것이다.

그리고 빛이 곧 물질이 될 수 있다는 이 질량-에너지 등가원리는 아인슈타인이 발견한 상대성 원리이며, 아인슈타인은 상대성이론과 함께 하나님의 창조의 원리를 발견해낸 것이 된다. 아인슈타인은 성경에 기록된 창조의 원리를 설명할 수 있게 한 것이다. 그러나 과학적 지식은 밝혀진 만큼만 설명할 수 있는 것이다. 성경의 내용을 모두 설명하려면 설명할 수 있을 만큼의 과학적 지식이 밝혀져야만 하는 것이다. 인간이 깨달아 알게 된 지식의 한계 바깥의 것에 대해서는 알 수가 없고, 또 설명할 수도 없는 것이다. 과학과 우주의 탐구가 계속되고 있기 때문에 언젠가는 더 많은 사실이 밝혀지게 될 것이다. 결국 하나님도 과학적으로 밝혀지게 될 것이라는 말이 된다.

2.2 고대 이스라엘 역사 속에 계시 된 하나님의 인류 구원의 계획

■ 아브라함이 여호와 하나님으로부터 고대 이스라엘의 처음 선지자로 부르심을 받기 전에는 유프라테스강 동쪽에서 다른 신들을 섬기며 살고 있었으나, 하나님이 아브라함과 그의 가족을 가나안 땅으로 불러내셨다(수 24:1~2, 15). 그리고 하나님은 아브라함의 믿음을 보시고 '의인'으로 인정하셨는데(창 15:6), 이는 인류를 죄에서 구원하기 위해서였다. ■

아브라함이 하나님의 부르심을 받다.

고대 이스라엘의 대표적인 선지자(예언자) 중에 활동 시기가 오래된 시기부터 들면, 최초로 인정받고 있는 선지자는 아브라함(BC 2056~BC 1881)이다.

[(수 24:2) 그 때에 여호수아가 온 백성에게 말하였다. "주 이스라엘의 하나님이 이렇게 말씀하셨습니다. '옛날에, 아브라함과 나홀의 아비 데라를 비롯한 너희 조상은 유프라테스 강 건너에 살면서 다른 신들을 섬겼다.'"]

아브라함이 처음 유프라테스강 동쪽에서 살고 있을 때는 이스라엘의 여호와 하나님을 섬기지 않고 다른 신들을 섬기고 있었으나(수 24:2) 하나님의 부르심을 받고 나서부터 하나님을 믿음으로써 의인으로 인정받고(창 15:6), 하란을 거쳐 가나안 땅으로 가서 이스라엘 민족의 족장으로서 그의 부족을 다스리게 된다. 그는 하나님의 구원 계획에 따라, 오직 하나님의 말씀을 믿고 의지하여 그의 부족과 후손들을 하나님께로 인도하기 위해 하나님의 말씀을 가르치고 전하는 선지자로 살았다.

2.3 히브리사상과 그리스사상

■ 히브리사상(Hebraism)과 유대교(Judaism), 그리고 그리스사상(Hellenism). 기독교(Christianity)를 품은 유대교(Judaism). 이신칭의(以信稱義, 以信得義, Justification by Faith): 하나님을 믿음으로 의인이 되는 것: 유대교(아브라함)에서 유래. 예수 그리스도께서 나의 죄 때문에 십자가에서 피를 흘려 돌아가신 것을 믿고 나의 죄를 회개하고 하나님께 의지하면 의인이 될 수 있다는 것에서 나온 기쁜 소식(복음) ■

‘의인’이란?

“아브람(아브라함)이 여호와를 믿었으므로 여호와께서는 이 믿음 때문에 그를 의롭게 여기셨다.”(창 15:6). 소돔과 고모라에는 ‘하나님을 믿는(창 15:6) 의인’ 10명을 찾을 수 없었다. 즉, 하나님을 믿는 사람이 10명이 되지 못했고, 그로 인해서 소돔과 고모라는 멸망당했다.(창 18장~19장) 즉, 하나님을 믿지 않는 것은 곧 멸망으로 가는 길임을 암시해주고 있다.

세상 사람들 중에는 의인이 없다고 성경은 다음과 같이 말하고 있다.

① (전 7:20) “항상 옳은 일만 하고 죄를 짓지 않는 의인은 세상에 하나도 없다.”

② (롬 3:10~12) [10] 그것은 이렇게 기록된 성경 말씀과 같습니다. “의로운 사람은 없으니 하나도 없으며 [11] 깨닫는 사람도 없고 하나님을 찾는 사람도 없다. [12] 모두 진리에서 떠나 쓸모없게 되었고 선을 행하는 사람이 없으니 하나도 없다.”

앞에서와 같이 하나님을 믿고 의지하지 않으면 의롭지 못한 이 세상 사람들은 멸망당할 수밖에 없다고 성경은 말해주고 있다. 따라서 하나님을 믿고 의지하는 것만이 사람이 이 세상에서 살아갈 수 있는 유일한 길인 것을 성경은 말해주고 있다.

이것을 잘 아시는 하나님께서는 세상을 구원하기 위해서 예수 그리스도를 세상에 보내신 것이다. 다시 말하면, 하나님께서 직접 사람의 몸을 입고 예수님의 모습으로 세상에 오신 것이다.

따라서 신약시대에 와서, 하나님께서는, 죄 많은 세상 사람들을 죄악으로부터 구원하시려고 하나님 스스로 예수 그리스도의 모습을 입고 이 세상에 오셔서 죄 많은 사람들을 대신하여 십자가에서 처참하게 못 박혀 죽으시는 모습을, 믿음이 없는 세상의 죄 많은 사람들에게 보여줌으로써, 그들이 고난당하시는 예수님을 직접 바라보게 하시고, 자기 죄를 회개하고 하나님을 믿고 의지하도록 함으로써 죄인들을 구원에 이르도록 하고자 하신 것이다.

예수 그리스도께서는 이렇게 자신을 십자가에서 하나님께 드리는 희생 제사를 보여줌으로써, 세상의 모든 사람이 예수님을 본받아 스스로 회개하고 예수님을 믿고 따르게 하여, 하나님으로부터 구원을 받도록 하는 것이 예수님의 가르침, 즉 기독교(그리스도교)의 복음이다.

따라서 죄인인 우리는 예수 그리스도를 통해서 우리가 죄를 회개하고 하나님을 믿음으로써 죄 사함을 받고 새사람, 즉 그리스도인(Christian)으로 다시 태어나게 된다는 것이 복음(Good News, 기쁜 소식)이며, 이것이 기독교의 진리이다.

이렇게 천지창조와 아브라함으로부터 시작된 유대교(Judaism)의 경전인 구약성경과 예수 그리스도의 가르침인 신약성경의 복음에 의해서 그리스도교(기독교, Christianity)가 새롭게 출발하게 된 것이다. 이러한 변화의 과정은 바울의 기독교 선교활동에서 잘 보여주는 신약성경의 바울서신에서 잘 나타나 있다.

2.4 고대 그리스의 신화전설과 문학작품 및 역사 속에 계시 되신 하나님

그리스 문학가들이 쓴 신화와 전설 속에 은밀하게 내재하고 계신 하나님!

고대 그리스 신화의 주요 내용은 이미 선사시대에 형성되었고, B.C. 3000년 이래 지중해에는 크레타섬을 중심으로 하는 크레타 문명이 형성되었는데, 이것이 마침내 커다란 영향력을 가지게 되어 그리스 본토에까지 퍼져 모든 면에 영향을 끼쳤다. 한편 B.C. 2000년경부터 아카이아인(人)이라고 하는 그리스 민족이 북방으로부터 펠로폰네소스반도로 남하하여, 문화적으로도 세력을 뻗쳐 미케네 문화가 형성되기에 이르렀다.

다시 B.C. 12세기에는 도리스인이라고 하는 그리스 민족이 침입하여 먼저 그리스에 들어온 민족은 새로 들어온 민족에게 정복당하기도 하고, 지중해로 도망쳐 소아시아로 이동하기도 하였다. 이 같은 이주민과 그리스 본토의 선주민들이 섞여 고대 그리스 문명과 문화를 이루었기 때문에 신화와 전설에서도 자연히 여러 가지 요소가 혼합되어 나타나기도 했다.

그리스 문학가들이 하나님의 계시를 받아 쓴 문학작품

그리스에는 고대로부터 신화와 전설을 주제로 호메로스(Homeros, B.C. 800?~B.C. 750)와 헤시오도스(Hesiodos, B.C. 7세기경 활동)를 비롯한 고대 그리스 문학가들이 사람들에게 교육적이면서 영감, 즉 신(하나님)의 계시를 내포하는 문학작품을 많이 썼다.

이 작가들이 고대 그리스 신화를 바탕으로 하는 문학작품을 써서 인류 역사에 중요한 역할을 하게 된 것은, 특별한 영감을 통해 신(하나님)과 교류함으로써 인류의 미래를 위한 비전을 찾기 위한 심오하고 열정적인 노력 때문이었다.

당시 위대한 정치가 페리클레스(Pericles, B.C. 495~B.C. 429)는 그리스 본토는 물론 식민지 시칠리아에 이르기까지 극장을 짓고 아이스킬로스(Aeschylos, B.C. 525?~B.C. 456) 등 비극작가들의 비극작품을 상연함으로써 그리스의 학문과 그리스 비극이 전파되어 그리스인들을 교육함으로써 그리스의 문화는 크게 융성·발전하였으며, 그리스의 학문과 민주주의가 크게 발전하였다.

아직 교육기관이 충분히 발전하지 않았던 이 시기에 신화를 내용으로 하는 문학작품이 극장에서 상연됨으로써 많은 사람에게 교육적인 영향을 미치게 되었고, 특히 정치가나 사회 지도층들에게 영향을 줌으로써, 올바른 통치와 리더십, 그리고 하나님의 뜻을 나타내는 민주주의가 발전하는 계기를 만들었다. 또한, 종교와 신앙은 물론, 인간의 올바른 삶과 미래에 대해 진지하게 생각하게 함으로써 인류의 현재의 삶뿐만 아니라 인류의 미래를 위해 하나님이 어떤 비전을 제시해주고 있는지에 대해 생각하게 했다.

이처럼 앞에서 제시한 이스라엘의 선지자들과 그리스의 훌륭한 문학 작가들이 그들의 작품 속에 그들의 열정과 영감을 통해 하나님이 보여주시는 의미심장한 계시를 인류의 미래를 위해 전하고 또 기록으로 남겼다.

이와 같은 역사적 사실을 살펴볼 때, 그리스에서는 민주주의가 일찍 발달하였고, 소크라테스(Socrates, BC 470년경~BC 399), 플라톤(Plato, B.C. 427~B.C. 347), 아리스토텔레스(Aristotle, BC 384~322) 등의 위대한 학자들이 탄생하였으며, 플라톤은 도시 북서쪽의 케피수스 강 근처에 아카데미아(Akademea)를 세우고 젊은이들에게 학문을 가르쳤고, 아리스토텔레스는 리케이온(Lykeion)을 세웠으며, 특히 아리스토텔레스는 산책로를 오가며 강의와 토론을 했기 때문에 리케이온에서 공부하는 학생들인 소요학파(逍遙學派)를 길러낸 것은 결코 우연이 아니라고 할 수 있을 것이다.

비극이 상연된 그리스 지역에 그리스 문화(Hellenism)가 꽃을 피우다.

당시의 정치가 페리클레스(Pericles, B.C. 495~B.C. 429)는 비극작가 아이스킬로스(Aeschylos, B.C. 525?~B.C. 456)를 후원하여 고대 그리스의 비극을 상연하기 위해서 아테네를 비롯한 그리스 지역은 물론 시칠리아와 같은 먼 식민지에까지 극장을 짓고 상연함으로써, 사람들이 인간의 내면에 깊숙이 파고드는 비극을 보고 눈물을 흘리는 카타르시스(Catharsis)를 경험하고 또 지적·영적 향상을 하게 하였다. 그리하여 그리스인들의 마음속에 잠재하고 있는 하나님의 뜻과 계시를 깨달을 수 있는 경지에 이르도록 그들을 교육하여, 그리스를 문화선진국으로 만들었다.

이렇게 하여 그리스의 위대한 정치가 페리클레스의 출현으로 마침내 인류 역사상 처음으로 그리스에 민주주의를 실현하였다. 이때 고대 그리스의 비극을 발전시킨 3대 비극작가로서 아이스킬로스를 비롯하여 소포클레스(Sophocles, B.C. 496~B.C. 406)와 에우리피데스(Euripides, B.C. 484~B.C. 406)를 들 수 있다.

특히 페리클레스는 아이스킬로스를 도와서 B.C. 472년 디오니소스 비극경연 대회에서 우승을 차지한 그의 비극작품 '페르시아인들'이 아테네는 물론 멀리 식민지 시칠리아에서도 상연되도록 원형극장을 건설하여 후원하였다. 그는 그리스가 미래 세계를 가르치고 문명화하는데 역할을 할 수 있도록 노력한 하늘이 내린 위대한 지도자였다. 그는 미래 세계를 어떻게 교육하고 이끌어가야 할 것인지의 비전을 찾아내기 위해 그의 주변에는 항상 학자와 전문가들을 두고 대화했으며, 주변 사람들과 소통을 소홀히 하지 않았다.

고대 그리스의 민주주의는 결코 우연히 싹튼 것이 아니라 당시 수준 높은 학자들이 영감을 통해 글을 쓰고, 페리클레스와 같은 훌륭한 지도자들이 그 작품들 속에서 하나님이 제시해주는 비전을 실현할 수 있도록 후원함으로써 그리스 문명, 즉 헬레니즘(Hellenism)을 꽃피울 수 있도록 리더십을 발휘한 결과일 것이다.

2.5 알렉산더 대왕의 진군(進軍)에 따라 헬레니즘문명(Hellenism)과 함께 기독교가 지중해 세계를 넘어 헬라제국 전체로 확대·전파되고, 다시 로마제국 전체로 퍼져나가 세계적인 종교가 되었다!

> 알렉산더 대왕 시대의 헬레니즘 문명과 로마제국이 열어준 길을 따라 기독교 전파에 일생을 바친 바울의 열정

아리스토텔레스가 길러낸 제자인 마케도니아의 알렉산더(BC 356~323) 대왕이 그리스의 헬레니즘(Hellenism) 문화권을 지중해 전 지역은 물론 그 너머까지 확대하고 헬라어(그리스어)를 공용어로 만든 것이 전 세계에 헬라어로 기록된 성경을 통해 기독교가 전파되게 한 계기가 되었다.

이처럼 위대한 그리스인들의 영향으로 그리스에서 발달한 문명과 문화가 알렉산더 대왕의 진군에 따라 헬레니즘 문화권 전체로 퍼져나가게 되자, 유대교 사상(헤브라이즘, Hebraism)[19]과 유대교에서 발전한 기독교 역시 헬레니즘(Hellenism)[20] 문화권 전체로 전파되는 계기가 만들어지게 되고, 이후에

19) 헤브라이즘(Hebraism, 히브리 사상)[히브리 사상에서 유대교(Judaism)가 나옴]: 고대 히브리인의 사상·문화 및 그 전통. 특히 유대교와 기독교의 전통을 총괄하여 말함. 헬레니즘과 함께 유럽 사상·문화의 2대 원류를 이룸.

20) 헬레니즘(Hellinism, 고대 그리스 사상): 1. 그리스적인 사상·문화에서 유래하는 정신. 2. 알렉산더의 동방 원정 이후, 그리스와 오리엔트가 서로 영향을 주고받음으로써 생긴 역사적 현상. 세계 시민주의·개인주의적 경향이 있으며, 자연 과학이

유대교와 기독교가 헬레니즘 문화권 전체로 확산되었다.

그 후에 헬라제국에서 더 넓은 로마제국의 시대로 바뀌면서 또다시 기독교가 세계적인 언어인 라틴어를 통하여 로마로부터 로마제국 전체로 뻗어나간 도로망을 따라 기독교가 더 넓은 세계로 더 널리 퍼져나가게 된 것이다.

훗날 헬라제국의 헬레니즘과 로마제국의 라틴 문화권에서 자라난 다소 사람 바울(사울)이 유대교에서 기독교로 회심하면서, 기독교는 헬라제국에서 더 넓은 로마제국으로 퍼져나가는 데 큰 기여를 하게 되었다.

(1) 바울의 기독교 전파 노력으로 헬라(그리스) 문화권에서 로마 문화권으로 확대된 기독교의 영향력

① 사람들이 기독교인이 되면서 율법으로부터 자유로운 하나님의 자녀가 되었다.

② 바울이 기독교로 회심하여 이방세계[아시아(갈라디아 등)·마케도니아(빌립보 등)·그리스(아테네와 고린도)·로마 등]에 기독교 선교활동을 하였다.

아브라함이 하나님을 믿게 되면서부터(창 15:6) 형성된 유대교를 거쳐 예수 그리스도께서 세상에 오시면서 사람들이 하나님 즉 예수 그리스도를 믿게 되는 기독교가 탄생하였다.

예수님의 제자들 중에 태어나면서부터 유대교 신자이던 바울이 처음에는 기독교도들을 박해하였으나, 기독교도들을 잡아들이기 위해 다메섹(다마스커스)으로 가던 길에서 환상 중에 부활하신 예수님을 만나서 기독교로 회심하게 되고, 그 이후로는 주로 유대인 디아스포라들이 살고 있는 이방 지역을 다니며 디아스포라 유대인들이 세운 회당을 중심으로 유대인들과 이방인들에게 기독교를 전도하기 시작하였다.

이렇게 이방지역에서 기독교를 전도하면서 교회를 세우는 일에 열심을 다

발달함. 시대 범위로서는 알렉산더의 동방 원정(334 B.C.)부터 로마의 이집트 병합(30 B.C.)까지, 지역적으로는 그리스·마케도니아 및 알렉산더의 원정 지역이 포함됨. 헤브라이즘과 함께 유럽 문화의 2대 원류(源流)임.

하면서, 이제는 이전과는 반대로 오히려 유대교를 섬기는 유대인들로부터 바울이 극심한 박해를 받게 된다.

바울과 실라가 2차 선교여행 때 아시아 지방의 이방인들에게 기독교를 선교하던 중에, 성령님이 아시아 전도를 막으시고 서양으로 오라는 환상을 보고, 선교의 방향을 서양으로 돌려서 마케도니아와 그리스 등 서양에 먼저 기독교를 전하게 된다(행 16:6~12).

■ (행 16:6~12)([6] 성령님이 아시아에서 말씀 전하는 것을 막으시므로 그들은 브루기아와 갈라디아 지방을 지나 [7] 무시아에 이른 후에 비두니아로 가려고 하였으나 성령님이 그것을 허락하시지 않았다. [8] 그래서 그들은 무시아를 지나 드로아로 내려갔다. [9] 그 날 밤 바울이 환상을 보았는데 어떤 마케도니아 사람이 서서 그에게 "마케도니아로 건너와 우리를 도와주십시오." 하고 간청하였다. [10] 바울이 그 환상을 본 후에 우리는 하나님이 마케도니아 사람들에게 기쁜 소식을 전하라고 우리를 부르신 것으로 판단하고 곧 떠날 준비를 하였다. [11] 그 길로 우리는 드로아에서 배를 타고 곧장 사모드라게로 갔다가 다음 날 네압볼리를 거쳐 [12] 빌립보로 갔다. 그 곳은 마케도니아의 첫째가는 도시로서 로마의 식민지였다. 우리는 며칠 동안 거기서 머물렀다.) ■

(2) 바울의 서양세계에 대한 적극적인 기독교 전도

인류에게 진리 · 자유 · 정의 위에 기독교의 '칭의'를 전하고 사랑을 가르친 바울

사도 바울은 다음과 같이 서양 세계에 먼저 예수 그리스도를 전한다. "[8] 전에 여러분이 하나님을 알지 못했을 때는 실제로 있지도 않은 신들에게 종이 되었습니다. [9] 그러나 이제는 여러분이 하나님을 알고 하나님도 여러분을 아십니다. 그런데 왜 여러분은 약하고 무가치하며 유치한 율법으로 되돌아가 다시 종이 되려고 하십니까?"(갈 4:8~9) 라고 말한다. 즉, 유대교의 전통인 구약의 율법에 얽매이지 말고 그리스도의 가르침인 기독교의 하나님을 믿는 믿음으로 자유인이 되라고 말하고 있다. 그리고는 "그리스도께서 우리를 해방시켜 자유의 몸이 되게 하셨으니 여러분은 굳게 서서 다시는 종노릇하지 마십시오."(갈 5:1)라고 말한다.

"[24] 그래서 율법은 우리를 그리스도에게로 인도하는 가정교사 구실을 하여 우리가 믿음으로 의롭다는 인정을 받도록 하였습니다. [25] 믿음의 시대가 왔으므로 이제는 우리가 율법 아래 있지 않습니다. [26] 여러분은 다 믿음으로 그리스도 예수님 안에서 하나님의 아들이(자녀가) 되었습니다. [27] 누구든지 그리스도와 연합하는 세례를 받은 사람은 그리스도로 옷을 입은 것입니다. [28] 여러분은 다 그리스도 예수님 안에서 하나가 되었으므로 유대인이나 그리스 사람(헬라인, 이방인)이나 종이나 자유인이나 남자나 여자나 차별이 없습니다. [29] 여러분이 만일 그리스도에게 속한 사람이라면 여러분은 아브라함의 후손이며 하나님이 약속하신 것을 받을 상속자들입니다."(갈 3:24~29).

따라서 기독교를 믿게 된 사람들은 유대교(구약)의 율법으로부터 자유롭게 되어 자유를 누리면서 진리와 정의와 사랑을 실현하는 하나님의 자녀가 된 것이다.

2.6 헤브라이즘(Hebraism, 유대교 사상)과 아브라함 - 여호와 하나님이 아브라함과 하신 약속 -

(1) 하나님이 아브라함에게 아들을 주시겠다고 약속하다.

믿음의 능력

(창 18:1~15) [1] 여호와께서 마므레 상수리나무 숲 근처에서 아브라함에게 나타나셨다. 한낮의 가장 더운 시간에 아브라함이 자기 천막 입구에 앉았다가 [2] 눈을 들어 보니 세 사람이 자기 맞은편에 서 있었다. 아브라함은 그들을 보는 순간 즉시 달려 나가 그들을 맞으며 얼굴을 땅에 대고 엎드려 [3] 이렇게 말하였다. "내 주여, 내가 주께 은혜를 입었다면 주의 종을 그냥

지나가지 마소서. [4] 물을 조금 가져올 테니 발을 씻으시고 이 나무 아래 쉬소서. [5] 내가 먹을 것을 가져오겠습니다. 이왕 종에게 오셨으니 음식을 잡수시고 힘을 얻으신 다음에 갈 길을 가소서." 그러자 그들은 "좋다. 네 말대로 하라."고 대답하였다. [6] 그래서 아브라함이 급히 천막으로 들어가 사라에게 "당신은 제일 좋은 밀가루 한 됫박을 가져다가 서둘러 빵을 좀 만드시오." 하였다. [7] 그리고서 그가 소떼 있는 곳으로 달려가 연하고 살진 좋은 송아지 한 마리를 골라 하인에게 주자 그가 급히 요리를 하였다. [8] 아브라함은 버터와 우유와 요리한 송아지 고기를 가져다가 그들 앞에 놓고 나무 아래서 그들이 음식을 먹는 동안 그들 곁에 서 있었다. [9] 그들이 "네 아내 사라가 어디 있느냐?"하고 묻자 아브라함은 "천막 안에 있습니다."하고 대답하였다. [10] 그때 여호와께서 "내년 이맘때에 내가 반드시 너에게 돌아올 것이니 네 아내 사라에게 아들이 있을 것이다."하고 말씀하셨다. 이때 사라는 그 뒤 천막 입구에서 듣고 있었다. [11] 아브라함과 사라가 나이 많아 늙었고 사라는 갱년기도 지났으므로 [12] 혼자 속으로 웃으며 "내가 노쇠하였고 내 남편도 늙었는데 내가 어떻게 아이를 낳을 수 있겠는가?"하고 중얼거렸다. [13] 그때 여호와께서 아브라함에게 말씀하셨다. "어째서 사라가 웃으며 내가 늙었는데 어떻게 아들을 낳을 수 있겠는가? 하고 중얼거리는가? [14] 나 여호와에게 불가능한 일이 있겠느냐? 내년 정한 때에 내가 너에게 돌아 올 것이니 사라에게 아들이 있을 것이다." [15] 사라는 두려워서 자기가 한 말을 부정하며 "나는 웃지 않았습니다."하고 거짓말하였으나 여호와께서는 "아니다. 너는 웃었다."하고 말씀하셨다.

하나님이 100세가 된 아브라함과 90세가 된 사라에게 아들을 주시겠다고 약속하신 것은 인간으로서는 불가능한 일이라도 하나님은 반드시 가능하게 해주신다는 것을 믿는 믿음을 주시려는 의도였다.

그러나 우리가 인간적으로 생각할 때 현재의 의학으로 이것은 불가능하다고 생각할 것이다. 그러나 믿음은 불가능을 초월하는 능력이 있음을 말해주고 있는 것이다.

(2) 하나님이 아브라함에게 원대한 교육의 비전을 밝히시다.

하나님이 아브라함을 의인으로 삼으시고, 그에게 하나님의 원대한 계획을 밝히시다. 아브라함은 막강한 나라의 조상이 될 것이다. 세상의 모든 민족이 그를 통해 복을 받을 것이다(인류에게 약속하신 하나님의 비전) 하나님이 아브라함을 택한 것은 자기 자녀들과 후손들을 잘 인도하여 의롭고 선한 일을 하게 하여 경건하게 살도록 하기 위해서이다(인류의 미래를 위한 교육의 중요성). 그렇게 함으로써 여호와는 아브라함에게 한 모든 약속을 이행할 것이다.

(현대인의 성경)(창 18:16~33) [16] 그 사람들이 거기서 일어나 소돔으로 향하자 아브라함은 그들을 전송하려고 함께 떠났다. [17] 그때 여호와께서 말씀하셨다. "내 계획을 아브라함에게 숨겨야 하겠느냐? [18] 아브라함은 막강한 나라의 조상이 될 것이며 세상의 모든 민족이 그를 통해 복을 받을 것이다. [19] 내가 아브라함을 택한 것은 그가 자기 자녀들과 후손들을 잘 인도하여 의롭고 선한 일을 하게 하여 경건하게 살도록 하기 위해서이다. 그렇게 함으로써 나 여호와는 아브라함에게 한 모든 약속을 이행할 것이다."

(3) 소돔을 구하기 위한 아브라함의 중재: 의인 10명을 찾으신 하나님!

(창 18:20~33) [20] 그리고 여호와께서 아브라함에게 말씀하셨다. "소돔과 고모라 사람들이 아주 악하여 큰 죄를 짓고 있다는 말이 들린다. [21] 이제 내가 내려가서 그것이 사실인지 알아보아야겠다." [22] 그래서 두 사람은 계속 소돔을 향해 갔으나 여호와께서는 아브라함과 함께 그대로 머물러 계셨다. [23] 그때 아브라함이 여호와께 가까이 나아가 말하였다. "주께서 정말 의로운 사람을 악한 사람과 함께 멸망시키시겠습니까? [24] 만일 그 성에 50명의 의로운 사람이 있다면 어떻게 하시겠습니까? 그래도 그 성을 멸망시키시겠습니까, 아니면 50명의 그 의로운 사람을 생각해서 그 성을 용서하시겠습니까? [25] 주께서는 의로운 사람을 악인들과 함께 죽일 수는 없습니다. 어떻게 의로운 사람을 악한 사람과 같이 취급할 수 있습니까? 온 세상을 심판하시는 분이 그렇게 해서는 안 됩니다." [26] 그러자 여호와께서 말씀하셨

다. "만일 내가 소돔성에서 의로운 사람 50명을 찾을 수 있다면 그들을 생각해서 그 성을 용서하겠다." [27] "티끌과 같은 내가 감히 주께 말씀드립니다. [28] 만일 의로운 사람이 45명이라면 어떻게 하시겠습니까? 다섯 명이 부족하다고 해서 그 온 성을 멸망시키시겠습니까?" "내가 만일 의로운 사람 45명을 찾을 수 있다면 그 성을 멸망시키지 않겠다." [29] "만일 거기서 40명을 찾으시면 어떻게 하시겠습니까?" "내가 그 40명을 생각해서 그 성을 멸망시키지 않겠다." [30] "주여, 염치없이 말한다고 노하지 마소서. 만일 거기서 30명을 찾으신다면 어떻게 하시겠습니까?" "내가 거기서 30명을 찾아도 그 성을 멸망시키지 않겠다." [31] "내가 또 감히 주께 말씀드립니다. 거기서 20명을 찾으시면 어떻게 하시겠습니까?" "그 20명을 생각해서 내가 그 성을 멸망시키지 않겠다." [32] "주여, 노하지 마소서. 내가 한 번만 더 말씀드리겠습니다. 만일 그 성에서 의로운 사람 10명을 찾으신다면 어떻게 하시겠습니까?" "의로운 사람이 10명만 있어도 내가 그 성을 멸망시키지 않겠다." [33] 여호와께서는 아브라함과 말씀을 마치신 후 즉시 떠나시고 아브라함은 자기 천막으로 돌아왔다.

(4) 신앙교육을 받지 않아서 믿음이 없는 사람밖에 없는 죄악의 도시 소돔과 고모라는 의인 10명이 없어 멸망당하다!

의인은 없으며 하나도 없다(롬 3:10)

이때 소돔과 고모라에 죄악이 창궐하여 하나님은 이 도시들을 멸망시키려고 아브라함에게 말하자, 아브라함이 의인과 함께 멸망시키지 말아달라고 부탁하여, 그 도시에서 의인 10명을 찾을 수 있으면 멸망시키지 않겠다는 응답을 받았으나, 결국 의인 10명을 찾을 수 없었던 하나님께서는 소돔과 고모라를 멸망시키고 말았다. 여호와 하나님께서 이렇게 말씀하신 후에 아브라함은 소돔과 고모라가 멸망당하는 것을 아브라함이 직접 목격하게 된다.

이처럼 하나님은 회개하지 않는 죄에 대해서는 매우 단호한 모습을 보이셨다.

(5) 죄악의 도시 소돔과 고모라가 멸망당하는 비참한 모습

소돔과 고모라의 마지막 멸망의 모습은 다음과 같다.

(창 19:24~28) [24] 그때 여호와께서 소돔과 고모라 성에 하늘에서 유황과 불을 비처럼 쏟아 [25] 그 성들과 온 들과 거기에 사는 모든 사람들과 땅에서 자라는 모든 것을 완전히 소멸하셨다. [26] 그러나 롯의 아내는 뒤를 돌아보았기 때문에 소금 기둥이 되었다. [27] 그 날 아침에 아브라함이 일찍 일어나 전날 여호와 앞에 섰던 곳으로 가서 [28] 소돔과 고모라와 그 온 들을 바라보니 그 땅에서 시커먼 연기가 치솟아 오르고 있었다. [29] 하나님은 롯이 살던 들의 성들을 멸망시키실 때에 아브라함을 생각하셔서 롯이 그 재앙을 안전하게 피할 수 있도록 하셨다.

2.7 유대교 사상의 영향을 받은 '그리스 비극'이 헬레니즘과 '기독교' 탄생에 영향을 주다.

(1) 유대교와 그리스도교(기독교)의 근원이 된 그리스 비극

고대 그리스 문명, 즉 헬레니즘(Hellenism, 그리스 사상)을 꽃피운 고대 그리스에는 비극(悲劇, 영어의 Tragedy)이 발달해 왔으며, 영웅적 인물의 운명을 주제로 묘사하면서 불행한 결말을 맺게 되는 대표적인 극양식인 비극이 상연되고 있었다. 영어의 비극(Tragedy)이라는 말은 고대 그리스어에서 비롯된다. 이 말의 어원이 되는 '트라고이디아(Tragoidia; 그리스어)'는 어린양(숫양)을 뜻하는 트라고스(Tragos, τραγος; 그리스어)(창22:7, 13)와 노래를 뜻하는 오이데(Oide; 그리스어)의 합성어이다.

그런데 여기서 숫양이란 무엇인지 알아보기로 한다. 고대 이스라엘에서는 하나님께서 의인으로 택하신(창 15:6) 아브라함이 진정으로 하나님을 두려워하여 순종하는지를 시험하기 위해서 그의 사랑하는 외아들 이삭을 데리고 모리아 땅으로 데려가서 하나님께 번제물로 바치라고 하셨다. 이에 아브라함은 하나님께 순종하여 이삭을 번제물로 바치기 위해 하나님께서 정해주신 모리아 땅으로 가서 제단 장작 위에 이삭을 묶어 올려놓고 아브라함이 칼로 잡으려고 하는 비극적인 순간에 하나님은 아브라함에게 칼을 멈추게 하셨다. 바로 그때 그 숫양[트라고스(Tragos, τραγος)]의 뿔이 수풀에 걸려있었는데, 그것은 하나님이 아브라함에게 이삭 대신 숫양을 번제물로 주신 것이다(창 22:1~13).

이 비극적인 사건에 희생된 숫양을 뜻하는 '트라고스(Tragos, τραγος)'가 결국 '비극'을 의미하는 영어의 'Tragedy'라는 단어가 된 것이다.

이렇게 아브라함이 그의 외아들 이삭을 대신하여 하나님이 준비하신 숫양을 희생 제물로 바친 사건(창 22: 1~13)을 고대 그리스에서 비극['트라고이디아(Tragoidia)']이라고 하는 것은 결코 우연한 일이 아닌 의미 있는 놀라운 사건이다.

여기서 영어의 '비극(Tragedy)'이라는 말이 유래하고 있다고 볼 수 있다. '그리스 비극'을 상연할 때는 음악이 흘러나오기 때문에, 앞에서 비극의 어원을 밝힌 대로, 비극['트라고이디아(Tragoidia)']이라고 하는 단어는 숫양을 뜻하는 트라고스(Tragos, τραγος)(창22:7~13)와 비극을 상연할 때 무대에서 흘러나오는 노래를 뜻하는 오이데(Oide)가 합쳐져서 된 것이다.

이 비극적인 사건은 후에 예수 그리스도께서 인간의 죄를 위해 십자가에서 돌아가신 사건을 상징하는 것이라고 볼 수 있다. 따라서 이 비극적인 사건은 이미 오래 전에 예수 그리스도의 십자가 희생 사건과 함께 그리스도교(기독교)의 탄생을 예고하고 있다.

이렇게 고대 이스라엘에서 아브라함이 자기 외아들 이삭을 하나님께 번제물로 드리는 비극적 사건을 구약성경의 창세기에 기록하고 있다. 특히 그리스에는 이미 고대로부터 비극작가들이 많이 출현하여 비극작품을 많이 쓰고, 그 비극을 그리스의 극장의 무대에서 상연함으로써 그리스인들에게 기독교적인 신앙심을 고취하고 그리스를 세계적 문화선진국으로 발전시키는 데 기여한 것이라고 볼 수 있다.

이렇게 함으로써 이스라엘의 조상인 아브라함은 그의 외아들 '이삭'을 하나님의 외아들 '예수 그리스도'로 상징하면서, '이삭'을 대신하여 내어주신 숫양을 죽임으로써 자기의 귀한 아들 '이삭'을 죽음에서 구하여 생명으로 부활시키는 것을 나타내는 사건을 그리스어로 '비극' 곧 '트라고이디아(Tragoidia)'라고 하는데, 실제로 이 사건은 고대 이스라엘에서 일어난 헤브라이즘(Hebraism, 유대교 사상)에서 나온 것이며, 이것을 소재로 하여 그리스 비극작가들이 문학작품으로 써서 극장에서 '비극'을 상연함으로써 그리스 국민의 정신문화를 향상시키는 일에 기여하고 있었는데, 이 비극적 사건 속에 기독교의 근원이 숨겨져 있었던 것이다.

여기서 이삭을 대신하여 숫양이 죽는 사건은, 곧 귀한 하나님의 자녀들인 모든 인류를 대신하여 하나님 자신을 상징하는 그의 아들 예수 그리스도가 십자가의 수난을 당하도록 내어주시는 것을 상징적으로 나타내고 있다. 이것은 바로 그리스도교(기독교)의 탄생을 의미하고 있다.

이렇게 볼 때, 고대 이스라엘과 고대 그리스는 문화적 교류가 활발하였던 것으로 여겨지며, 이때부터 이미 여호와 하나님을 믿고 의지하는 유대교가 니디니게 되었고, 어기에 그리스(헬라)인들의 지성과 이성이 결합되어 기독교가 신학적으로 정립되는 계기가 마련된 것이다. 이것이 훗날 사도 바울이 그의 로마서(롬 1:16 "나는 복음을 부끄러워하지 않습니다. 이 복음은 유대 사람을 비롯하여 그리스 사람(이방인)에게 이르기까지, 모든 믿는 사람을 구원하는 하나님의 능력입니다.")에서 기록한 바와 같이, 알렉산더 대왕의 영향력과 함께 그리스문명(Hellenism)이 확장되면서, 기독교가 널리 전파되어 세계 인류를 구원하는 세계적인 복음이 될 것을 밝히고 있다.

(2) '비극'은 인간을 구원하는 힘을 지니고 있다.

아브라함이 이삭을 대신하여 숫양을 바치는 이 비극적인 사건은 예수 그리스도의 십자가의 수난(고난)을 상징하는 것이기도 하며, 예수 그리스도 역시 두려워하는 심정으로 하나님께 순종하면서 수난을 당했을 것이다. 공경하면서 두려워하는 것을 경외(敬畏)라고 하는데, 하나님을 한없이 두려워하면서 순종해야 함을 의미하는 것이다.

예수 그리스도의 십자가 수난(고난) 역시 인류 역사상 최대의 비극적인 사건이며, 이처럼 '비극'이야말로 인류를 구원하기 위한 능력이 되는 것임을 말해주고 있다.

2.8 고대 히브리 사상(Hebraism)에서 나온 유대교(Judaism)가 그리스 사상(Hellenism)을 만나 기독교가 탄생하다.

구약성경의 창세기의 기록이 B.C. 15세기에 모세에 의해서 기록된 것으로부터 생각해보면, 창세기의 아브라함과 이삭에 관한 이 이야기(창 22:1~19)는 그보다 훨씬 오래전에 이미 인접국인 그리스에 전해져서 비극작가들에게 알려지고, 극장에서 유명한 비극으로 상연되어 널리 사람들에게 알려지게 되었다.

그리하여 고대 히브리 사상(Hebraism)에서 유대교(Judaism)가 나오고, 그리스 사상(헬레니즘, Hellenism)과 만나 그리스 서사시와 그리스 비극을 꽃피우고 있을 즈음, 가나안 땅에 하나님이 예수님의 모습으로 등장하였다.

유대교(Judaism)와 그리스 사상(Hellenism)의 사이에는 이처럼 이미 오래전부터 선지자와 사상가들이 서로 교류하고 있었으며, 이것이 바로 고대 이스라엘의 선지자(예언자)들이 고대 그리스 서사시인들과 비극작가들과 만나서 교류하면서, 인류의 미래를 위해 스스로 억제할 수 없을 정도로 큰 열정을 가지고 있을 때, 하나님은 이들 비저너리(Visionary)들에게 영감을 주시고, 또 이들은 그때 떠오르는 영감을 통해 하나님의 뜻을 찾아낼 수 있었고, 그것이 결국 그리스도교(기독교)를 발전하도록 동기를 부여하게 된 것이다.

그리고 이 기독교가 하나님의 뜻에 따라 위대한 알렉산더 대왕(Alexander the Great, 재위: BC 336~BC 323)의 도도한 진군(進軍)을 따라 하나님이 미리 열어놓으신 지중해 세계를 따라 헬레니즘 문명·문화와 함께 세계로 퍼져나가게 되었다. 이렇게 열어놓은 전도의 길을 따라 바울은 먼저 서양세계에 기독교를 전했던 것이다.

바울이 본 환상: 전도의 길

바울 일행은 환상[[9] 그 날 밤 바울이 환상을 보았는데 어떤 마케도니아 사람이 서서 그에게 "마케도니아로 건너와 우리를 도와주십시오."하고 간청하였다. [10] 바울이 그 환상을 본 후에 우리는 하나님이 마케도니아 사람들에게 기쁜 소식을 전하라고 우리를 부르신 것으로 판단하고 곧 떠날 준비를 하였다.(행 16:9~10)]을 보고 이것을 계기로 하여 아테네와 고린도 등을 시작으로 유럽에 대한 기독교 전파의 문을 열었던 것이다.

이처럼 하나님은 알렉산더라는 인간에게 위대한 능력과 열정을 부여하고, 그를 통해 하나님이 하시고자 하는 일, 즉 인류가 저질러온 온갖 악행과 범죄로부터 인류를 구원하기 위해 그를 사용했던 것이다. 그래서 하나님께서는 알렉산더 대왕에게 권위와 힘과 능력과 비전을 주기 위해 먼저 위대한 그리스의 철학자 아리스토텔레스로부터 훌륭한 인격체가 되도록 가르침을 받도록 했던 것이다. 그리고 먼저 그리스어(헬라어)가 헬레니즘 세계로 퍼져나가게 되고, 성경이 헬라어로 기록되게 함으로써 기독교가 먼저 헬레니즘 문명권으로 퍼져나갈 수 있게 되었으며, 이것을 계기로 하여 앞으로 로마세계와 전 세계로 퍼져나가고, 마침내 한국에까지 전해지게 된 것이다.

하나님의 인류 구원계획과 인간의 개척정신

오늘날 인류사회를 올바로 이끌어온 사람들은 고대 히브리 사상과 고대 그리스 사상을 이끌어온 선지자, 시인, 비극작가들이며, 또한 그들에게 하나님은 스스로 억제할 수 없는 열정을 갖게 하시고, 떠오르는 영감을 통해 하나님과 하나님의 뜻을 발견하도록 하셨다. 그렇게 하여 유대교가 탄생하고 또한 그 유대교가 기독교로 발전하게 되었다.

바로 그 선지자들과 시인들과 비극작가들의 열정과 비전에서 기독교가 나오고, 또한 그 기독교에서 인류가 오늘날과 같이 발전할 수 있는 개척정신이 나오게 된 것이다.

2.9 '비극(Tragedy)'의 어원과 의미: 믿음과 하나님의 시험

비극은 인간의 정신을 높이 향상시키는 교육효과를 나타낸다! 비극(悲劇, Tragedy)은 고대 그리스 시대부터 발전해 왔으며, 영웅적 인물의 운명을 주제로 묘사하면서 불행한 결말을 맺게 되는 대표적인 극 양식이다. 비극(Tragedy)이라는 말은 고대 그리스어에서 비롯된다. 이 말의 어원이 되는 '트라고이디아(Tragoidia)'는 숫양을 뜻하는 트라고스(Tragos, τραγος) (창22:7, 13)와 노래를 뜻하는 오이데(Oide)의 합성어이다. 아브라함이 아들 이삭을 하나님께 바치는 비극적인 사건은 기독교의 세례를 의미. 숫양이 이삭 대신 희생된 사건은 예수님의 십자가 사건의 예표

고대 그리스인들은 '그리스 비극'을 감상할 때, 사람의 인격에 변화가 일어나는 것을 알고 있었던 것이다. 이렇게 하여 그리스인들은 비극을 감상하면서 겸손, 포용, 사랑과 함께 진리와 자유와 정의에 대한 균형감각은 물론 '하나님의 은혜'로 느껴지는 체험을 하게 됨으로써, 그리스의 문화와 민주주의가 함께 발전하게 된 것이다. 그래서 비극이 상연되면, 그것은 구약시대의 유대교에서 드리던 희생 제사와 같은 효과를 나타내었던 것이다. 이렇게 비극은 숫양(Tragos)의 희생과 함께 노래(Oide)를 부르며 상연되기 때문에, 비극이라는 말은 '트라고이디아'(=산양의 희생+노래=Tragoidia)라는 단어로 전해오고 있는 것이다.

하나님을 믿어서 의인으로 인정받은 아브라함이 그 믿음을 다시 한 번 더 시험을 받아야 하는 비극적 운명에 처하다: 예수님의 죽음과 부활 및 세례의 의미

구약성경(창세기 22장)에는 아브라함(탄생 추정: B.C. 2166 또는 BC 2056)이 그의 외아들인 이삭을 번제로 바치라는 하나님의 말씀을 듣고, 이삭을 데리고 모리아 산으로 간다. 아브라함이 이삭을 제단에 묶어놓고 그를 죽이기 위해 칼을 높이 쳐드는 순간, 하나님이 아브라함의 칼을 멈추게 하고, 이삭 대신 숫양을 준비해주시는 사건이 소개되고 있다.

이것은 전에 "(현대인의 성경)(창 15:6) 아브람(아브라함)이 여호와를 믿었으므로 여호와께서는 이 믿음 때문에 그를 의롭게 여기셨다."에서처럼 이미 하나님을 믿는 믿음으로 의인으로 인정받은 아브라함이, 이번에는 하나님의 지시(창 22:2)를 받고 하나님을 두려워하는 마음으로 순종하면서 그의 외아들 이삭을 번제 제물로 바치기 위해 하나님이 지시하신 모리아산으로 떠난다. 하나님으로부터 의인으로 인정받은 아브라함이 이번에는 하나님의 말씀을 두려워하는 마음으로 잘 순종하는 사람인지 그의 진정성을 시험하는 또 하나의 시험과정을 거쳐야만 하는 것이었다. 이처럼 진정한 '하나님의 사람'이란 하나님을 믿는 믿음으로 시작하여 하나님을 두려워하면서 하나님의 말씀에 진심으로 순종하는 사람을 말하는 것이라는 것을 알 수 있다.

이처럼 그리스에서 비극(Tragoidia)을 상연한 것 역시 한 인간이 완전히 새사람으로 거듭나게 하는 교육과정이었던 것이다.

■ (창 22:10)에서 아브라함이 칼을 잡고 자기 아들(이삭)을 내리치려고 하는 바로 그 순간에 인류를 위한 사랑의 하나님은 그들의 눈앞에 이삭을 대신하여 숫양[트라고스(Tragos)]을 제물로 예비해두신 것이다(창 22:13). ■

이번에는 숫양을 희생 제물로 바침으로써, '숫양'이 이삭을 대신하여 희생되어 죽는 것을 의미하며, 이것은 아브라함과 이삭에게는 하나님이 직접 보여주시는 구약시대의 전형적인 제사 행위인 동시에 희생, 즉 '죽음'이라는 하나의 '비극적 사건(Tragedy)'이며, 또한 동시에 자기 속에 살아있던 인간적인 죄인은 죽어 없어짐으로써, 죄 사함을 받고 새로운 '인격체', 즉 '새사람'인 '의인(義人)'으로 다시 태어나는 거듭남(중생, Born-again, 重生)을 의미하는 것이다. 이것이 바로 오늘날 '세례(洗禮, Baptism)'라고 불리어지고 있는 의식(儀式)인 것이다. 세례는 이처럼 엄청나게 비극적인 사건에서 비롯된 것이다.

기독교에서는 사람이 하나님으로부터 강권적인 교육과정인 세례를 받음으로써 올바른 사람인 그리스도인(Christian, 기독교인)으로 살아갈 수 있게 되는 것이다.

여기서 인간으로서 아브라함의 외아들 이삭 역시 타고난 죄성으로 인해 죽을 수밖에 없는 죄인이지만, 하나님이 그의 외아들인 예수 그리스도를 상징하는 '숫양'을, 이삭 대신 죽여 번제를 드림으로써, 이삭을 완전한 새 사람으로 다시 태어나도록 하는 것이며, 그렇게 함으로써 이삭은 마침내 이스라엘의 12지파의 조상인 야곱의 아버지가 될 수 있었던 것이다.

이삭이 지은 죄 (또는 앞으로 짓게 될 죄)를 대신하여 숫양이 대신 죽는 것은 참으로 안타깝고 슬픈 비극적인 사건이지만, 이삭이 죽음 직전까지 이르게 되는, 이와 같은 비극을 감상할 때, 죽음 직전에 이른 이삭이 숫양의 죽음으로 인해 죄 사함을 받고 새사람으로 거듭나게 되는 하나님의 은혜에 대해 기쁨과 감동의 눈물을 흘리게 되는 것이며, 이것은 또한 '비극'을 감상할 때 동반하는 카타르시스(Catharsis)를 경험하면서 동시에 부활을 경험하는 효과를 나타내는 것이라고 할 수 있다.

비극의 영어(Tragedy)의 어원이 그리스어로 숫양(Tragos)에 근거하고 있는 것으로부터, 그리스 비극의 탄생은 바로 이 비극적인 숫양의 희생(죽음)과 이삭의 생명 얻음, 곧 부활에 그 의미를 두고 있는 것이라고 볼 수 있다.

이 비극적인 사건에서, 우리 인간의 한없이 악함을 아시는 하나님께서는, 우리 인간이 지은 죄와 또 앞으로도 죄를 지을 것을 아시고, 우리 모든 인류를 귀하게 여기시고 우리 모든 인류의 죄를 구원하시기 위해서, 죄 없으신 그분의 몸이시고 아들이신 더없이 귀하신 예수님을 숫양처럼 번제물로 바치실 것을 우리에게 미리 예표(豫表)하신 것이라고 볼 수 있다.

제 3 장 출애굽과 율법과 사사와 왕과 선지자

3.1 출애굽과 율법, 사사와 왕 그리고 선지자들

하나님은 고대 이스라엘의 족장인 아브라함에 이어, 이삭, 야곱, 요셉을 지도자로 세우시고, 요셉을 통해서 이스라엘 민족을 이집트(애굽)에서 훈련시키셨다. 또 모세를 선지자와 리더로 세우셔서, 이집트에서 종살이 하던 이스라엘 사람들을 출애굽(이집트에서 해방) 시키시고, 또 모세에게 영감을 주셔서 초기 이스라엘의 역사와 십계명을 비롯한 율법을 내용으로 하는 창세기·출애굽기·레위기·민수기·신명기(모세5경) 등 중요한 구약성경을 기록하도록(BC 1445~BC 1406) 하셔서, 이스라엘과 모든 인류가 그것을 잘 지키며 올바로 살도록 하셨다.

(1) 하나님이 모세를 지도자로 세우시고 이스라엘을 출애굽 시키시다!

하나님은 이스라엘과 인류의 미래를 위해 지도자와 선지자를 세우셨다.

사람 수가 점점 늘어나면서 부족이 커지자 아브라함은 족장이면서 지도자로서 또한 선지자로서의 역할이 점점 커지기 시작하였다. 그의 외아들 이삭이 태어나고 또 이삭에게서 에서와 야곱이 태어나고, 야곱(BC 1896~BC 1749)에게서 12 아들이 태어나면서 가족이 점점 늘어나게 되었다.

야곱의 11번째 아들 요셉이 이집트제국의 바로(파라오) 아래서 총리가 되어 다스리는 기간 동안 가나안 땅에 가뭄이 들어 식량이 부족하게 되자 야곱의 자손들인 이스라엘 사람들은 이집트(애굽)로 내려가서 거기서 큰 민족을 이루게 된다(BC 1770). 그때 위대한 지도자이며 선지자인 모세(활동시기: BC 1445~BC 1406)가 태어나자, 하나님은 모세에게 이스라엘 민족을 인도하고 다스리기 위해 십계명을 비롯하여 율법을 주시고, 이스라엘 민족을 이집트의 박해에서 탈출(출애굽)하게 하여 가나안 땅으로 돌아오게(출애굽: BC 1446) 하신다. 이때 하나님은 모세에게 선지자(예언자)와 지도자의 역할을 하게 하셨다.

또 하나님은 모세에게 영감을 주시고 이스라엘 민족이 지켜야 할 십계명 등의 율법을 내용으로 하는 구약성경의 핵심인 창세기 · 출애굽기 · 레위기 · 민수기 · 신명기(모세오경)를 기록하게(BC 1445~BC 1406) 하시고, 이스라엘과 전 인류의 미래를 위한 삶의 모범과 비전으로 삼도록 하셨다.

(2) 하나님이 모세에게 주신 율법(하라, 하지 말라는 유대인의 율법 613가지)

'하라'는 긍정적인 율법(248개의 율법)과 '하지 말라'는 부정적인 율법(365개의 율법): 모세 5경인 창세기(1~3) · 출애굽기(4~114) · 레위기(115~361) · 민수기(362~413) · 신명기(414~613)에 기록된 율법 613가지

1) **창세기** (1~3)

1. 생육하고 번성하라(창 1:28).
2. 모든 유대인 남자는 할례를 받아야 한다(창 17:10).
3. 환도뼈의 큰 힘줄을 먹어서는 안 된다(창 32:32).

2) **출애굽기** (4~114)

4. 이 달을 한 해의 첫째 달로 삼아서, 한 해를 시작하는 달로 하여라.(출 12:2).
5. 유월절을 지키기 위해서 니산월 14일 오후에 흠이 없는 1년 된 수양이나 숫염소를 잡아야 한다.(출 12:5~6).
6. 유월절 양으로 바친 제물은 니산월 15일 밤에 먹어야 한다.(출 12:8).
7. 유월절에 먹는 양고기는 날로 먹거나 삶아 먹어서는 안 된다.(출 12:9).
8. 유월절 양고기는 다음 날까지 남겨서는 안 된다(출 12:10).

...

114. 안식일에는 불을 피워서는 안 된다.(출 35:3).

3) 레위기 (115~361)

115. 번제(burnt offering 또는 holocaust)에 대한 규례(레 1장)
116. 곡식 제물에 대한 규정(레 2장)
117. 곡식 제물에는 누룩이나 꿀이 들어 있어서는 안 된다.(레 2:11).
118. 모든 곡식 제물에는 소금이 빠져서는 안 된다.(레 2:13a).
119. 어떤 제물에도 소금을 빠뜨려서는 안 된다.(레 2:13b).
120. 이스라엘 온 회중이 산헤드린의 잘못된 결정으로 죄를 범하게 되면 속죄 제물을 드려야 한다(레 4:13).
121. 개인이 실수를 한 경우에도 속죄제물을 바쳐야 한다.(레 4:27~28).
122. 증인이 자기가 본 것이나 알고 있는 것을 사실대로 증언하지 않고 은닉하면 거기에 책임을 져야 한다.(레 5:1).

...

360. 가축의 십일조를 드리는 것에 관한 규정.(레 27:32).
361. 십일조로 드려야 할 가축을 팔아서는 안 된다.(레 27:33).

4) 민수기 (362~413)

362. 악성 피부병 환자와 고름을 흘리는 사람과 주검에 닿아 부정을 탄 사람은 모두 진에서 내보내야 한다.(민 5:2).
363. 하나님이 머물고 계신 진을 더럽혀서는 안 된다.(민 5:3).
364. 남에게 잘못을 한 사람은 그가 저지른 잘못을 고백하고 피해자에게 배상을 해야 한다.(민 5:6,7).
365. 아내의 간통을 밝히는 절차에 관한 규정.(민 5:12~28)
366. 아내의 간통을 밝히기 위해 바치는 제물에는 기름을 부을 필요가 없다(제 366 계명).

...

412. 살인자를 돈을 받고 목숨을 살려주어서는 안 된다(민 35:31).
413. 대제사장이 죽기 전에, 도피성으로 피한 사람에게서 속전을 받고 그

가 살던 곳으로 돌아가서 살게 해서는 안 된다(민 35:32, 33).

5) **신명기** (414~613)

414. 토라를 잘 알지 못하는 사람은 재판관이 될 수가 없다.(신 1:17).
415. 재판관은 아무도 두려워해서는 안 된다.(신 1:17).
416. 다른 사람의 것을 탐내서는 안 된다.(신 5:21).
417. 하나님은 한 분이심을 선언하는 것에 관한 규정.(신 6:4).
418. 하나님을 사랑하라.(신 6:5).
419. 자녀에게 부지런히 주의 규례와 법도를 가르쳐라.(신 6:7).
420. 매일 쉐마를 암송하라.(신 6:7).

...

612. 안식년 장막절에 모든 이스라엘 회중을 다 모아야 한다.(신 31:12-13).
613. 토라(율법)를 써서 간직하고 있어야 한다.(신 31:19).

3.2 고대 이스라엘의 사사와 왕과 선지자(예언자)들

(1) 이스라엘의 사사와 왕과 선지자(예언자)들

출애굽(이집트 탈출) 때부터 큰 민족이 된 이스라엘을 올바로 다스리기 위하여 여호와 하나님께서는 이스라엘 민족 중에서 왕과 사사(판관) 및 선지자(예언자)들을 택하여 세우셨다. 그리고 선지자들을 통하여 사사와 왕들이 나라를 올바르게 인도하도록 하나님의 말씀을 전하게 하시고, 또 그것을 성경으로 기록하도록 영감을 주셨다.

출애굽한 이후에 이스라엘을 다스리기 시작한 사사(판관, Judge) 중에는 유다 지파의 옷니엘(삿 3:7~11)과 단지파의 삼손 등 사사기의 사사는 12명이며, 사무엘기에 나타나는 사사 2명까지 포함하면 총 14명의 사사가 있었고, 이후 사울을 왕으로 세우기 시작하면서부터 이스라엘은 왕국이 되고 사울 및 다윗을 비롯한 여러 왕이 나라를 다스렸다.

가나안 땅에 돌아와서 정착한 이스라엘은 처음에는 사사들이 다스렸다.

그 후 마침내 이스라엘 통일왕국을 세우게 된다. 이스라엘의 마지막 사사이면서 선지자인 사무엘(BC 1103~BC 1017)이 사울(BC 1078~BC 1010)을 이스라엘의 초대 왕으로 기름 부어 세우고, 그 후 다시 다윗(BC 1030~BC 961)을 이스라엘의 제2대 왕으로 세워서 40년간(재위: 1010~BC 970) 통치하게 하였다. 다윗은 이스라엘을 강한 나라로 만들었다.

(2) 하나님이 부르신 이스라엘의 선지자(예언자)들

이스라엘에는 바빌론(Babylon) 포로 이전 시대에는 요엘(BC 835~BC 796), 요나(BC 793~BC 753), 아모스(BC 760~BC 755), 호세아(BC 746~BC 724), 이사야(BC 739~BC 680), 미가(BC 737~690), 나훔(BC 664~612), 스바냐(BC 640~BC 609), 하박국(BC 609~BC 600)이 선지자(예언자)로 활약하였고, 바빌론 포로 시대에는 예레미야(BC 627~BC 580), 다니엘(BC 605~BC 530), 에스겔(BC 593~530), 오바댜[BC 586 이후(BC 850년경?)]가 선지자로 활약하였으며, 바빌론 포로에서 귀환한 이후에는, 학개(BC 520년경), 말라기(BC 430년경) 등이 선지자로 활약하였다.

그리고 통일왕국 시대에는 사무엘, 나단, 갓, 아히야, 앗도 이외에도 많은 선지자들이 활동하면서, 당시에 다스리던 왕과 백성들에게 나아갈 방향을 제시하고 충고해주었다.

이들 선지자의 예언에 관한 내용과 당시 왕들의 통치 및 왕들이 여호와 하나님에 대해서 잘 순종했는지, 또한 백성들을 잘 다스렸는지에 대해서 구약성경에 모두 잘 기록되어 있다. 또 백성들은 선지자들의 말씀을 좇아서 하나님을 잘 섬기면서 하나님 보시기에 바르게 살았는지에 대해서도 성경에 자세히 기록해두고, 그 이후부터 지금까지 이스라엘을 잘 다스리기 위해 모범 또는 반면교사로 삼고 있다.

3.3 이스라엘의 선지자(예언자)들은 어떤 역할을 하였나?

여기서 선지자들은 어떤 역할을 했는지에 대해 알아보기로 한다.

선지자는 하나님의 부름을 받고 하나님의 영(성령)으로 충만한 사람으로서, 하나님을 떠난 사람들에게 어떻게 해서든 하나님의 말씀을 전하는 것을 사명으로 하였다. 어떤 의미에서 선지자는 선포하는 설교자다. 다른 용어를 적용한다면 선지자는 내부 고발자(whistle-blower)[21]인 경우가 많은데, 특히 민족 또는 국가 전체가 하나님에게서 돌아섰을 때 그러한 역할을 담당하였다.

이스라엘 역사는 선지자들 즉 내부 고발자들로 가득 차 있다. 모세는 애굽(이집트)에서 노예로 살던 히브리 백성을 구출해 그들을 하나님께서 약속하신 땅으로 인도하는 데 쓰임 받은 하나님의 선지자다. 백성들은 하나님에게서 돌아서기를 반복했고, 그럴 때마다 모세는 하나님의 대변자가 되어 그들을 하나님과의 바른 관계로 되돌렸다. 여호수아, 사사기, 사무엘상하, 열왕기상하, 역대상하, 에스라, 느헤미야 등 구약의 역사서에서는 드보라, 사무엘, 나단, 엘리야, 엘리사, 훌다와 같은 선지자들이 타락한 백성들을 하나님께 고발하여 이스라엘을 올바로 이끌어가기 위해 하나님의 말씀을 선포하였다.

이스라엘에서의 제사는 희생제사로서 제사장의 노동을 통해서 처음에는 성막, 나중에는 성전에서 제사를 올렸다. 제사장은 날마다 예배자가 제물로 바친 동물을 도축하고 불에 굽는 일을 하였다. 제사장이 단순히 수천 마리의 희생제물을 다루는 육체노동 직무만을 수행한 것은 아니다. 이들은 또한 백성들을 위한 영적·도덕적 지도자로서의 책임을 졌다. 성전 제사에서 백성들과 하나님 사이의 중보자 역할을 주로 했지만, 제사장의 가장 중요한 직무는 백성들에게 하나님의 법을 가르치는 것이었다(레 10:11; 신 17:8~10; 33:10; 스 7:10).

하지만 이스라엘 역사를 보면 오히려 부패한 제사장들이 백성들을 우상숭배로 인도하는 등 하나님에게서 돌아서는 경우가 많았다. 이럴 때 선지자들이 일어났다. 하나님의 기업 전체가 자멸할 위기에 놓였을 때, 하나님은 선지자들을 내부고발자로 부르시고 이들을 통해 말씀하셨다.

---

21) 내부고발(內部告發, whistleblowing)은 조직 내부 혹은 외부의 부정 거래나 불법 행위 등에 대한 정보를 신고하고 공개하는 행위이다. 보통 불법에 관한 내용이거나 사기·보건·안전 규정 위반, 부패 등의 규정 위반이나 공익에 대한 직접적 침해에 대한 내용을 담은 알려지지 않은 정보들이 내부 고발자를 통해 공개되곤 한다.

3.4 이스라엘의 백성과 지도자가 이웃 이교도 국가의 다양한 신들을 섬기기를 고집하자 선지자들은 이들에게 돌이키기를 외치며 호소하였다.

하나님의 백성들이 저지른 끔찍한 비극 가운데 하나는 이들이 이웃 이교도 국가의 다양한 신들을 고집스럽게 숭배한 것이다. 몰록(Moloch, Molok) 신에게 자녀들을 번제했고(대하 28:4), 온갖 음란한 행위를 수반한 제의적인 매춘을 행했다. 이보다 더 큰 죄를 저질렀으니, 그것은 바로 구별되고 거룩한 하나님 백성의 공동체로 사는 하나님의 체계를 저버렸다는 것이다. 가난한 사람들과 과부, 고아, 나그네를 배려하지 않고 억압했다. 일상의 생활에서 하나님의 기준을 무시하고 착취와 뇌물 수수, 부당 이익 취득을 일삼았다. 지도자들은 권력을 남용해 살인을 자행하고, 종교 지도자들은 하나님의 성물을 업신여겼다. 이러한 죄악으로 인해 이스라엘은 멸망의 길로 나아갔다. 백성들을 하나님께로, 그리고 의롭고 건강한 공동체로 돌이키기 위해 선지자들은 마지막까지 외치며 호소했다.

대부분의 경우 선지자들은 두 가지 직업에 종사했다. 하나님은 다른 직업에 종사하는 그들에게 특별한 임무 수행을 맡기셨다. 예레미야와 에스겔은 제사장이었고, 모세와 아모스를 포함한 또 다른 선지자들은 목자였다. 드보라는 이스라엘 사람들의 분쟁을 해결하는 판관이었다. 훌다는 예루살렘 대학 선생인 듯 보이며, 그는 세속에서의 직무를 수행하면서 '선지자'라는 직무를 하나 더 수행하였다.

3.5 대표적 선지자(예언자) 이사야

> 하나님의 계시를 받은 선지자 이사야는 받은 계시를 기록으로 남긴 첫 선지자!

선지자 이사야(BC 760~BC 680, 활동 시기: BC 745~BC 695)가 남유다의 선지자로서 활동할 시기에, 북이스라엘은 앗수르에게 멸망당했다. 이사야의 아버지 아모스(선지자 아모스가 아님)는 아마샤 왕의 형제이며, 이사야는 웃시야왕의 사촌, 요아스왕의 손자로 왕족이었다. 그의 문학적 업적으로는 웃시야의 생애(대하 26: 22), 이스라엘과 유다 왕들에 관한 책(대하 32:32)을 썼다. 그는 다른 선지자들보다도 신약성경에 많이 인용되었다. 그의 서사시는 셰익스피어, 밀턴, 호머보다도 높은 경지에 이른다.

이사야는 하나님의 계시를 받았으며, 하나님은 이사야에게 하나님의 위대하신 권능과 영광스러운 주권, 죄를 정화하는 거룩함을 계시하여 보이셨다.

이사야는 선지자의 이름을 딴 성경책 '이사야서'에 그의 예언을 기록한 소위 구약의 주요 '기록 선지자' 가운데 첫 선지자이다. 이사야서의 대부분은 하나님과의 언약을 파기한 이스라엘을 하나님이 어떻게 평가하시는지 이사야가 대변하는 내용으로 구성되어 있다. 뒤에서 이에 대해 더 자세히 설명하기로 한다.

제4장 유대교와 기독교

4.1 유대교와 기독교의 관계: 구약성경과 신약성경

기독교는 구약성경과 신약성경을 경전(經典, Scripture)으로 사용하고 있다. 구약성경은 유대교의 주된 경전이며, 신약성경과 함께 그리스도교(기독교)의 경전으로 삼고 있다.

유대교의 경전인 구약성경에는 천지창조와 인간의 창조로부터 경건한 사람으로 살아가는 데 필요한 율법과 이스라엘의 왕들과 그들의 통치의 역사와 예언자들의 가르침을 기록하고 있다. 또한 장차 오실 메시아(Messiah) 또는 그리스도(Christ)에 관한 예언이 기록되어 있다. 그리고 구약성경에서 예언된 메시아인 예수 그리스도께서 오신 후에 예수님이 가르치심을 기록한 것이 신약성경이다.

유대인들은 천지창조와 인간의 창조 및 이스라엘의 역사와 고대로부터 예언자들이 하나님으로부터 계시를 받아 기록한 유대교 경전인 구약성경을 항상 읽고 그 내용(율법)을 실천하도록 교육받아왔다.

그리고 기독교에서는 사람이 먼저 구약성경을 읽고 천지와 인간의 창조로부터 이스라엘의 모든 역사와 하나님이 주신 모든 율법과 선지자(예언자)들의 가르침을 읽고 깨달아야 한다. 그리고 모든 사람은 죄성을 가진 죄인으로 태어났기 때문에 자신이 지은 죄를 용서받고 새사람이 되기 위해서는 신약성경을 읽고, 하나님이 인간의 몸을 입고 하나님의 아들로 세상에 오신 구세주 즉 메시아(그리스도)이신 예수 그리스도를 믿고 의지하면서, 그의 가르침인 신약성경을 하나님이 주신 말씀으로 받아들여서 항상 곁에 두고 읽으면서, 하나님께 기도로 대화하면서 더 이상 죄를 짓지 않도록 성령 하나님과 동행하는 삶을 살아가야 하는 것이다.

이처럼 기독교인은 신구약의 성경을 항상 읽고 매일의 삶에서 성령의 인도를 받아서 죄를 짓지 않아야 하며, 이미 지은 죄에 대해서는 예수 그리스도를 통해 하나님께 자기가 지은 죄를 고백하고 회개하여 용서를 받은 다음, 더 이상 죄를 짓지 않도록 성령 하나님과 동행하는 삶을 살아가야 하는 것이다.

기독교인이 하나님의 말씀인 성경책을 항상 읽고 하나님께 기도하며 예배드리는 일이야말로 스스로 하나님의 말씀으로 가르침을 받는 것이며, 매일 성령 하나님의 안내를 받아서 매일 거듭나는 삶을 살아야 하는 것이다.

기독교의 전도를 위해 노력한 사도 바울 역시 예수님의 말씀을 전파할 때 그가 평생 동안 쉬지 않고 읽고 묵상해오던 구약성경을 읽고 인용하며 예수님의 가르침을 전하고, 멀리 떨어져 있는 신자들에게는 편지(서신서)를 써서 전도와 격려를 했다. 이것은, 평소에 항상 성경을 읽고 성령님을 통해 하나님께 기도하는 것을 습관화함으로써 자신이 신자들과 함께하는 교회 안에서 하나님과 교제하고 또 가르침을 받으면서 자신에게 하나님을 구체화시키는 일인 것이다.

복음은 유대인(이스라엘 사람)으로부터 헬라인(그리스인, 이방인: 세계인)에게로 전도되어 모두 구원 받게 된다.(롬 1:16)

유대(이스라엘)에서 예수 그리스도를 통해 전해지는 복음이 전 세계로 전도되다!

(롬 1:16) "나는 복음을 부끄러워하지 않습니다. 이 복음은 유대 사람을 비롯하여 그리스(헬라: 바울 당시의 세계) 사람에게 이르기까지, 모든 믿는 사람을 구원하는 하나님의 능력입니다."

4.2 유대교란 무엇인가?

(1) 개요

유대교는 유대인의 민족 종교로 유일신을 숭배하는 현존하는 종교 중에서는 가장 오래되었다. 야훼(여호와)를 유일신으로 숭배하며, 토라(Torah. 율법)를 비롯한 타나크(Tanakh, 유대교 경전, 기독교에서 말하는 구약성경) 39권을 정경으로 인정하고 있다. 그러나 유대교는 기독교와 달리 예수를 메시아(구세주, 구원자)로 인정하지 않기 때문에 유대교에서는 복음서를 비롯한 신약성경을 인정하지 않고 있다. 그 대신 탈무드(Talmud, 유대인 율법학자들이 사회의 모든 사상에 대해 구전·해설한 것을 집대성한 책)를 제2의 경전으로 사용하고 있다.

셈족 종교, 즉 셈족에서 갈라져 나온 종족이 만든 종교로서, 유대교, 기독교, 이슬람교 순으로 만들어졌고 교리와 세계관도 이에 영향을 받았다. 유대교는 아브라함 계통의 종교의 근본이 되고 있다. 기독교 성경의 일부인 구약은 원래 유대교 경전이었고, 이슬람의 꾸란(코란, Koran)도 구약을 빌려 쓰고 있다.

유대교의 경전으로는 기독교에서 보통 십계명(Decalog, 데칼로그)과 구약성경으로 알려진 '타나크'(תנ"ך Tanakh, Hebrew Bible, 유대교 성경)가 있다. 이 때문에 서양권에서는 구약성경을 '히브리 성경'이라는 말로도 많이 일컬어지고 있다. 구약성경에서도 처음의 모세오경인 율법서 토라를 대단히 권위있게 여기고 있다. 모세가 시나이 산에서 하나님으로부터 받은 유대교의 토라는 유대인들이 가장 극진히 아끼는 책이다.

또 신약성경을 인정하지 않는 유대교는 구약의 율법 규정에 대한 일종의 해설서이자 구전 율법의 집합인 탈무드를 토라에 준하는 경전으로 삼고 있다. 탈무드가 중요한 이유는 토라 율법에 모호한 부분이 많기 때문에 유대교 전통에 대한 이전 세대 최고 지식인 랍비들의 분석과 함께 무수히 많은 일화와 신앙을 고취시키는 다양한 이야기들과 의견들을 기록하고 유대인들의 실생활에 대한 율법을 체계적이고 유화적으로 적용시키는 데 필수이기 때문이다.

(2) 유대교의 특징

유대인들의 종교인 유대교는, 종교적 그리고 민족적 공동체의 복합적 표현이며, 삶의 방식일 뿐만 아니라, 기본적인 신념과 가치관의 집합이며, 이것은 행위의 형태, 사회적 질서, 그리고 문화뿐만 아니라, 종교적 선언 및 개념들 안에서 인식되는데, 여기에서 다룰 본제는 유대교의 전반적인 기원, 역사, 특징 등에 대해서 간단하게 살펴보고자 한다.

유대교란 천지만물의 창조자인 유일신(여호와, 야훼)인 하나님을 신봉하면서, 스스로 하나님의 선민임을 자처하며 메시아(그리스도, 구세주)의 도래 및 그의 지상천국 건설을 믿는 유대인의 종교이다.

(3) 유대교의 역사

넓은 의미로 유대교는 아브라함, 이삭, 야곱 등 족장 시대로부터 지금에 이르기까지의 4000여 년에 걸친 유대 민족의 종교 현상 전부를 뜻하며, 좁은 의미로는 BC 5C 유대 민족이 바빌론 유수(幽囚, 포로생활, Babylonian Captivity)[22]에서 이스라엘로 돌아와 유대교를 재건한 때부터 지금에 이르기까지 2400여 년 동안 믿어 온 신앙 체계를 가리킨다.

이처럼 유대교는 고대 이스라엘인의 종교로 거슬러 올라가지만, 보통 유대교라고 하면 바빌론 포로(BC 597[1차 침공], 586[2차], 582[3차]~BC 538) 이후 '모세의 율법'을 근간으로 하여 발달한 유대인의 고유 종교를 통칭한다. 사울과 다윗 왕으로부터 시작된 고대 이스라엘 왕조는, BC 6세기 초 신바빌로니아에 의하여 멸망당했다. 그 당시 전 국토는 괴멸적 타격을 입고 초토화되었으며, 지배층, 지식층, 기술자 다수가 포로로서 바빌론으로 연행되어갔는데, 이 사건을 바빌론 유수(幽囚, 포로생활)라고 한다. 이 사건은 이스라엘 종교사에도 큰 오점을 남겼으며, 그 후의 유대교의 성격 형성에 영향을 끼쳤다. 페르시아(키로스 2세)의 메소포타미아 정복으로 반세기에 걸친 바빌론 포로 생활에 종지부를 찍고, 포로민이 해방되어 그들 일부가, 야훼신이 그들 조상에게 주기로 약속하였다는 땅 팔레스타인으로 돌아와 폐허가 된 예루살렘 성벽과 성전을 복구하였다. 문서학자인 에즈라의 지도 아래 선민 사상적 유일신 신앙을 종교적 이념으로 하는 민족 집단으로서 그들의 역사가 재개

22) 바빌론 유수(幽囚)는 기원전 587년 유다 왕국이 멸망하면서 시드기야왕을 비롯한 유대인들이 바빌로니아의 수도 바빌론에 포로로 잡혀간 것을 말한다. 유대인들은 50년 후인 기원전 538년에 바빌로니아를 정복한 페르시아 제국의 키루스 2세에 의해 풀려나게 된다.

되었으며, 이 시기에 과거의 역사가 신학적으로 검토되고 재정리되었다.

(4) 고대 유대 종교와 유파(流派)

유태교(猶太教) 또는 유다교라 불리는 유대교(Yahadut 영어: Judaism)는 유대인들의 '신앙과 철학이며 삶의 방식'이라고 볼 수 있다. 현대의 유대교는 유대종교의 일부인 바리새파만이 전해져 현재의 유대교가 되었다. 과거 유대종교의 유파인 사두개, 바리새, 에세네, 젤롯 등의 다양한 유대종파가 있었으나 AD 1세기 이후에 단절되었다. 이후 바리새 유파만이 남아 현재의 주류 유대교를 형성하였다. 현재 유대교는 바리새파의 해석 전승에 따라 정경인 타나크(Tanakh, 히브리 성서, 유대교 성경, 구약성경)에서 시작되었고 탈무드(Talmud)와 같은 이후의 성서의 원본들과 함께 탐구되어 유대인들에 의해 전파되었다. 전 세계 신도 수는 약 1,400만 명이다.

4.3 기독교의 탄생과 초기 기독교

래리 허타도(Larry W. Hurtado)는 그의 저서 '처음으로 기독교인이라 불렸던 사람들'[23]에서 초기 기독교에 대하여 매우 중요한 핵심적인 사실을 밝히고 있는데, 그 일부를 인용하여 소개한다.

1) AD 30년경, 로마가 다스리던 유대 땅에 유대인들이 기독교 운동을 일으켰다.
2) 1세기 후반부터 기독교 운동에 참여한 추종자들을 그리스도인(기독교인, Christian, 크리스천)이라 부르기 시작하였다.
3) 2세기경, 이 종교운동이 '기독교(그리스도교, Christianity)'로 알려지기 시작했다.
4) 예수는 지상에 사는 동안 그의 추종자들의 스승이었으며, 추종자들은 예수를 메시아(Messiah)(그리스도, Christ) 또는 메시아로 선택받은 자(Messiah-Designate)로 여겼다.

---

23) 래리 허타도 지음, 이주만 옮김, 「처음으로 기독교인이라 불렸던 사람들」, (고양시: 도서출판 이와우, 2017), 6~238.

5) 예수가 십자가 처형을 당한 후, 그의 추종자들은 하나님이 예수를 죽음에서 일으켜서 하늘의 영광스러운 보좌에 앉히셨고, 그를 메시아이자 주님이라고 확신하였다.
6) 예수가 메시아라고 확신하는 예수의 추종자들 사이에는 새로운 열정이 솟아나서, 몇 년 사이에 이 예수 운동은 다메섹(다마스커스) 및 안디옥과 같은 지역으로 확산되었다.
7) 10~20년 사이에 이 운동은 현재의 터키와 그리스, 그리고 로마 등 여러 도시로 전파되었고, 멀리 알렉산드리아(이집트) 같은 지역까지 전파되었다.
8) 처음에는 유대인들이 시작했던 이 종교운동이 민족을 초월하여 비유대계 이방인들에게도 전파되면서 과거에는 '이교도'였던 '이방인' 개종자들이 생겨나기 시작했다.
9) 이 종교운동을 일으켰던 유대인들을 향한 비난과 반감은 초창기부터 있었다. 일부 유대인들은 그들의 전통적인 종교(유대교)에 반하는 불순한 운동이라고 생각했던 것 같다. 이러한 반감으로 인해 예수의 추종자들이 목숨을 잃기도 했다.
10) AD 42년경에 헤롯 아그립바(로마가 지배한 유대 땅을 다스리던 유대인 통치자)가 세베대의 아들 야고보(예수 측근 추종자들 중 한 사람, 요한의 형제)를 처형하였다.
11) AD 62년경 예루살렘 교회의 지도자이자 예수의 형제(동생)이던 '의로운 자' 야고보가 대제사장 아나니아의 명으로 처형되었다.
12) 비유대계 사람(이방인)들이 다수를 차지하는 도시들에서는 주로 그 친척이나 지인들에 의해서 예수 추종자들이 빈번하게 핍박당했고, 일부 지역에서는 예수 운동 추종자들을 고소하여 법정에 세우는 일도 발생했다. 이러한 모든 사건이 초기 예수 운동 지역을 넘어서 수적으로 증가하였다.
13) 로마에 살던 기독교 신자들은 네로의 통치(AD 54~68) 하에서 여러 가지 끔찍한 방식으로 죽임을 당했다. 당시 로마에 있던 기독교도들은 쉽게 그 정체가 눈에 띄었던 것이 틀림없다. 실제로 역사가 타키투스(Tacitus)는 네로 황제의 명령으로 '엄청난 수'의 그리스도인들이 고발당했음을 언급했다.

14) 이러한 학살과 박해에도 불구하고 예수 운동은 수십 년에 걸쳐 성장하여, AD 40년경 에는 기독교인이 1.000명가량이었고, AD 100년에는 7,000~1만 명가량, AD 200년에는 20만 명가량, AD 300년에는 500~600만 명으로 증가했다.

15) 기독교인 집단 또는 공동체들이 존재했던 지역은 AD 100년경에는 100여 곳이었고, AD 200년경에는 200~400여 곳이었다.

16) 신학자 터툴리안(Tertullian)에 따르면, 3세기 초에 이르자 모든 도시에서 대다수를 차지할 정도로 기독교 신자들이 많았다. 이렇게 기독교는 놀라울 만큼 성장했다.

17) AD 3세기에는 로마 황제의 지원을 받아 로마제국 전역에 걸쳐 공식적으로 기독교인들을 말살하려는 정책이 시행되기도 했다. 특히 AD 250년 데키우스(Decius, AD 201~251) 황제는 폭압적으로 기독교인들을 박해했다. AD 303년 디오클레티아누스(Diocletianus, AD 245~316) 황제 치하에서 가장 가혹한 기독교 박해가 벌어졌다.

18) 4세기 초(AD 313년), 놀랍게도 콘스탄티누스(Constantinus, AD 274~337) 황제가 기독교를 포함한 모든 종교를 허락하는 밀라노칙령을 통해서 기독교에 대한 박해를 멈추게 된다. 이후 기독교는 테오도시우스(Theodosius, AD 346~395, 재위 379~395) 황제에 의해 AD 380년 로마제국의 국교로 선포·승격되었다.

19) 이러한 초기 기독교의 성공은 확실히 놀라운 사회적 현상이었다. 비슷한 기간에 크게 성공을 거둔 종교들 중에서 AD 100~400년에 기독교가 거둔 성공은 서구 역사상 으뜸이다.

20) 물론 몇 세기 뒤에 등장한 이슬람교는 기독교만큼 놀라운 속도로 번성했지만 초창기에는 반대파들을 칼로 위협하며 세력을 넓혔다.

21) 반면에 가장 중요한 시기였던 초기 3세기 동안 기독교가 성공을 거둔 배경에는 설교라든가 지적인 논쟁을 통한 설득 작업, 예수의 이름으로 나타나는 '기적', 그리고 순교를 비롯해 기독교인들의 행실로 증명하는 도덕적 권면이 있었다.

22) 그러나 기독교가 로마제국의 국교로 채택된 이후 여러 정권을 거치면서 황제들이 때로는 국가 권력을 이용해 다른 종교집단을 탄압한 사

실이 있는 만큼 이 이야기를 아름답게만 포장할 수는 없다.

4.4 기독교는 이전에는 없었던 '책의 종교'

> 기독교는 성경 읽기를 중요시하는 '책의 종교'이며 기독교를 섬기는 나라는 결국 모두 독서를 중요시하는 독서국가가 되어 오늘날 세계적인 문화선진국이 되었다!

로마 시대의 초기 기독교는 '책의 종교'였다고 할 수 있다. 초기 기독교의 예배 관행, 신앙, 행동 규범, 공동체로서의 특징들보다 텍스트(책)의 지위가 더 중요했다고 말하는 것은 아니다. 그렇다고 로마 시대에 또 초기 그리스도인(기독교인, Christian)들 사이에 구전된 말씀의 가치와 효력을 무시하려는 것도 아니다. 초기 기독교를 책의 종교라고 말한 것은 기독교 문헌을 읽고, 쓰고, 필사하고, 전파하는 활동이 초기 기독교에서 중요한 위치, 즉 두드러진 위치를 차지했다. 이는 고대의 유대교 집단을 제외하면 로마 시대의 종교 집단들 사이에서 매우 이례적인 특징이었다. 기독교가 책의 종교인 것은 유대교의 전통에서 이어진 것이다.

초기 기독교 공동체를 "체질적으로 텍스트(책)를 중시하는" 집단이자 "텍스트(책) 공동체(Textual Community)"로 묘사하기도 했고, 또 초기 기독교 운동을 가리켜 "텍스트(책)를 마음과 영혼의 중심에 둔" 운동으로 묘사하기도 했다.

이렇게 하여 성경 읽기를 중요시하는 기독교 국가들은 자연적으로 독서열이 높아져서, 오늘날 대부분의 기독교 국가들은 문화선진국으로 발전한 것을 알 수 있으며, 결국 세계의 중심국가로서 세계를 리드하고 있는 것을 알 수 있다.

(1) 성경(하나님 말씀) 읽기의 중요성 강조

기독교 전통에서 책, 특히 경전(성경)이 이후 수 세기에 걸쳐 어떤 위치를 차지했는지는 잘 알려져 있다. 성경책(텍스트)은 오늘날까지도 개인의 신앙에서, 기독교 신학에서, 그리고 전통적인 예배 의식에서 특별한 위치를 차지한다. 적어도 2세기 이후부터 많은 혹은 대다수의 기독교 공동체에서 실제로 행해지던 성경 읽기는 공중 예배의 순서 중 하나였다.

유스티누스에 따르면, 적어도 2세기에 로마 교회들의 공중 예배에서는 이들 텍스트(복음서와 구약성경)를 읽는 것이 관행이었다.

사실 십중팔구는 더 일찍부터 성경을 읽는 의식이 실행되고 있었을 가능성이 높다. 디모데전서 4:13에는 "열심히 성경을 읽고 권면하며 가르치기 바랍니다."라고 성경 읽기를 권면하고 있다. 또한 디모데후서 3:16에서도 "모든 성경은 하나님의 감동으로 기록되어서 진리를 가르치고 잘못을 책망하여 바로 잡게 하고 의(義)로 훈련시키기에 유익한 책입니다."라고 하면서 성경은 하나님의 감동으로 기록되어 있으므로 진리를 가르치고 의로 훈련하기에 유익한 책이라고 말하고 있다. 이처럼 초기 기독교 공동체에서는 성경이 매우 중요한 지위를 차지하고 있음을 말해주고 있다.

(2) 신자들에게 항상 성경을 읽게 함으로써 올바른 윤리를 요구한 기독교

초기 기독교 신자들의 구별된 삶: 하나님의 심판의 두려움과 성도덕의 근본적인 변화 요구

초기 기독교 문헌에서는 신자들이 믿지 않는 사람들과 구별되는 거룩함을 드러내야 하는 근거로서 보통 하나님의 명령을 언급했다. 하나님의 부르심에 합당한 삶을 살아야 한다고 신자들에게 호소했으며, 하나님께서는 신자들이 특히 한 공동체의 형제자매로서 서로 행동을 조심하고 격려해야 할 의무가 있음을 강조했다. 이는 초기 기독교가 '집단의 기풍'을 형성하는 일에 중점을 두었음을 나타낸다. 즉, 초기 기독교의 가르침에서는 일상적인 행동에서 하나님에 대한 종교적 책임을 다할 것을 강조했고, 올바르게 살아가야하는 이유로서 사회적 불명예보다는 신학적 근거를 제시했다. 그리스도인(Christian, 기독교인)이라면 사회적 체면을 걱정하기보다 하나님의 심판을 두려워하라는 것이다. 이러한 차이점은 매우 뚜렷하다. 독특한 초기 기독교의 가르침이 실제로 사회에 미쳤던 영향력은 "성도덕에서의 근본적인 변화"와 관련이 있다고 평가해도 무리가 없다.

더욱이 크리스천들은 신자가 된 순간부터 하나님께 성령을 선물로 받으리라는 약속과 함께 성령에 힘입어 기독교 교인답게 처신할 것을 요구받았다. 초기 기독교 문헌에 나오는 표현을 빌리자면, 하나님의 성령이 가까이 있어 새롭게 도덕적 결단을 내리고 이를 실행에 옮길 수 있게 힘을 불어넣어 주신다는 것이다. 바울이 로마에 있는 성도들에게 보낸 편지(롬 6:1~23)에서 중요한 구절을 인용하자면, "(현대인의 성경)(롬 6:11) 이와 같이 여러분도 죄에 대해서는 죽은 사람이지만 하나님을 위해서는 그리스도 예수님 안에서 살아 있다고 여기십시오."라는 말씀처럼 더 이상 죄가 육신을 지배하지 못하도록 도덕적으로 철저히 헌신할 것-사람이 완전히 변화될 것-을 촉구했다(롬 6:11~12). 그리고 (롬 8:1~17)에서 바울은 이런 노력을 실행에 옮길 수 있도록 하나님의 영이 신자들에게 힘을 부여한다고 강조했다.

(3) 기독교인의 삶의 교육적 내용: ① 바울서신서 ② 구약성경 ③ 신약성경

이상에서와 같이 기독교에서는 사람이 올바로 살아가야 하는 데 대한 교육적인 내용이 유대교 경전인 구약성경과 바울 서신을 비롯한 신약성경 전체를 통해 신자들에게 가르침을 주고 있는 것임을 알 수 있다.

특정한 행동들에 대한 초기 기독교의 신념에는 예수 운동을 배태했던 유대교의 배경이 반영되어 있다. 특정한 행동을 통해 집단 정체성을 드러내려고 노력한 점에서 유대교와 기독교 사이에는 유사성이 존재했다. 그러나 초기 기독교의 행동 규범은 유대교와 다른 독특한 특징이 있는데, 이는 예수 신앙과 관련한 신념들이 반영되었기 때문이다. 그뿐만 아니라 성(性, Sex)에 대한 당시의 이중 잣대에 문제를 제기하고, 아동의 성적 착취에 대해 반감을 드러내는 새로운 용어를 만드는 등 성적인 문제와 관련해서도 초기 기독교의 가르침은 특별했다.

4.5 '소아 성학대' 용어를 등장시켜 기독교의 성윤리를 강조하다!

로마 시대에는 청소년이나 어린아이를 포함한 아동 성학대가 널리 용인되었다. 심지어 유베날리스, 페트로니우스, 호라티우스, 스트라토, 루키아노스, 필로스트라투스 같은 이교도 작가들은 이런 행위를 칭송하는 시를 쓰기도 했다. 그리스어에는 실제로 명사형인 파이데라스테스(Paiderastes, 소년 · 사내아이 성애자), 동사형인 파이데라스테오(Paiderasteo, 소년 · 사내아이와 성관계를 가지다), 그리고 파이데라스티아(Paiderastia, 소년애)처럼 소아 성학대에 관련된 어휘들이 따로 있었다. 소년들과의 성관계가 널리 용인되었음을 암시하는 이들 단어는 전혀 부정적 의미를 담지 않았고, 그저 어떤 사실을 서술하는 표현일 뿐이었다.

그러나 존 마르텐스(John Martens)는 중요한 연구논문에서 초기 기독교가 이러한 관행을 비난했으며, 심지어 비난의 뜻을 담아 기독교만의 독특한 용어를 만든 것으로 보인다고 제시했다. 크리스천들은 파이노프토레오(Paidophthoreo)라는 동사와 파이도프토로스(Paidophthoros)라는 명사를 고안했다. 마르텐스는 이들 용어가 각각 "아이들을 성적으로 학대하다(타락시키다)"와 "아이들을 성적으로 학대한(타락시킨) 사람"이라는 의미를 띠었을 것이라고 설득력 있게 주장했다. 이런 용어들은 기독교가 '남색'을 강력히 배격했음을 보여준다. 따라서 남색을 가리켜 '아동 학대(파괴)'라는 용어를 만들었고, 아이들과의 성관계를 맺는 사람을 가리켜 '(성적인 의미에서) 소년을 사랑하는 자(파이데라스테스)'가 아니라 '아동을 타락시키는 자(학대하는 자·희롱하는 자 · 파이도프토로스)'라는 용어로 대체했다.

새로운 동사 '아동을 타락시키다(파이도프토레오)'가 등장하는 가장 이른 시기의 작품은 2세기 기독교 문헌 '디다케'와 '바나바 서신'으로, 신자들이 삼가야 할 특정 행위를 나열한 목록에서 이 용어가 등장한다. '디다케' 2장 2절에서 살인과 간통이 먼저 언급되고, 곧바로 "아이들을 (성적으로) 타락시키지 말라(그리스어로 우 파이도프토레세이스 Ou Paidophthoreseis)"라는 명령이 등장한다. 이어서 '성적 부도덕(우 포르네우세이스 Ou Porneuseis)', 도둑질, 악령을 빌리는 마술과 요술, 낙태와 영아 살해(영아 유기) 등을 금지 사항으로 열거하고 나서, 이 외에도 신자들이 기피해야 할 여러 죄악을 열거한다(2장 3~7절). '아동을 타락시키다'라는 동사는 '바나바 서신' 19장 4절에서 "주의 계명"으로 소개된 금기 사항에도 등장한다. 여기서 '주'는 예수를 지칭하는 것으로 보인다. 소아 성학대는 여러 가지 형태의 성적 부도덕 및 간통과 더불어 언급되는 세 가지 금기사항 중의 하나였다. 이들 초기 기독교 문헌에 사용된 용어에서 아이들을 '타락시키는' 행위는 아이들을 성적으로 착취하는(남용하는) 것을 가리키는 것이 틀림없다.

4.6 기독교 공동체는 로마사회의 세속적인 관행을 구별하여 금지하고자 했다.

각기 독자적으로 기록된 것으로 보이는 두 문헌에 이 독특한 용어들이 동시에 등장한다는 점을 고려할 때 아마도 이들 용어는 이보다 일찍 기독교 담론에 등장했을 가능성이 높다. 이들 용어는 당시 로마 사회의 관행과 기독교의 관행을 구별하고, 크리스천들 사이에서 세속적 관행을 금지하려는 과정에서 만들어졌을 것이다. 또한 초기 기독교는 신자들이 따라야 할 특정한 행동 규범에 적극 헌신할 것을 촉구함으로써 그들만의 독특한 집단 정체성을 형성하려고 노력했음을 알 수 있다.

서기 2세기와 3세기 인물인 유스티누스, 타티아누스, 데오빌로, 알렉산드리아의 클레멘트, 오리게네스 등의 초기 크리스천 작가들의 글에도 소아 성학대를 비난하기 위해 만든 이 특별한 용어들이 등장한다. 이런 용어들은 이방인과 이교도의 타락상을 예시하거나 "기독교의 적대 세력이었던 그리스-로마의 문명권을 공격하는 기독교 변증"에 무기로 등장하기도 했다. 그러나 이들 용어가 등장한 가장 오래된 문헌이라고 볼 수 있는 '디다케'와 '바나바 서신'의 용례를 살펴보면, '남색'을 '아동을 (성적으로) 타락시키는 행위'로 고쳐 불러 이를 비난함과 동시에 크리스천들 사이에서 행해지는 남색을 근절하려는 것이 이들 용어를 만든 원래 목적이었다. 요컨대 이들 용어는 고대 기독교가 외부인만을 대상으로 사용한 선전도구는 아니었다. 동시에 이들 용어는 관련 행위를 묘사하는 새로운 말을 만들어 로마 사회에서 용인되는 관행에 맞서고, 크리스천(기독교 신자)다운 행동 규범을 형성하려는 집단의 노력을 나타낸다.[24)]

이상에서 보면, 여호와(야훼) 하나님을 중심으로 하는 유대교 전통에서 이어온 예수 그리스도 중심의 기독교는 인간이 올바로 살아가는 데 필요한 가장 우선되는 행동강령으로서 모든 사람이 십계명을 지키도록 요구하고 있다. 이 십계명은 유대교와 기독교에서 공통적으로 신자들에게 지키도록 요구하고 있는 10가지의 가장 기본이 되는 계명으로 알려져 있다.

24) 래리 허타도 지음, 이주만 옮김, 「처음으로 기독교인이라 불렸던 사람들」, (고양시: 도서출판 이와우, 2017), 217~220.

제 5 장 유대교에서 기독교로 발전시킨 바울

5.1 유대교에서 기독교를 발전시킨 바울(사울)의 역할

구약시대에서 신약시대로 나아가도록 결정적인 역할을 한 바울(사울)

(1) 예수와 제자들은 본래 유대교인들로서 구약성경에 통달했다. 그런데, 이들은 새로운 예수의 가르침인 복음을 사람들에게 가르치며 전도와 선교 활동을 할 때, 유대교의 경전인 구약성경의 내용을 많이 인용·언급하였기 때문에 기독교를 발전시키고 완성하는데 유대교가 기본 축이었다고 할 수 있다. 특히 초기에 기독교 교회를 세우면서 유대교 회당을 중심으로 디아스포라 유대인들과 이방인들을 선교할 때 유대교 정경인 구약성경을 읽고 또 인용함으로써 큰 효과를 거두었는데, 이때 유대교 신자였던 바울의 역할이 매우 컸다.

1) 이 글을 집필하면서

필자가 이 글을 쓰고자 하는 것은, 필자가 특히 사랑하는 제자들과 형제자매들과 자식들과 귀여운 손녀와 손자를 비롯한 우리 모두의 후손들과 이웃들, 그리고 모든 기독교(그리스도교) 형제자매들과 아직 기독교에 대해서 잘 모르는 분들, 그리고 인류의 미래를 위해 걱정하는 모든 분에게 왜 기독교가 우리 인류 모두의 비전인가를 알리기 위해서이다.

이 글을 쓰기 위해서 여기서 많이 참고하고 인용한 책 중에 '로버트 레이먼드의 저서(원광연 옮김)인 「바울의 생애와 신학」을 읽고 공부하면 기독교를 이해하는 데 큰 도움이 될 것으로 생각하여 추천 및 소개해드리는 바이다. 그리고 아래에 그 책에 기록된 글의 일부[25])를 요약·정리하여 소개한다.

2) 바울과 예수

기독교 교회는 주로 바울의 가르침을 따라 신학을 정립해왔다. 기독교는 예수님이 창시자이지만, 유대교의 열심 신자로서 바울이 유대교의 경전인 구약성경에 기초하여 예수님의 가르침에 따라 기독교 신학을 정립하고 기독교를 완성하는 데 큰 역할을 하였다. 또 기독교를 적극적으로 세상에 널리 전도한 사람 역시 사도 바울이라고 할 수 있다.

예수님은 바리새인과 세리의 비유(눅 18:9~14)에서 밝히 가르치면서, "하나님, 이 죄인을 불쌍히 여겨주십시오."라고 진지하게 기도한 세리(당시에 죄인으로 취급당하던 세무원)가 "의롭다는 인정을 받고 집으로 돌아갔다"라고 선언하였다.

3) 신약성경을 완성한 바울과 예수님의 제자들

구약성경의 창세기에서도 이미 "(창 15:6) 아브람(아브라함)이 여호와를 믿었으므로 여호와께서는 이 믿음 때문에 그를 의롭게 여기셨다(창 15:6)."라고 하나님의 말씀을 기록하고 있으므로, 사람이 의롭게 되는 것은 여호와 하나님을 믿는 것이라고 밝히고 있다.

바울은 그리스도의 선택함을 받은 사도로서, 예언자들에 의해서 구약성경에 기록된 하나님의 말씀 곧 예언들이 예수 그리스도의 행적과 말씀(가르침)에 의해서 실현되고 있는 것을, 바울을 비롯한 예수님의 제자들이 함께 전파하고 기록함으로써, 신약성경을 완성해나가고 있는 것을 알 수 있다.

초기 기독교의 교회를 세우기 위하여 전도 여행을 하고 있던 바울은 신약성경을 완성해나가는 데 있어서, 구약성경에서 기록된 하나님의 말씀을 인용하여 가르치고, 또 각 교회에 가르칠 내용을 편지로 써서 보내면서 신약성경을 완성하였다. 그리고 바울과 제자들은 구약성경을 기본으로 하여 신약성경을 완성하는 일에 그들의 일생을 바쳐 순교하면서까지 기독교의 중요성을 널리 전하였다.

25) 로버트 레이먼드(Robert L. Reymond) 지음, 원광연 옮김, 「바울의 생애와 신학」, (고양시: 크리스천다이제스트, 2003), 9~115.

4) 예수님이 자신이 메시아임을 이사야의 예언(사 61:1~2)**을 인용하여 직접 언급하다**(눅 4:18~19).

매우 중요한 사실은 예수께서 스스로 '기름 부음 받은' 메시아임을 직접 말씀하신 것이다. 즉 예수님은 구약성경 (사 61:1~2)을 (눅 4:18~19)에 직접 인용하여 말씀하셨다.

■ (개역개정판)(눅 4:18~19) 주의 성령이 내게 임하셨으니 이는 가난한 자에게 복음을 전하게 하시려고 내게 기름을 부으시고 나를 보내사 포로된 자에게 자유를, 눈먼 자에게 다시 보게 함을 전파하며 눌린 자를 자유롭게 하고 [19] 주의 은혜의 해를 전파하게 하려 하심이라 하였더라. ■

(눅 4:18에 인용된 이사야서 61:1~2 원문: 아래)

■ (현대인의 성경)(사 61:1~2) [1] 주 여호와께서 나를 성령으로 충만하게 하셨으니 가난한 사람에게 기쁜 소식을 전하게 하시려고 나를 택하여 보내셨다. 그가 나를 보내신 것은 마음 상한 자를 고치고 포로 된 자에게 자유를, 갇힌 자에게 석방을 선언하며 [2] 여호와께서 은혜 베푸실 때와 우리 하나님이 복수하는 날을 선포하고, 슬퍼하는 모든 사람을 위로하며 ■

여기서 예수께서는 '내게 기름을 부으시고(The Lord has anointed me)'라고 스스로 '메시아'임을 밝히고 있다.

5) 믿음의 조상 아브라함의 의(義)**와 구약의 율법**(律法)

특히 바울은 로마의 그리스도인(크리스천)들에게 기독교의 교리가 되고, 또 그리스도인들이 지켜야 할 생활 규범이 되는 내용을 그들에게 가르치기 위해 편지를 써서 보냈는데, 그것이 신약성경의 로마서가 되었다.

AD 57년경 바울이 에베소에서 목회 직후에 '아브라함의 의(義)'에 대해서 구약성경에 기록된 내용을 인용하여 로마에 있는 교인들로 하여금 하나님 안에서 올바른 삶을 살도록 가르치기 위하여 편지를 써서 보낸 것이 '아브라함이 하나님을 믿음으로써 의롭게 되었다'는 내용으로서 바울의 서신서(편지)인 (롬 4:1~13)인데, 다음과 같다.

■ (현대인의 성경)(롬 4:1~13) [1] 그러면 우리 조상 아브라함에 대해서는 어떤 결론을 내릴 수 있습니까? [2] 만일 아브라함이 행위로 의롭다는 인정을 받았다면 자랑할 것이 있었을 것입니다. 그러나 사실 그에게는 하나님 앞에서 자랑할 것이 아무것도 없었습니다. [3] 구약성경(창 15:6)에는 "아브라함이 하나님을 믿었으므로 하나님은 이 믿음 때문에 그를 의롭게 여기셨다."라고 기록되어 있습니다. [4] 일해서 받는 삯은 정당한 대가이지 선물로 거저 받는 것이 아닙니다. [5] 그러나 아무 공로가 없어도 경건치 않은 사람을 의롭다고 하시는 하나님을 믿는 사람에게는 그의 믿음이 의로운 것으로 인정을 받습니다. [6] 이처럼 공로가 없어도 하나님이 의롭다고 인정해 주는 사람의 행복에 대해서 다윗은 이렇게 말하고 있습니다. [7] (시 32:1, 2: 다윗의 마스길<Maskil: 다윗이 지은 교훈시>) "잘못을 용서받고 하나님이 죄를 덮어 주신 사람은 행복하다! [8] 주께서 그 죄를 인정하지 않는 사람도 행복하다." [9] 그렇다면 이런 행복은 할례를 받은 사람(유대인)만이 누릴 수 있는 것입니까, 아니면 할례를 받지 못한 사람(이방인)도 누릴 수 있는 것입니까? 우리는 아브라함이 믿음으로 의롭다는 인정을 받았다고 말했습니다. [10] 그러면 언제 아브라함의 믿음이 인정을 받았습니까? 할례를 받은 후입니까, 받기 전입니까? 그것은 할례를 받은 후가 아니라 받기 전이었습니다(창 17:23 이하에 보면 아브라함은 99세에 할례를 받았다). [11] 아브라함은 할례를 받기 전에 이미 믿음으로 의롭다는 인정을 받은 표로서 후에 할례를 받았습니다. 그래서 아브라함은 할례를 받지 않고도 하나님을 믿어 의롭다는 인정을 받은 모든 사람들의 조상이 되었습니다. [12] 그는 또 할례를 받은 사람들의 조상이기도 합니다. 다시 말해서 그는 할례를 받은 사람들뿐만 아니라 우리 조상 아브라함이 할례를 받기 전에 가졌던 믿음을 좇아 사는 사람들의 조상도 되는 것입니다. [13] 하나님께서 아브라함과 그 후손에게 온 세상을 주겠다고 약속하신 것은 아브라함이 율법을 지켜서가 아니라 그가 믿고 의롭다는 인정을 받았기 때문입니다. ■

(2) 하나님의 말씀(성경)으로 교육받아 믿음을 갖지 않으면 죄에서 벗어나지 못한다.

> 아브라함이 (창 15:6)에서 하나님을 믿고 '죄인'에서 벗어나서 '의인'이 되었다.

앞의 성경말씀(창 15:6; 롬 4:1~13)에서 보면, 본래부터 죄성을 가진 육신을 입고 태어난 인간이 하나님의 말씀으로 교육받지 않고 그대로 자라나면 죄인이 될 수밖에 없는 존재이지만, 하나님의 말씀에 따라(기독교 교육을 받고) 하나님께 의지하여 살면, 하나님으로부터 '의롭다'는 인정을 받고 '의인'이 되어 올바르게 살아갈 수 있게 된다는 것이다. 아브람(아브라함)의 아버지 데라는 그의 조카 롯과 아들 아브라함을 데리고 가나안 땅으로 가고자 메소포타미아 갈대아의 우르를 떠났으나 그들은 하란에 정착하고 말았다. 데라는 205세 때 그곳 하란에서 죽었다.

1) 하나님의 부르심을 받은 아브라함이 의인이 된 것은 할례를 받기 전이었다.

> 아브라함이 75세 때 하나님의 부르심을 받고 하란에서 가나안 땅으로 가다. 아브라함이 여호와를 믿었으므로 여호와께서 그를 의롭게 여기셨다(창 15:6). 아브라함은 86세 때 여종 하갈에게서 이스마엘을 얻고, 99세 때, 아들 이스마엘과 집안의 모든 남자들과 함께 할례를 받았다. 아브라함이 100세이고 아내 사라가 90세 때 사라에게서 이삭을 얻었다. 따라서 아브라함이 하나님으로부터 의인으로 인정받은 것(창 15:6)은 할례를 받기 이전의 일이었다. 율법에 의해서가 아니라 하나님을 믿음으로써 그 은혜로 의롭게 되었다.

여호와께서 아브라함이 75세 때 하나님의 부르심을 받고 그의 아내 사라(사래)와 조카 롯과 종들을 데리고 하란으로부터 여호와께서 지시하신 가나안 땅으로 들어갔다. 하나님의 부르심을 받고 가나안 땅(유대지방, 팔레스타인 지방)으로 옮겨가서 유대인의 조상이 된 아브라함이 자기의 행위로 의롭다는 인정을 받았다면 자랑할 것이 있었을 것이다. 그러나 사실 그에게는 하나님 앞에서 자랑할 것이 아무것도 없었던 것이다. 구약성경(창 15:6)은 "아브람(아브라함)이 여호와를 믿었으므로 여호와께서는 이 믿음 때문에 그를 의롭게 여기셨다."라고 기록하고 있다. 이처럼 성경에 의하면, 인간은 하나님의 말씀을 듣고 자라나면서 여호와 하나님을 믿으면, '올바른 사람', 즉 '의인(義人, The Righteous)'이 될 수 있다는 것이다. 이때는 아직 모세가 하나님으로부터 율법을 받기 이전이기 때문에 사람이 어떻게 하면 올바로 살아갈 수 있는지에 대해서 그 방법을 알지 못했던 것이다. 그러나 올바른 사람인 의인으로 살아가기 위해서는 (창 15:6)에서처럼 하나님의 말씀에 의지하여 살아가는 것이 가장 올바른 방법이라는 것을 알 수 있다.

아브라함은 86세 때 여종 하갈에게서 이스마엘을 얻고, 99세 때, 아들 이스마엘과 집안의 모든 남자와 함께 할례를 받았다. 아브라함이 100세이고 아내 사라가 90세 때 사라에게서 이삭을 얻었다. 따라서 아브라함이 하나님으로부터 의인으로 인정받은 것은 할례를 받기 이전의 일이었다.

2) 칭의론(稱義論): 행위에 앞서는 믿음이 기독교의 핵심!

구약성경(창 15:6)은 "아브람(아브라함)이 여호와를 믿었으므로 여호와께서는 이 믿음 때문에 그를 의롭게 여기셨다."라고 기록하고 있다.

또 바울은 로마서 1:17에서 "이 기쁜 소식(복음)에는 오직 믿음으로만 하나님과 올바른 관계를 갖게 된다는 것이 나타나 있습니다. 이것은 성경(하박국 2:4)에 '의로운 사람은 믿음으로 살 것이다.' 라고 쓰인 말씀과 같습니다."라고 구약의 말씀을 인용하여 '의인은 하나님을 믿음으로 말미암아 하나님과 올바른 관계를 가지고 살 수 있다'라고 로마 교인들에게 보낸 편지에서 가르치고 있다. 사람에게는 할례를 받아서 모세의 율법에 따라 할례를 지키는 일보다 하나님을 믿어서 의인이 되는 것이 우선이라는 것이다. 즉, 사람에게는 행위에 앞서 믿음이 먼저이며, 이것이 기독교의 핵심이며 '칭의론(稱義論)'이라 한다.

5.2 유대교 바리새인으로서 살던 사울(바울)의 고백!

사울(바울)이 자신의 영적인 변화에 대해 말하다!

바울은, 율법과 관련해서 보면, 그가 속한 유대교는 바리새주의였는데 ("형제 여러분, 나는 순수한 바리새파 사람입니다."(현대인의 성경)(행 23:6) 그는 후에 그것을 가리켜 "우리 종교의 가장 엄격한 바리새파"(현대인의 성경)(행 26:5)라고 말했다. 즉, 기록된 율법과 유전(遺傳, Tradition)에 의한 모든 강령 하나하나를 철저하게 지킬 것을 요구하는 엄격한 파인 바리새파였다. 그는 아직 랍비가 되지는 않았으나, 랍비가 되는 과정을 밟아가고 있었고, 유대인 산헤드린(공의회)[26]의 회원이었을 가능성도 있다. 그는 "그들(그리스도인들)을 죽이는 데에도 찬성했습니다."(행 26:10)라고 진술하고 있는 것을 보면, 그는 매우 열심인 산헤드린 회원이었을 것이다.[27] 만일 그것이 사실이라면, 스데반이 순교를 당할 때 그는 30세나 그 이상이었을 것이 분명하며, 그렇게 본다면 예수님의 나이와 비슷했을 것이다. 바울은 그리스도인이 되기 이전 바리새인으로 있을 당시에 자신의 영적 상태에 대해서 사도행전과 그의 서신서(갈라디아서, 빌립보서, 로마서)에서 다음과 같이 말하고 있다:

(행 22:3~5): [3] "나는 길리기아의 다소에서 태어난 유대인이지만 자라기

---

26) 산헤드린(Sanhderin, 공의회)은 모든 유대의 도시에 유대교 법에 의해 세워진 23명의 판관들의 모임이다. 로마제국에서는 반(反)로마투쟁을 하지 않는다면, 식민지의 종교와 자치활동을 인정했으므로 고대 이스라엘 사회에서 산헤드린 의회는 영향력이 있는 집단이었다.

27) 많은 신약 학자들은 사울이 산헤드린 회원이었다면, 경건한 유대인 남자는 나이가 차면 당연히 결혼을 했을 것이라고 보고 있다. 그러나 신약성경(고전 7:8)에 비추어보면, 그가 전도여행을 할 당시, 바울은 결혼의 속박에서 자유로운 상태였다는 것이 분명하다. 어쩌면 그의 아내가 사망한 상태였을 지도 모른다. 또한 그가 그리스도인이 되었을 때 그의 아내가 그를 떠났을 가능성이 더 높다. 그렇다면 그는 그리스도를 위해 모든 것을 잃어버렸고, 그의 아내까지도 잃어버린 상태일 것이다.

는 이곳 예루살렘에서 자랐습니다. 그리고 나는 가말리엘의 지도로 우리 조상이 전해준 율법에 따라 엄격한 교육을 받았고 오늘 여기에 모인 여러분 못지않게 하나님께 대해서도 열심이 있었습니다. [4] 그래서 나는 예수 믿는 사람들을 핍박하여 남녀를 가리지 않고 잡아 가두고 죽이기까지 했습니다. [5] 이 일은 대제사장과 온 의회가 더 잘 알고 있습니다. 나는 그들로부터 다마스커스에 사는 유대인 지도자들에게 갈 공문을 받아서 길을 떠났습니다. 이것은 그곳 신자들을 예루살렘으로 잡아다가 처벌하기 위해서였습니다."

■ (현대인의 성경)(갈 1:13~14: "[13] 내가 전에 유대교에 있을 때 한 일들을 여러분은 들어서 알 것입니다. 그때 나는 하나님의 교회를 몹시 박해하였고 아예 교회를 없애 버리려고까지 했습니다. [14] 나는 같은 나이 또래의 그 어떤 유대인들보다 유대교를 신봉하는 데 앞장섰으며 조상들의 전통을 지키는 데도 누구 못지않게 열심이었습니다." ■

■ (현대인의 성경)(빌 3:4~6): "[4] 사실 나도 육적인 것을 신뢰할 수 있습니다. 만일 다른 사람이 육적인 것을 신뢰할 만한 이유가 있다고 생각한다면 나는 더욱 그렇습니다. [5] 나는 태어난 지 8일 만에 할례를 받았고 베냐민 지파에 속한 순수한 이스라엘 사람이며 히브리인 중의 히브리인입니다. 그리고 율법을 철저히 지키는 바리새파 사람이었고 [6] 교회를 박해하기까지 한 열심을 가졌으며 율법에 비추어 보아도 흠이 없는 사람이었습니다. ■

■ (현대인의 성경)(롬 7:9~11): "[9] 내가 한때는 율법(Law) 없이 살았습니다. 그러나 계명(The Commandment)을 알게 되자 죄는 살아나고 나는 죽었습니다. [10] 생명을 주기 위한 그 계명이 오히려 나에게 죽음을 가져다준 것입니다. [11] 이것은 죄가 계명으로 기회를 틈타 나를 속이고 그 계명으로 나를 죽였기 때문입니다." ■

이것은 어린 시절, 율법을 모르고 살다가 율법(즉, 계명)을 배우게 되면서 하나님이 주시는 생명을 깨닫게 된 것이 아니라, 자신이 죄성을 타고난 죄인임을 깨닫게 되어, 자신은 죽은 몸이나 다를 바 없다는 것을 깨닫게 된 것이다.

■ (현대인의 성경)(롬 7:14~15): "[14] 우리는 율법이 영적인 것이라고 알고 있는데 나는 육신에 속한 사람이 되어 죄의 종으로 팔렸습니다 (율법을 최고의 숭고한 것으로 알고 있었는데 나는 그 율법에만 의지하여 죄를 짓게 되었습니다). [15] 나는 내가 하는 일을 이해하지 못합니다. 이것은 내가 원하는 것은 하지 않고 도리어 원치 않는 것을 하기 때문입니다." ■

오호라 나는 곤고한 사람이로다! 이 사망의 몸에서 누가 나를 건져내랴!

■ (현대인의 성경) (롬 7:24~25) [24] 아아, 나는 얼마나 비참한 사람인가요? 누가 이 죽음의 몸에서 나를 구해내겠습니까? [25] 우리 주 예수 그리스도를 통해 나를 구원해주신 하나님께 감사합니다. 아직도 내 마음은 하나님의 법을 따르고 육신은 죄의 법을 따르고 있습니다. ■

5.3 이방인 선교의 적임자 사울(바울)

> 유대인 사울(바울)은 이방인 가운데로 나아갈 수 있는 적임자였다.

사울은 AD 1세기 교회가 당면한 특별한 상황, 즉 로마제국의 주요 문화들과 연결하면서, 동시에 그리스도 공동체의 유대인들과 이방인들 사이의 반목을 피하고, 화목하도록 가장 잘 대처할 수 있는 적임자인 것이다.

그는 최고의 학자이자 지식인으로서 '세계인(글로벌인)이요 르네상스인'이므로, 헬라(그리스)인을 비롯한 이방인들 가운데로 나아가 기꺼이 그들과 함께 음식을 먹고, 그들의 철학적 질문에 답하며, 주로 이방인들로 구성된 교회를 세우는 일을 잘 감당할 수 있는 위치에 있는 인물이었다.

그러나 사울은 언제나 열렬한 유대인이었다. 사울은 그리스도인인 바울이 되어 구세주인 예수를 섬기는 일에 자기의 전 생애를 드리는 일에 몰두하여 새로운 그리스도 신앙을 가진 이후에도, 과거의 유대교 신앙에서 완전히 등을 돌리는 여러 다른 회심자와는 다르게, 유대민족과 그 영적 유산을 저버리지 않고, 오히려 유대교 사상을 그리스도 신앙 가운데로 끌어들이는 일에 열심이며 적합한 인물이었다.

5.4 사울(바울)의 회심과 소명

1) 사울(바울)의 회심(AD 32~33년경)

사울의 회심은 다메섹(다마스커스)으로 가던 중에 일어났는데, 이에 대해서는 사도행전 9:1~19, 22:3~16, 그리고 26:2~18에 기록되어 있다.

2) 예수님이 다메섹 도상에서 사울(바울)에게 부탁하신 말씀(행 26:18)

(행 26:18) "이제 너는 그들의 눈을 뜨게 하여 어두움에서 빛으로, 사탄의 세력에서 하나님에게로 돌아오게 하고 나를 믿어 죄에서 용서받고 성도들이 받는 하늘나라의 축복을 받게 하라."

5.5 사울(바울)의 '종말론적 이원론'

예수께서 과연 메시아라는 사실로 인해서 바울은 결국 자신이 전에 가졌던 유대교적인 구속사(하나님의 모든 행위의 역사) 이해를 전면 교정하게 되었고, 또한 새로운 이론으로 기독교를 체계적으로 세우기 위한 신학적 작업을 시작하게 되었다. 그 새로운 이론을 '종말론적(세상의 마지막에 관한) 이원론(二元論)' 또는 '종말론적 이론'이라고 한다.

1) 바울이 가졌던 구속사적 주의 날(종말 · 심판의 날)

사울(바울)이 회심하기 전에 바리새인으로서 가지고 있던 구속사(하나님의 모든 행위의 역사)적 이해에 대해 간단히 설명하기로 한다.

사울(바울)은 주의 날(종말 · 심판의 날)[28]에, 선지자들이 예언한 그대로 메시아가 권능과 영광 속에서 나타나서 그의 종말론적(세상의 마지막) 나라를 세우기를 계속해서 기다렸다. 바울은 종말 전후의 두 시대를 구분하는 유대교의 구분법과 현시대의 악한 성격을 양립하여 생각하고 있었다. 자연과 역사와 문화의 관점에서조차 하나님 나라는 종말론적 소망으로 남아있다고 생각한 것이다.

2) 세상은 깨닫지 못하지만(막 4:11~12), 종말에 이루어질 하나님의 나라가 이미 현실이 되었다(메시아의 백성들이 이미 그리로 옮겨졌다.) (골 1:13)

예수께서 메시아이시며 그가 그의 백성들에게 메시아적 구원을 가져다주셨다면, 무언가가 완전히 바뀐 것이다. 지금 무엇이 달라졌는가? 그것은 "그리스도께서 우리 하나님 아버지의 뜻을 따라 우리를 이 악한 세상에서 구원하시려고 우리 죄를 위해 자기를 바치셨습니다(갈 1:4)."라는 것이 그리스도의 사랑과 의지 때문이라는 것을 바울은 깨달은 것이다. 그러나 현재의 악한 시대는 분명히 계속된다고 바울은 역시 깨닫고 있었다.

세상은 보지 못한다고 할지라도(막 4:11~12, "[11] 예수님은 이렇게 대답하셨다. '너희에게는 하나님 나라의 비밀을 아는 것이 허락되었으나 세상의 다른 사람들에게는 모든 것을 비유로 말한다. [12] 이것은 그들이 보아도 알지 못하고 들어도 깨닫지 못하게 하여 그들이 돌이켜 용서받지 못하도록 하기 위해서이다.'"), 종말에 이루어질 하나님의 나라가 그 구원의 의미를 지닌 모습에서 이미 현실이 되었다는 것이다(메시아의 백성들이 이미 그리로 옮겨졌다). (골 1:13, "하나님은 우리를 어두움의 권세에서 구출하여 자기가 사랑하는 아들의 나라로 옮겨 주셨습니다.").

---

28) '종말(終末)의 날', '심판(審判)의 날', '노여움의 날'을 말함. 곧, 예수가 재림(再臨)하여 세상을 심판하는 날을 말함.

3) 종말론적 이원론: 그리스도인에게 천국(종말)은 이미 와 있다. 그러나 그것은 마지막 종말에 완성될 것이다!

비유로 말씀하신 예수

① (마 13:34~35): [34] 예수님은 군중에게 이 모든 것을 비유로만 말씀하시고 비유가 아니면 아무것도 말씀하지 않으셨다. [35] 이것은 다음과 같은 예언자의 예언을 이루기 위해서였다[내가 비유를 들어 세상이 창조될 때부터 감추어진 것을 말하겠다(시 78:2).]

예수께서는 '창세로부터 감춰진', 즉 그때까지 구속사에서 계시되지 않았다가 그의 초림시에 은혜가 열방들에게 확대되면서 나타난 천국이, 세상의 종말에 권능과 영광과 함께 마지막으로 또 다른 특정한 '천국 강림'이 올 것을 가르치신 것이다.

그런데 이러한 주님의 가르침과 완전히 일치하여, 바울도 후에 그리스도의 나타나심으로 밝아온 그 구속의 사건들을 가리켜 '신비의 계시'로, 지금까지 '감추어진', 혹은 '숨겨진' 것을 '알게 하는 것'으로 묘사하고 있다. 예를 들어보자:

② 고린도전서 2:4~8: "[4] 내가 가르치거나 전도할 때 지혜의 설득력 있는 말로 하지 않고 성령님의 능력으로 한 것은 [5] 여러분의 믿음이 사람의 지혜에 의존하지 않고 하나님의 능력에 의존하도록 하기 위해서였습니다. [6] 그러나 우리는 믿음이 성숙한 사람들 가운데서는 지혜를 말합니다. 그 지혜는 이 세상의 지혜나 곧 망하게 될 통치자들의 지혜가 아니라 [7] 감추어진 신비로운 하나님의 지혜입니다. 그것은 하나님께서 우리의 영광을 위해 세상이 만들어지기 전에 미리 마련해 놓으신 것입니다. [8] 그러나 **이 세상 통치자들은 그 지혜를 몰랐습니다. 만일 그들이 알았더라면 영광의 주님을 십자가에 못 박지 않았을 것입니다."**

③ 로마서 16:25~26: [25] 하나님은 내가 전하는 기쁜 소식(복음)과 예수

그리스도에 관해서 선포된 말씀으로 여러분을 믿음에 굳게 세우실 수 있습니다. 그 기쁜 소식은 오랜 세월 동안 감추어져 있었던 비밀이었습니다만 [26] 이제는 영원하신 하나님의 명령으로 예언자들의 글을 통해 계시되고 알려져서 모든 민족이 믿고 순종하게 되었습니다.

④ 에베소서 1:9~10: [9] 그리고 하나님은 자기가 기뻐하시는 뜻대로 그리스도 안에서 미리 계획하신 비밀을 우리에게 알려 주셨는데 [10] 그것은 때가 되면 하늘과 땅에 있는 모든 것이 그리스도 안에서 하나가 되도록 하는 것입니다.

⑤ 에베소서 3:3~5: [3] 전에 내가 간단히 편지한 것과 같이 하나님은 계시로 나에게 그분의 신비로운 계획을 알려 주셨습니다. [4] 여러분이 그것을 읽으면 내가 그리스도의 그 계획을 어떻게 이해하고 있는지 알게 될 것입니다. [5] 지금은 그 계획이 성령님을 통해 그리스도의 거룩한 사도들과 예언자들에게 알려졌으나 전에는 사람들에게 알려지지 않았습니다.

⑥ 골로새서 1:25~27: [25] 나는 하나님의 말씀을 여러분에게 아낌없이 전하라는 사명을 받은 교회의 일꾼입니다. [26] 이 말씀은 오랜 세대 동안 숨겨졌던 비밀인데 지금 하나님의 성도들에게 알려졌습니다. [27] 하나님은 이방인들에게 나타난 이 비밀의 풍성한 영광을 자기 백성에게 알리시기를 원하셨는데 이 비밀은 여러분 안에 계신 그리스도 곧 영광의 희망입니다.

⑦ 디모데후서 1:9~10: [9] 하나님께서는 우리를 구원해주시고 또 그분의 거룩한 일을 위해 우리를 부르셨습니다. 그것은 우리의 선행으로 된 것이 아니라 하나님의 목적과 은혜로 된 것입니다. 그 은혜는 영원 전에 그리스도 예수님 안에서 우리에게 주신 것인데 [10] 우리 구주 그리스도 예수님이 오심으로 이제 드러나게 된 것입니다. 그분은 죽음을 없애 버리시고 기쁜 소식으로써 죽지 않고 영원히 사는 길을 보여주셨습니다.

⑧ 디도서 1:1~3: [1] 하나님의 종이며 예수 그리스도의 사도인 나 바울은 같은 믿음을 가진 나의 진정한 아들 디도에게 하나님 아버지와 우리 주 예수 그리스도의 은혜와 평안이 함께 하기를 기도합니다. 나는 하나님께서 선택하신 사람들을 믿게 하고 그들에게 경건하게 사는 진리를 가르치기 위해 사도가 되었습니다. 믿음과 진리는 영원한 생명에 대한 희망에 근거하고 있습니다. 이 영원한 생명은 거짓말을 하지 않으시는 하나님이 오래전에 약속하신 것인데 정해진 때에 전도의 말씀으로 이것을 나타내셨습니다. 나는 우리 구주이신 하나님의 명령으로 이 전도의 직무를 맡았습니다.

⑨ 그리하여 바울은 후에 이렇게 선언한다. "(사 49:8): 주께서 당신의 백성에게 말씀하신다. '너희를 구원해야 할 때가 되면, 내가 너희에게 은혜를 베풀겠고, 살려 달라고 부르짖는 날에는, 내가 그 간구를 듣고 너희를 돕겠다. 내가 너희를 지키고 보호하겠으며, 너를 시켜서 뭇 백성과 언약을 맺겠다'라고 말씀하셨습니다. 바로 지금이야말로 은혜를 받을 만한 때이며 구원의 날입니다(고후 6:2)."

바로 이러한 새로운 종말론적 비전으로 말미암아, 바울은 후에 '누구든지 그리스도 안에 있으면 새로운 존재입니다. 옛사람은 없어지고 새사람이 된 것입니다(고후 5:17),'라고 말하며, 또한 그들을 원수로 만들었던 계명의 율법을 예수님이 자신의 육체적인 죽음으로 폐지하신 것은 유대인과 이방인을 자기 안에서 '하나의 새로운 백성으로 만들어' 화목하게 하신 것을 말하고 있다(엡 2:15). 요컨대, 그리스도인들은 이미 '종말의 백성'인 것이다!

⑩ 바로 이러한 새로운 종말론적 비전으로 말미암아, 바울은 후에 그리스도인들을 '말세를 만난' 자들로 말하며(고전 10:11), 또한 그들의 존재에 대해서 급진적이고 결정적인 변화가 일어난 자들로, 즉 죄의 권세와의 급진적인 단절이 일어났고 이제 새로운 부활의 생명을 지니고서 그리스도의 새로운 통치 아래에서 살게 된 자들이라고 말하는 것이다(롬 6:17; 고전 6:11).

5.6 예수 그리스도께서 받은 바울의 사도적 소명

다메섹 도상의 체험은 바울에게는 그 자신의 회심의 계기만이 아니었다. 그것은 또한 그가 이스라엘과 열방들에게 그리스도의 '주(主, Lord)' 되심을 선포하라는 사도적 소명의 계기이기도 했다. 부활하신 그리스도께서는 아나니아에게 이렇게 선포하셨다: "[15] 가거라. 그는 내 이름을 이방인들과 왕들과 이스라엘 사람들에게 널리 전하도록 내가 선택한 사람이다. [16] 그가 나를 위해 얼마나 많은 고난을 받아야 할 것인가를 내가 그에게 보이겠다."(행 9:15~16).

그리고 아나니아는 표현은 다소 다르지만 그리스도의 그 말씀을 바울에게 정확하게 전달하였다: "[14] 우리 조상들의 하나님이 당신을 택하여 그분의 뜻을 알게 하시고 의로우신 그리스도를 보게 하셨으며 그 의로우신 분이 하신 말씀을 듣게 하셨습니다. [15] 이것은 당신이 그분의 증인이 되어서 보고 들은 일을 모든 사람에게 말하게 하기 위한 것입니다."(행 22:14~15).

주 예수께서는 3년 후 예루살렘 성전에서 있은 황홀경 속에서 이러한 소명을 그에게 직접 확인시키셨다: "[18] 그 환상 가운데서 주님이 나(바울)에게 이런 말씀을 하셨습니다. '너는 서둘러 즉시 예루살렘을 떠나라 이 곳 사람들은 네가 나에 대해 증거하는 것을 받아들이지 않을 것이다.' [19] 그래서 내가 말했습니다. '주님, 내가 회당을 찾아다니면서 주님을 믿는 신자들을 잡아 가두고 때린 일을 사람들이 다 알고 있습니다. [20] 또 주님의 증인 스데반이 죽임을 당할 때 내가 곁에 서서 그 일을 찬성하고 그를 죽이는 사람들의 옷을 지켰습니다.' [21] 그때 주님은 나에게 '가거라! 내가 너를 멀리 이방인들에게 보내겠다.'하고 말씀하셨습니다."(행 22:18~21).

1) **이제 너는 그들의 눈을 뜨게 하여 어두움에서 빛으로, 사탄의 세력에서 하나님에게로 돌아오게 하고 나를 믿어 죄에서 용서받고 성도들이 받는 하늘나라의 축복을 받게 하라.(행 26:18)**

여러 해 후, 바울은 헤롯 아그립바 2세 앞에서 변론하는 중에 그리스도의 말씀을 직접 인용하여 자기에게 주어진 그리스도의 소명의 조건들을 다음과 같이 정리하여 진술하고 있다. 즉, [14] 우리가 모두 땅에 엎드리자 히브리말로 '사울아, 사울아. 네가 왜 나를 괴롭히느냐? 가시 채찍을 뒷발질해 봐야 너만 다칠 것이다.'라는 음성이 내게 들려왔습니다. [15] 그래서 내가 '당신은 누구십니까?'하고 묻자 주님께서 이렇게 말씀하셨습니다. '나는 네가 핍박하는 예수이다. [16] 일어서라. 나는 이제 너를 일꾼으로 삼아 네가 오늘 본 것과 앞으로 내가 보여 줄 일을 증거하게 하려고 너에게 나타났다. [17] 내가 네 백성과 이방인들에게서 너를 구출하여 그들에게로 보내겠다. [18] 이제 너는 그들의 눈을 뜨게 하여 어두움에서 빛으로, 사탄의 세력에서 하나님에게로 돌아오게 하고 나를 믿어 죄에서 용서받고 성도들이 받는 하늘나라의 축복을 받게 하라.(행 26:14~18)'

2) 신약성경의 복음은 분명히 구약성경의 토대에서 나온 것

그리고 아그립바 왕으로 하여금, 그리스도께서 바울을 부르셔서 이스라엘과 이방인들에게 전파하게 하신 이 '복음'이 구약성경의 언약 신학에 깊숙이 뿌리박은 것이 아닌 전혀 새로운 선언이라고 결론내리지 않도록 하기 위하여, 즉 신약성경의 복음이 구약성경의 토대에서 나온 것임을 분명히 하기 위하여, 이 변론에서 바울은 다음과 같이 분명하게 선언하고 있다. 즉, "[6] 지금 내가 여기서 심문을 받는 것은 하나님이 우리 조상들에게 약속하신 것에 희망을 두고 있기 때문입니다. [7] 이것은 우리 이스라엘 12지파가 밤낮 하나님을 열심히 섬기며 이루어지기를 바라는 약속입니다. 아그립바왕이시여, 나는 바로 이런 희망 때문에 유대인들에게 고소를 당하고 있습니다(행 26:6~7). [22] 그러나 나는 하나님의 도우심을 받아 오늘도 여기 서서 높고 낮은 모든 사람들에게 예언자들과 모세가 예언한 한 가지 사실을 증거하게 되었습니다. [23] 그것은 그리스도께서 고난을 당하시고 죽은 사람들 가운데서 맨 먼저 부활하셔서 이스라엘 백성과 이방인들에게 구원의 빛을 선포하시리라는 것입니다."(행 26:22~23).

제 6 장 회심한 바울이 세계에 기독교를 전하다!

예수님의 십자가 수난 이후 기독교 교회의 성장 과정: 기독교가 예루살렘에서 세계로 전파되는 과정에서 사도 바울의 역할

예수 그리스도의 십자가 수난(처형) 이후에 예수님을 따르던 제자들에 의해 처음으로 예루살렘교회가 예루살렘에 세워지게 된다. 그리고 유대교에 의해 박해받던 예수님을 따르던 기독교(그리스도교) 신자들이 예루살렘을 떠나 전 세계로 퍼져나가서 예수 그리스도의 가르침(복음)을 전하면서 교회를 세우게 된다.

이 과정에서 유대교의 열심 신자이면서 기독교를 박해하던 사울(바울)이 부활하신 예수님을 환상 중에 만나서 유대교에서 기독교로 회심하게 되고, 그가 회심한 즉시 이방 세계에 기독교를 전파하는 예수님의 사도로서의 사명을 예수님으로부터 직접 받게 된다.

여기서는 바울 사도가 기독교의 세계 전파를 위해서 그의 전 생애를 바친 일에 대하여 로버트 레이먼드(Robert L. Reymond)가, 예수님이 돌아가신 후에 사도 바울에 의해서 예루살렘으로부터 기독교가 전 세계로 전파되는 과정에 대하여, 사도행전의 내용을 중심으로 기록한 「바울의 생애와 신학」 중의 일부를 인용[29]하여 알기 쉽게 소개하고자 한다.

본문의 내용을 이해하기 쉽게 풀이하여 정리 및 기록하였으며, 관련 성경구절을 비교적 쉬운 현대어로 번역된 '현대인의 성경'을 비롯하여 '새번역성경' 등에서 많이 인용하였으나, 필요에 따라 '개역개정판성경' 등 여러 다른

29) 로버트 레이먼드(Robert L. Reymond) 지음, 원광연 옮김, 「바울의 생애와 신학」, (고양시: 크리스천다이제스트, 2003), 116~360.

성경도 인용하여 추가하였다.

또한 독자들의 편의를 위해서 본문의 내용 중에서 중요한 부분에 대해서는 로버트 레이먼드의 저서에서 인용된 문헌을 다시 재인용하여 필요에 따라 독자들이 직접 확인할 수 있도록 하였다.

초대교회에서 선교활동의 중심이 된 예수님의 제자들

예수님의 설교를 듣고 그를 믿고 따르는 사람들이 많았지만 더 많은 사람들을 가르치기 위해서 예수님은 12 제자들을 가까이에 두고 훈련시켰다. 12 제자들은 예수님의 부르심에 따라 예수님과 함께 생활하면서 가르침을 직접 받았다. 그들은 생전의 예수님으로부터 직접 훈련을 받았으며 예수님이 십자가 위에서 돌아가신 후 부활하신 사건의 증인이 되었다. 이 때문에 그들을 특별히 '사도'라고 부른다. 또한 그들 중의 한 사람 가룟 유다는 예수님을 배반한 후 자살했으므로 그 대신 맛디아를 사도에 가입시켰다. 사도는 후에 세워진 초대교회[원시 기독교회(그리스도교회)]에서 선교와 교육을 맡았다.

바울은 처음에는 유대교를 열심히 믿는 신자로 기독교를 박해했으나, 예수님이 부활하신 이후에 환상 중에 만나서 사도로 택함을 받은 후에는 특히 이방인 전도에 힘써서 기독교의 세계화에 열심을 다했다.

예수님의 12제자

① 베드로(본명은 시몬, 시몬 베드로라고 불림. 어부. 벳새다 출신)
② 안드레(베드로의 동생. 어부 벳새다 출신)
③ 야고보(세베대와 살로메의 아들이자 사도 요한의 형제, 사도들 중 최초의 순교자)
④ 요한(세베대의 아들)
⑤ 빌립(벳새다 출신)
⑥ 바돌로매(가나 출신)
⑦ 마태(세관이었으나 예수님을 따르게 된다)
⑧ 가룟 유다(예수님을 배반한 회계관. 배반한 후 자살하자 맛디아가 대신

한다)

⑨ 야고보(알패오의 아들)

⑩ 시몬(열심당의 당원. 시몬 베드로와는 다른 사람. 가나안 출신)

⑪ 도마

⑫ 다대오(알패오의 아들)

이들 12제자 외에 부활하신 예수님을 만난 바울이 사도로 택함을 받고 등장하여 기독교 전도에 앞장서게 된다. 이 외에 예수님의 동생 야고보가 예루살렘교회의 지도자로 있다가 순교하였다.

12제자 외에 또 한 사람의 예수님의 위대한 제자 바울

바울(그리스어[헬라어]=Παυλος, 라틴어=Paulus, 영어=Paul)은 본래 유대교의 바리새파 신자로서, 예수를 믿는 기독교 신자들을 앞장서서 박해하였으나, 환상 중에 부활하신 예수님을 만나서 그의 음성을 들은 이후 회심하여, 예수님의 사도로서 활동하면서, 이후 기독교의 전파에 막대한 영향을 끼쳤다.

바울은 로마제국의 라틴어 이름(Paulus)을 헬라어로 부른 이름으로 신약성경에는 '바울(Παυλος)'로 기록되었고, 그의 히브리어 이름은 '사울(히브리어: שאול)'이다. 이름에 대한 주장이 둘로 나뉜다. 먼저 로마제국 시대 시민권을 지닌 자로 두 개의 이름을 사용했다는 주장과 둘째로 이름의 의미의 차이에서 의도적이라고 보는 주장이다. '사울'은 구약성서 최초 이스라엘 왕의 이름이었고, '바울'은 '작은 자'라는 의미로, 의미의 대비가 커서 바울은 회심 이후 사울에서 바울로 변경하였으리라는 주장이다.

바울은 초기 기독교를 이끈 뛰어난 지도자 가운데 한 사람이었다. 바울은 기독교(그리스도교)를 전하려는 열정으로 북아프리카 지역을 제외한 로마제국의 주요 도시를 돌아다녔다. 무려 20,000 km에 이르는 거리를 돌아다닌 그의 선교 여행과 신약성경 27권의 책들 가운데 13편에 달하는 그의 이름으로 된 서신서들을 기록한 것은 초대 교회사에서 기념비적인 업적이다.

그는 자신이 선교 여행 중에 여러 번 죽을 위기를 맞았다고 말한다. 유대인에게 다섯 번 매를 맞고, 세 번 태장으로 맞고, 한 번 돌로 맞고, 그가 탄 배가 세 번 파선 당했다. 그렇게 그는 유대교와 구분된 기독교를 확립했고, 그 교회는 지금까지 명맥을 이어오고 있다.

하지만 오해하지 말아야 할 것은, 바울이 지성 없이 열정만 있는 자가 아니었다는 사실이다. 그 열정은 예수가 왜 그리스도인가를 구약성서를 근거로 변증하는 지성적인 신앙에 뿌리를 두었다. 바울 사상은 기독교 교리와 기독교 역사에 미친 영향이 매우 커서 혹자는 "예수가 없었다면 바울도 없었겠지만, 바울이 없었다면 기독교도 없었을 것이다"라고 평하기도 한다.

사도 바울의 생애 연대표

(AD): (바울 관련사건)
30년: 예수의 십자가 처형과 죽음, 부활, 오순절
32년: 스데반의 순교와 바울의 다메섹(다마스커스) 회심
32~36년: 바울이 다메섹과 나바테아 아라비아에서 3년간 초기 전도사역
36년: 바울이 회심 후 첫 번째 예루살렘 방문(바나바 동행)
44년: 요한의 형제 야고보의 순교, 베드로의 수감
36~45년: 바울이 고향 다소(수리아-길리기아)에서 10년간 사역한 '침묵의 기간' (수리아 안디옥에서 바울의 사역 시작)
46년: 예루살렘 교회의 기근·식량위기에 안디옥교회가 헌금 전달, 바울의 회심 후 두 번째 예루살렘 방문
46~48년: 바울의 제1차 전도여행(구브로[키프로스]와 남갈라디아)
48~49년 갈라디아서 기록
49년: 예루살렘에서 사도회의 개최(바울의 회심 후 세 번째 예루살렘 방문: 교령·규례)
49~52년: 바울의 제2차 전도여행(고린도에서 18개월 체재)(소아시아-마케도니아-아가야)
50년: 데살로니가전후서 기록
52년: 제2차 전도여행 때, 바울의 회심 후 네 번째 짧은 예루살렘 방문

52~55년: 바울의 제3차 전도여행과 에베소에서의 사역

52~57년: 바울의 제3차 선교여행(52~57년) 이후, 회심 후 다섯 번째 짧은 예루살렘 방문(예루살렘 교회 유대인들의 미움을 받음)

52~56년: 고린도후서 기록

56~57년: 바울의 마케도니아, 일루리곤, 아가야 여행

57~59년: 바울이 가이사랴에서 2년간 감옥살이

59년: 바울의 로마행 '제4차 전도여행'이 시작됨

60~61년: 바울의 재4차 전도여행(로마)

60~62년: 골로새서, 빌레몬서, 에베소서, 빌립보서 기록(로마 감옥에서 옥중서신)

62년: '가택 연금'에서 해제됨

62~63?년: 바울의 '제5차 전도여행': 그레데, 니고볼리, 에베소, 마케도니아, 드로아, 고린도, 밀레도를 방문하였고, 혹 스페인으로 향했을 수도 있음.

61~63년: 바울이 로마 연금 중에 선교활동

62~63년: 바울의 디모데전서(로마)

63년: (로마 감옥에서) 바울의 석방

63년?: 바울의 디도서

63년?: 바울이 두 번째 체포되어 로마에서 두 번째로 투옥됨

64년?: 바울의 히브리서

65년?: 바울의 디모데후서

65년: 바울이 로마에서 순교함(제1설)

63~67년: 바울의 자유로운 선교활동

67년: 바울이 체포되어 로마 감옥에 재수감. 바울의 순교(제2설). 베드로의 순교

98~100년: 요한의 죽음

6.1 예수님의 십자가 처형으로 공포에 떨며 도망 다니던 제자들, 그들은 예수님의 죽음 이후 부활·승천·오순절의 성령강림으로 놀랍도록 용감한 기독교 신앙인으로 거듭나게 되었다.

> 예수님의 승천이후 일어난 기적과 오순절의 성령강림(행 1~2장): 오순절 기도로 회개하고 성령을 받은 신도와 제자들은 구원받고 전도하며 예루살렘교회(초대교회)를 세운다.

예수님이 생전에 가장 관심을 기울였던 12명의 제자 중에서 예수님을 배반하고 자살한 가룟 유다를 제외한 11명의 사도들은 예수님이 십자가에서 처형당하자 모두 자신들의 신변에 위협을 느끼고 도망가 버렸다. 예수님의 주변을 지킨 사람들은 오히려 연약한 몇 명의 여자들과 아무도 모르게 예수님을 메시아라고 믿었던 아리마대 요셉과 산헤드린 공의회 의원이던 니고데모뿐이었다.

육체적으로 강하고 신앙적으로 열심이던 사도들은 신변의 위협을 느끼고 두려운 나머지 도망가 버리고, 육체적으로나 사회적 약자라고 생각되는 여자들만 마지막 순간까지 예수님을 따랐다. 이것은 예수 그리스도의 가르침으로밖에 깨달을 수 없는 참으로 신비스러운 일이었다.

예수님의 십자가 죽음에서부터 오순절까지 일어난 사건 개요

① 유월절 축일인 금요일에 예수님이 처형(십자가 죽음)을 당하시다.
② 죽은 지 3일째(일요일)에 예수님이 부활하시다.
③ 예수님의 부활 후 40일간 제자들 앞에 나타나시다.
④ 예수님이 승천하시다.
⑤ 예수님의 제자들이 권력을 두려워하지 않는 용감한 신앙인으로 거듭나서 전도하다.
⑥ 유월절 축일(출애굽일, 예수님의 부활)로부터 50일째 되는 오순절(Pentecost) 날 제자들이 성령을 받다. 이날을 성령이 내린 날(성령강림

절), '교회의 탄생일'이라 한다.

오순절 사건은 성령강림으로 초대교회 성립일

예수 이후 신약성경에서 오순절이라는 명칭으로 기념되는 이날은 성령강림일이다. 예수의 부활로부터 50일째 되는 이날 그의 제자들이 모인 곳에 성령(聖靈)이 강림하자(내리자), 이들이 성령에 충만하게 되어 전도활동을 시작하게 되었으므로 이날을 성령강림 대축일, 성령강림절, 또는 성령강림 주일이라고도 한다. 사실상 기독교 초대교회의 성립(탄생)일로 여겨지고 있다.

6.2 예루살렘교회는 초대교회의 전형이었다.

예루살렘 초대교회 공동체

예수님이 부활하신 후에 예수님의 제자들은 신앙심이 불타올라 사도들을 중심으로 조직화하여, (행 4:32~35)에 "[32] 믿는 사람들은 모두 한마음 한뜻이 되어 아무도 자기 재산을 제 것이라 하지 않고 모든 것을 서로 나누어 썼다. [33] 사도들이 큰 능력으로 주 예수님의 부활을 증거하자 사람들은 큰 은혜를 받았다. [34] 그들 중에는 생활이 어려운 사람이 아무도 없었다. 이것은 땅이나 집을 가진 사람들이 모두 팔아 그 돈을 [35] 사도들에게 가져와 각 사람의 필요에 따라 나누어 주었기 때문이다."라고 기록된 바와 같이 초대교회 공동체를 이루어가고 있었다.

이처럼 초대교회인 예루살렘교회가 만들어지자, 특히 예수님의 수제자였던 베드로가 지도력을 발휘하여 신도들의 신앙을 강하게 만들고, 예수님의 가르침을 널리 알리는 교회 활동을 활발히 해나갔다. 같은 신앙으로 뭉친 신도들은 함께 생활하면서 모든 것을 공유하여 나누어 썼다. 그들은 재산과 소유물을 팔아 각자의 필요에 따라 나누어주는 초대교회 특유의 공동체를 이루며 살았다.

그러나 초대교회는 겉으로는 이상적으로 보였지만 운영하는 데는 어려운 문제가 나타나기 시작했다. 예수님의 제자들도 차츰 초대교회의 운영에 고심하게 되었다.

사도행전 5장에는 강요를 하면 위선이 생긴다고 기록되어 있으며, (살후 3:10~12)에는 일을 하지 않고 게으름을 피우는 사람들이 많이 나타나게 되었고, 시간을 때우려고 남의 일에 참견하거나 음란한 행동을 하는 사람들도 생겨났다고 기록하고 있다.

[전 세계에 기독교를 전한 바울의 활동]

6.3 바울의 회심과 초기 전도사역 및 예루살렘 방문

> 바울은 다메섹에서 3일 동안 눈이 멀었을 그때 이미 예수님으로부터, '칭의의 교리'로, 온 세상(특히 이방세계)을 변화시키는 사도로 임명을 받았다. 그때 이미 바울은 자신이 변화되고 세상을 바꾸는 힘과 능력과 지혜를 예수님으로부터 받았다. 바울의 초기 전도와 회심 이후 처음 두 차례 예루살렘 방문(AD 33~46년경)(행 9:20~12:25). 바울의 회심 후 다메섹·아라비아·예루살렘 · 다소 · 안디옥에서 전도와 신앙 성숙 기간.

바울이 다메섹(다마스커스) 도상에서 회심하는 과정과 초기 다소에서의 전도사역 및 '칭의의 교리'를 확립하는 과정을 소개한다.[30)]

영광을 입으신(부활하신) 그리스도의 능력과 축복이 사울(바울)에게 임하였고, 또한 그리스도를 믿는 새로운 믿음과 그 종말론적인 의미('바울의 종말론적 이원론')로 말미암아 삶의 방향이 새롭게 바뀐 상태에서, 다소 사람 바울은 선교 사역을 시작하였다. 그 당시에는 사람들이 그것을 깨닫지 못했

30) 로버트 레이먼드(Robert L. Reymond) 지음, 원광연 옮김, 「바울의 생애와 신학」, (고양시: 크리스천다이제스트, 2003), 116~148.

으나, 바울은 그 사역을 통해서 인간 역사상 중요한 인물이 되었으며 또한 그의 이름이 온 세계를 통틀어서 그리스도인 중에서 가장 존경받는 이름이 되었다.

(1) 다메섹(행 9:20~22)과 아라비아(갈 1:17; 고후 11:32~33)에서 전도를 위해 노력한 바울(AD 33~35년경)

바울(사울)은 자신이 기독교도들을 박해하려고 다메섹(다마스커스)으로 가서 뜻밖에 부활하신 예수님을 만나게 되었으며, 그때 알게 된 그리스도의 도(道, 예수의 가르침)[31]를 깨닫고 유대교에서 기독교로 회심하여, 다메섹의 주님의 제자들[32]과 함께 며칠을 지냈고, 그리고

① "즉시로" 각 회당에서 '예수가 하나님의 아들'이심을 전파하였다(행 9:20)[33].

② "바울은 더욱 힘을 얻어 예수님이 그리스도(메시아)라는 것을 증언하여 다메섹에 사는 유대인들을 어리둥절하게 하였다(행 9:22)." 또한

③ "바나바는 바울을 데리고 예루살렘의 사도들에게 가서 그가 다메섹도상에서 어떻게 주님을 만났으며 주님이 그에게 하신 말씀과 또 다메섹에서 예수님의 이름을 담대히 전한 일을 그들에게 설명해 주었다(행

---

31) '그 도(道)'는 초기의 예수의 추종자들이 기독교 운동을 지칭하는 의미로 사용한 용어였다(행 9:2; 19:9, 23; 22:4; 24:14; 또한 16:17; 18:25~26 참조). 어떤 학자들은 이 용어의 기원을 쿰란 공동체의 사독 문서 등 기타 문서에서 찾는다. 그러나 반드시 그런데서 기원을 찾을 필요는 없다. 예수께서 친히 자신이 아버지께로, 또한 하늘로 나아가는 '길'이라 주장하셨으므로(요 14:6), 자연스럽게 그 단어가 하나님께로 향하고 구원으로 향하는 믿음과 삶의 '참된 길' 또는 '올바른 길'을 지칭하게 된 것이다.

32) 사울이 예루살렘을 떠나 다메섹으로 향했던 것은 다메섹에 있는 주님의 제자들을 색출하여 예루살렘으로 잡아 오기 위함이었다. 그러나 사울이 다메섹으로 향하는 길 위에서 부활하신 주님의 강권적인 은혜를 경험한 이후에 그도 주님의 제자 중 한 사람이 되었다. 주님은 사울이 아직 주님을 향한 적대심을 품고 있었던 그 때에 먼저 찾아오셔서 사울의 마음을 180도 변화시켜 주셨던 것이다. 회심은 언제나 인간의 의지가 아닌 주님의 불가항력적인 은혜에 기초하는 것이다. 사울은 이제 주님의 진정한 제자로 살기 위해 다메섹의 주님의 제자들과 함께하게 되었는데, 다메섹에서 회심한 사울을 옹호하고 따르던 주님의 신자들을 말한다.

33) 사도행전 9:20의 '하나님의 아들'이라는 칭호는 사도행전에는 유일하게 나타나는 칭호다.

9:27).” 이것은 바울의 회심 후 첫 번째 예루살렘 방문이었다.

(2) 바울은 다메섹에서 3일 동안 눈이 멀었을 그때 만난 예수님으로부터 이방인의 사도로 임명을 받았다.

① 바울의 생각이 유대교에서 그리스도를 믿는 신앙으로 재구성되는 데는 다메섹에서의 사흘 동안 눈이 멀었던 기간으로 충분했을 것이다. 갈라디아서의 그 자신의 진술에서도 그의 아라비아 방문을 이방인들에게 그리스도를 전파할 소명을 받은 일과 연관 짓고 있으며(갈 1:16, 1:17), 갈라디아의 회심자들에게 보낸 편지에서 그 사건을 기술하는 시점이 그가 예루살렘에 올라가 그곳의 사도들을 만나기 전에 이미 그러한 소명을 시행하기 시작했다는 사실을 강조하고 있으며, 따라서 그 사도들이 바울을 이방인의 사도로 임명하여 보냈다고 말할 수 없게 하고 있다.

바울은 다메섹에서 3일 동안 눈이 멀었을 그때 이미 예수님으로부터 이방인의 사도로 임명을 받았던 것이다.

② 여기서 ‘아라비아’라면 자연스럽게 나바테아 왕국(Nabatean Kingdom)을 뜻하는 것으로 이해하게 되는데, 그곳은 다메섹에서 쉽게 갈 수 있는 곳이었다. 그 당시 그곳은 아레타스 4세(Aretas IV, BC 9~AD 40)가 통치하고 있었다. 바울의 다른 편지에 나타난 한 가지 증거로 볼 때 그가 아라비아에서 행한 것이 그저 조용한 사색의 시간을 갖는 것만은 아니었다는 것이 분명히 나타난다.

후일 그는 자신이 처음 그리스도인이 되었을 당시에 당한 수치스러운 경험을 회상하고 있다. 즉, ‘[32] 다마스커스에서 아레다왕(아레타스 4세)의 장관이 나를 잡으려고 (다마스커스) 성문을 지킬 때 [33] 나는 창문으로 광주리를 타고 성벽(그림 8)을 내려가 도망친 일도 있었습니다.’(고후 11:32~33).[34] 만일 바울이 아라비아에서 조용히 명상만 하며 지냈다면, 나바테아의 고관이

34) 누가는 이때 도망한 일을 사도행전 9:23~25에서 언급하고 있다. 그는 다메섹의 유대교 지도자들이 바울을 체포하여 죽이려는 음모에 개입되었다는 사실을 기록하고 있다. 바울이 그 이전의 신앙을 배반하였다고 여겼고, 또한 십자가에 못 박힌 예수가 신적인 하나님의 아들이라고 전파하고 있었기 때문이었을 것이다(행 9:20).

바울을 이렇듯 적대하는 조치를 취하지 않았을 것이다.

그림 8. 다마스커스의 성벽. 바울이 바구니를 타고 탈출한 곳으로 추정되는 곳.35)

이렇게 해서, 평생토록 바울을 괴롭힌 유대인들의 공격(이방인의 공격은 가끔 있었을 뿐이다)이 다마스커스에서 시작된 것이다. 여기서 유대인의 적대 행위는 영광을 입으신 주께서 사울이 당할 일에 대해서 아나니아에게 하신 말씀이 처음 성취된 것이었다. 즉, [11] 주님께서 이렇게 말씀하셨다. “너는 어서 ‘직가(곧은 거리)’에 있는 유다의 집에 가서 다소 사람 사울을 찾아라. 지금 그가 기도하고 있다. [12] 그는 환상 가운데서 아나니아라는 사람이 들어와 자기에게 손을 얹어 다시 보게 해 주는 것을 보았다.” [13] 그러자 아나니아가 대답하였다. “주님, 그 사람이 예루살렘에서 주님의 성도들을 몹시 괴롭혔다는 말을 많은 사람들에게서 들었습니다. [14] 그리고 그는 주님의 이름을 부르는 사람들을 모조리 잡아갈 권리를 대제사장들에게서 받아서 이리로 왔습니다.” [15] 그러나 주님은 아나니아에게 이렇게 말씀하셨다. “가거라. 그는 내 이름을 이방인들과 왕들과 이스라엘 사람들에게 널리 전하도록 내가 선택한 사람이다. [16] 그가 나를 위해 얼마나 많은 고난을 받아야 할 것인가를 내가 그에게 보이겠다.”(행 9:11~16).

35) https://www.pckworld.com/article.php?aid=4754396904

(3) 바울은 회심한 직후부터 이미 오직 믿음으로 말미암는 '칭의'에 대한 그의 복음 선포의 주된 내용을 정립해놓고 있었다.

논의를 계속하기 전에 마지막으로 한 가지 문제를 다루어야 할 것이다. 바울이 아라비아에서 전도했다고 주장하는 것은, 그가 회심한 직후부터 '오직 믿음으로 말미암는 칭의'에 대한 그의 복음 선포의 주된 내용들을 이미 정립해놓고 있었다는 것이다.

칭의의 교리(행 13:38~39)

① "예수님을 믿는 사람은 누구나 의롭다는 인정을 받게 된다"라는 '칭의의 사상'이 바울 사상의 핵심인데, 이것은 수리아에서 베드로와의 외식 논쟁 사건 이전이었고, 갈라디아서를 쓰기 전이었다.

② 바울은 그의 '칭의의 교리'를 갈라디아서 2장에서 기록상 처음으로 원리로 제시하였으나 이미 그 이전 1차 전도여행 때 비시디아 안디옥에서 '칭의의 교리'를 '복음의 진리'로 제시하였다.(행 13:39)

③ 바울은 이 논쟁 후에 비니비와도 결정적으로 진리에 관한 신학적인 문제로 결별했다. 그때 논쟁의 주제는 안디옥 교회의 전통에 관한 문제가 아니라 오직 바울 사도가 이해하고 있는 대로의 진리에 관한 신학적인 문제였다.

바울 사상의 핵심, 곧, '그리스도 안에서' 이방인들이 하나님의 자녀가 되고 그리하여 아브라함의 자손이 된다는 '칭의' 사상

바울 사상의 핵심, 곧, '그리스도 안에서' 이방인들이 하나님의 자녀가 되고 그리하여 아브라함의 자손이 된다는 사상은 이미 다마스커스와 (아마도 아라비아), 그리고 그 후에 길리기아와 수리아에서 이방인 개종자들에게 전한 바울의 메시지의 일부분이 되어 있었던 것이다. 즉, "예수님을 믿는 사람은 누구나 의롭다는 인정을 받게 된다."는 '칭의의 사상'이 바울 사상의 핵심이다.

(4) 누가에 의해 사도행전에 기록된 사울의 회심(AD 33) 이후 다섯 차례의 예루살렘 방문 중 첫 번째 방문(행 9:26~30; 22:17~21; 갈 1:18~19, AD 35~36년경)

누가는 사울이 회심한 후 처음 예루살렘을 방문한 일을 (사도행전 9:26~30)에 언급하고 있다(그는 행 9:23에서 '여러 날이 지난 후에'라고 기록하고 있는데, 이 기간은 (갈 1:18)에서 바울이 '3년 만에'라고 말하는 그 기간과 동일한 기간이다. 그는 사울이 처음 예루살렘에 왔을 때 제자들은 처음에 그를 두려워했고, 그가 정말 그리스도인이라는 것을 믿지 않았다고 기록하고 있다. 그러나 사도들이 처음부터 '바나바', 곧, '위로의 아들'이라 불렀던 구브로(키프로스) 출신 레위인 요셉(행 4:36)이 사울을 사도들에게 데리고 가서, 첫째로, 사울이 주님을 보았다는 것과 둘째로 또한 주께서 그에게 말씀하셨다는 것과, 셋째로, 다메섹(다마스커스)에서 사울이 '예수의 이름으로 담대히 말하였다'는 것을 그들에게 설명하였다. 그리하여 "[28] 사울은 (예수님의) 제자들과 함께 지내며 자유롭게 예루살렘을 드나들면서 주님의 이름을 담대하게 전하였다. [29] 사울은 그리스(헬라) 말을 하는 유대인들[헬라파 유대인들(사울의 옛 회당에 속한 헬라어를 쓰는 유대인들)[36]]과 이야기도 하고 논쟁도 하였으나 그들은 사울을 죽이려고 음모를 꾸몄다."(행 9:28~29).

① 주님은 주님의 뜻을 이루기 위해 사울에게 예루살렘을 떠나라고 명하셨고, 사울은 그의 고향 다소로 가다.

사울은 거기(예루살렘)에서 그의 사역을 계속하려 했을 것이다. 그러나 그가 성전에서 기도하고 있을 때 주께서 황홀경 속에서 나타나셔서 그 성을 떠날 것을 명하셨다: "[17] 그 후 나는 예루살렘으로 돌아와 성전에서 기도하다가 환상을 보게 되었습니다. [18] 그 환상 가운데서 주님이 나에게 이런 말씀을 하셨습니다. '너는 서둘러 즉시 예루살렘을 떠나라 이곳 사람들은 네

36) 사도행전 6:1의 '헬라파(Hellenist)' 유대인은 그리스도인이 된 헬라어를 쓰는 유대인을 의미하며 사도행전 9:29의 '헬라파' 유대인은 헬라어를 쓰는 비기독교인 유대인들로서 헬라파 그리스도인들과 거리를 두고자 하면서 회심한 다소 사람 사울을 죽이려고 하였다.

가 나에 대해 증거하는 것을 받아들이지 않을 것이다.' [19] 그래서 내가 말했습니다. '주님, 내가 회당을 찾아다니면서 주님을 믿는 신자들을 잡아 가두고 때린 일을 사람들이 다 알고 있습니다. [20] 또 주님의 증인 스데반이 죽임을 당할 때 내가 곁에 서서 그 일을 찬성하고 그를 죽이는 사람들의 옷을 지켰습니다.' [21] 그때 주님은 나에게 '가거라! 내가 너를 멀리 이방인들에게 보내겠다.'하고 말씀하셨습니다."(행 22:17~21).

그리하여 마치 다메섹(다마스커스)의 그리스도인들이 와서 바울을 구했던 것처럼, 이제는 예루살렘 그리스도인들이 그의 안전을 위하여 그를 가이사랴로 데리고 가서 거기서 다소로 보내게 된다. 바울은 이 당시 그의 목적지가 '수리아(시리아)와 길리기아 지방'이라고 기록하고 있는데(갈 1:21), 하나로 통합된 로마 제국의 변방('수리아-길리기아')을 그렇게 묘사하고 있다. 그 당시 수리아의 주요도시는 오론테스 강변의 안디옥이었고, 길리기아의 주요 도시는 사울의 고향인 다소였다.

② **바울이 예루살렘으로 가서 베드로와 야고보를 만나나.**(AD 36)

바울은 갈라디아서 1:18~19에서도 이 첫 번째 예루살렘 방문에 대해 언급하면서, 누가의 보도에 약간 상세한 내용을 덧붙여 준다. 그는 첫째로, 자신이 예루살렘으로 간 것은 베드로를 '방문하기' 위함이었다(오히려 정확한 고전적인 의미로, '문의하기 위함'이라는 뜻이 더 개연성이 높을 것이다[37])는 점을 알려준다. 바울은 무엇보다 예수님의 지상 생애와 사역에 대하여 베드로의 직접적인 목격담을 듣고 싶었을 것이다. 그리고 둘째로, 이 방문은 자신이 회심한 지 3년 후의 일이었고, 그 3년 기간 동안, 그는 이미 이방인 전도에 가담했었다는 것을 알려주며, 셋째로, 이 방문은 2주간 동안의 방문이었다는 것(이는 후에 남부 갈라디아에서 유대화를 주장하며 바울을 반대하는 자들이 주장하는 것처럼 바울이 베드로의 제자가 되기에는 턱없이 부족한 기간이었다)을 알려주며, 그리고 넷째로, 이 방문 기간 동안 베드로 이외에는

37) 바울이 베드로에게 예수의 지상 사역과 부활하신 그리스도를 중심으로 일어난 그 새로운 운동의 시초에 대한 배경적인 정보를 '문의하려고' 했고(갈 1:18) 오로지 야고보밖에는 '만나지' 못했다는 사실도 잊어서는 안 될 것이다.

주님의 동생인 야고보밖에는 더 만나지 않았다는 것을 알려준다.[38)]

(5) 바울이 다소에서 10년간 조용히 지내는 동안 '수리아 · 길리기아 전도'(행 9:30; 갈 1:22~23, AD 36~45년경)

바울이 수리아-길리기아의 다소 주변에 어느 정도나 머물렀는지는 정확히 알 수가 없다. 어쩌면 9~10년가량 머물렀을지도 모른다.[39)] 그러나 그가 거기서 무슨 일을 했는지는 의심의 여지가 없다. 그는 갈라디아서 1:22~23에서 말하기를, '유대에 있는 교회들이 나를 얼굴로는 알지 못하였고', 유대 사람들이 '그가 회심 전에 멸하려던(박해하던) 그 믿음을 지금 전한다 함을 계속해서 들었을 뿐'이라고 한다. 그는 전도 사역을 수행하는 동안 천막 만드는 일을 하면서 생활을 유지한 것이 틀림없다(행 18:3). 그는 천막을 만드는 일을 하는 중에 사람들에게 복음을 전했을 것이다.

① 바울이 다소에서 10년간(AD 36~45) 조용히 지내면서 수리아·길리기아에서 선교하는 동안 겪은 고난을 로마에 구금되어 있을 때 (빌 3:8)에 기록하였고, 또한 마케도니아의 빌립보에 있을 때(고후 11장과 12장)에 기록하였다.

바울은 아마도 수리아-길리기아 전도 기간에 예수의 추종자들에게 가담한 일로 가족들에게서 버림을 받았을 것이고(빌 3:8), (고린도후서 11:23~27)에서 열거한 온갖 고난들 가운데 일부, 즉 유대인에게서 서른아홉 대의 매를 다섯 번 맞고 또한 (이방인들에게서?) 세 번 태장으로 맞는 고통을 감내한 것도 십중팔구 바로 이때였을 것으로 보인다.[40)] 사도행전이나 바울서신의 다

---

38) Bruce (Paul, 84)는 이렇게 쓰고 있다: "누가는 대강 보도하나(행 9:27), 바울은 구체적으로 보도하며 자신은 오직 두 사람밖에는 만나지 않았음을 분명히 밝힌다." 이 두 사람으로는 바울의 사도직 임명을 하기에 합당한 회(會)를 구성할 수 없었다.

39) 바울이 수리아-길리기아에 있었던 기간의 길이는 바울의 첫 번째 예루살렘 방문과 두 번째 예루살렘 방문(갈 1:18; 2:1) 사이의 11년에서 안디옥에서 사역한 1년을 뺀 기간이다.

40) 이 태장(笞杖, 매질)에 관해서는, 미쉬나의 '형벌에 관한 논고'('매질')에 의하면, 태형을 받는 사람의 상체를 발가벗기고 양손을 형틀에 묶은 다음, 태형을 집행하는 자가 두 개의 가죽 끈으로 된 채찍으로 힘을 다하여 한 손으로 가슴에 열 세

른 곳에서는 이런 매를 맞는 일에 대한 언급이 전혀 보도되지 않기 때문이다.

② (고후 12:2~9)의 '셋째 하늘의 낙원에 이끌려 올라간 신비한 체험'은 마케도니아의 빌립보에서 고린도후서를 기록한 것(AD 55~56)보다 14년 전인 AD 42년에 경험하였으며, 이것은 역시 수리아·길리기아 선교 때(AD 36~45) 일어났던 일이다.

"내 은혜가 너에게 충분하다. 내 능력은 약한 데서 완전해진다(고후 12:9)."라고 바울은 '육체의 가시'를 자랑하였다.

여기서 바울의 사역의 한 가지 다른 의미심장한 한 부분을 주목해야 할 것이다. 만일 바울이 '수리아-길리기아' 지방에서 전도하며 머문 기간이 레이먼드[41]가 제시한 것처럼 AD 36년부터 45년경까지였다면, 그가 (고린도후서 12:2~9)에서 언급하고 있는 그 신비한 환상(셋째 하늘의 낙원에 이끌려 올라가서 도저히 표현할 수도 없고 또 누구에게도 알려서는 안 되는 말을 들은 경험을 한 것)도 바로 이 기간 중에 일어난 것이다.[42] 그는 자기에게 무언가 자랑할 것이 있다면 이런 것들을 자랑하겠다고 하면서 몇 가지를 열거하는 중에 이 사건에 대해서 언급하고 있다. 그는 거기서 이야기한 그 일을

대, 오른편 어깨에 열세 대, 왼편 어깨에 열세 대를 때리도록 되어 있다. 그리고 그렇게 태형을 가하는 동안, 재판장은 신명기 28:58~59와 신명기 29:9 그리고 마지막으로 시편 78:38~39를 크게 읽도록 되어 있다. 성경 읽기는 반복할 수도 있었으나, 태형이 완결되기까지 시간이 허락하는 한도 내에서만 반복할 수 있었다. 그리고 두 번째 재판관이 매의 숫자를 세었고, 세 번째 재판관은 매를 때릴 때마다 먼저 '때리라'고 외쳤다. 그런 태형으로 인하여 육체에 심각한, 치명적인 것은 아니더라도, 해를 입을 가능성이 있다는 사실은 다음과 같은 짤막한 부기(附記)에서 잘 드러난다: "죄인이 형을 받아 사망할 경우는 매질에서 실수를 너무 많이 범한 경우가 아니면 집행자는 무죄하다. 그러나 실수를 많이 범한 경우에는 그 집행자는 유배에 처한다." 이 형벌에 처해야할 것으로 이 논고에 열거된 무수한 죄목들을 살펴보면, 바울이 범했을 가능성이 있는 죄목을 하나도 찾기 어렵다. 물론 벌을 가할 의지가 있다면, 구실이야 얼마든지 찾을 수 있었을 것이다.

41) 로버트 레이먼드 지음, 원광연 옮김, 「바울의 생애와 신학」, (고양시: 크리스천다이제스트, 2003).

42) 바울이 경험한 다른 환상들에 대해서는 행 18:9; 23:11 참조할 것.

항상 마음에 품고 있으면서도 그 일에 대해서 한마디도 하지 않았다. 그러므로 '거짓 사도'(고후 11:13)들이 그의 사도의 권위를 의문시하고 고린도의 그의 교회를 자기들의 거짓 가르침으로 오염시키지 않았더라면, 거기서도 그 일에 대해서 아무 말도 하지 않았을 것이다.

③ 셋째 하늘의 낙원은 자랑하지 않고 육체의 가시(사탄의 사자)를 자랑한 바울

AD 42년 전후(후에 살펴보겠지만 고린도후서의 저작 시기로 산정되는 AD 55년 또는 56년으로부터 14년 전), 바울은 무언가 모르는 상태에서('몸 안에 있었는지 몸 밖에 있었는지 나는 모르거니와'라는 표현 참조) 낙원에 이끌려갔고, '말로 표현할 수 없는 말', '사람이 가히 이르지 못할 말'을 들었다. 그리고 그때 '여러 계시를 받은 것이 지극히 크므로' 그 때문에 너무 자만하지 않게 하시려고, 영광을 입으신 그리스도께서는 바울에게 '육체의 가시, 곧, 사탄의 사자를 주셨다'. 그리고 그 가시를 제거해 달라고 그리스도께 세 차례 간절히 구했으나, 그리스도께서는 이를 거부하셨고, "내 은혜가 너에게 충분하다. 내 능력은 약한 데서 완전해진다.(고후 12:9)"고 선언하셨다.

그러므로 바울은 자기가 보고 들은 바를 자랑한 것이 아니라, 자기에게 있는 '육체의 가시'를 자랑하였다. 그리고 그것은 고질적인 안염(眼炎)이었을 수도 있다.[43] 이런 '천국 여행'의 사건을 여기서 언급하는 것은 그 사건이 역사적으로 이 시점에 해당되기 때문이기도 하지만, 그 사건은 바울이 사도행전과 목회적인 그의 서신들에서 기록하고 있는 선교 여행 전체를 통틀어서 극도로 어려운 육체적인 여건 속에서 수고하였음을 아주 특별한 방식으로 우리에게 알려주기 때문이다.

---

43) 우리는 과연 그리스도께서 우리를 통하여 그의 능력을 드러내실 수 있게 만드는 우리의 연약함을 과연 자랑하는가?

(6) 바울의 안디옥에서의 전도사역(행 11:25~26, AD 45~46년경)

헬라파 유대인 그리스도인들과 헬라인들도 선교에 적극적이었다. 바나바는 다소에서 사울을 안디옥으로 데리고 와서 꼬박 일 년 동안 그들은 그곳 교회에서 많은 사람을 가르쳤다. 그리고 제자들이 처음으로 안디옥에서 '그리스도인(Christian)'이란 말을 듣게 되었다"(행 11:26). 바울이 전하는 메시지(율법과 관계없는 오직 바울의 '칭의의 교리'에 의한 복음)는 그리스도께서 직접 나온 것이다.(갈 1:1, 12)

바울은 분명 자신의 메시지가 진실성이 문제가 되거나 아니면 예루살렘의 지도자들의 결정에 의해서 그 진실성이 영향을 받는다고 믿지 않았다. 왜냐하면 그의 복음(율법과 관계없는 오직 바울의 '칭의의 교리'에 의한 복음)은 인간에게서 비롯되었거나 인간적인 근원에서 나온 것이 아니라(갈 1:1) 그리스도에게서 직접 나온 것이기 때문이었다(갈 1:12). 하늘로서 온 천사도 그 복음을 변하게 할 수 없다면, 예루살렘의 교회 지도자들이야 말할 것도 없다.

① 바울의 두 번째 예루살렘 방문에서 '율법과 관계없는 바울의 복음' 선교가 인정받다.

이러한 전망들이 바울이 두 번째로 예루살렘 지도자들과 대면하면서 그로 하여금 염려하게 만든 요인이었던 것 같다. 그들이 과연 율법과는 관계없는 그의 복음을 참된 복음으로, 또한 자기들의 복음으로 인정할 것인가? 모든 일이 결국 잘 되었다. 예루살렘의 지도자들은 바울의 복음을 순전한 복음으로 인정한 것은 물론, 그의 사도로서의 소명도 자기들의 소명과 똑같이 순전하며, 동시에 자기들의 소명과는 달리 주로 열방들에게로 나아가서 그리스도를 전하는 사명을 띠고 있음을 인정하였던 것이다.

② 결국 바나바와 바울은 예수님의 가르침(복음)을 전 세계에 전해야 할 사명감을 가지게 되었다!

바나바와 바울은 예수님의 가르침(복음)은 유대인이나 유대교 속에만 머무를 것이 아니라, 전 세계에 널리 알려야 한다는 사명감을 가질 수밖에 없었다.

이때 두 사람은 세계 전도라는 무거운 짐을 스스로 짊어질 각오를 하고 있었다. 두 사람은 어떻게 세계선교를 할 것인지, 그 과정과 행선지 등을 생각하고 전략과 전술을 세우면서 안디옥교회로 복귀할 때, 세계 전도의 꿈을 펼치기 위해 바나바의 생질(조카)인 마가 요한(골 4:10)을 안디옥으로 함께 데리고 왔다(행 12:25).

6.4 바울의 제1차 ~ 제5차 선교여행

'율법과 관계없는 바울의 복음'(칭의의 교리)을 들고 이방 세계로 향하는 바울

(1) 바울의 제1차 선교여행: 소아시아 지역

바울의 제1차 선교여행(AD 46~48)과 베드로의 외식(外飾)

바울의 제1차 선교여행 경로

[안디옥의 실루기아 항구 → 구브로(키프로스) → 살라미('유대인의 여러 회당'에서 복음을 전함) → 바보(구브로의 수도): 유대인 마술사이며 거짓 선지자인 엘루마와 논쟁을 벌임, 로마의 총독 '서기오 바울'에게 그리스도를 전함(행 13:4~12) → 버가로 가는 중 세 선교사들(바울, 바나바, 마가 요한) 사이에 논쟁이 일어나서 마가는 예루살렘으로 돌아감 → 비시디아 안디옥 → 이고니온 → 루스드라 → 더베 → 앗달리아 → 수리아 안디옥교회](그림 9 참조)

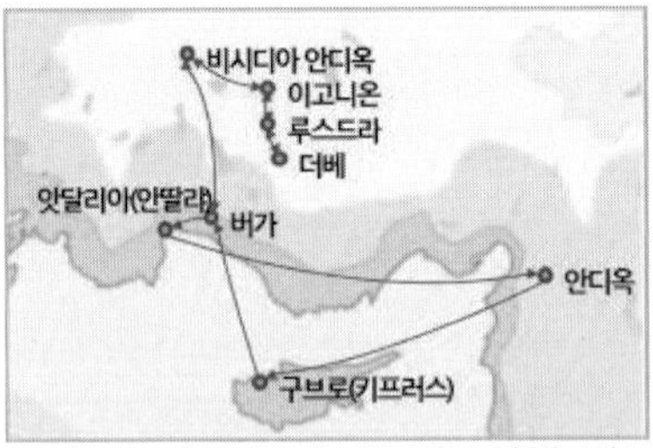

그림 9. 바울의 제1차 전도여행 지도[44]

바울의 선교여행 구성원: 바울, 바나바, 마가(바나바의 생질 조카) 등 3명, 마가는 버가에서 예루살렘으로 돌아간다. 바울은 마가에게서 실망한다.

바울의 제1차 선교여행에 관해서 로버트 레이먼드의 글[45]을 아래와 같이 인용하여 요약 · 정리하였다.

1) 바울은 제1차 선교여행(AD 47~48)(행 13:1~14:28)에서 로마 총독 서기오 바울(Sergius Paulus)을 전도하다!

> 구브로(키프로스, 사이프러스, Cyprus)의 수도 바보(파포스, Paphos, Pafos)에서 로마의 총독 '서기오 바울'에게 전도하였다. 이때, 사울 자신의 이름을 '바울'이라고 개명한 것으로 추정된다.

이방인들을 선교하기 위하여 안디옥교회에서 성령으로 말미암아 특별히 부르심을 받고(행 13:2~3), 성령께서 바울과 바나바 일행을 부르신(행 14:26) '그 일을 위해 하나님의 은혜로 안디옥교회에서 전도의 사명을 받고(행 13:2~3)' 바나바와 바울은 안디옥의 항구 도시인 실루기아로 여행하여, 거기서 배를 타고 150여 마일 항해하여 바나바의 고향(행 4:36)인 구브로(키프로스)로 가서 바나바의 조카(생질) 마가라는 요한을 수행원으로 함께 데리고 갔다.

그들은 그곳의 항구인 살라미에 있는 '유대인의 여러 회당'에서 복음을 전하였다. 그리고 살라미로부터 남서쪽으로 걸어서 3~4일 정도 걸리는 바보까지 다시 여행하여 그 수도인 바보에 도착하였다.

2) 이방인 선교를 위한 제1차 선교여행의 첫출발 광경을 설명한 성경 기록 (행 13:1~5)

[1] 안디옥 교회에는 예언자와 교사들이 있었다. 그들은 바나바, 니게르라

44) https://www.google.com/search?q=사도바울의 전도여행

45) 로버트 레이먼드(Robert L. Reymond) 지음, 원광연 옮김, 「바울의 생애와 신학」, (고양시: 크리스천다이제스트, 2003), 149~155.

는 시므온, 구레네 사람 루기오, 갈릴리 지방의 통치자인 헤롯과 함께 자란 마나엔, 그리고 바울이었다. [2] 그들이 주님을 섬기며 금식할 때 성령께서 "너희는 바나바와 사울을 따로 세워 내가 그들에게 맡긴 일을 하게 하라." 하고 말씀하셨다. [3] 그래서 그들은 금식하고 기도한 후 그 두 사람에게 안수하고 그들을 보냈다. [4] 바나바와 사울은 성령님의 보내심을 받아 실루기아로 내려가 거기서 다시 배를 타고 구브로(키프러스)로 건너갔다. [5] 그들은 살라미에 이르러 유대인의 여러 회당에서 하나님의 말씀을 전했는데 마가라는 요한이 그들의 일을 도왔다(행 13:1~5).

3) 서기오 바울에 대해 '유대인 회당의 관여' 없이 바울이 직접 전도하였다.

> 사울(바울)이 전도할 때, 주로 '유대인 회당'을 통해서 전도하였으나, 서기오 바울의 전도에서 처음으로 회당의 관여 없이 전도할 수 있었다. 이것은 전도에서 중요한 전진이었다. 이때부터 누가는 사울을 바울로 기록하고 바나바보다 앞세워 기록하였다.

바보에서 그들은 유대인 마술사이며 거짓 선지자인 엘루마와 논쟁을 벌여 물리쳤다. 이 광경을 지켜본 로마의 총독 '서기오 바울'은 매우 놀라 그리스도를 믿는 믿음을 갖게 되었다. 그는 '하나님의 말씀을 듣고자 하였다' (행 13:4~12).

서기오 바울의 회심으로 말미암아 이방인들을 향한 사울(바울)의 복음 선포가 '중대한 전진'을 하게 되는 계기가 생겼다. 누가가 전한 바에 의하면, 이 로마 관리(서기오 바울)는 '하나님의 말씀을 듣고자 하여'(행 13:7) 바나바와 사울(바울)을 자기에게로 불러들였다. 이 사람의 회심에서 특이한 점은 그의 회심이 회당과 전혀 관계가 없다는 사실이다. 사울(바울)은 이 로마인에게 '회당 관계자들'의 방해가 없이 직접 복음을 전했고, 그 결과 그가 믿게 된 것이다. 마치 헬라인들이 그 전에 안디옥에서 그랬듯이 말이다!

4) 이방인의 전도를 위해 디아스포라 회당을 사용한 사도 바울

> 디아스포라 회당, 즉 이스라엘의 후원기관을 통해서 아브라함의 축복을 이방인들에게 전하는 그 일은 하나님께서 지정하신 수단이라는 것이 곧 유대교 전체의 확신이며 예루살렘교회의 지도자들과 사울(바울)의 확신이었다. 그러나 서기오 바울의 전도에서 유대인의 회당의 관여 없이 사울(바울)의 직접 전도가 가능하게 되었는데, 이것은 혁신적인 사건이었다.

바울의 전도여행 당시의 '여행 상황' 및 '유대인 회당'

[1] 바울의 전도여행 당시의 '여행 상황'

AD 1세기 지중해는 항구마다 무역을 위해 다니는 상선들로 붐볐다. 물론 배가 난파당하는 일도 많았다. 바울 자신도 네 차례나 파선 당했다(고후 11:25; 행 27장). 겨울철에는 항해하기가 매우 어려웠다.

육로 여행의 경우는, 로마 사람들이 제국 전역에 길처서 좋은 도로를 건설해 놓았고, 군대들을 곳곳에 주둔시켜두었고, 우편 서비스가 제국 내에서 이루어지고 있었으므로, 바울의 육로 여행길은 비교적 손쉬웠다. 이 로마의 도로는 주요 도로의 합계가 5만 마일 가량 되고, 보조 도로는 그에 네 배가량 되었다. 도로의 폭은 20피트 정도였다. '모든 길은 로마로 통한다.'는 말이 과장이 아니었다.

바울이 선교 사역을 위하여 여행한 거리가 약 1만 마일 정도라고 추정되고 있다.[46] 다메섹(다마스커스)에서 예루살렘까지(갈 1:17~18): 140마일, 예루살렘에서 다소까지(행 9:30): 375마일, 다소에서 안디옥까지(행 11:25~26): 90마일, 예루살렘으로 '흉년 중에 있는 교회를 돕기 위한 왕복 여행'(행 11:30~12:25; 갈 2:1~10): 560마일, 그의 제1차 선교 여행(행 13:4~14:28): 1400마일, 예루살렘 공의회를 위한 예루살렘 왕복 여행(행 15

46) Robert F. Hock, *The Social Context of Paul's Ministry: Tentmaking and Apostleship* (Philadelphia: Fortess, 1980), 27.

장): 560마일, 제2차 선교 여행(행 15:39~18:22): 2800마일, 제3차 선교 여행(행 18:23~ 21:17): 2700마일, 가이사랴까지의 여행(행 23:31~32): 60마일, 로마까지의 여행(행 27:1~28:16): 2250마일, 그의 1차 로마 투옥 이후 가장 짧은 여정을 상정하여 계산한 여행 거리: 2350마일.[47)]

[2] 바울의 전도여행 당시의 '유대인 회당'

바울의 선교사역이 성공한 이유: 유대인의 회당(하나님의 계획) 활용. 회당은 포로기의 유대인 사회를 위한 일종의 유대교 '대학'의 성격을 지녔다. 그 당시 바울이나 예루살렘의 사도들이나 모두 이방인들에게로 나아갈 때 디아스포라 유대인 회당들을 통해서 그 일을 행할 것을 염두에 두고 있었을 가능성이 매우 높다. 왜냐하면 하나님께서 이스라엘의 지원과 관여가 아브라함의 축복을 이방인들에게 전하는 그 일을 위하여 하나님께서 지정하신 수단이라는 것이 유대교 전체의 확신이었고, 또한 그 당시 예루살렘 교회의 지도자들과 바울의 확신이기도 했기 때문이다.

그리스도인들은 유대인의 회당들이 바빌론(Babylon) 포로기 동안 오늘날 우리의 교회당 같은 성격을 띤 것으로 생겨난다고 생각하는 경향이 있으나, 그것과는 차이가 있다. 디아스포라 유대인들에게는 지역의 회당은 안식일의 집회 장소 이상의 특별한 의미가 있다.

회당을 구성하기 위해서는 최소한 남자 10명이 있어야 했는데, 그런 회당은 포로기의 유대인 사회를 위한 일종의 유대교 '대학'의 성격을 지닌 것으로서, 안식일에 예배를 드리는 것은 물론 유대인 자녀들에 대한 교육이 시행되었고, 유대인 사회와 연관된 모든 문제들에 대한 진지한 토론이 남자들에 의해서, 남자들을 위하여 시행되었다.

각 회당은 장로들을 선출했는데, 이들은 회당의 모든 기능들을 관할할 뿐 아니라 유대인 사회에서 어느 정도 권위를 행사하기도 했다(일종의 국지적인 '산헤드린'[공의회]으로서: 마 10:17; 막 13:9 참조). 이 국지적인 '산헤드린'(미

47) Barry J. Beitzel, *The Moody Atlas of Bible Lands*(Chicago: Moody, 1985), 177.

쉬나에는 '고위 회의'<High Council>의 뜻을 지니고 있었으나, 이것이 헬라어로 '산헤드린'으로 전이되었다)은 징계도 시행하였고, 이들이 취할 수 있는 조치에는 태형과 파문 - 일시적인 파문, 혹은 영구적인 파문 - 이 포함되어 있었다. 그리고 파문당한 사람의 이름은 게시판에 붙여졌다.

① 바울은 다소와 인근 지역에서 침묵 기간에 유대인 회당의 징계를 무수히 받다.

바울은 그가 그런 회당의 징계를 무수히 받았음을 알려주고 있다: "나는 유대인들에게 39대의(사십에서 하나 감한) 매를 다섯 번이나 맞았습니다.(고후 11:24)." 아마도 그가 그런 징계를 받은 것은 주로 그가 예루살렘을 처음 방문한 이후 다소와 그 인근 지역에서 사역하던 소위 '침묵 기간' 동안이었을 것으로 보인다.

② 당시 유대인 회당에서 예배 순서

안식일에는 남녀가 서로 분리되었고, 때로는 중간에 칸막이를 치기도 했다. **초기에는 예배의 순서가 크게 세 부분으로 나뉘었다. 첫째는 예배부분, 둘째는 율법과 선지자의 글을 읽는 부분, 셋째는 자리에 앉은 사람 중에서 '권면의 말씀'을 하는 순서가 이어졌다.** 그리고 후에는 쉐마('들으라 이스라엘아', 신 6:4~9; 11:13~21; 민 15:37~41), 기도(지역의 랍비가 문구를 만들어 고정시키는 경우가 많았다), 율법서 읽기, 예언서 읽기, 참석한 이방인 경외자들(Gentile God-fearers)의 유익을 위한 통역, 그리고 권면의 순으로 예배가 진행되었다. 오늘날 우리의 교회들과는 달리, 권면 순서를 맡은 사람이 지정되어 있지 않았고, 유능한 이스라엘 남성이면 누구나 성경을 읽거나 권면의 말씀을 할 수 있었다. 그러나 점차 이 권면의 순서는 랍비의 임무가 되어갔다. 방문자들을 환영했기 때문에, 그럴만한 능력이 있다고 여겨지는 사람은 누구든지 말씀을 하도록 요청을 받았고, 심지어 설교를 하기까지도 했다(눅 4:16~21). 바울은 가는 곳마다 안식일 회당 예배의 마지막 순서를 기회로 삼아 디아스포라 유대인들과 이방인 경외자들에게 복음을 전하였다.(행 13:14~16).

③ 유대인 회당이 바울의 선교에 매우 큰 도움을 주었다. 바울은 그저 회

당으로 들어가서 권면의 말씀을 하는 특권을 사용하면 되는 것이었다. 이것도 하나님의 계획이었다.

유대인 회당이 바울의 선교에 얼마나 큰 도움을 주었는지는 아무리 말해도 과장이 아닐 정도다.[48] 모든 선교사가 공통적으로 당하는 한 가지 중대한 문제점은 바로 듣는 청중을 얻기가 어렵다는 점이다. 그 문제점을 해결하는 방법은 여러 가지가 있을 수 있다. 때로는 선교사가 집회 장소를 세를 내고 광고를 할 수도 있고, 때로는 거리 모퉁이에서 지나가는 사람들에게 말씀을 전할 수도 있다.

그러나 바울의 경우는 그 문제점이 해결되어 있었다. 당시 회당은 방문하는 교사들에게 아주 호의적으로 문호를 개방해놓고 있었으므로, 그는 그저 회당으로 들어가서 권면의 말씀을 하는 특권을 사용하면 되는 것이었다. 유대인들만이 아니라 이방인들도 바울의 말씀을 들었다. 어느 곳이든 '이방인 경외자들'(Gentile God-fearers)이 있었기 때문이다.

이것은 미리 하나님께서 예정한 계획이었을 것이다.

④ 개종자(Proselytes)와 경외자(God-fearers)

'개종자들'(Proselytes)은 유대교로 완전히 개종한 이방인들로서 (1) 할례를 받았고(물론 남자의 경우), (2) 의식적인 결례[구약의 결례(潔禮, Purification): '개종자 세례']를 받았고, (3) 지정한 희생 제사를 드렸고, (4) 모세의 율법을 지키겠다는 서원을 한 사람들이었다.

그러나 로마 세계의 '경외자들'(God-fearers: 행 13:43~50; 16:14; 17:4, 17; 18:7)은 이방인들로서 (1) 한 분이신 참 하나님을 믿는 유대교의 유일신 교리를 받아들이며, (2) "구약성경의 고매한 윤리적 가르침에 따라서 이미 고대 세계에서는 매우 예외적인 그런 도덕적인 삶을 통하여 자신의 신앙을 적용시켰으며", 또한 (3) 회당 예배에 참석하면서도, 할례를 받지 않았고 또한 유대인의 생활 방식의 세세한 부분을 다 따르지 않는 사람들이었다.

48) J. Gresham Machen, *The Origin of Paul's Religion* (Reprint of 1925 edition: Grand Rapids: Eerdmans, 1965), 10.

바울은 회당의 예배에 참석하는 경외자들을 더 넓은 이방인 세계로 나아가도록 하나님의 섭리로 예비된 하나의 교두보로 보았다. 성경을 읽고 설명하는 것을 들음으로써 그 이방인들은 '살아계시고 참되신 하나님'을 예배하는 법을 배웠고 그리하여 어떤 의미에서 이스라엘의 소망에 대해서도 친숙해졌다. 그러나 그들은 완전한 유대교 개종자가 되지 않는 이상 자기들은 그 소망에 동참하거나 하나님 백성의 특권들을 공유할 수 없다는 가르침을 받고 있었다. 유대인 동료들은 그들이 완전한 유대교 개종자가 되기를 기대하고 있었다.

⑤ 바울은 회당 방문을 함으로써 이방인 경외자들과 접촉을 통해 메시아의 복음을 전하자, 유대인들은 이방인 경외자들을 거부하고, 결국 이런 정책으로 인해 그는 회당과 결별하게 되었다.

5) 이방 세계의 위대한 전도사 바울[49]

이방 세계로 나아가 복음을 전하는 사울: 서기오 바울의 회심에서 얻은 교훈

① 에클레시아(ἐκκλησία, 교회): 이스라엘 민족 내의 '영적 이스라엘'

예루살렘 교회의 지도자들과 사울(바울)은 로마 제국에 흩어진 회당들이 그에 대해서 그렇게 큰 적개심을 갖게 될 것이라고는 예상하지 못했던 것 같다. 그러나 바울은, 다른 사람들은 그저 일상적인 사건의 전개라고 생각했을 그런 과정에서, 신학적인 의미를 민감하게 찾고 있던 터였으므로, 바울의 제1차 선교여행 때 키프로스(Cyprus, 구브로)의 수도 바보에서 로마 총독 서기오 바울(Sergius Paulus)이 구원받게 된 사건에서 하나님께서 사실상 '이스라엘'(이 '이스라엘'은 민족적이고 종교적인 이스라엘의 제도적 체제가 아니라, 기독교 사도인 사울 자신과 그의 선교팀)을 수단으로 하여 아브라함의 축복을 로마와 이방 세계에 전한 것이며, 그렇다면 이스라엘 민족

49) 로버트 레이먼드(Robert L. Reymond) 지음, 원광연 옮김, 「바울의 생애와 신학」, (고양시: 크리스천다이제스트, 2003), 155~168.

내에 (바울 자신이 속한) '영적 이스라엘'이 있는 것임(롬 9:6)을 직감했을 것으로 보인다. 바울은 이스라엘 민족 내의 그 '영적 이스라엘', 즉 이사야가 말한 바 있는 '남은 자'(사 1:9; 10:22; 롬 9:27~29)를 신약성경의 에클레시아(ἐκκλησία, 교회)로 표현하게 된 것이 분명하다(갈 6:15~16)!

② '영적 이스라엘(남은 자)'과 '이방인'을 위한 교회[에클레시아(ἐκκλησία)]

더욱이, 항상 전략을 세워가던 사울은 이방인을 향한 교회의 선교가 취하게 될 논리적인 방향을 이 사건 속에서 한층 더 분명하게 보았다. 그 사건 속에서 그는, 과거 베드로의 직접적인 도움으로 고넬료가 구원받는 일 속에서 보았던 것처럼, 교회와 자기 개인의 이방인 선교가 취해야 할 방향을 하나님께서 가르쳐주시는 것을 보게 된 것이다. 곧 유대인 전도를 소홀히 하지 않으면서도 교회는 복음을 들고 이방인들에게 직접 나아가야 한다는 것이 그것이었다.

③ '유대인(디아스포라) 회당'이 '그리스도인의 회당'인 '교회'로 변하여 유대인과 이방인에게 복음을 전하는 에클레시아(ἐκκλησία, 교회)가 되다!

이렇게 해서 사울의 선교 정책과 그의 전형적인 이방인 선교 사역의 패턴이 구체화되기 시작하였다. 그는 가는 도시마다 디아스포라 회당의 영역 내에 있는 유대인과 이방인 '경외자들'에게 우선 복음을 제시하는 것이었다. '(디아스포라) 회당'이 예수를 유대인의 메시아로 시인하고 그의 죽으심의 공로를 신뢰하게 되고, 그리하여 야고보서 2:2에 언급한 '그리스도인의 회당', 즉 '교회'가 되어, 인근의 다른 유대인과 이방인들에게 복음을 전할 책임을 맡도록 하리라는 희망에서였다.

그러나 만일 회당이 예수의 도(그리스도의 가르침)를 반대하고 그의 선교팀이 발언하는 것을 거부하게 되면, 그는 '회당의 티끌을 발에서 떨어버리고,' '영적 이스라엘'의 대표로 그 도시의 이방인들에게 직접 나아가며 그들 중에서 사역을 시작하는 것이었다(행 13:46과 또한 '먼저는 유대인에게요 그리고 헬라인(이방인)에게로다(유대인이나 이방인이 마찬가지입니다)'라는 후일의 바울의 표현을 참고해야 할 것이다(롬 1:16; 2:9~10).

6) 바울 선교에 획기적인 변화: 회당과 상관없이 이방으로 나아가다!

① 누가는 사울을 바울로 기록하다.

> 이때부터 누가는 사울(히브리어: שָׁאוּל, 헬라어: *Σαῦλος*)을 바울(헬라어: *Παυλος*, 로마식 라틴어: 'Paullus')로 기록하고 바나바보다 앞세워 기록하였다. 또 바울은 회당이라는 장소와는 전혀 상관없이 직접 이방인들에게 나아가며, 그의 이방인 회심자들로써 그리스도인의 집회를 형성시킬 마음의 자세를 갖고 있었던 것 같다. 이것이 결국 마가 요한이 중도에 예루살렘으로 돌아간 이유가 바로 거기에 있었을지도 모른다. 마가는 이방인들에게로 직접 나아가는 사역이 예루살렘 교회와 팔레스타인의 유대인 전도 사역에 미칠 영향에 대해서 상당히 우려하고 있었고, 그리하여 그 사역에 더 이상 가담하고 싶지 않았을지도 모른다.

이러한 전략은 누가가 역사 기술에 나타나는 두 가지 특질을 이해하는 데 도움을 준다. 첫째로, 누가는 이 시점에서 사울(히브리어: שָׁאוּל, 헬라어: Σαῦλος)을 가리켜 그의 로마식 성(姓)인 '바울'(헬라어: Παῦλος, 로마식 라틴어: 'Paullus')'이라 부르며(행 13:9)[50], 또한 이때부터 계속해서 바울이라는 이름을 바나바보다 앞세우는데(행 14:12; 15:12는 이해할만한 예외다. 예루살렘 교회 역시 바울을 바나바보다 앞세운다, 행 15:25은 예외), 그 이유를 이해하게 해준다. 사울이 그리스-로마 세계에서 선교 사역을 시작하면서, 특히 로마 총독 서기오 바울에게 접근하는 이 시점에서, 그의 로마식 성(姓)인 바울을 사용한 것으로 보인다. 이 시점부터 사울은, 필요하다면 회당과는 전혀 상관없이 직접 이방인들에게 나아가며, 그의 이방인 회심자들로 그리스도인의 집회를 형성시킬 자세를 갖고 있었던 것 같다.

② 사울이 회당의 도움을 받지 않고 직접 이방인들에게로 나아가고자 하는 사울의 결단으로 세 선교사(사울, 바나바, 마가) 간에 논쟁이 발생하

50) 로마 시민으로서 바울은 3가지 라틴어 이름을 갖고 있었을 것이다. 그의 Cognomen 혹은 성(姓)은 아마도 Paullus(바울)이었고, 그 외에 그의 Nomen 혹은 그의 가문의 시조의 이름과 또한 Praenomen 혹은 그의 이름이 그것인데, 뒤의 두 가지에 대해서는 아무것도 알 수가 없다. '사울'은 그의 히브리식 이름인데, 베냐민 지파 출신의 이스라엘 초대 왕의 이름과 동일하다.

여 마가 요한이 중도에 돌아가다.

둘째로, 만일 회당의 도움을 빌지 않고 직접 이방인들에게로 나아가고자 하는(회당이 그의 메시지를 거부할 때) 사울의 결단으로 인하여, 버가로 가는 중 세 선교사들 간에 논쟁이 일어났다면, 마가 요한이 중도에 무리를 떠나 예루살렘으로 돌아간 이유가 바로 거기에 있었을지도 모른다. 마가는 이방인들에게로 직접 나아가는 사역이 예루살렘교회와 팔레스타인의 유대인 전도사역에 미칠 영향에 대해서 상당히 우려하고 있었고, 그리하여 그 사역에 더 이상 가담하고 싶지 않았을지도 모른다. 제2차 선교여행 때 사도행전 15:37~39에서 바울이 마가를 함께 데리고 가는 문제에 대해서 강력하게 반대한 것도 그 사건 때문일지도 모른다. 이는 마가가 버가에서 선교팀을 떠난 것이 그저 개인적인 이유에서가 아니라 바울의 이방인 선교 전략에 대한 강한 의견 차이로 빚어진 때문일 가능성이 있다.

바울의 선교에 대한 예루살렘교회의 반응도 이와 연관된 문제다. 바울과 바나바로서는 그 어떠한 회당과의 연계도 없이 로마제국 전체를 통틀어 직접적인 이방인 전도를 시행하는 일이 매우 좋았다. 그러나 그러한 바울의 선교방식은 예루살렘 모교회로서는 그 지도자들은 되도록 많은 이방인이 예수를 메시아와 주로 인정하는 사실을 환영했을 것이지만 모교회의 방침과는 달라서 문제를 일으키는 것이었다.

예루살렘교회는 여전히 예루살렘과 유대에서 유대인들에게 복음을 전할 책임을 지고 있었다. 그런데 바울이 시행하는 예루살렘교회의 '이방인 선교'가 이스라엘의 디아스포라 회당들과는 전혀 연계가 없이 수많은 이방인을 교회로 이끌고 있다는 보고가 산헤드린에 들어가면, 예루살렘교회의 유대인 전도사역이 매우 어려워질 것이었다. 또 예루살렘의 모교회나 그 지도자들이 그때까지 예루살렘에서 누리고 있었을 공적인 호응의 상당 부분을 곧바로 잃어버릴 수 있었다.

예루살렘교회의 몇몇 지도자들은 이와 관련하여 아주 간단한 해결책을 가지고 있었을 것이다. 곧, 바울의 그러한 정책을 즉각 중단시키고, 모든 남성 이방인 회심자들에게 구원받기 위해서는 할례를 받게 하고 모세의 율법을 지키겠다는 동의를 받도록 하는 것이 그것이었다.

이런 상황 속에서 바울의 제1차 선교여행 이후 어떤 사람들이 유대로부터 안디옥에 내려와 "모세의 법대로 할례를 받지 않으면 구원받지 못한다고 신자들을 가르치고 있었다. (행 15:1)". 이렇게 해서 누가는 사도행전 15장에서 기록하는 '예루살렘 공의회'가 열리게 되는 정황이 생겨난 것이다.

'바울과 함께 동행하는 사람들'을 앞에서는 '바나바와 사울'이라고 했는데, 여기서는 누가가 바울과 바나바로 표현을 바꾸는 것에 주목할 필요가 있다.

③ 비시디아 안디옥에서 바울의 설교에 대한 반응은 정말 놀라웠다(행 13:42~49).

> 이방인들은 기뻐하며 주의 말씀을 찬양하였으나 유대인들은 시기하여 바울의 말을 방해·모욕하였다.

바울의 설교에 대한 반응은 정말 놀라웠다(행 13:42~49).

(행 13:42~49) [42] 그들이 회당에서 나올 때 사람들은 다음 안식일에도 이 말씀을 해 달라고 부탁하였다. [43] 집회가 끝나자 많은 유대인과 유대교로 개종한 경건한 이방인들이 바울과 바나바를 따랐다. 그래서 바울과 바나바는 그들에게 하나님의 은혜 가운데 계속 머물러 있으라고 격려하였다. [44] 다음 안식일에는 온 동네 사람이 거의 다 하나님의 말씀을 들으려고 모여들었다. [45] 유대인들은 군중들을 보고 시기가 가득하여 바울이 말하는 것을 방해하며 모욕하였다. [46] 그러나 바울과 바나바는 다음과 같이 담대하게 말하였다. "하나님의 말씀을 먼저 여러분(유대인)에게 전해야 마땅합니다. 그렇지만 여러분이 그 말씀을 거절하고 여러분 스스로 영원한 생명을 얻을 가치가 없다고 판단하기 때문에 우리가 이방인에게 말씀을 전합니다. [47] 주께서도 우리에게 '내가 너를 이방 민족의 빛이 되게 하여 온 세상에 구원을 베풀

도록 하였다. (사 49:6)'라고 하셨습니다." [48] 그 말을 듣고 이방인들은 기뻐하며 주의 말씀을 찬양하였고 영원한 생명을 얻도록 선택된 사람은 모두 믿었다. [49] 그리하여 주님의 말씀은 그 지방 전체에 퍼져나갔다.

그러나 주 예수께서 탄생하실 때 의롭고 경건한 시므온이 아기 어머니 마리아에게 "이 아기는 하나님이 세우신 자입니다. 많은 이스라엘 사람은 이 아기를 믿지 않아 망하기도 하고 믿어서 구원받기도 할 것입니다. 그리고 이 아기는 사람들의 비난의 대상이 될 것(눅 2:34)"이라고 말한 대로, 예수님의 복음이 전파되는 곳마다 언제나 소요와 혼란과 봉기, 그리고 박해가 일어나고 그의 메시지와 그의 메시지 전달자를 대적하는 일이 일어났다. 비시디아 안디옥에서도 "이에 유대인들이 경건한 귀부인들과 그 도시의 유력자들을 선동하여 바울과 바나바를 괴롭히고 그 지방에서 내쫓았다(행 13:50)."라고 기록하고 있다.

④ 비시디아 안디옥의 박해자들에 대해 발의 티끌을 떨어버리고 이고니온으로 갔다. 안디옥의 신자들은 계속 기쁨과 성령이 충만하였다.

⑤ 이고니온을 떠나서 루가오니아의 루스드라 성으로 향하다.

> 루스드라에서 걷지 못하는 한 장애인을 치유하자 바울을 헤르메스, 바나바를 제우스라 하며 신으로 여겼다. 안디옥과 이고니온에서 온 유대인들이 바울을 돌로 쳐서 죽은 줄 알고 성 밖에 버렸다. 그들은 일어나 이튿날 더베로 떠났다.

⑥ 바울과 바나바는 루스드라를 떠나서 더베로 향했다.

⑦ 더베에서 루스드라로 돌아오는 도중에 디모데의 회심 사건(행 16:1).

⑧ 더베에서 사역을 마친 후, 루스드라·이고니온·비시디아 안디옥으로 되돌아가서 "우리가 하나님의 나라에 들어가려면 많은 고난을 겪어야 한다. (행 14:22)"라고 신자들의 마음을 굳게 하고 믿음으로 살 것을 격려했다. 그리고 밤빌리아의 버가에서 선교하고 앗달리아로 내려갔다. 그리고 배편으로 수리아 안디옥으로 귀환하였다.

이제 안디옥 교회가 '모교회'로서, 주로 이방인들로 구성된 여러 성장하는 교회들과 함께하게 되었다. 바울과 바나바가 이방인 중에서 성공을 거둔 일로 인해서 예루살렘 교회에 적지 않은 문제점이 야기되었다.

7) 바울이 제1차 전도여행에서 돌아온 이후의 중요 사건

① 안디옥에서 베드로의 외식(外飾, 이중적 태도)(갈 2:11~14)

베드로의 외식과 유대화주의자 또는 할례자(Circumcisionist)

제1차 선교여행을 마치자(행 14:26) 바울과 바나바는 제자들과 함께 '오래'('적지 않은 시간 동안: 약 1년') 안디옥에 머물렀다(행 14:28). 아마 1년 이상 걸렸을 것으로 여겨지는 제1차 선교여행이 성공리에 끝났다. 또한 그들이 안디옥에 머문 기간 역시 1년 정도 되었을 것이다. 이때 베드로가 안디옥을 방문했는데, 십중팔구 그들이 안디옥에 머물고 있던 그 1년 중 어느 때였을 것이다.[51)]

베드로는 고넬료의 경우처럼(행 10:48) 이방인 교인들과 음식을 나누며 교제하고 있었는데, '예루살렘교회의 야고보에게서 온 어떤 이들'이 그곳으로 왔다. 그러자, '고넬료를 만나던 때의 체험'이 있음에도 불구하고, 베드로는 안디옥교회의 이방인 그리스도인들과 음식을 함께 나누던 것을 중단하고 나가버렸다(갈 2:11~21). 이는 분열을 조장하는 심각한 행동이었다. 초대교회에서는 음식을 함께 나누는 것과 주의 성찬을 기념하는 일이 서로 밀접하게 연관되어 있었기 때문이다.

여기서 바울이 말하는 '야고보에게서 온 어떤 이들'(개역개정: "[12] 야고보에게서 온 어떤 이들이 이르기 전에 게바가 이방인과 함께 먹다가 그들이 오매 그가 할례자들을 두려워하여 떠나 물러가매 [13] 남은 유대인들[52)]도 그와 같이 외식하므로 바나바도 그들의 외식에 유혹되었느니라")(갈 2:12~13)

---

51) 베드로가 옥에서 이적적으로 구원을 받은 후 헤롯이 그를 추적한 사실(행 12:19)이, 베드로가 '할례자를 위한 사도'로 부르심을 받은 후 예루살렘을 떠나 안디옥 교회를 비롯해서 다른 교회들을 방문한 두 번째 이유였을 가능성이 높다.

52) 바울의 '남은 유대인들'이란 안디옥 교회의 그리스도인 유대인들을 가리킨다.

이 ['야고보가 보낸 유대인 몇 사람'(현대인의 성경)(갈 2:12)은 누가가 말하는 바 안디옥 교회를 유대화시키고자 한 '유대로부터 내려온 어떤 사람들'(행 15:1)]과 동일한 사람들이라고 로버트 레이먼드[53]는 믿고 있다. 바울도 그들을 가리켜 '할례자들'(개역개정)(갈 2:12)[54]['유대인'(현대인의 성경)(갈 2:12)]이라고 부르기 때문이다.

② **거짓 형제들**(False Brothers)

누가는 그들을 가리켜 '그때 바리새파에 속했다가 믿게 된 몇 사람이 (예루살렘 공의회 때) 일어나서 이방인들도 할례를 받고 모세의 법을 지키게 해야 한다고 주장하였다(행 15:5).'라고 묘사하여 그들이 오히려 참된 그리스도인들이었음을 시사한다.

그러나 바울은 실제로 그 사람들을 '거짓 형제들(False Brothers)'로 여긴 것이다(갈 2:4). 이것이 정확하다면, 이는 그리스도인이라 스스로 고백하면서 그리스도께서 이미 이루신 것 이외에 무언가를 더 행해야만 구원받을 수 있다고 믿는 사람에게는 그야말로 심각한 문제가 아닐 수 없다. 그런 사람은 참된 그리스도인이 아니라 사실상 '거짓 형제'이기 때문이다.

③ **예루살렘 공의회**(사도회의)**의 결론인 '교령'**('**규례**' 또는 '**규정**')

> 진리와 오류 사이를 마치 '칼날 위를 걷는 것'처럼 명확하게 규명해 주는 하나의 모범

예루살렘 공의회는 예루살렘 교회의 두 지도자 유다와 실라를 통하여 '교령'(행 15:23~29, 행 16:4은 이를 '규례' 또는 '규정'으로 묘사한다)을 '안디옥과 수리아와 길리기아에 있는 이방인 형제들'에게 보내는데, 이 교령은 진리와 오류 사이를 마치 '칼날로 자르는 것'처럼 명확하게 규명해 주는 하나의 모범으로서, 전부를 인용할만한 가치가 있다:

---

53) 로버트 레이먼드(Robert L. Reymond) 지음, 원광연 옮김, 「바울의 생애와 신학」, (고양시: 크리스천다이제스트, 2003), 163.

54) 바울의 이 '할례자들'이라는 표현은 예루살렘 교회 내에서 '바리새파 중에' 속한 자들만이 아니라(행 15:5) 예루살렘의 그리스도인이 아닌 유대인들까지도 다 포함하는 것이었을지도 모른다.

([23] 그들은 이 사람들(유다와 실라) 편에 이런 편지를 보냈다.) "예루살렘에 있는 우리 사도들과 장로들과 여러분의 형제들은 안디옥과 시리아와 길리기아에 있는 이방인 신자들에게 문안합니다. [24] 여기서 간 우리 신자 가운데 어떤 사람들이 시키지도 않은 말로 (여러분이 할례를 받고 율법을 지켜야 한다고 하면서) 여러분을 괴롭히고[55] 여러분의 마음을 어지럽게 했다는 소문을 들었습니다. [25] 그래서 우리가 몇 사람을 뽑아 우리의 사랑하는 친구 바나바와 바울과 함께 여러분에게 보내기로 했습니다. [26] 바나바와 바울은 우리 주 예수 그리스도의 이름을 위해 생명을 아끼지 않는 사람들입니다. [27] 우리가 유다와 실라를 대표로 뽑아 보냈으니 그들이 이 편지 내용을 직접 말해 줄 것입니다.[56] [28] 꼭 필요한 것 몇 가지 외에는 여러분에게 아무 짐도 지우지 않으려는 것이 성령님의 뜻이며 우리의 결정입니다. [29] 여러분은 우상의 제물과 피와 목매어 죽인 것과 음란을 멀리하십시오. 이런 몇 가지만 지키면 되겠습니다. 안녕히 계십시오."(행 15:23~29).

④ 예루살렘 공의회가 채택한 '교령'으로 후원을 받은 바울과 바나바는 그 내용을 말로 전하는 임무를 띠고 파송 받은 예루살렘 그리스도인 형제들의 두 지도자인 유다와 실라와 함께 안디옥 교회로 돌아오다.

바울과 바나바는 예루살렘 공의회가 채택한 교령에 의해서 완전한 후원을 받고서, 기록된 교령과 더불어 그 내용을 '말로 전하는' 임무를 띠고 파송 받은 예루살렘의 그리스도인 형제들의 두 지도자인 유다와 실라와 함께 안디옥으로 돌아왔다. 이렇게 해서 은혜의 복음이 다시 한 번 수호되고 재확인

55) 다른 고대 사본들에는 '여러분이 할례를 받고 율법을 지켜야 한다고 하면서' 라는 말이 더 있음.

56) 실라: 여기서 언급되는 '실라'는 (살전 1:1), (살후 1:1), (고후 1:19), (베전 5:12)에 나타나는 '실루아노'와 동일 인물로서, 바울의 제2차 선교 여행 때 함께 간 사람이다. 바울의 신실한 동역자였던 실라는 실루아노라고도 불리워지는 인물이다. 바울의 특징 가운데 하나는 서신서를 쓸 때 공식적인 이름을 쓴다는 점이다. 반면 누가는 가까운 사람들 사이에서 쓰이는 좀 더 친근감 있는 이름을 좋아하였다. 따라서 실루아노는 '생각'이라는 뜻의 로마식 라틴어 이름으로, 바울서신에 사용된 이름이고, 실라는 누가가 기록한 사도행전에 사용된 이름으로, 아마도 친한 사람 사이에 불렀던 애칭이었던 것 같다. 어떤 사람은 '실라'가 '쉴라'라는 유대식 이름이었을 것이라고 주장하기도 하나, 확실하지는 않다.

된 것이다.

유다와 실라는 선지자들로서 안디옥에 '얼마 있으면서' 안디옥의 형제들을 권면하여 굳게 하였다(행 15:33). 그리고 그들은 다시 예루살렘으로 돌아갔다. 바울과 바나바는 '며칠 동안'(행 15:36) 안디옥에 머물면서 주의 말씀을 계속 가르치며 전파하였다(행 15:32~36). 바울이 후에 제2차 선교 여행 때, 실라와 동행하게 되는데, 이는 실라가 안디옥을 방문하는 동안 그가 보여준 대담하면서도 부드러운 지도력을 바울이 보았기 때문인 것이 분명하다.

<< **인간은 어떻게 구원받는가**? >>

(가) 유대교의 구원 조건

① 하나님을 믿는다.
② 할례를 받는다.
③ 모세율법을 지킨다.

(나) 예루살렘교회의 유대화주의자들이 주장했던 구원 조건

① 하나님을 믿는다.
② 할례를 받는다.
③ 모세율법을 지킨다.
④ 예수님을 메시아로 인정하고 예수님의 가르침(복음의 진리)에 따라 살아간다.

(다) 바울과 안디옥교회가 주장했던 구원 조건

① 예수님을 메시아로 인정하고 예수님의 가르침(복음의 진리)에 따라 살아간다.

(2) 바울의 제2차 선교여행[57]

> 바울의 제2차 선교여행(AD 49년 후반부 또는 50년 이른 봄부터 AD 52년 봄까지, 행 15:36~18:22)

57) 로버트 레이먼드 지음, 원광연 옮김, 「바울의 생애와 신학」, (고양시: 크리스천다이제스트, 2003), 195~222.

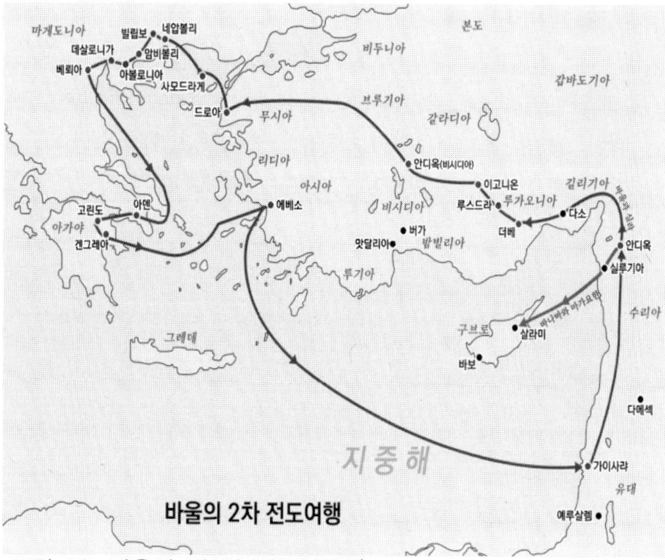

그림 10. 바울의 제2차 전도여행[58]

바울의 제2차 선교여행 경로

(출발점: 수리아 안디옥교회) → 다소 → 루스드라 → 더베 → 루스드라 → 이고니온 → 비시디아 안디옥 → 드로아 → 네압볼리 → 빌립보 → 암비볼리 → 아볼로니아 → 데살로니가 → 베뢰아 → (아가야) → 아테네 → 고린도 → 에베소 → 가이사랴 → 예루살렘(바울의 회심 후 4번째 짧은 예루살렘) 방문 → 수리아 안디옥(그림 10 참조)

제2차 선교여행의 구성원: 바울, 실라, 디모데(도중에 루스드라에서 합류함), 그리고 도중에 합류한 누가

바울의 제2차 선교 여행의 중심지는 바로 그리스의 상업 요충지인 고린도에서 보낸 18개월간의 사역이다(행 18:1~18).

58) https://www.google.com/search?q=사도바울의 전도여행

1) 예수님의 영과 바울의 환상

> 예수의 영'이 세 사람의 선교사(바울·실라·디모데)에게 아시아나 비두니아에서 말씀을 전하지 못하게 막으셨다. 또 바울의 환상 속에 나타난 마케도니아 사람은 "마케도니아(유럽)로 건너와 우리를 도와주십시오."하고 간청하였다. 서방 세계는 이때부터 그리스도의 은혜를 받게 되었다!

세 사람의 선교사(바울 · 실라 · 디모데)는 서쪽으로 향하여 브루기아와 갈라디아 지역(이고니온과 비시디아 안디옥이 있는 지역)으로 들어갔다. 그러나 '예수의 영'이 아시아나 비두니아에서 말씀을 전하지 못하게 막으시므로,[59] 그들은 남동쪽으로 향하다가 북서쪽으로 방향을 바꾸어 소아시아를 통과하여 에게해의 항구 드로아에 도착하였다.

여기서 바울은 후일의 선교사들이 그의 '마케도니아 사람의 환상'이라 부르는 특별한 체험을 하였다. 철학과 문화와 정치적 민주화의 성공에도 불구하고 마케도니아와 그리스는 여전히 큰 결핍이 있었다. 영적 결핍이 바로 그것이었다. 그리하여 바울의 환상 속에 나타난 마케도니아 사람은 그에게 이렇게 간청했다: "마케도니아로 건너와 우리를 도와주십시오(행 16:9)."

오늘날 서구 세계의 형편도 이와 다를 게 없다! 서구 세계는 학문과 기술이 엄청나게 발전한 높은 수준임에도 불구하고, 오직 복음의 진리만이 해결해줄 수 있는 크나큰 영적 결핍을 떠안고 있었다. 바울이 그 환상을 본 후에 "우리(세 사람: 바울, 실라, 디모데)는 하나님이 마케도니아 사람들에게 기쁜 소식을 전하라고 우리를 부르신 것으로 판단하였다(행 16:10)."

바울 일행은 이것을 계기로 하여 아테네와 고린도 등을 시작으로 유럽에 대한 기독교 전파의 문을 열었다.

---

59) 이러한 신적인 지시로 복음이 유럽으로 옮아갔다. 만일 바울이 그렇게 지시를 받지 않았더라면, 복음은 동방으로 들어갔고 어쩌면 서방 세계는 여전히 암흑 속에 있게 되었을지도 모른다! 서방 세계는 이때부터 그리스도의 은혜를 받게 되고 기독교가 놀라운 성장을 하게 된 것이다!

2) 마침내 기독교가 유럽으로 건너가게 되고 로마제국 전체로 퍼져나가게 되었고, 이것이 결국 기독교가 전 세계로 전파되는 계기가 되었다.

① (행 16:10)의 '우리'라는 말로 볼 때, 여기서 세 사람(바울, 실라, 디모데)으로 이루어진 선교팀에 누가가 합류하게 되고, 이제 네 사람이 된 선교팀은 즉시 유럽으로 향하는 배에 올랐다.

② 그들은 빌립보의 외항인 네압볼리에 상륙하여, 비아 에그나티아(Via Egnatia) 도로를 따라 10여 마일을 가서 빌립보에 이르렀고, 거기서 '수일을' 머무르게 되었다. 그것이 계기가 되어 고린도와 아테네 등 로마제국으로 기독교가 퍼져나가게 되었다.

③ 이때 예수님의 사도 바울에게 선교를 유럽으로 향하게 한 '예수의 영'과 '바울의 환상'으로 말미암아 기독교는 로마제국 전체로 퍼져나가게 되고, 이것이 결국 기독교가 전 세계로 전파되는 계기가 되고, 그 후 영국과 미국으로 건너가서 마침내 오늘날 한국에서 기독교가 전해지게 된 것이다.

3) 아테네에서 바울의 신교 활동

오래전 아브라함이 외아들 이삭을 대신하여 하나님께 어린양(숫양, τραγος, Tragos)을 번제물로 바치는 그 비극적인 사건에서 유래된 '비극(Tragedy)', 즉 트라고이디아(Tragoidia)를 상영하던 그리스인들에게 기독교적 이상(理想)이 잠재하고 있었으나, 아직 예수님의 가르침인 복음이 바울의 전도를 통해 전해지기까지는 오랜 시간을 기다려야 했다. 그때까지는 오직 인간적인 욕망이 지배하고 있어서, 아직도 인간적으로만 위대한 아테네일 뿐이었다. 그리하여 지금은 바울이 감당할 수 없을 정도로 우상이 넘치는 장소로 타락하여, 이에 복음을 전하러 아테네와 고린도 등 그리스의 도시들을 찾아온 바울을 격분하게 하였다.

홀로 아테네에 남아있던 바울은 "그 성에 우상이 가득한 것을 보고 마음에 격분하여 회당에서는 유대인과 경건한 이방인들과 토론하고 또 장터에서는 날마다 만나는 사람들과 토론하였다(행 17:16~17)." 그가 무엇에 대해서 변론했는지에 대해서 누가는 바울이 '예수와 부활을 전하였음'을 알려준다(행 17:18).

예술 · 학문 · 철학의 중심지여서 토론 문화가 발달한 아테네에서 바울은 회당 이외의 장터에서도 토론을 하면서 전도할 수가 있었다.

아고라(Agora, 고대 그리스의 광장)에서 변론을 하다 보니, 에피쿠로스와 스토아 철학자들이 바울을 주목하였다.[60] 그들 중 어떤 이들은 바울이 그저 '말쟁이'라고 생각했고, 또 다른 이들은 그가 '예수와 부활((ἀνάστασιν)'에 대해서 이야기하는 것을 듣고 그가 '이방 신들'(행 17:18)을 전한다고 생각하였다. 그들은 바울을 아레오바고(Areopagus)[61]의 모임에 데리고 갔다. 아레오바고는 도시의 의회로서 고대에는 '마르스 신의 언덕'(Mars Hill)에서 열린 데서 그 이름이 비롯되었으나, 로마 시대에는 주로 아고라(Agora, 광장) 내의 현관 주랑에서 열렸다. 의회는 그에게 이 '새로운 가르침'과 '이상한 것'에 대해서 좀 더 자세히 이야기해 달라고 요청하였다(행 17:18~21).

---

60) 에피쿠로스(기원전 341~270년)가 세운 에피쿠로스 학파는 인생 최고의 목적이 쾌락이라고 가르치면서, 쾌락 중에서 가장 최고의 것은 고통과 혼란스런 정욕, 미신적인 두려움(죽음에 대한 두려움을 포함한)에서 자유로운 평정(平靜)인 마음([헬]: ataraxia 아타라크시아)의 삶이라고 가르쳤다. 그들은 신들의 존재를 부인하지 않았고, 그들이 '복된 불멸의 존재들'이라고 믿었고, 신들은 인간들의 일에는 전혀 관심이 없다고 주장했다. 따라서, 에피쿠로스 학파는 운명론을 멀리하고 자유 의지의 타당성을 높였다. 스토아 학파는 기프로스 출신의 제노(Zeno: 기원전 340~265년)에 의해서 세워졌고, 그가 아테네에서 '색칠을 한 스토아' (현관)에서 가르친 데서 그 이름이 비롯되었는데, 범신론적인 종교적 유물론을 가르치면서, 신을 비롯해서 정말 존재하는 모든 것이 다 물질적이라고 하였다. 이 학파는 자연과 일치하는 삶을 목표로 삼았다. 그들이 끈질기게 추구하는 질문은 '어떻게 하면 지혜자가 자연과 조화롭게 살 수 있는가?' 하는 것이었다. 자연과 조화를 이루는 삶이란 합리적으로 사는 삶이요, 신에게서 각자의 운명을 그대로 수납하는 삶이라고 주장하였다. 스토아 학파는 덕스러운 삶이 유일하게 절대적인 '선'이라고 믿었다. 그 이외의 모든 것은 – 건강, 재물, 아름다움, 심지어 삶과 죽음까지도 포함해서 - '무관한' 것이라고 보았다. 왜냐하면 그런 것들은 덕이나 행복에 아무런 상관이 없기 때문이었다. 그들은 사람의 이성적인 기능의 우위성과 도덕적인 진실성과 높은 책임감(이것은 강한 정신적 자부심으로 나타난다)을 크게 강조하였다.

61) 아레오파고 회의는 아테네에서 가장 역사 깊고 또 최고의 권위를 인정받는 회의로서 초기에는 소송을 다루는 '법원' 역할을 했다. 로마시대에 이르러 아테네의 풍습과 도덕과 교육을 관장하고 또 새로운 종교나 철학이 유입되는 것을 통제하는 (새로운 사상을 유포하는 자를 소환해 신분을 조사하는 등) 일종의 감독기관 역할까지 했다.

누가의 보도에 따르면, “아테네 사람들과 그 곳을 찾는 외국인들은 보다 새로운 것을 말하거나 듣는 데만 시간을 보내고 있었다.”(행 17:21). 그리하여 바울은 아레오바고 앞에서, 거기에 모인 에피쿠로스와 스토아 철학자들이 이해할 수 있는 용어를 써서 아레오파기티카(Areopagitica)라고 알려진 유명한 설교를 했다. 그 설교는 전도와 변증에 대한 민감한 자세를 가지고 행해진 탁월한 신학적인 설교였다. 바울은 그 설교에서 스스로 완전하신 창조주, 창조주의 형상으로 창조함을 받은 인간, 그리고 하나님이 지정하여 종말을 위하여, 죽은 자 가운데서 일으키신 그 심판자를 통하여 하나님께 나아가야 할 필연성 등에 관한 위대한 계시의 진리들을 조심스럽게 그 상황에 맞게 설명해 나갔다.

결과는 그 전의 도시들에서처럼 외형적으로 두드러지게 나타나지는 않았으나, 몇 명이 믿고 바울의 추종자들이 되었다. 그들 가운데 디오누시오라는 아레오바고 관리(법관 또는 의회 의원)와 다마리라는 여자 등이 있었다(행 17:34).

4) 고린도에서 바울의 평생 후원자들인 아굴라와 브리스길라를 처음 만나다.

바울의 고린도에서의 18개월 동안의 사역(아니면 그보다 더 길었을지도 모른다, 행 18:11, 18)은 그의 제2차 선교 여행의 중심점이 되었다(행 18:1~18상).

고린도에서 바울은 아굴라와 브리스길라를 처음 만났다. 그들은 최근 ‘글라우디오 로마 황제가 모든 유대인을 명하며 로마에서 떠나라 명했으므로 이탈리아(로마)로부터 새로 온’ 유대인 그리스도인들로서(행 18:2)[62], 바울의 평생 후원자가 될 사람들이었다. 바울 역시 그들과 마찬가지로 천막을 만드는 직업을 갖고 있었으므로, 그는 그들과 함께 머물렀다(행 18:3). 안식

62) 사도행전 18:2의 누가의 진술은 로마의 역사가 수에토니우스(Suetonius)의 진술에 의해서 확증된다. 그의 [Twelve Caesars (12인의 카이사르)], Claudius 25.4는 이렇게 진술하고 있다: “로마의 유대인들이 크레스투스[Chrestus, 이는 아마도 “그리스도”의 철자를 잘못 쓴 것이다]의 교사를 받아 계속해서 소요를 야기시켰으므로, [글라우디오가] 그들을 도시에서 추방하였다.”

일마다 회당에서 그는 교리를 설명하는 설교를 하여 신자를 가르쳤다(행 18:4). 바울은 말씀에 붙잡혀 '유대인들에게 예수는 그리스도라 밝히 증언하였다.' (행 18:5). 이는 바로 "그들 중에서 예수 그리스도와 그가 십자가에 못 박히신 것 외에는 아무것도 알지 아니하기로 결심한" 그의 선교의 결심(고전 2:2)을 그대로 실행하고 있는 것이었다. 유대인들이 그를 반대하자, 그는 그들을 향하여 심판을 선언하고서, 디도 유스도라는 사람(고전 1:14과 롬 16:23에 나타나는 '가이오'와 동일 인물인 것 같다)의 집에 본부를 설치하고 설교를 계속하였다. 결국 스데바나의 가족('아가야의 첫 열매', 고전 16:15), 회당장 그리스보와 그의 온 가족과 여러 다른 고린도 사람들이 믿음을 갖게 되고, 세례를 받고 고린도 교회의 핵심 인물들이 되었다. 바울은 그리스보와 가이오(디도 유스도?), 그리고 스데바나의 가족들에게만 직접 세례를 베풀었고(고전 1:14~16), 그 이외에 세례를 베푸는 일은 주로 실라와 디모데가 행하였을 것이다.

5) 고린도는 어떤 도시였나?

① 상업적 번영 · 사치 · 음란의 상징 고린도

고린도 시는 오랫동안 상업적인 번영과 사치를 누렸고, 그 이름은 성적인 문란함을 뜻하는 말로 쓰이게 되었다. 플라톤은 '고린도 처녀'를 창녀와 동의어로 사용했고, '고린도 식으로 놀다'라는 헬라어는 BC 1세기에 '음행을 한다'는 말로 통용되었다.

② 고린도에는 여러 종교와 신들과 신전의 성창(聖娼)들이 있었다.

고린도에는 여러 종교들이 성행하였다. 우선 아폴로, 아테나, 아프로디테[아크로고린도 위에 있는 아프로디테 신전에는 일천여 명의 성창(聖娼)들이 있었는데, 이들은 밤마다 고린도의 거리들로 내려와 음란한 행위들에 열중하였다], 애스쿨라피우스(Aesculapius), 데메테르(Demeter), 코레(Kore), 넵튠, 비너스 등 그리스인의 신들과 의식들이 있었고, 둘째로, 클라우디우스 황제의 치세 동안에 세워진 것으로 여겨지는 신전으로 대변되는 로마 제국의 황제 숭배가 있었고, 셋째로, 유대교가 있었다. 바울은 고린도전서 8:5에서 '많은 신(神, gods)과 많은 주(主, lords)가 있다'고 쓰고 있는데, 이는 틀림없이

고린도의 그 많은 신들과 종교 의식들을 염두에 둔 표현이었을 것이다.[63]

6) 고린도에서 18개월 선교활동 후에 수리아(안디옥 교회)로 돌아가다.

바울은 고린도에서 1년 6개월(18개월) 동안 머물면서 하나님의 말씀을 가르친 후에 아굴라와 브리스길라와 함께 고린도를 떠나 수리아(안디옥 교회)로 돌아가는 도중에 에베소에서 그 두 사람과 헤어지고, 바울도 잠시 에베소에 들렀다.

7) 바울의 회심 후 그의 네 번째 짧은 예루살렘 방문

AD 52년 바울은 고린도를 떠나 에게해를 지나 에베소에서 아굴라와 브리스길라와 헤어지고, 바울도 잠시 에베소에 들러 유대인들과 변론하고 떠나 '짧은 예루살렘 방문'을 하고 안디옥 '본교회'로 돌아갔다. 최종 목적지 안디옥은 소아시아·마케도니아·그리스의 여러 교회들의 모교회가 되었다.

8) 바울의 제2차 선교여행의 결과

바울과 실라(실루아노)가 에게해 연안에 새로운 교회들을 세움에 따라서, 그들을 파송한 안디옥 교회는 과거 어느 때보다도 그 영역을 너 넓게 확장하였다. 살아계신 그리스도의 말씀이 안디옥에서부터 신약 시대의 전 세계인 로마제국에까지 전진해 들어가는 일을 살펴본다는 것은 정말 가슴이 뛰는 일이다.

주의 말씀이 유럽에 퍼져나가 영광스럽게 되었다(살후 3:1). 그러나 특유의 신적인 방식으로 그렇게 된 것이다. 그 말씀은 강력한 반대를 무릅쓰고 퍼져나갔고, 하나님의 역사하심이 언제나 그렇듯이 확실한 승리를 거두었다. 그러나 그 말씀의 역사는 수고가 없는 편안한 승리의 역사가 아니다. 그것은 그 말씀을 받는 사람들의 편에서 온갖 박해와 고난과 내적인 어려움을 감내하며 이어진 역사였던 것이다.

선교사로서 섬기는 삶을 향한 그리스도의 부르심에 응답하는 남녀들은 오늘날의 사역이 바울 당시의 과거와 다를 것을 요구해서도, 그것

63) 고린도에 관한 설명에 대해서는, Bruce, *Paul*, 249~50; Conybeare and Howson, The Life and Epistles of St. Paul, 326~26. 참조.

> 을 기대해서도 안 된다. 하나님 나라에 들어가려면 많은 환란을 겪어야 한다(행 14:22).

선교사로서 섬기는 삶을 향한 그리스도의 부르심에 응답하는 남녀들은 오늘날의 사역이라 할지라도 바울 당시의 과거와 다를 것을 요구해서도, 그것을 기대해서도 안 된다. 하나님의 말씀은 그때나 지금이나 그의 교회의 사자(使者)들을 통하여 반드시 승리할 것이다(사 55:11). 그러나 과거 바울의 시대보다 오늘이 더 부드럽게 더 편안하게 일이 진행될 것을 기대해서는 안 된다. 바울 자신이 일찍이 남부 갈라디아의 그리스도인들에게 "우리가 하나님의 나라에 들어가려면 많은 환난을 겪어야 한다."(행 14:22)고 가르쳤고, 또한 후에는 디모데에게 "사실 그리스도 예수님 안에서 경건하게 살고자 하는 사람은 다 핍박을 받을 것입니다. (딤후 3:12)"라고 교훈했다는 사실을 기억해야 할 것이다.

(3) 바울의 제3차 선교여행
(AD 52년 여름부터 AD 57년 초여름까지, 행 18:23~21:16)[64)]

> 제3차 선교여행에서 바울이 만난 청년 아볼로, 교회 치리, 고별 설교. 에베소에서 세례자 요한의 신앙을 이어받은 아볼로와 12명의 신도가 예수님을 받아들이고 그리스도교(기독교) 신도가 되었다. 바울이 두란노 서원에서 전도활동을 하였다. 고린도 교회에 대한 치리와 수고. 밀레도에서 에베소 장로들을 불러놓고 유명한 '고별 설교(행 20:17~38)'를 하다.

바울의 제3차 전도여행 경로

(출발점: 안디옥교회) → 다소 → 더베 → 루스드라 → 이고니온 → 비시디아 안디옥 → 에베소 → 드로아 → 빌립보 → 암비볼리 → 아볼로니아 → 데살로니가 → 베뢰아→ 아가야 → 아테네 → 고린도 → 아가야 → 앗소 → 밀레도 → 로도 → 니도 → 바다라 → 무라 → 두로 → 돌레마이 → 가이사랴 → 예루

64) 로버트 레이먼드(Robert L. Reymond) 지음, 원광연 옮김, 「바울의 생애와 신학」, (고양시: 크리스천다이제스트, 2003), 223~267.

살렘(바울의 회심 후 다섯 번째 예루살렘 방문)(그림 11 참조)

- 선교여행 구성원: 제3차 전도여행(AD 53~57년)의 구성원은 바울, 디모데, 누가

그림 11. 사도바울의 제3차 전도여행[65)]

1) 바울이 제3차 선교여행을 시작하다.

시리아의 안디옥에서 반년 정도를 지낸 바울은 제3차 선교여행(AD 53~57년)을 떠난다. 이번 여행의 목적은 소아시아의 수도 에베소에서의 전도였다. 에베소를 중심으로 소아시아 일대에 복음을 뿌리내리게 하려는 것이다. 이 여행의 동행자는 디모데와 누가였다.

바울은 제2차 전도여행 때와 마찬가지로 안디옥에서 소아시아로 가서, 과거에 설립했던 교회를 방문하고 제자들을 격려하면서 여행을 계속했다.

그때 에베소에서는 아굴라 부부가 바울이 오기를 간절히 기다리고 있었다. 그들은 그리스의 고린도에서 바울을 만나 함께 천막 만드는 일을 하면서 그리스도교(기독교) 신도가 되었는데, 바울과 함께 에베소로 온 뒤 그곳에 머무르며 바울의 전도를 도울 준비를 하고 있었다.

2) 소아시아 전체로 퍼져나간 예수님의 가르침

알렉산드리아 대학에서 성서와 철학을 공부한 아볼로는 천막을 만드는 부

65) https://www.google.com/search?q=사도바울의 전도여행

부에게 진정한 신앙의 가르침을 받았다. 학문에 능통한 아볼로가 아굴라 부부의 이야기를 진심으로 받아들였다는 것은 그가 겸허함을 가진 청년임을 알 수 있다.

에베소교회는 전도를 희망하는 아볼로를 고린도교회에 추천했다. 그 후 그는 기독교인으로서 대활약을 했다.

아볼로가 고린도에 있을 때 에베소에 온 바울은 세례자 요한의 신앙을 이어받은 제자들과 만나 예수님의 가르침을 설명해 주었다. 그러자 그들은 예수님을 받아들이고 성령에 가득 차 기독교 신도가 되었다. 이 같은 신도가 12명에 달했으므로 세례자 요한의 신앙은 갈릴리뿐만 아니라, 소아시아에까지 퍼져 있었음을 알 수 있다. 이들은 모두 세례를 받고 성령을 받아들여 악한 도시 에베소에서 마침내 '에베소의 오순절' 사건이 일어나게 된다.

3) 바울은 일부 유대인들의 험담과 반대로 회당에서 가르칠 수 없게 되자 그들을 대적하지 않고 제자들을 '두란노 서원'으로 데려가서 복음을 가르쳤다.

그 후 3개월 동안 안식일마다 바울은 회당에서 유대인과 기독교인들에게 복음을 가르쳤다. 그러나 일부 유대인들은 바울을 험담하고 반대했으므로 바울은 그들을 대적하지 않고 회당으로 가는 대신 제자를 이끌고 '두란노'라는 의사의 집에서 예수님의 가르침을 열심히 전했다. 이것이 2년 동안 계속되어 소아시아 전체에 복음을 전하는 성과를 거두었다.

두란노 서원

두란노 서원이란 티라누스(Tyrannus, 두란노)라는 사람이 세운 서원(School)의 이름이다. 서원이란 스콜레(School) 즉 학교를 의미하며, 두란노 서원(School of Tyrannus)은 오늘날 영어나 라틴어 영역에서 두란노(티라누스, Tyrannus)는 '폭군'을 뜻하지만, 이 티라누스(Tyrannus), 즉 '두란노'는 헬라(그리스) 사람의 이름인데, 헬라어로 '티라누스'의 의미는 다스림(Sovereign)을 뜻한다. 그런데 라틴어와 영어로 넘어오면서, 그 단어의 의미는 부정적인

'폭군(Tyrant)' 또는 '폭압(Tyranny)'의 의미로 굳어진 것 같다.[66]

사도행전 당시 실제로 티라누스(Tyrannus)는 '폭군'이었던 것은 아니고, 그 사람의 이름이 그렇게 거창하고 특별했던 것이다.

일반적으로 부모는 자기 자녀가 장군이나, 세도가가 되기 원하는 소원이 있어서, 이름을 거창하거나 특별하게 짓는 일이 많은데, 어떤 자료에 의하면, 두란노는 철학자나 사상가의 의미로 추정하고 있다. 또한 당시 '두란노', 즉 '티라누스'라는 의미는 '다스림 또는 주권(Sovereign)'을 뜻하였다. 티라누스(Tyrannus, 두란노)라는 사람의 집에 있는 스콜레(헬라[그리스]어: σχολη, 영어: School), 즉 '두란노 서원'에서 바울이 복음을 가르쳤다.

① 바울이 훼방꾼들을 떠나 제자들을 따로 모아서 가르친 곳이 '두란노 서원'이다.

> 바울은 그를 비방하던 훼방꾼들이 있는 회당을 떠나 자기를 따르는 신자들을 데리고 '두란노 서원'에서 가르쳤다.

제3차 전도여행을 시작하여 에베소를 다시 찾은 바울은, 그곳에 있는 회당에서 석 달 동안 담대하게 하나님 나라에 대하여 가르쳤다. 그러나 회당에 모인 사람들이, 다 복음을 받아들인 것은 아니었다.

회당에는 바울이 복음을 전하는 석 달 내내, 돌처럼 굳은 마음으로, 복음에 순종하기는커녕, 공개적으로 복음을 비방하면서, 바울이 회당에서 복음을 전하지 못하도록, 집요하게 바울을 배척하고, 훼방하는 사람들이 있었다. 그 당시 상황을 누가는 (행 19:9)에서 다음과 같이 기록하고 있다:

■ "(행 19:9) 어떤 사람들은 마음이 굳어 믿으려 하지 않고 오히려 공공연하게 바울의 가르침을 비난하였다. 그래서 바울은 신자들을 데리고 그들을 떠나 날마다 '두란노 서원'에서 가르쳤다."는 기록과 같이 바울은 열심히 가르치는 일을 위해 수고하였다. ■

66) https://blog.daum.net/rfcdrfcd/15975856

결국 바울은 복음의 훼방꾼들을 떠나야만 했다. 바울은 회당을 떠나 제자들을 따로 세운 것이 '두란노 서원'이다.

여기에 언급한 '제자들'은 이미 우리가 잘 알고 있는 것처럼, 제2차 전도여행을 매듭짓고, 시리아의 안디옥으로 귀환하던 바울이, 잠시 기항한 에베소에서 복음을 전했을 때, 그때 주님을 영접한 사람들과, 그들을 위해 바울을 에베소에 체류하게 했던 브리스길라와 아굴라 부부와 주님을 영접한 사람들, 그리고 제3차 전도여행을 시작해서 에베소를 다시 찾은 바울을 통해, 새롭게 주님을 영접한 사람들을 다 아우르는 표현이다.

한마디로 말해서, 당시 에베소의 모든 그리스도인을 일컫는다. 에베소에서 바울은 혼자가 아니었다. 방금 확인한 것처럼, 에베소에는 이미 주님을 영접한 다수의 그리스도인이 있었다.

② 바울은 복음의 훼방꾼들과 맞서려 하지 않았다!

바울은 그들과 힘을 합쳐서, 회당에서 자신을 배척하는 복음의 훼방꾼들과 맞서려 하지 않았다. 바울은, 복음의 훼방꾼들을 떠나, 에베소의 그리스도인들을 따로 세웠다. 바울이 복음을 영접한 에베소의 그리스도인들과는 분명하게 선을 그어, 복음을 배척하는 복음의 훼방꾼들과 자신들을 구별하였던 것이다. 그들과 뒤섞여 살아서는, 거룩한 영적 힘을 누릴 수도, 발휘할 수도 없기 때문이었을 것이다.

③ 바울은 두란노 서원에서 무려 2년 동안이나 복음을 전하였다!

바울은, 두란노 서원(그리스어: 스콜레=σχολη, 라틴어: 스콜라=schola, 영어: School)에서, 이미 복음을 영접한 에베소의 그리스도인들에게, 그리고 새롭게 주님의 부르심을 받은 사람들에게, (행 19:9~10)에서 누가가 기록한 것처럼 복음을 날마다 가르쳤다. 즉, "(행 19:9~10) [9] 그러나 어떤 사람들은 마음이 굳어 믿으려 하지 않고 오히려 공공연하게 바울의 가르침을 비난하였다. 그래서 바울은 신자들을 데리고 그들을 떠나 날마다 두란노 서원(학당, 학원)에서 가르쳤다. [10] 이렇게 두 해를 계속하는 동안 아시아에 사는 유대인과 그리스인(헬라인)들이 모두 주님의 말씀을 듣게 되었다."

바울은 무려 2년 동안이나 그렇게 했다. 바울이 두란노 서원에서 2년 내내 하루도 거르지 않고, 매일 복음을 전했다. 우리말 '서원'은 헬라어 '스콜레' 인데, 이 단어에서 영어의 학교(School)가 파생되기는 했지만, 본래는 토론이나 논쟁도 벌어지고, 강연도 이루어지며, 사람들이 함께 모여 여가를 즐기기도 하는 다목적의 공간이었다. 고대 로마 제국시대에는 이런 스콜레가 흔했던 것으로 알려져 있다. 아무리 그렇다 해도, 바울이 2년 동안이나 날마다 예배와 말씀 공부의 목적으로, 같은 스콜레를 계속해서 사용한다는 것은 여간 어려운 일이 아니었을 것이다.

④ **티라누스(Tyrannus, 두란노)라는 사람의 스콜레(서원, σχολη, School), 즉 '두란노 서원'은 낮잠 자는 시간(시에스타, Siesta)에 비어있는 동안 날마다 예배를 드리고 하나님의 말씀을 전하는 진정한 교회이며 영적 공동체였다!**

'두란노 서원'은 에베소에 살고 있던 티라누스(Tyrannus, 두란노)라는 사람의 스콜레(서원, σχολη, School)를 말하며, 베자 사본[67]에 의하면, 오전에는 주인인 티라누스가 자신의 스콜레(서원)를 사용했기 때문에, 바울과 에베소의 그리스도인들은 티라누스가 사용하지 않는 오전 11시부터 오후 4시까지 그의 스콜레(서원)를 매일 이용한 것으로 전해지고 있다.

날씨가 무더운 에베소에서, 그 시간은, 사람들이 일을 멈추고, 점심식사를 한 뒤에, 시에스타(Siesta), 즉 낮잠을 즐기는 시간이었다. 지속적으로 사용할 수 있는 고정 장소를 구하기 쉽지 않았던 바울과 에베소의 그리스도인들은, 대부분의 사람들이 낮잠을 자는 시간(시에스타, Siesta) 동안에, 바로 그 시간에 비어있는 티라누스의 스콜레에서, 날마다 예배를 드리고, 하나님의 말씀을 공부한 것이었다.

모든 사람의 육체는, 환경의 지배를 받는다. 혹한의 북극에 사는 사람의

67) 베자사본(Codex Bezae): 5~6세기의 대문자 사본으로 그리스어와 라틴어가 대조되어 있다. 복음서와 사도행전 및 공동서신의 일부를 포함하고 있다. 칼빈의 후계자 베자(불: Beze, 영: Beza, 1519~1605)에 의해 리용에서 발견되어 케임브리지 대학에 기증되었다.

생체 리듬과 혹서의 남방에 사는 사람이 생체 리듬이 동일할 수는 없다. 무더운 지역에 사는 사람들이, 낮잠을 자는 것은, 그래야 정상적인 생체 리듬을 유지할 수 있기 때문이다. 그렇다면, 바울과 에베소의 그리스도인들도 그곳의 무더운 기후 속에서 정상적인 생체 리듬을 유지하기 위해서는, 매일 낮잠을 자야만 했다. 하지만 그들은, 육체를 위해 낮잠을 자기보다는, 날마다 그 시간에 비어 있는 티라누스의 스콜레에서 예배를 드리고, 하나님의 말씀을 공부했다. 그것은 단순히, 복음의 훼방꾼들과 자신들을 구별하기 위함뿐만이 아니라, 세상 사람들의 세속적인 사고와 삶의 방식으로부터, 자신들을 분명하게 구별하기 위함이었다. 이렇듯 자신들을 구별하여, 따로 세운 그들이야말로, 세상 밖으로 주님의 부르심을 입은 사람들의 모임인 교회의 정체성을 정립하고 확립한, 진정한 교회요, 참된 영적 공동체였다.

⑤ 복음의 훼방꾼들에게 맞서지 않고 오히려 그 덕분에 바울과 에베소 그리스도인들은 확실하게 구별된 삶으로 인하여 아시아 전역의 유대인과 이방인들이 모두 주의 말씀을 듣게 되었다!

■ (행 19:10) "이렇게 두 해를 계속하는 동안 아시아에 사는 유대인과 그리스인(헬라인)들이 모두 주님의 말씀을 듣게 되었다." ■

바울을 회당에서 배척한 복음의 훼방꾼들 덕분에, 결과적으로 역설적이게도 복음은 에베소를 근거지로 해서, 에베소를 넘어, 오늘날 터키의 서부 지역인 아시아 전 지역에까지 퍼져나갈 수 있었다.

그러나 그것은, 저절로 혹은 우연히 이루어진 일이 아니었다. 바울을 회당에서 배척한 복음의 훼방꾼들, 그리고 인종을 불문하고 아시아 전 지역에서 복음을 영접한 사람들 사이에는 세상 사람들로부터 자신들을 철저하게 따로 세운 바울과 에베소 그리스도인들의 자기 구별이 있었다. 그들이 세상과 자신들을 분명하게 구별하여, 따로 세우는 교회를 이루고 있었기에 주님께서 그들을 통로로 삼아 당신의 복음이 에베소를 넘어, 아시아 전 지역의 구석구석까지 스며들게 하신 것이었다.

■ 바울과 에베소의 그리스도인들은, 타락한 에베소의 한가운데에서도 세상 사람들의 타락한 사고와 삶의 방식으로부터 자신들의 심령을 분명하게 구별함으로써 오히려 세상 사람들의 심령을 밝혀주는 진리의 빛이 될 수 있었던 것이다.

4) 바울이 제3차 선교여행에서 예루살렘으로 향해가는 과정

밀레도에서 에베소교회의 장로들을 불러놓고 고별 설교(행 20:17~38)를 하다.

바울은 밀레도에서 에베소 교회의 장로들을 불러서 그들에게 그의 유명한 고별 설교를 하고, 구브로를 왼쪽에 두고 항해하여 두로에 상륙하였다(행 21:1~3).(이 유명한 이 고별 설교는 '제7장 하나님의 말씀인 신 · 구약 성경'에 게재함.

5) 바울의 제3차 선교여행의 성과: 이방인들에게 율법주의의 멍에로부터 자유를 주다!

바울은 남부 소아시아의 수리아 안디옥·길리기아의 다소 · 에베소 · 드로아 · 마케도니아와 아가야 · 일루곤까지 교회를 세웠다. 그는 누가 · 디모데 · 실라 · 아리스다고 · 디도 등 훌륭한 사역자의 훈련, 서신 문학의 시작 · 기독교 신학 · 변증학 · 전도를 위한 정치가와 같은 운동 · 제국적 믿음과 선교 · 제국적 믿음으로 제국적 국가와 상대하기 · 처절하고도 적극적인 대적들이 있었음에도 불구하고, 이방인 교회를 든든한 기초 위에 세워 놓았고, 하나님의 성령께서 계시해 주신 대로 기독교 신학의 골자를 이미 형성시켜 놓았다.

■ 바울의 세 차례의 선교여행의 결과

불과 10년이 조금 넘는 기간 동안, 사도 바울은 갈라디아, 마케도니아, 아가야, 아시아 등 로마제국의 네 지방에 교회를 세웠다. AD 47년 전에는 이 지방들에 교회가 하나도 없었다. 그런데 AD 57년에 사도 바울은 그 지역에서 자신의 사역이 끝난 것처럼 이야기하며, 또한 자신이 세운 교회들

이 혹시 자기가 없는 동안 지도와 후원을 받지 못하여 무너지지나 않을까 하는 걱정이 전혀 없이, 서쪽 끝까지 나아가는 방대한 여행 계획을 세울 정도였다.

(4) 바울의 제4차 로마 선교여행(AD 57~60년) (행 21:1~28:16)

> 로버트 레이먼드(Robert L. Reymond)의 저서[68]에 기록된 바울의 제4차 로마 전도여행에 관한 내용을 알기 쉽게 간단히 소개한다. 바울의 가이사랴에서의 구금과 로마 여행, 첫 번째 로마 구금과 로마의 옥중서신들. 가이사랴에서 로마로 향하는 바울의 제4차 선교여행(AD 52년 여름부터 AD 57~60년)

제4차 전도여행 경로(그림 12)

가이사랴 → 시돈 → 구브로 → (루기아의) 무로 → 그레데 섬의 남쪽 해안을 따라 항해하여 라새아에 인접한 미항 → 그레데의 다른 항구인 뵈닉스로 향하였으나, 뵈닉스에 도착하기 전에 폭풍(북동풍)에 휘말려 2주 동안 아드리아 바다(지중해 중심부)에서 표류 → 폭풍우에 휘말려 14일째 되는 날 밤 육지인 멜리데(Malta: 몰타)섬에 도착함(바울이 독사에 물렸으나 무사하여, 그곳 사람들은 바울을 신으로 생각함, 바울은 멜리데의 고관 보블리오의 부친의 병을 고쳐주고, 그 섬의 나머지 병든 사람들을 고쳐줌, 그러자 3사람의 선교사[바울, 누가, 아리스다고]들은 여러 가지로 대접을 받고, 그들이 로마까지의 여행에 필요한 것들을 공급받음). 멜리데에서 3개월을 지낸 후 → 정중하고 친절한 로마 백부장 율리오의 감독 아래 시실리의 동남 해안의 수라구사(시라쿠사)로 감 → 이어서 이탈리아의 관문인 레기온에 도착 → 마지막으로 나폴리 만의 보디올에 당도하여 일주일 동안 그리스도인 형제들과 지냄 → 아피아 가도(Appian Way)를 따라 → 로마로 향하던 바울은 중도에 압비오 광장과 트레이스 타베르네에서 로마에서 마중 나온 그리스도인 형제들

68) 로버트 레이먼드(Robert L. Reymond) 지음, 원광연 옮김, 「바울의 생애와 신학」, (고양시: 크리스천다이제스트, 2003), 268~303.

을 만나자 격려를 받고 용기를 얻음 → 로마에서 셋집에 감금된 상태에서 전도생활을 하였다.

■ 제4차 전도여행 구성원: 바울, 누가, 아리스다고(로마 백부장 율리오의 책임 아래)

1) 바울의 험난한 로마 여정

> 바울이 로마로 떠나기 전 예루살렘에서 체포되어 시련을 겪는다. 바울이 예루살렘에서 체포되어 가이사랴로 이송·구금되어 심문당하면서 시련을 겪은 일(행 21:17~40)과 또 배로 바닷길을 항해하면서 몰타에서 파선 당한 일, 그리고 로마 구금 생활을 하면서 그리스도를 전도한 일을 생각하지 않을 수 없다.

바울의 제1차 선교여행을 생각하면, 곧바로 남부 갈라디아를 생각하게 되며, 그의 제2차 선교여행을 생각하면 그 즉시 고린도를 떠올리게 되고, 그의 제3차 여행을 생각하면 곧바로 에베소를 생각하게 되듯이, 바울의 제4차 여행을 생각하면, 그가 로마로 떠나기 전에 예루살렘에서 체포되어 가이사랴로 이송 및 구금되어 심문받고 시련을 겪은 일(행 21:17~40)과 바다의 항해 길과 몰타에서의 파선과 로마 구금 생활을 생각하게 된다.

그림 12. 바울의 제4차 전도여행(로마)[69]

69) https://m.blog.naver.com/PostView.naver?isHttpsRedirect=true&blogId=supax&logNo=220133318715

바울이 제4차 선교여행을 떠나기에 앞서 우리가 기억해야 할 것은, 그의 제3차 선교여행이 끝난 후 이방인 교회들로부터 거둔 '그의 민족을 구제할 구제금(헌금)과 예물'을 전달하기 위해 예루살렘에 온 사실이다(행 24:17).

바울은 이방인 교회들로부터 그의 민족들에게 보내온 그 선물(구제금과 예물)이 그의 동족들에게 하나님의 보편적인 은혜를 분명하게 전하며 그리하여 그들이 눈을 떠서 그리스도 안에 있는 하나님의 그 '말할 수 없는 은사'를 보기를 바랐던 것이다.

2) 바울이 예루살렘에서 구타와 심문을 당하고, 가이사랴의 로마 총독 앞에 고발당한 다음 바울이 로마로 가는 과정을 누가가 기록하였다.

① 로마로 출발하기 전 예루살렘에서 체포되고 가이사랴로 이송되어 벨릭스(Felix) 로마 총독 앞에 서기까지 구타와 심문 · 고발당하는 바울

② 안타까운 일은 이 가이사랴 심문 때 예루살렘교회는 그토록 기독교 선교를 위해 고생한 바울의 변호를 위해 아무도 보내지 않았다. 마침내 로마 총독 벨릭스는 바울을 2년 동안(AD 57~59) 가이사랴에 구류해두고, 뇌물을 기대하며 바울을 자주 불러내어 대화를 나누었다.

③ 로마 시민권자인 바울은 벨릭스의 후임으로 온 베스도에게 로마의 황제(가이사) 법정에 상소하였다. 이때 바울에게는 사도행전을 기록하기 위한 자료를 수집하기 위해 누가가 와 있었고, 데살로니가에서 아리스다고가 와 있었으나 예루살렘 장로들은 나타나지 않았다.

④ 바울의 로마 여행, 로마에서의 구금 생활을 하는 동안 목숨 건 전도활동

> 바울 일행 세 사람(바울, 누가, 아리스다고)은 백부장 율리오의 책임 아래 로마로 가기 위해 배를 타고 시돈으로 향해 출발하여, 바울은 마침내 그의 희망대로 로마제국의 수도 로마에 도착하였다. 바울이 로마에 왔을 당시에 네로(Nero)가 로마의 황제(AD 54~68년)였다.

로마 황제 네로와 그의 어머니 아그라피나

> 네로 황제와 그의 어머니 아그라피나가 집안에서 저지른 잔혹한 범죄행위와 네로가 기독교를 그렇게 잔인하게 박해한 것으로부터 볼 때, 만일 그들이 기독교인들이었다면 그렇게 수많은 선량한 사람들의 생명과 미래와 행복이 정말 아름답게 꽃피울 수 있지 않았을까?

네로의 나이 세 살 때 그의 모친 아그라피나(Agrappina)가 정치적 위험요인으로 지목되어 추방되었기 때문에, 네로는 두 노예 – 이발사와 댄서 – 에 의해서 양육되었다. AD 41년에 그의 삼촌 클라우디우스가 황제가 되자, 그의 모친이 집으로 돌아와 다시 한 번 존귀를 얻었다.

그 후 네로의 모친은 클라우디우스에게 자기와 결혼하도록 회유하였다. 클라우디우스에게는 이미 브리타니쿠스(Britannicus)라는 아들과 옥타비아(Octavia)라는 딸이 있었다. 아그라피나는 옥타비아와 약혼한 상태에 있던 출중한 젊은 로마인인 루키우스 율리우스 실라누스(Lucius Julius Silanus)에게 누명을 씌운 다음(그는 이 일을 당한 후 자살하였다) 옥타비아를 네로와 약혼시키는 데 성공하였다.

그리고 아그라피나는 마음이 유약한 클라우디우스에게 끈질기게 간청하여 네로를 그의 아들로 입양하도록 만들었다. 네로는 브리타니쿠스보다 세 살이 많았으므로 황제의 위를 계승할 자리를 차지하게 되었다.

아그라피나는 그 다음 클라우디우스를 독살하였고, 네로는 황제가 된 후 브리타니쿠스를 독살하였으며, 두 번의 시도 끝에 아그라피나를 살해하였고(첫 번째는 물에 빠뜨리는 것이었으나 실패하였고, 두 번째는 칼로 찌르는 것이었는데 이것이 성공하였다), 이어서 옥타비아를 살해하였다. 그는 그의 두 번째 부인으로 임신 중에 있던 포파이아(Poppaea)를 발로 차서 죽였다. 그는 로마에 불을 질러서 도시가 일주일 동안 불에 타게 했고, 그런 다음 그 불을 로마의 그리스도인들의 책임으로 돌렸고, 그들을 붙잡아 바퀴로 돌리고, 불에 태워서 자기 정원을 밝히는 살아 있는 횃불로 이용하기도 했고,

야생 짐승의 가죽 속에 집어넣고 꿰매고 그의 사냥개들을 몰아서 그들을 물어뜯고 찢게 만드는 등 온갖 만행을 저질렀다. 네로는 범하지 않은 범죄가 거의 없을 정도였다.

바울이 로마에 당도했을 당시는 아직 네로가 그런 범죄들을 저지르기 전이기는 했으나, 바로 이 로마의 황제가 바울의 상소 사건을 판결하게 되어 있었다는 점을 기억해야 할 것이다.

3) 로마에 도착한 바울

① 바울의 첫 번째 로마 구금(바울이 세낸 집에서 살도록 구금)[AD 60~62년(사도행전 28:16~31)]

> 예수님처럼 유대인들의 고소로 체포되어 재판을 받고 사형장으로 간 바울!

로마에서 바울은 군인이 그를 지킬 뿐 자신이 세 낸 집에서 마음대로 살도록 허용되었다(행 28:16, 30). 그는 곧바로 로마에 있는 유대인 지도자들을 청하여 자신은 '이스라엘 백성이나 우리 조상의 관습을 배척한 일이 없는데' 자신이 예루살렘에서 체포되어 로마 당국에 넘겨져서 심문을 받은 결과 죽임을 당할 죄목이 없음이 드러났으며, 그런데도 유대인 지도자들이 자신의 석방을 반대하여 어쩔 수 없이 가이사(황제)에게 상소하게 되었다는 점을 설명하였다(행 28:17~20).

그 유대인 지도자들은 바울에게 자기들은 예루살렘 산헤드린으로부터 그에 관하여 편지를 받은 바가 없으며, 최근 예루살렘에서 온 사람들에게서도 그에 관한 나쁜 이야기는 들은 바 없다고 하였다. 그리고 그들은 바울에게 '이 파(바울의 종파)'에 대한 자신의 견해를 설명해 달라고 요청하였다(행 28:21~22).

② "(사 6:9~10) [9] 그러자 여호와께서 말씀하셨다. '너는 가서 이 백성에게 너희는 계속 들어도 깨닫지 못하고 계속 보아도 알지 못한다고 말하라. [10] 너는 이 백성의 마음을 둔하게 하고 귀는 막히고 눈은 감기게

하라. 그렇지 않으면 그들이 눈으로 보고 귀로 듣고 마음으로 깨달아 돌아와서 고침을 받을지도 모른다.'"

그들이 정한 날짜에 수많은 유대인들이 바울의 셋집에 모여들었고, 바울은 '아침부터 저녁까지 강론(설교)하여 하나님의 나라를 증언하고, 모세의 율법과 선지자의 말을 가지고 예수에 대하여 그들을 설득시키려고 하였다'(행 28:23). 믿는 사람도 있고, 믿지 않는 사람도 있었다. 이 유대인들은 자기들끼리 이견이 생기기 시작하였고, 바울이 믿지 않는 자들에게 (이사야 6:9~10)[(사 6:9-10) [9] 그러자 여호와께서 말씀하셨다. "너는 가서 이 백성에게 '너희는 계속 들어도 깨닫지 못하고 계속 보아도 알지 못한다.'라고 말하라. [10] 너는 이 백성의 마음을 둔하게 하고 귀는 막히고 눈은 감기게 하라. 그렇지 않으면 그들이 눈으로 보고 귀로 듣고 마음으로 깨달아 돌아와서 고침을 받을지도 모른다."]라는 말씀을 적용시킨 후 자리를 뜨기 시작하였다. 그때 바울은 그들에게 이렇게 선포하였다: "하나님의 이 구원이 이방인에게로 보내어진 줄 알라 그들이 그것을 들으리라!"(행 28:24~28)

③ 바울은 2년 동안(AD 60~62년) 가택 연금 상태에서 복음을 전하는 전도사였으며, 그의 순교(AD 65?) 이후로부터 약 250년 후인 AD 313년 기독교가 공인되었다.

바울은 2년 동안(AD 60~62년) 가택 연금 상태에 있었다. 그의 상소에 관한 심문일이 그렇게 늦어진 이유는 아마도 그를 고발한 자들이 예루살렘으로부터 당도하지 못하고 있었기 때문이거나 아니면 로마 법정에서 다룰 다른 소송건들이 많이 산적해 있었기 때문일 것이다. (어쩌면, 그 2년의 기간이 그를 향한 고발건들을 처리할 법적인 유효 기간이었을 수도 있다. 그러나 이것은 분명치가 않다). 여하튼, 이 기간 동안 바울은 "자기에게 오는 사람을 다 영접하고 하나님의 나라를 전파하며, 주 예수 그리스도에 관한 모든 것을 담대하게 거침없이[70] 가르쳤다"(행 28:30~31).[71]

70) 이것은 사도행전에 나타나는 누가의 마지막 단어다. Bruce는 지적하기를, '방해 없이'(헬)를 뜻하는 이 단어는 철저하게 법정에서 쓰이는 용어로서, '만일 복음이 불법적이요

④ 바울의 로마 구금은 바울의 사도로서의 사역을 도와주었다.

바울이 로마에 구금된 사건은 절대로 그의 사도로서의 사역에 장애거리가 아니었다. 오히려, 그 사역을 매우 효과적으로 확장시켜 주는 역할을 했다. 예를 들어서, 이때 여러 회심자가 생겨난 것은 물론 그동안에 그가 교회들에게 옥중 서신들을 쓴 사실을 생각해 보면 될 것이다. **그는 이 기간 동안 자기 자신을 로마에 갇힌 자가 아니라 '그리스도 예수의 일로 너희 이방인을 위하여 갇힌 자'요(엡 3:1), '주 안에서 갇힌 자'요(엡 4:1; 몬 9; 빌 1:13), 또한 복음을 위하여 '쇠사슬에 매인 사신(使臣, Ambassador)'(엡 6:19~20)이라고 말하고 있는 것이다. 그리고 그는 자신의 갇힌 것이 복음의 확증과 진보가 되었다고 여겼다(빌 1:7).** 그는 이렇게 쓰고 있다:

"[12] 형제 여러분, 내가 당한 일이 오히려 기쁜 소식을 널리 전하는 일에 큰 도움이 되었다는 사실을 잊지 마십시오. [13] 그래서 내가 그리스도를 위해 갇혀 있다는 사실이 온 경비대와 모든 사람에게 알려졌습니다. [14] 내가 갇혔기 때문에 주님을 믿는 대부분의 신자들이 자신감을 가지고 두려움이 없이 더욱 담대하게 하나님의 말씀을 전파하게 되었습니다. [15] 어떤 사람들은 시기와 다툼으로, 또 어떤 사람들은 좋은 뜻으로 그리스도를 전하고 있습니다. [16] 좋은 뜻으로 전하는 사람들은 내가 기쁜 소식을 변호하기 위해 임명되었다는 것을 알고 사랑으로 그리스도를 전하고 있습니다. [17] 그러나 어떤 사람들은 순수한 동기로 그리스도를 전하지 않고 갇혀 있는 나를 더욱 괴롭힐 생각으로 이기적인 야심에서 그리스도를 전하고 있습니다. [18] 그러나 그릇된 동기에서든 참된 동기에서든 어쨌든 전파되는 것은 그리스도이므로 내가 기뻐하고 앞으로도 기뻐할 것입니다.(빌 1:12~18)"

국가를 위해하는 선전이라면, 가이사에게 상소한 로마 시민이 제국의 심장부에서 이 년씩이나 그것을 선포했을 수 없을 것이며 … 당국에서도 이때에 그의 활동을 틀림없이 알고 있었을 것인데, 그런데도 그에게 아무런 장애가 없었다'는 것을 시사하는 변증적인 의미를 지니고 있다고 하였다(Paul, 511). 그러므로 누가의 사도행전 기사는 다음과 같은 승리의 의미로 말미를 장식하고 있는 셈이다: "하늘로부터 온 유일한 합법적인 메시지인 복음이 자유로이 아무런 장애 없이 로마에서 선포되었다."

71) 바울의 소송건이 재판에 회부되지 않았을 가능성이 어느 정도나 되는지에 대한 설명: Cony beare and Howson, *The Life and Epistles of St. Paul*, 419~28.

⑤ 기독교의 공인과 국교 승격

AD 313년 콘스탄티누스 황제는 기독교를 포함한 모든 종교를 허락하는 밀라노 칙령에 의해서 기독교에 대한 박해를 멈춤으로써 기독교를 공인하였다.

누가는 이렇게 해서 승천하신 그리스도께서 죽을 인간('질그릇')을 통하여 계속해서 행하신 역사와 말씀들('보배')에 대한 영감어린 기사를 마무리하고 있다. 복음은 세상으로 나아가 승리의 진군을 계속하였고 로마에 침투하였으며, 심지어 가이사의 집 안에까지 침투한 것이다(빌 4:22).

마침내 4세기 초(AD 313년)에 놀랍게도 콘스탄티누스(Constantinus, AD 274~337) 황제가 사실상 기독교를 공인하게 되었고, 그 후 테오도시우스(Theodosius, AD 347~395) 황제에 의해 AD 380년 로마제국의 국교로 승격되었다.

⑥ 독자 여러분은 이 세상을 위한 복음 정복의 역사의 일원이 될 것인지를 결단해야 한다!

이제 독자 여러분은 이 세상에서 복음의 전파가 계속되어야 하는 복음 정복의 역사의 일원이 될 것인지를 결단해야 한다. 전도의 지상 명령의 요구와 또한 그것에 대한 여러분의 책임을 진지하게 받아들이겠는가? 문화를 넘어서는 사역을 위하여 주 예수 그리스도께 여러분 자신을 드리겠는가?

집에 머물면서 여기서 어떤 일을 하기로 결단하기에 앞서서 먼저 여러분이 집에 머물러 있어야 하는 정당한 이유를 분명하게 제시할 수 있어야 한다.

여러분의 사고에 초문화 사역이 최고 순위에 있어야 한다고 말씀드리고 싶다. 여러분이 초문화 사역에 임하기를 주께서 원치 않으신다는 것을 주께서 분명히 가르쳐 주신 다음에 비로소 집에 머물기로 결단해야 할 것이다.

(5) 바울의 석방에 이은 제5차 선교여행과 두 번째 구금 · 순교

바울의 제5차 선교여행 기간(AD 62~65년, 또는 AD 67년까지일 수도 있음)

바울이 로마에서 구금 생활을 하는 중에 AD 62년 부근 구금에서 풀려나서 다시 3~5년의 기간 동안 제5차 선교여행을 떠났을 것으로 추정되고 있으나[72])을 여기서 는 추정 경로와 추정 선교팀에 대해 간단히 설명한다.

- 바울의 제5차 선교여행 추정 경로: 로마-서바나(스페인)-그레데-밀레도-에베소-드로아-마케도니아-니고볼리-아가야-고린도-로마(그림 13)

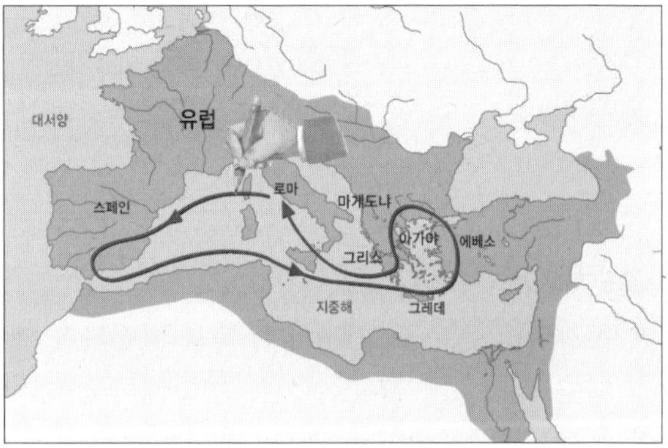

그림 13. 바울의 제5차 전도여행 추정 경로[73])

- 선교여행 선교팀 추정 구성원: 바울, 디모데, 디도, 드로비모, 에라스도, 오네시보로, 누가
- 제2차 로마 구금의 혐의: (가) 새로운 불법 종교 유포 (나) AD 64년 로마 대화재 때 그리스도인들과 공모한 방화혐의(억울하게 누명을 씀)

---

72) 로버트 레이먼드(Robert L. Reymond) 지음, 원광연 옮김, 「바울의 생애와 신학」, (고양시: 크리스천다이제스트, 2003), 304~360.

73) https://www.godpeople.com/?C=7291

바울의 세 편의 목회 서신(디모데전서와 후서, 디도서)과 그의 히브리서는 사도행전의 역사적 서술의 바깥에 해당된다. 그러므로 우리는 사도행전의 마지막에서부터 그의 순교까지의 바울의 역사를 순전히 이 서신들 자체에 나타나는 암시를 통해서만 재구성할 수밖에 없을 것이다. 그 서신들은 바울이 디모데와 함께 에베소로(딤전 1:3), 디도와 함께 그레데로(딛 1:5), 홀로 마케도니아로(딤전 1:3), 홀로 드로아로(딤후 4:13), 드로비모와 함께 밀레도로(딤후 4:20), 재무관 에라스도와 고린도에 있는 것으로(딤후 4:20), 홀로 니고볼리에 있는 것으로(딛 3:12), 또한 다시 오네시보로와 누가와 함께 로마에 있는 것으로(히 13:24; 딤후 1:16~17) 묘사하고 있다. 다음에서 제시하는 것은 누가의 사도행전 이후 드러난 것을 근거로 한 하나의 가능한 재구성이다.

1) AD 62년 부근에 바울이 1차 로마 구금 상태에서 석방되다.

2년 동안(AD 60~62) 로마 구금 상태에 있은 후, 바울을 고소한 자들이 정해진 기한 내에 나타나지 않았거나, 아니면 재판을 받아 그가 가이사에 대하여 아무 잘못도 범하지 않았음이 선고되었을 것이다. 어느 쪽이든, 바울이 AD 62년 부근에 구금 상태에서 석방된 것이 확실하다.

2) 바울이 1차 로마 구금에서 풀려나자 제5차 선교여행을 떠난 것으로 추정된다.

사도행전 28장의 바울의 구금 상태가 그의 순교로 종결되었다는 증거가 전혀 없기 때문에 AD 62년 부근에 석방되었을 것이다. 브루스(Bruce)는 "만일 바울이 2년 동안의 구금 이후 곧바로 정죄를 받아 사형당했다면, 누가가 그 사실을 언급하지 않고 있는 것이 너무나도 이상하다"라고 지적한다.[74] 그러므로 그가 셋집의 구금에서 풀려나자마자 로마를 떠나서 그의 제5차 선교여행이라 부를 수 있는 여행길에 오른 것이 거의 확실시된다.

3) 바울의 제5차 선교여행의 추정 경로

바울이 석방 후 서바나(스페인)로 여행했는지는 확실하지 않다. 로마서

74) F. F. Bruce, Paul: *Apostle of the Heart Set Free*(Grand Rapids: Eerdmans, 1996), 376.

15:28에서 그런 의사를 분명히 밝히고 있기는 하지만, 그의 옥중서신에서도, 그의 목회서신에서도 그 여행을 마쳤다는 언급이 전혀 나타나지 않는 것도 사실이다. 더욱이, 서바나의 교회에는 바울의 선교 사역에서 비롯된 전승이 전혀 없다.

바울은 시기와 분쟁으로 인하여 인내의 상급(賞給, Reward)[75]으로 나아가는 길을 보여주었다. 그는 일곱 번이나 사슬에 매임을 당했고, 유배를 당했으며, 돌로 치는 형벌을 당했다. 그는 동방에서도 서방에서도 그는 하나님과 예수 그리스도의 사신(使臣)이었고, 그의 믿음에 대하여 고귀한 명성을 얻었으며, 온 세상을 돌아다니며 의(義)를 가르쳤고, 서방의 한계점('가장 먼 한계점' 아마도 스페인)까지 나아가 권세자들 앞에서 증언하였고, 그리고 그렇게 세상을 떠나 거룩한 곳으로 올림을 받았으니, 이것이야말로 인내의 가장 위대한 모범이다.[76]

4) 바울이 그의 제5차 선교여행에서 다시 체포되어 구금되어 재판·처형 과정 추정

> 체포·구금 혐의: 십중팔구는 새로운 불법종교(religio nova et illicita)를 유포한 혐의와 또한 구금에서 풀려난 후 로마를 떠나기 전 로마의 그리스도인들과 함께 공모하여 AD 64년의 로마 화재를 일으킨 혐의(물론 억울하게 누명을 쓴 것이다)일 것이다.

바울은 그때에 어느 이름 모를 곳에서 다시 체포되어 로마로 압송되어 두 번째로 감금당한 것으로 보인다. 그리고 이때의 형편은 첫 번째 구금 때와는 판이하게 달라서 에베소에서 온 오네시보로가 로마에서 그를 찾는 데 상당히 어려움을 겪었을 정도였고(딤후 1:16~17), 오직 누가만 바울과 함께 있었다(딤후 4:11).

그에게 붙여진 구체적인 혐의에 대해서는 순전히 추측할 수밖에는 도리가

75) 상급(賞給, Reward): 영생과 구원, 하나님의 선물·은혜.
76) 클레멘트(Clement)의 진술: F. F. Bruce, Paul, 446~48.

없으나, 십중팔구는 새로운 불법종교(religio nova et illicita)를 유포한 혐의와 또한 구금에서 풀려난 후 로마를 떠나기 전 로마의 그리스도인들과 함께 공모하여 AD 64년의 로마 화재를 일으킨 혐의(물론 억울하게 누명을 쓴 것이다) 등, 두 가지가 거기에 포함되었을 것이다.[77] 바울은 첫 번째 혐의에 대해서는 - 그것이 무엇이었든 - 자신의 무죄함을 성공적으로 변명했음을 시사하고 있으나(딤후 4:16~17), 완전한 무죄 석방에 대한 희망은 별로 갖지 못했다(딤후 4:6).

5) 로마 감옥에서 바울이 예루살렘의 유대인 교회를 향해 히브리서를 쓰다.

이 로마의 감옥에서 그는 예루살렘의 유대인 교회를 향하여 히브리서를 써서, 유대인 그리스도인들에게 율법으로부터 얻은 자유와 그리스도 안에서 가진 의(義)를 저버리고 유대교의 율법주의로 다시 돌아가지 말 것을 경고하였고(행 21:20~24), 또한 에베소에 있는 그의 믿음의 아들 디모데에게 디모데후서를 써 보냈다. 그는 디모데에게 겨울 전에 속히 오라고 청하면서(딤후 4:9, 21), 그가 드로아의 가보의 집에 남겨 둔 겉옷과 가죽 두루마리(그의 편지의 사본들이었을까? 그의 로마 시민증서가 거기에 포함되었을까?)를 가져오라고 하였다(딤후 4:13).

6) 바울의 사형 선고와 사형 집행

히브리서 13:23은 디모데가 시간을 지켜서 로마로 와서 그를 방문하여 재판을 앞둔 나이 많은 바울을 격려하였고 그 자신도 일시 억류당했으나 곧 풀려났음을 시사해 준다. 이때 바울의 재판은 그에게 사형 선고가 내려짐으로 종결되었고, 그 형벌이 속히 집행된 것이 분명하다.

사도 바울의 참수형(斬首刑) 순교는 AD 63년 또는 65년경이나 또는 어쩌면 네로의 통치 마지막 해인 AD 67년경에 이루어졌을 것이다.

---

77) W. J. Conybeare and J. S. Howson, *The Life and Epistle of St. Paul*(Grand Rapids: Eerdmans, 1971 reprint), 767~70, 81.

7) 바울의 참수형(AD 63, 65 또는 67년)

> 몇몇 친구들이 그의 목 베인 상처투성이의 시체와 머리를 수습하여 장사지내다.

사도 바울은 참수형(斬首刑)으로 순교가 이루어졌다. 그의 구주처럼 그도 '영문(성문) 밖에서'[78] - 오스티아 가도(Ostian Way)의 세 번째 지계석 근처에 있는 트레폰타네(Tre Fontane)에서 사형 당하였다.[79] 그곳에서 사형집행인의 칼이 기나긴 고난의 여정을 종결지었고, 그의 영웅적인 영혼을 그 지치고 쇠약한 육체에서 해방시켜서 그렇게 오랫동안 그렇게 신실하게 섬겨온 천상의 구주의 임재 속으로 들어가게 한 것이다. 몇몇 친구들이 그의 목 베인 상처투성이의 시체와 머리를 수습하여 장사지냈다.

지금까지 바울의 생애와 여정을 추적해 왔으니, 우리 모두는 함께 바로 그날 율법에서 자유로운 복음과 더불어 기독교 신앙의 유일무이함을 수호한 가장 위대한 사도적 대변자 바울을 잃었으며, 우리는 그날 오스티아 가도에서 순전한 인격적인 친구를 잃은 것이다. 그의 생애가 그렇게 끝나야 했다는 것에 대해서 우리는 정말 안타까움을 금할 수 없다. 그러나 당시 로마는 물론 로마 제국 전역에서 점점 거세져간 바울 개인과 그리스도인들에 대한 증오를 생각하면, 바울의 그런 종말은 어느 정도 이미 예견된 것이라 할 수 있다. 그리고 하나님의 오묘하신 섭리를 의심해서도 안 된다. 그의 섭리는 언제나 선하며 지혜로운 것이다.

바울은 물론 그날이 자신의 영광의 날임을 우리에게 상기시켜 줄 것이다. 바로 그날 그가 이 현재의 '유익'한 상태보다 '훨씬 더 좋은' 상태로 들어간

78) (히 13:10~13) "우리에게도 제단이 있는데 성막에서 섬기는 사람들은 이 제단의 제물을 먹을 권리가 없습니다. 짐승의 피는 죄를 없애기 위한 제물로서 대제사장이 지성소 안으로 가지고 들어가지만 그 몸은 진영(영문) 밖에서 태우게 되어 있었습니다. 이와 같이 예수님도 자기 피로 백성을 거룩하게 하시려고 성문(영문) 밖에서 고난을 받으셨습니다. 그러므로 우리도 성문(영문) 밖에 계신 예수님에게 나아가서 그분이 겪은 수치를 함께 당합시다.

79) Bruce, *Paul*, 450~51.

것이며, 거기서 '거룩한 중에 온전해졌고' (웨스트민스터 소요리 문답, 37문), 또한 거기서 구주의 죄 없으신 사랑에 대하여 비로소 처음으로 자기 자신의 죄 없는 사랑으로 응답하게 된 것이다.

8) 성 바울의 바실리카가 세워지다!

바울은 그가 사형당한 현장에서 로마 시내로 1마일 정도 떨어진 곳에 묻혔다고 전해지는데, 바로 그가 묻힌 장소에 2세기 말 이전에 한 기념비가 세워졌다. AD 324년에 콘스탄티누스 황제는 그곳에 작은 바실리카를 세웠고, 그것은 4세기 말 그보다 더 큰 바실리카로 대체되었다. 그 바실리카는 1823년에 불에 탔으나 1854년 교황 피우스 9세에 의해서 재건되고 성역화 되어 **성벽 바깥의 성 바울의 바실리카(The Basilica of St. Paul-Without-the-Wall)**로 불리고 있다.

현재의 바실리카를 세우기 위하여 발굴 작업을 하던 중에 4세기의 것으로 보이는 두 개의 석판이 발견되었는데 거기에는 똑같이 **파울로 아포스톨로 마르트(PAULO APOSTOLO MART, '사도요 순교자인 바울')라는 비문**이 새겨져 있었다. 바울은 아마 그런 간단한 호칭을 사용하도록 허락했을 것이다. 그러나 거기에 다음과 같은 문구를 덧붙이는 것도 허락했을 것이다: **"그러나 오직 그리스도께 영원토록 영광이 있을지어다. 아멘."**

바울이 AD 64년의 엄청난 네로의 박해 기간 동안에 디모데에게 자기에게 오기를 청하였을 것으로 믿기는 어렵다. 그러므로 **그는 그 이전 63년경에 순교를 했든지, 아니면 그보다는 오히려 그 박해가 끝난 후인 AD 65년경에 순교했을 것으로 보인다(어쩌면 네로의 통치 마지막 해인 AD 67년경에 순교했을지도 모른다)**.

제 7 장 하나님의 말씀인 신·구약 성경

7.1 유대교의 경전으로 채택되어 전해 내려오는 39권의 구약성경

구약성경은 어떻게 세계 속에 널리 전파되었는가?

유대교는 유대인의 민족 종교로서 야훼(여호와)를 유일신으로 숭배하며, 토라(Torah. 율법)를 비롯한 타나크(Tanakh, 유대교 경전, 기독교에서 말하는 구약성경) 39권을 정경으로 인정하고 있다.

이미 히브리어로 쓰여 져서 오래 전부터 유대교의 경전으로 채택되어 전해오던 구약성경은 BC 285년에 72명의 학자들이 그리스(헬라)어로 번역되었는데, 이것을 '70인 역 성경'이라고 한다. 예수님을 비롯하여 구약성경을 공부하던 초기교회의 기독교인들은 바로 이 '70인 역 성경'을 이용하고 있었다.

이 외에도 몇 가지 문서가 있었으나 그중에는 이단으로 불리는 것으로 하나님의 말씀이 아닌 가르침도 섞여 있었다. 따라서 2세기경 교회는 어떤 문서가 하나님의 말씀이 담긴 문서이며 어떤 것이 아닌지를 선별해야만 했다.

'70인 역 성경'이 쓰인 이후 약 100년 동안 교회의 간부들은 정기적으로 모임을 갖고 어떤 문서를 선택할 것인지를 논의했다. 논의의 내용은 문서가 하나님으로부터 받은 것이라고 판단할 수 있는지, 신학적으로 바른 것인지, 그리고 그곳에 기재되어 있는 사실이 정확한 것인지 등에 관한 것이었다. AD 4세기 중반에 이러한 논의는 끝을 맺는다. 어떤 문서를 성경에 넣을 것이며, 어떤 것을 제외시킬 것인가에 대한 합의가 이루어졌기 때문이다. 이렇게 하여 정경(正經, Canon)이 결정되었다.

기독교의 정경이란 이렇게 구약성경 39권과 신약성경 27권을 말한다.

7.2 신약 27권의 정경

> 교회가 27권의 신약의 정경을 선택한 것이 아니고 정경이 자기 자신을 선택하였다!

중세의 교황주의처럼 강제로 결정하도록 만드는 그런 교회적인 장치가 전혀 없었음에도 세계 전체의 교회가 거의 보편적으로 동일한 27권의 책들을 받아들이게 되었다는 점을 주목하는 것이 매우 중요하다. 교회가 정경을 선택한 것이 아니고 정경이 자기 자신을 선택한 것이다. 이 점은 아주 자주 강조되어 왔는데, 다시 반복할 만한 가치가 있다.

실질적으로 온 교회 전체가 27권의 책들을 정경으로 인정하게 되었다는 사실은, 교회가 그렇게 되도록 계획한 일이 없다는 점을 기억할 때, 정말로 놀라운 일이다. 로마 제국 전체의 몇몇 교회들이 할 수 있었던 것은 그 문서들과 관련된 자기들의 경험을 증거하고 그 문서들의 기원과 성격에 관하여 자기들이 가진 지식을 함께 나누는 정도가 고작이었다. 교회의 구성원들의 문화적 배경이 제각각이고 또한 교회들 내에서 기독교 신앙의 필수요건에 대한 생각도 매우 다양했다는 점을 생각하면, 그들이 어떤 책들이 신약성경에 속하는가 하는 문제에 대해 똑같이 동의했다는 사실은 이러한 최종적인 결정이 순전히 인간적인 수준에서만 비롯된 것이 아니라는 것을 말해 주는 것이다.[80]

7.3 신·구약성경 66권이 기독교 정경(正經)으로 완성되다.

(1) 기독교와 유대교에서 공통적으로 사용하는 구약성경의 십계명

구약성경은 기독교와 유대교에서 공통적으로 사용하는 십계명과 경전(성

80) D. A. Carson, Douglas J. Moo, Leon Morris, *An Introduction to the New testament* (Grand Rapids: Zondervan, 1992), 494.

경)이다.

십계명

1. 너는 나 외에는 다른 신들을 네게 두지 말라.
2. 너를 위하여 새긴 우상을 만들지 말고, 또 위로 하늘에 있는 것이나, 아래로 땅에 있는 것이나, 땅 아래 물속에 있는 것의 어떤 형상도 만들지 말며, 그것들에게 절하지 말며, 그것들을 섬기지 말라.
   나 네 하나님 여호와는 질투하는 하나님인즉, 나를 미워하는 자의 죄를 갚되, 아버지로부터 아들에게로 삼사 대까지 이르게 하거니와, 나를 사랑하고 내 계명을 지키는 자에게는 천 대까지 은혜를 베푸느니라
3. 너는 네 하나님 여호와의 이름을 망령되게 부르지 말라.
   여호와는 그의 이름을 망령되게 부르는 자를 죄 없다 하지 아니하리라.
4. 안식일을 기억하여 거룩하게 지키라.
   엿새 동안은 힘써 네 모든 일을 행할 것이나, 일곱째 날은 네 하나님 여호와의 안식일인즉 너나, 네 아들이나, 네 딸이나, 네 남종이나, 네 가축이나, 네 문안에 머무는 객이라도 아무 일도 하지 말라. 이는 엿새 동안에 나 여호와가 하늘과 땅과 바다와 그 가운데 모든 것을 만들고 일곱째 날에 쉬었음이라. 그러므로 나 여호와가 안식일을 복되게 하여, 그날을 거룩하게 하였느니라.
5. 네 부모를 공경하라.
   그리하면 네 하나님 여호와가 네게 준 땅에서 네 생명이 길리라.
6. 살인하지 말라.
7. 간음하지 말라.
8. 도둑질하지 말라.
9. 네 이웃에 대하여 거짓 증거하지 말라.
10. 네 이웃의 집을 탐내지 말라. 네 이웃의 아내나, 그의 남종이나, 그의 여종이나, 그의 소나, 그의 나귀나, 무릇 네 이웃의 소유를 탐내지 말라.

(출애굽기 20장 1~17절)

이상과 같이 기독교와 유대교는 공통적으로 사람은 누구나 마땅히 지켜야 할 기본이 되는 10가지 계명(10계명)에 따라 살아갈 것을 요구하고 있다.

이처럼 사람이 살아가는 데 필요한 모든 교육적 내용을 성경책에 기록하여, 예배와 함께 신자들에게 항상 읽도록 요구해왔으며 현재도 그렇다. 초기 기독교에서도 바울은 전도 여행을 하면서 신자들에게 이와 관련된 내용을 서신서의 여러 곳에서 특히 성문제를 비롯한 여러 윤리 문제에 대해 언급하면서, 하나님을 잘 섬기면서 올바르게 살아갈 것을 가르쳤다. 특히 신자들의 성윤리에 대해서는 7번째와 10번째의 계명에서 두 번씩이나 반복해서 언급하면서 강조하고 있다.

(2) 기독교(그리스도교) 성경의 특성

기독교(그리스도교) 성경	
구약성경	신약성경
1. 유대교의 경전. 유대교의 신앙의 기본인 율법을 성리한 책이나. 여기에는 유대인이 하나님에게 계속 반역해온 역사가 지나칠 만큼 반복 기록되어 있다. 2. 메시아를 기다리며 끝을 맺는다. 3. '메시아가 오신다'는 예언이다.	1. 대망의 메시아 예수님이 하나님으로부터 지상으로 보내어진 것을 기록하고 있다. 2. '메시아가 왔다'고 하는 선언이다.

(3) 구약성경의 구성

[구약성경(39권)]

① 율법서(5권: 모세5권): 창세기, 출애굽기, 레위기, 민수기, 신명기
② 역사서(12권): 여호수아기, 사사기, 룻기, 사무엘상, 사무엘하, 열왕기상, 열왕기하, 역대상, 역대하, 에스라, 느헤미야, 에스더
③ 시서(5권): 욥기, 시편, 잠언, 전도서, 아가
④ 대예언서(5권): 이사야, 예레미야, 예레미야애가, 에스겔, 다니엘
⑤ 소예언서(12권): 호세아, 요엘, 아모스, 오바댜, 요나, 미가, 나훔, 하박국,

스바냐, 학개, 스가랴, 말라기

(4) 신약성경의 구성

[신약성경(27권)]

① 복음서(4권): 마태복음, 마가복음, 누가복음, 요한복음
② 역사서(1권): 사도행전
③ 바울서신(편지)(13권): 로마서, 고린도전서, 고린도후서, 갈라디아서, 에베소서, 빌립보서, 골로새서, 데살로니가전서, 데살로니가후서, 디모데전서, 디모데후서, 디도서, 빌레몬서
④ 공동서신(8권): 바울 이외의 사도가 쓴 편지
히브리서, 야고보서, 베드로전서, 베드로후서, 요한1서, 요한2서, 요한3서, 유다서
⑤ 예언서(1권): 요한계시록

7.4 세계 인류에게 성경을 전하는 것이 예수님의 지상명령

부활하신 예수님으로부터 "너희는 가서, 모든 민족을 제자로 삼아서, (하나님) 아버지와 (하나님의) 아들(예수님)과 성령의 이름으로 세례를 주고, 내가 너희에게 명한 모든 것을 그들에게 가르쳐 지키게 하여라."(마 28:19~20)라고 명령(지상명령)을 받은 예수님의 제자들은 충실하게 그 명을 실천했다. 그리고 오늘날에도 예수님을 믿는 그리스도인들은 예수님의 제자로서 이 지상명령을 지키고 있다.

성경은 세계 각국 언어의 90% 이상에 가까운 1,900여개의 언어로 번역되었으며, 판매 부수는 세계적으로 연간 4,000만 부에 달하는 베스트셀러이며, 이 성경은 인류에게 가장 큰 영향을 주고 있는 책이다.

하나님 말씀(신 · 구약 성경)의 주요 내용 요약정리

7.5 구약성경의 시작인 창세기의 내용

> 하나님이 천지(우주)와 인간을 창조하신 후에, 타락한 인간을 구원하시다.

(1) 하나님을 섬기는 예배공동체와 세상을 따르는 세상공동체

구약의 창세기에 따르면 하나님이 태초에 5일 동안 천지와 생물들을 만드시고 6일째에 사람을 창조하셨다. 그리고 6일 째에 하나님은 "'우리의 모습을 닮은 사람을 만들어 바다의 고기와 공중의 새와 가축과 온 땅과 땅에 기어 다니는 모든 생물을 지배하게 하자' 하시고 자기 모습을 닮은 사람, 곧 남자와 여자를 창조하셨다."(현대인의 성경)(창 1:26~27)

이렇게 하여 "우주가 완성되자 하나님은 7일 째 쉬셨다"(창 2:1~2)고 성경은 기록하고 있다. 그러나 하나님이 창조하신 첫 번째 사람 곧 남자와 여자는 창세기 3장에서 뱀(사탄)의 유혹에 빠져 하나님이 먹지 말라고 금지하신 동산의 한가운데에 있는 선과 악을 알게 하는 나무의 열매를 따먹는 불순종의 범죄를 저지르고 에덴동산에서 쫓겨나게 된다. 이처럼 인간은 하나님께서 순종하기를 바라셨던 하나님의 기대를 저버리는 죄를 짓게 된다.

이어서 창세기 4장에서는 남자 아담과 여자 하와(이브)의 사이에서 태어난 형인 가인이 동생 아벨을 돌로 쳐서 죽이는 살인죄를 저지르고 하나님에게서 쫓겨나게 된다. 형인 가인이 하나님께 곡식으로 드린 번제는 받아들이지 않고 동생 아벨이 양을 번제로 드린 제사를 받아들인데 대한 분노에서 화를 참지 못했기 때문이었다.

가인이 하나님께 감히 화를 낼 일이 아니라 조금만 더 참고 기다리면서 다음번에 좀 더 정성을 드려서 제사를 드렸다면 다음에는 하나님이 더 기쁜 마음으로 가인의 제사를 받아들일 수 있었을지도 모르는 기회를 놓쳐버리고 성급하게 살인죄를 저지르고 만 것이다. 하나님이 금하신 선악과를 따먹은 죄를 지은 아담과 하와의 혈통을 받은 가인은 본래부터 육체를 가지고 태어났기 때문에 인간의 죄성(죄의 본성)을 참지 못한 것이다.

하나님이 창조한 최초의 인간인 아담과 하와는 육체를 가지고 있으므로 사탄의 유혹에 빠지는 불순종의 범죄를 짓는 죄성(罪性)[81]을 가지고 태어났고 첫째 아들 가인 역시 화(분노)를 참지 못하고 동생 아벨을 살인하는 죄성을 타고났기 때문에 죄를 잘 다스리지 못했던 것이다.

형인 가인이 동생 아벨을 쳐 죽임으로써 성경이 기록한 첫 번째 살인자가 되는 일이 발생하고, 가인은 쫓겨나 에덴의 동편 놋 땅에 살게 된다. 하나님은 죽은 아벨 대신에 셋을 태어나게 하신다.

그리고 셋은 아들 에노스를 낳았고, 그 때에 비로소 여호와의 이름을 부르고 찬양하며 하나님께 예배를 드리기 시작하고 '예배공동체' 즉 교회를 이루어나가기 시작하였다. 이에 대하여 살인죄를 저지른 가인의 후손들은 하나님께 예배를 드리지 않고 세상적인 삶을 살아가는 '세상공동체'를 이루고 살았던 것이다. 이때부터 인간 사회는 하나님께 순종하면서 하나님의 말씀(가르침)대로 살아가는 '예배공동체(교회)'와 하나님께 예배를 드리지 않고 자기들 좋을 대로 자기들 마음대로 살아가는 '세상공동체'로 나누어지게 된 것이다.

(2) 인간에게는 왜 하나님을 섬기고 순종하는 신앙생활이 필요한가?

> 인간은 죄성을 지닌 육체를 가지고 태어나서 죄인으로 살아가게 된다!
> "나는 죄인 중에서도 두목입니다.(딤전1:15)"라고 고백하는 바울 사도!

사람은 죄를 지을 수밖에 없는 죄성(罪性)을 지닌 육신을 가지고 태어난다. 즉 육체를 가지고 태어난 인간은 본래부터 자기 육체의 식욕과 성욕 등 육체의 욕망을 만족시키고자 하는 욕구가 강해서 하나님께 불순종하려는 죄의 본성을 가지고 있으므로, 아무리 나이 들고 늙도록 수련을 쌓아도, 이 죄

81) 죄의 뿌리, 비록 죄를 회개하고 새사람이 되었어도 죄의 성향이 남아있다고 한다.

성에서 비롯되는 온갖 욕심과 정욕은 없어지지 않고 일생동안 사람을 따라다니게 된다. 따라서 인간은 한평생 동안 죄성으로부터 벗어나기 위해 자신과 싸우면서 불편하고 불안한 마음으로 살아가고 있는 것이다.

사람을 창조하신 하나님은 이 사실을 잘 알고 있기 때문에 예수 그리스도를 통해서 사람이 잘 살아갈 수 있도록 가르쳐서 구원하고자 하신 것이다. 예수 그리스도께서는 이렇게 불안하고 불편한 마음으로 살아가는 것으로부터 하나님의 뜻에 따라 인간이 즐겁게 살아가도록 구원하기 위해, 예수 그리스도를 (구약에서 짐승의 피를 흘려, 희생제사를 지낸 것처럼) 십자가에서 희생을 당하게 하신 것이다. 즉, 예수 그리스도는 죄를 지은 사람들을 죄로부터 구원하고, 더 이상 죄를 짓지 않도록 하기 위해 십자가형을 당하게 하신 것이다.

우리가 이 사실을 깨닫고 예수님을 믿음으로써 우리가 지은 죄를 회개하면, 새사람이 되고, 또 더 이상 죄를 짓지 않도록 하기 위해서, 우리는 예수 그리스도를 우리의 주인으로 모시고 살아가는 그리스도인(기독교인)이 되어야 하는 것이다.

즉, 우리가 예수님, 즉 하나님을 믿음으로써 하나님으로부터 죄 용서를 받은 의인이 되어 새사람(즉 그리스도인)으로 거듭나게 되고, 그리하여 예수 그리스도 곧 하나님을 주인으로 모시고 살아가는 일이 무엇보다도 가장 중요한 것이다.

그리하여 사도 바울이 우리 성도들에게 성경(살전5:16~23)에서 "[16] 항상 기뻐하십시오. [17] 끊임없이 기도하십시오. [18] 모든 일에 감사하십시오. 이것이 그리스도 예수 안에서 여러분에게 바라시는 하나님의 뜻입니다. [19] 성령의 불을 끄지 마십시오. [20] 예언을 멸시하지 마십시오. [21] 모든 것을 분간하고, 좋은 것을 굳게 잡으십시오. [22] 여러 가지 모양의 악을 멀리하십시오. [23] 평화의 하나님께서 친히 여러분을 완전히 거룩하게 해주시고, 우리 주 예수 그리스도께서 오실 때에, 여러분의 영과 혼과 몸을 흠이 없고 완전하게 지켜 주시기를 빕니다."라고 말씀하고 있는 것처럼, 우리가 죄를 지을 때마다 죄 용서를 구하고 또 용서받은 것에 대하여, 하나님께 감사하며, 우리 인간은 쉴 새 없이 기도하면서, 무슨 일에서든지 감사하고, 기뻐하며 구원받은 하나님의 자녀가 된 것을 자랑스럽게 여기면서 즐겁게 살아야 하는 것이다. 이것이 하나님이 바라시는 우리 인간의 삶의 태도인 것이다.

사도 바울도 죄 가운데 살면서 쉴 새 없이 회개하고 살아가는 중에, 그의 말년에 자기 자신을 가리켜 '죄인 중에서도 두목입니다'라고 말했다. 그는 "여기에 모든 사람이 받아들여도 좋은 믿을 만한 말이 있습니다. 그리스도 예수님이 죄인들을 구원하시려고 세상에 오셨다는 것이 바로 그것입니다. 나는 죄인 중에서도 두목입니다."라고 성경(딤전1:15)에 기록하고 있다.

사람은 누구나 다 하나님 앞에서는 죄인인 것이다. '나는 죄인 중에서도 두목입니다!'라는 사도 바울의 말이 적용되지 않는 사람은 아무도 없다는 것을 알고, 자기 죄를 자복한 다음에는 예수 그리스도의 피로 자신의 죄 용서를 받은 것에 대해 감사하면서 자기 스스로를 용서할 뿐만 아니라, 다른 사람도 용서하며, 겸손과 포용과 사랑을 가지고 살아가야 하는 것이다. 우리는 이 말씀의 진정성을 깨달아 알게 될 때 진정으로 올바른 사람, 즉 그리스도인이라고 불리게 되는 것이다.

(3) 노아의 홍수

> 그리스도인들의 예배공동체가 바로 서지 않으면 세상이 바로 설 수 없다.

가) 노아의 홍수는, 순종의 사람 아벨과 셋의 예배공동체가 분노의 사람인 가인의 세상공동체와 섞여 타락함으로 하나님을 떠났기 때문에 하나님이 일으키신 사건이다. 즉 하나님은 예배공동체가 세상공동체와 섞여 타락했기 때문에 세상을 더 이상 방치할 수 없었던 것이다.

세상공동체인 가인계열이 예배공동체인 셋의 후예와 섞이자 많은 예배공동체 사람들이 오염되어 그들의 생각과 행위가 타락하게 되고, 세상에 죄가 만연하게 되었다. 이에 하나님은 셋과 에노스의 후손인 노아의 가족 8명 외의 모든 세상 사람들을 홍수로 심판하시고, 노아는 하나님 중심의 세계사를 이어가게 된다.

노아 홍수의 심판은 하나님이 '내가 바로 왕이다'라고 선언하신 사건이다.

가인계열은 이후 라멕을 거쳐 노아홍수 직전 네피림에 이른다. 네피림은 예배공동체인 셋의 후예와 세상공동체인 가인의 후예가 섞이면서(창 6:1~2, 사람들이 땅 위에 늘어나기 시작하더니, 그들에게서 딸들이 태어났다. 2 하나님의 아들들이 사람의 딸들의 아름다움을 보고, 저마다 자기들의 마음에 드는 여자를 아내로 삼았다.)[82] 생겨난 사람들로서, 당시 왕이나 영웅호걸들이 바로 그 대표적인 인물들이었다. 반면, 셋의 후예는 에노스를 거쳐 노아에 이르고 노아는 하나님이 홍수를 통해 세상을 심판하실 때 가족과 함께 유일하게 살아남아 하나님 중심의 세계사의 줄기를 이어가게 된다.

하나님은 손수 지으신 아름다운 세상에 죄가 관영(貫盈, 가득 참)하고 네피림을 포함한 모든 사람들의 생각과 행위가 부패하여 노아의 가족(노아 부부, 세 아들인 셈, 함, 야벳의 부부로 모두 8명의 가족)을 제외한 세상을 홍수로 심판하게 된다.

이렇게 하나님이 세상을 홍수로 심판 하게 된 더 근본적인 이유는 예배공동체인 아벨과 셋의 후예들이 세상공동체인 가인의 후예들과 섞여 많은 사람들이 하나님을 떠났기 때문이다. 즉 하나님은 예배공동체가 세상공동체에 정복당해 타락했기 때문에 세상을 더 이상 방치할 수 없었던 것이다. 따라서 노아의 홍수가 일어난 것은 하나님이 아끼시는 예배공동체의 타락을 더 이상 바라볼 수 없었기 때문인 것이다. 노아 홍수는 또한 하나님이 심판을 통해 세상에 '내가 바로 왕이다'라고 선언한 사건이었다.

---

82) 하나님의 아들은 셋의 후손들 즉 '예배공동체'를 의미하고, 사람의 딸들이란 '세상공동체'를 의미하며, 예배공동체가 세상공동체와 서로 섞이게 되자 세상에 죄가 스며들기 시작한 것이라고 여겨진다.

여기서 알 수 있는 것은 하나님은 세상공동체의 타락보다는 예배공동체의 타락에 예민하게 반응하시는 것을 알 수 있다. 그것은 예배(교회)공동체의 삶이 하나님 앞에 먼저 바로 서야 세상이 올바로 설 수 있기 때문인 것이다.

■ << 포도주를 마시고 벌거벗은 채 자고 있는 아버지 노아를 비난한 아들 함은 후에 노아의 저주를 받아 두 형제의 종이 될 것으로 예언되었던 인물이며(창 9:18~25), 그의 후손인 니므롯은 시날 땅에서 바벨탑을 쌓으면서, 하나님 나라와 맞지 않는 세상나라를 세우고, 세상공동체의 핵심 세력으로 성장한다. >> ■

나) 노아가 계승한 예배공동체는 셈을 거쳐 데라와 아브라함으로 이어진다.

창세기 11장은 니므롯(세상공동체의 핵심세력)이 시날 땅에서 바벨탑을 쌓은 사건과 대비시켜, 셈 자손의 족보(예배공동체)를 드러내 보임으로써 하나님이 아브라함을 통해 하나님의 나라를 어떻게 진행해 가실지를 암시한다.

노아홍수 이후에도 가인의 세상공동체는 창세기 10장에 이르러 니므롯이라는 당시의 영웅을 통해 계속 이어지게 된다. 니므롯은 노아의 아들 중 한 명인 함의 자손이다. 함은 포도주를 마시고 벌거벗은 채 자고 있는 아버지 노아를 비난한 아들로서 후에 노아의 저주를 받아 두 형제의 종이 될 것으로 예언되었던 인물이다. 니므롯은 시날 땅에서 바벨탑을 쌓으며 '나라'를 이루어 여전히 세상공동체의 핵심세력으로 성장한다.

(4) 바벨탑 사건

하나님이 아브람(창11:26)은 아브라함(여러 민족의 아버지: 창17:5)으로, 사래(창11:29)는 사라(여러 민족의 어머니: 창17:15)라고 고쳐 불렀다. 바벨탑(창11:6~7)과 기술문명의 발달, 그리고 담무스의 애곡(겔8:14)

기술문명의 발달로 바벨탑을 쌓는 일과 '담무스의 애곡' 등 하나님께 도전하는 타락한 삶을 하나님은 원하지 않으신다.

창세기 11장에서, 바벨탑을 쌓는 등 인간에 의한 기술문명의 발전은 인간의 하나님에 대한 도전이라고 보고 있다. (창 11:6~7)에서, 여호와께서는 "[6] 이렇게 말씀하셨다. '저들은 한 민족이며 하나의 동일한 언어를 사용하고 있다. 그래서 저들이 이런 일을 시작하였으니 앞으로 마음만 먹으면 해내지 못할 일이 없을 것이다. [7] 자, 우리가 가서 저들의 언어를 혼잡하게 하여 서로 알아듣지 못하게 하자.'"라고 기록된 것을 보면, 인간이 하나님께 도전하여 무엇이든지 마음대로 하는 것을 하나님은 원하지 않는 것을 알 수 있다. 성경은 계시의 기록이다. 따라서 이러한 계시를 기록한 성경의 의미를 깨달아야 할 것이다.

인간이 벽돌을 굽는 기술문명을 발달시켜 비벨탑을 쌓고, 하나님께 도전하면서, 담무스의 애곡을 하는 비정상적인 타락한 삶을 하나님이 원하지 않으시는 것을 알 수 있다[그가 또 나를 데리고 여호와의 전으로 들어가는 북문(아마도 바벨탑의 북문)에 이르시기로 보니 거기 여인들이 앉아 담무스를 위하여 애곡하더라(겔8:14, 그 곳에는 여인들이 앉아서 담무스 신을 애도하고 있지 않은가! 음란의 신 담무스[전설에 의하면, 바빌론의 국왕이자 제사장이던 니므롯이 죽자 그의 아내 세라미스가 음란한 아들 담무스를 낳고, 그의 아들 담무스와 자신 세라미스를 섬기게 함. 여호와의 전을 등지고 동쪽을 향해 태양을 섬김. '그가 또 나를 데리고 여호와의 전 안뜰에 들어가시기로 보니 여호와의 전문 앞 현관과 제단 사이에서 약 25인이 여호와의 전을 등지고 낯을 동으로 향하여 동방 태양에 경배 하더라'(겔8:16)](당시의 성적 타락과 태양신 숭배의 영적 타락을 보여주고 있는 당시의 모습). 바벨탑을 쌓던 그 당시에는 사람들이 특히 성적으로 매우 타락한 삶을 살았던 것으로 추정된다. 특히 여호와의 전을 등지고 여호와 하나님의 뜻에 거슬러서 태양신을 숭배하는 행위와 성적으로 타락한 모습을 보이고 있는 것에서부터, 인간이 얼마나 쉽게 타락할 수 있는 죄성을 가지고 있는 존재인 것인가를 절실하게 깨닫고, '쉬지 말고 기도하라(살전 5:17)'는 성경말씀에 따라 살아가야 하며, 인간의 눈에는 하나님이 보이지 않더라도 항상 하나님께 의지하여 살아가는 일이 얼마나 중요한 것인지를 말해주고 있는 것이다. 그러다가 인간의 나약함으로 말미암아 죄성이 드러나게 될 때는 지체하지 말고 즉시 하나님께로 돌아와서, 회개하며, 하나님께 용서를 구해야 하는 것이다.

아브라함의 아버지 데라 역시 매우 타락한 사회에서 살았던 것으로 생각된다. 그래서 하나님께서는 아브라함을 통해 하나님의 백성(이스라엘 민족)을 구원하고자 하여 데라를 일단 하란까지 불러내고, 그 이후에 아브라함을 가나안 땅으로 불러낸 것이라고 추정할 수 있다.

(5) 노아가 계승한 예배공동체는 노아-셈-데라-아브라함으로 이어진다.

> 성경은 아브라함을 통해 하나님 나라를 이어갈 것을 암시하고 있다. 한편, 노아가 계승한 예배공동체는 셈을 거쳐 데라와 아브라함에게까지 이어진다. 창세기 11장은 니므롯(세상공동체의 핵심세력)이 시날 땅에서 바벨탑을 쌓은 사건과 대비시켜 셈 자손의 예배공동체의 족보를 드러내 보임으로써 하나님이 아브라함을 통해 하나님의 나라를 어떻게 진행해 가실지를 암시한다.

가) 인간은 죄성(죄를 짓고자 하는 마음)에서 즉시 돌이켜야 한다!

앞에서 본 바와 같이 의로운 사람으로 여겨 홍수에서 구원한 노아의 자손 중에서 아버지 노아를 비난한 함의 자손인 니므롯은 하나님 나라와 맞지 않는 세상 나라를 세운다. 여기서 인간은 항상 깨어서 하나님께 매달리는 신실한 믿음을 지키지 않으면 언제 죄성이 나타나서 넘어질지 모르는 존재이며 한순간에 멸망으로 떨어질지 모르게 된다는 것을 깨달아야 하는 것이다.

나) 세례 받은 후에도 죄성이 나타나서 순간적으로 죄를 짓는 경우에는 어떻게 해야 하나?

한 가지 중요한 사실은 사람이 세례를 받고 하나님 앞에서 신실하게 살아갈 것을 약속하고 난 뒤에도 잠재하고 있는 죄성 때문에 순간적으로 죄를 짓게 되는 경우에는 어떻게 해야 하는가?

그때는 즉시로 회개하고 죄에서 돌이켜야 한다. 사람은 세례를 받는 순간부터 모든 죄에서 사함을 받게 되지만, 그 후에도 죄성이 발로하여 순간적으로 잘못하여 짓는 죄에 대해서도 회개하면 당연히 용서받고 죄사함을 받게 되는 것이다.

왜냐하면 그 사람은 이미 의롭다는 인정을 받았으므로 자신의 실수에 대해서 즉시로 회개하면 즉시로 의로움을 회복하게 되는 것이다. 하나님의 자녀도 때로는 본래 지니고 있는 죄성에서 자유로울 수가 없기 때문이다.

또한 아버지 노아가 술이 취해 벌거벗고 잠을 자는 실수를 범하자 이러한 아버지를 비난하는 함의 자손 중에 세상적인 니므롯이 탄생하여, 하나님 나라와 맞지 않는 세상나라를 세운 것도 우리는 간과하지(잊지) 말아야 할 것이다. 우리는 이처럼 실수를 할 때에는 즉시로 회개하고 하나님께 되돌아와야 하는 것이다.

(6) 엄청난 죄를 지은 후 회개한 다윗이 오늘날 우리에게 어떤 교훈을 주고 있는가?

> 다윗이 충성스러운 부하 장수 우리아의 아내 밧세바와 간통한 후에 남편 우리아를 전투가 가장 치열한 전쟁터에 보내 죽게 한 다음 밧세바를 아내로 맞이한 사건!

다윗은 이스라엘 역사상 하나님으로부터 가장 큰 사랑을 받은 이스라엘의 왕으로서 이스라엘에서 가장 존경받는 인물이다. 그러나 그는 실로 엄청난 죄를 저지르게 된다. 그리고 그는 하나님 앞에서 회개하고 새로 태어나는 모습을 보이는 과정을 여기에 소개한다.

가) 하나님을 믿는 모범적인 신실한 신앙인 다윗이 실로 엄청난 죄를 짓게 된다!

(표준새번역)(삼하 11:1~5) [1] 그 다음 해 봄에, 왕들이 출전하는 때가 되자, 다윗은 요압에게 자기의 부하들과 온 이스라엘의 군인들을 맡겨서 출전시켰다. 그들은 암몬 사람을 무찌르고, 랍바를 포위하였다. 그러나 다윗은 예루살렘에 머물러 있었다. [2] 어느 날 저녁에, 다윗은 잠깐 눈을 붙였다가

일어나, 왕궁의 옥상에 올라가서 거닐었다. 그 때에 그는, 한 여인이 목욕하는 모습을 옥상에서 내려다보았다. 그 여인은 아주 아름다웠다. [3] 다윗은 신하를 보내서, 그 여인이 누구인지 알아보게 하였다. 다녀온 신하가, 그 여인은 엘리암의 딸로서, 헷 사람 우리아의 아내 밧세바라고 하였다. [4] 그런데도 다윗은 사람을 보내어서 그 여인을 데려왔다. 밧세바가 다윗에게로 오니, 다윗은 그 여인과 정을 통하였다. (그 여인은 마침 부정한 몸을 깨끗하게 씻고 난 다음이었다.) 그런 다음에, 밧세바는 다시 자기의 집으로 돌아갔다. [5] 얼마 뒤에 그 여인은, 자기가 임신한 것을 알고서, 다윗에게 사람을 보내서, 자기가 임신하였다는 사실을 알렸다.

나) 자기가 지은 죄를 덮으려고 계략을 꾸미는 다윗!

(표준새번역)(삼하 11:6~17) [6] 다윗이 그 소식을 듣고는, 요압에게 전갈을 보내서, 헷 사람 우리아를 왕궁으로 보내게 하였다. 요압이 우리아를 다윗에게 보내니, [7] 우리아가 다윗에게로 왔다. 다윗은 요압의 안부와 군인들의 안부를 묻고, 싸움터의 형편도 물었다. [8] 그런 다음에, 다윗은 우리아에게 말하였다. "이제 그대의 집으로 내려가서 목욕을 하고 쉬어라." 우리아가 어전에서 물러가니, 왕은 먹을 것을 함께 딸려서 보냈다. [9] 그러나 우리아는 자기 상전의 종들과 함께 대궐 문간에 누워서 자고, 자기 집으로는 내려가지 않았다. [10] 다윗은, 우리아가 자기 집으로 내려가지 않았다는 말을 듣고, 원정길에서 돌아왔는데, 왜 집으로 내려가지 않는지를, 우리아에게 물었다. [11] 우리아가 다윗에게 대답하였다. "언약궤와 이스라엘과 유다가 모두 장막을 치고 지내며, 저의 상관이신 요압 장군과 임금님의 모든 신하가 벌판에서 진을 치고 있습니다. 그런데 어찌, 저만 홀로 집으로 돌아가서, 먹고 마시고, 나의 아내와 잠자리를 같이 할 수가 있겠습니까? 임금님이 확실히 살아 계심과, 또 임금님의 생명을 걸고 맹세합니다. 그런 일은, 제가 하지 않겠습니다."

[12] 다윗이 우리아에게 말하였다. "그렇다면, 오늘은 날도 저물었으니, 여기에서 지내도록 하여라. 그러나 내일은, 내가 너를 보내겠다." 그리하여 우리아는 그 날 밤을 예루살렘에서 묵었다. 그 다음날, [13] 다윗이 그를 불러

다가, 자기 앞에서 먹고 마시고 취하게 하였다. 그러나 저녁때에 그는 여전히 왕의 신하들과 함께 잠자리에 들고, 자기 집으로는 내려가지 않았다.

[14] 다음날 아침에 다윗은 요압에게 편지를 써서, 우리아의 편에 보냈다. [15] 다윗은 그 편지에 다음과 같이 썼다. "너희는 우리아를, 전투가 가장 치열한 전선으로 앞세우고 나아갔다가, 너희만 그의 뒤로 물러나서, 그가 맞아서 죽게 하여라." [16] 요압은 적의 성을 포위하고 있다가, 자기가 알고 있는 대로, 적의 저항 세력이 가장 강한 곳에 우리아를 배치하였다. [17] 그 성의 사람들이 나가서 요압의 군인들과 싸우는 동안에, 다윗의 부하들 쪽에서 군인 몇 사람이 쓰러져서 죽었고, 그 때에 헷 사람 우리아도 전사하였다.

다) 하나님께 충실하던 다윗이 범죄 후에는 간교한 계략자로 급변하다!

> 인간이 죄성에 사로잡히게 되는 순간, 걷잡을 수 없는 사탄의 힘에 끌려가게 되는 것이다. 나약한 인간은 죄에서 벗어나게 해달라고 항상 하나님께 기도하면서 하나님의 권세 안에서 벗어나지 않도록 매달려야 하는 것이다. 하나님께 매달려 있지 않으면, 인간은 하나님으로부터 멀어진 상태에서 순간적으로 죄에 빠져들고 사탄의 지배 아래에 들어가게 되는 것이다. 사탄은 항상 우리 인간의 주위를 맴돌면서, 아담과 하와가 뱀(사탄)에게 속아서 선악과를 따먹은 것처럼, 인간이 하나님과 멀어지는 순간을 노리고 있는 것을 잊지 말아야 한다.

(표준새번역)(삼하 11:18~25) [18] 요압이 다윗에게 사람을 보내서 전쟁의 상황을 모두 전하였다. [19] 요압은 전령에게 이렇게 지시하였다. "네가 이번 전쟁의 상황을 모두 임금님께 말씀드리고 났을 때에, [20] 임금님이 화를 내시며 네게 말씀하시기를 '너희가 왜 그토록 성에 가까이 가서 싸웠느냐? 적의 성벽 위에서 적병들이 활을 쏠 줄도 몰랐단 말이냐? [21] 여룹베셋의 아들 아비멜렉을 누가 쳐서 죽였느냐? 어떤 여자가 성벽 위에서 그의 머리 위로 맷돌 위짝을 던져서, 그가 데벳스에서 죽지 않았느냐? 그런 것을 알면서, 너희가 무엇 때문에 그토록 성벽에 가까이 갔느냐?' 하시면, 너는 '임금님의 부하 헷 사람 우리아도 죽었습니다.' 하고 대답하여라." [22] 전령

이 떠나, 다윗에게 이르러서, 요압이 심부름을 보내면서 일러준 말을 모두 전하였다. [23] 전령은 다윗에게 이렇게 말하였다. "우리의 적은 우리보다 강하였습니다. 적이 우리와 싸우려고 평지로 나왔으므로, 우리는 적들을 성 안으로 밀어 넣으려고, 성문 가까이까지 적들을 밀어붙였습니다. [24] 그 때에 성벽 위에 있는 적들이 임금님의 부하들에게 활을 쏘았습니다. 그래서 임금님의 부하들 가운데서 몇 사람이 죽었고, 임금님의 부하인 헷 사람 우리아도 죽었습니다."

[25] 그러자 다윗이 전령에게 말하였다. "너는 요압에게, 칼은 이편도 죽이고 저 편도 죽이기 마련이니, 이번 일로 조금도 걱정하지 말라고 전하여라. 오히려 그 성을 계속 맹렬히 공격하여서 무너뜨리라고 전하여, 요압이 용기를 잃지 않도록 하여라."

라) 결국 사탄의 세력을 벗어나지 못한 다윗은 정욕의 노예가 되어 밧세바를 아내로 맞이하게 된다.

(표준새번역)(삼하 11:26~27) [26] 우리아의 아내는, 우리아가 죽었다는 소식을 듣자, 자기의 남편을 생각하여 슬피 울었다. [27] 애도하는 기간이 지나니, 다윗이 사람을 보내어서, 그 여인을 왕궁으로 데려왔다. 그 여인은 이렇게 하여서 다윗의 아내가 되었고, 그들 사이에서 아들이 태어났다. 그러나 주께서 보시기에, 다윗이 한 이번 일은 아주 악하였다.

마) 다윗이 사탄에게 넘어간 동기는 무엇이었나?

다윗은 본래 악한 사람이 아니었으나 악한 사람으로 변한 동기는 다음과 같다. 즉, 다윗이 기도하지 않고 안이하게 지낸 순간을 사탄이 틈타고 들어온 것이다!

(표준새번역)(삼하 11:1~2) [1] 그 다음 해 봄에, 왕들이 출전하는 때가 되자, 다윗은 요압에게 자기의 부하들과 온 이스라엘의 군인들을 맡겨서 출전시켰다. 그들은 암몬 사람을 무찌르고, 랍바를 포위하였다. 그러나 다윗은 예루살렘에 머물러 있었다.[2] 어느 날 저녁에, 다윗은 잠깐 눈을 붙였다가

일어나, 왕궁의 옥상에 올라가서 거닐었다. 그 때에 그는, 한 여인이 목욕하는 모습을 옥상에서 내려다보았다. 그 여인은 아주 아름다웠다.

이처럼 부하들을 전장으로 내보내고 부하들이 생사의 갈림길에서 전투를 벌이고 있는 그 순간에 기도하지 않고 안이하게 낮잠을 자고 일어난 순간, 사탄이 틈타고 들어와서 다윗을 악의 구렁텅이로 몰아넣은 것이다. 기도하지 않고 너무 편하게 지내면 사람은 사탄의 표적이 되는 것임을 알 수 있다.

바) 예언자 나단을 통해 다윗에게 내린 하나님의 질책과 저주

(표준새번역)(삼하12:1~12) [1] 주께서 예언자 나단을 다윗에게 보내셨다. 나단은 다윗을 찾아와서, 이런 이야기를 하였다. "어떤 성읍에 두 사람이 살았습니다. 한 사람은 부유하였고, 한 사람은 가난하였습니다. [2] 그 부자에게는 양과 소가 아주 많았습니다. [3] 그러나 그 가난한 사람에게는, 사다가 키우는 어린 암양 한 마리밖에는, 아무것도 없었습니다. 그는 이 어린 양을 자기 집에서 길렀습니다. 그래서 그 어린 양은 그의 아이들과 함께 자라났습니다. 어린 양은 주인이 먹는 음식을 함께 먹고, 주인의 잔에 있는 것을 함께 마시고, 주인의 품에 안겨서 함께 잤습니다. 이렇게 그 양은 주인의 딸과 같았습니다. [4] 그런데 그 부자에게 나그네 한 사람이 찾아왔습니다. 그 부자는 자기를 찾아온 손님을 대접하는 데, 자기의 양 떼나 소 떼에서는 한 마리도 잡기가 아까웠습니다. 그래서 그는 그 가난한 사람의 어린 암양을 빼앗아다가, 자기를 찾아온 사람에게 대접하였습니다."

[5] 다윗은 그 부자가 못마땅하여, 몹시 분개하면서, 나단에게 말하였다. "주께서 확실히 살아 계심을 두고서 맹세하지만, 그런 일을 한 사람은 죽어야 마땅하다. [6] 또 그가 그런 일을 하면서도 불쌍히 여기는 마음이 전혀 없었으니, 그는 마땅히 그 어린 암양을 네 배로 갚아 주어야 한다."

[7] 나단이 다윗에게 말하였다. "임금님이 바로 그 사람입니다. 주 이스라엘의 하나님이 이렇게 말씀하십니다. '내가 너에게 기름을 부어서, 이스라엘의 왕으로 삼았고, 또 내가 사울의 손에서 너를 구하여 주었다. [8] 나는 네 상전의 왕궁을 너에게 넘겨주고, 네 상전의 아내들도 네품에 안겨 주었고,

이스라엘 사람들과 유다 나라도 너에게 맡겼다. 그것으로도 부족하다면, 내가 네게 무엇이든지 더 주었을 것이다.

[9] 그런데도 너는, 어찌하여 나 주의 말을 가볍게 여기고, 내가 악하게 여기는 일을 하였느냐? 너는 헷 사람 우리아를 전쟁터에서 죽이고 그의 아내를 빼앗아 네 아내로 삼았다. 너는 그를 암몬 사람의 칼에 맞아서 죽게 하였다. [10] 너는 이렇게 나를 무시하여 헷 사람 우리아의 아내를 빼앗아다가 네 아내로 삼았으므로, 이제부터는 영영 네 집안에서 칼부림이 떠나지 않을 것이다.' [11] 주께서 또 이렇게 말씀하십니다. '내가 너의 집안에 재앙을 일으키고, 네가 보는 앞에서, 내가 너의 아내들도 빼앗아, 너와 가까운 사람에게 주어서, 그가 대낮에 너의 아내들을 욕보이게 하겠다. [12] 너는 비록 몰래 그러한 일을 하였지만, 나는 대낮에 온 이스라엘이 바라보는 앞에서 이 일을 하겠다.'"

사) 일단 하나님께 죄를 범하는 일은 어떻게 되나?

하나님께 죄를 범하는 일은 결코 용서받지 못하며, 그 결과는 집안에 대대로 영향을 미치는 것으로 나타나게 되는 것이라고 성경(하나님의 말씀)은 기록하고 있다. 하나님께 범죄 하지 않도록 항상 깨어서 기도하되, 만일 범죄하면 그 즉시로 회개하고 하나님께로 돌아가야 하는 것이다.

아) 밧세바의 남편 우리아의 생명의 보상

여기서 우리가 알게 되는 중요한 사실은, 밧세바의 남편 우리아가 억울하게 죽은 것은 하나님이 그의 생명을 반드시 보상해주신다는 것을 암시하고 있는 것을 우리는 성경 속에서 깨달아 알 수 있다. 따라서 사람은 세상에서 하나님께 순종해서 살면 비록 억울하게 당하는 삶이 있더라도 반드시 보상받게 되므로 아무것도 염려하지 말고 세상을 살 때 하나님의 말씀을 따라 올바르게 살아가야 하는 것이다.

자) 다윗의 회개

그때 다윗이 나단에게 자백하였다(표준새번역 삼하12:13): "내가 주께 죄를 지었습니다." 나단이 다윗에게 말하였다. "주께서 임금님의 죄를 용서해

주실 것입니다. 그러므로 임금님은 죽지는 않으실 것입니다."

우리는 다윗의 밧세바 사건에서 다음과 같은 사실을 알 수 있다. 다윗은 하나님을 믿는 모범적인 신실한 신앙인이었지만 밧세바를 범하고 그의 남편 우리아를 죽이는 죄를 짓고 만다. 그러나 그는 괴로워하다가 자신의 죄를 하나님께 고백하고 회개하여 용서함을 얻고 마침내는 하나님으로부터 사랑을 받은 것을 우리는 알고 있다.

다윗은 완전범죄를 모의했지만 실패로 끝나고, 나단 선지자를 통해 자신의 죄를 지적 받았을 때 괴롭고 고통스러운 나날을 보낸다. 그는 죄성(사탄)에 사로잡혀 순간적으로 하나님을 보지 못하고 자신의 죄가 사람(나단)에게 드러난 것만 보고 부끄러워하면서 고통스러워하게 된다. 그때 다윗의 심정을 잘 나타내는 고백이 (시32:3~4절)에 묻어나고 있다. "(시32:3~4) [3] 내가 입을 다물고 죄를 고백하지 않았을 때에는, 온종일 끊임없는 신음으로 내 몸은 탈진하고 말았습니다. [4] 주님께서 밤낮 손으로 나를 짓누르셨기에, 나의 혀가 여름에 풀 마르듯 말라 버렸습니다."

다윗은 하나님 앞에 자복하며 회개함으로 하나님으로부터 용서함을 받고, 새사람으로 거듭나서, 다시 하나님과 동행하는 새로운 삶을 살게 되며, 마침내는 이스라엘 백성들로부터 가장 존경받는 위대한 왕으로 부활하는 것을 볼 수 있다. 이것은 죽어가던 생명이 다시 살아나는 것과 비교할 수 있을 것이다.

하나님을 믿는 제사장 나라와 하나님을 믿지 않는 나라

여호와 하나님의 제사장나라인 이스라엘에서는 다윗 왕의 범죄는 선지자 나단을 통해 자신의 죄를 고백하고 회개함으로써 그 백성이 하나님의 보호를 받고 자유를 누리게 되지만, 만일 왕과 백성이 하나님을 믿지 않고, 사탄의 세력의 지배 아래 있다면, 왕이 회개하는 일이나 백성이 자유를 누리는 일이 일어날 수 없을지도 모르는 일이다.

백성이 자유를 누리며 살기 위한 근본은 하나님을 믿고 의지하는 데 있는 것이다.

7.6 성경의 시작인 창세기(Genesis)

(1) 창세기란 성경에서 어떤 위치를 가지고 있는가?

가) 창세기란 무엇인가?

창세기(創世記, Genesis, 기원)는 우주 만물의 시작과 기원을 보여 주는 책인 동시에 인류 가운데 들어온 무서운 죄의 근원을 분명하게 드러내 보여 주고 있다. 하지만 이에 머물지 않고 창세기는 죄악으로 인해 영원한 파멸 가운데 놓여 있는 인류를 그대로 방치하지 않고 친히 찾아오셔서 구원의 길을 활짝 열어주신 하나님의 놀랍고 오묘한 구원의 섭리를 명쾌하게 보여 주고 있다. 따라서 창세기는 인류 존재의 기원(起源)을 밝혀주는 책인 동시에 인류 구원의 역사가 하나님에 의해서 시작되는 것을 밝혀주는 책이라 할 수 있다.

나) 창세기의 구조

창세기 1장~11장: 창조, 인간의 타락, 홍수, 바벨탑 사건 등 원역사
창세기 12장~50장: 족장들(아브라함, 이삭, 야곱, 요셉)의 역사

다) 창세기의 내용

"태초에 하나님이 천지를 창조하셨다.(창 1:1)"라는 이 말씀은 우주와 인류의 기원이 하나님께 있음을 선포하고 있다.

이 말씀을 믿는 사람만이 성경 66권의 모든 내용을 인정할 수 있다. 말씀으로 세상을 창조하신 분이 하나님이심을 인정할 때만, 성경 속에 나오는 초자연적 현상(홍해사건, 여리고 성 사건, 성육신 사건 등)에 대한 믿음을 가질 수 있다. 그래서 믿음은 '창세기 1장 1절을 인정하느냐? 인정하지 않느냐?'로부터 시작된다고 할 수 있으며, 그러므로 창세기 1장 1절은 성경을 읽는 사람에게는 매우 중요한 말씀이다.

창세기 1장은 '창조'와 '생명'을 말하고 있다. 이에 반해 50장은 '죽음'과 '소명'을 말하고 있다. 인간의 타락과 죄는 '반드시 죽으리라(창 2:17)'는 하

나님 말씀을 불순종하고, '결코 죽지 아니하리라(창 3:4)'는 사탄의 말을 따른 데서 시작되었다.

1장에서 11장까지는 이 세상이 어떻게 시작되었는가? 나는 누구인가? 인류의 기원 등 우리의 삶의 가치관을 결정하는 절대적 진리를 밝혀주고 있다.

무엇보다 하나님은 인간과 사랑의 관계를 맺으시고 그 나라를 세우기 위하여 우주를 창조하고 인간을 지으시고 에덴동산을 만드셔서, 그곳에 하나님의 통치가 온전히 이루어지는 하나님의 나라를 세우셨다.

창세기 3장에서 11장까지는 인간의 죄의 증가와 확산을 보여주고 있다. 인간의 죄가 얼마나 심각한지를 상세히 알려주고 있다.

하나님 말씀에 대한 불순종은 인간에게 죽음과 소멸을 가져왔다. 그러나 하나님의 말씀에 대한 순종은 인간에게 새로운 시작과 새로운 생명을 부여한다.

창세기 1장에서 11장까지는 그 연대를 측정할 수 없는 기간이다. 이 기간 동안 인간의 역사를 이루어 갈 네 가지 엄청난 사건이 발생한다. 그것은 창조, 타락, 홍수, 바벨탑 사건이다.

하나님 나라를 세웠지만 인간의 타락으로 파괴되고, 그 나라를 다시 세우기 위한 하나님의 구원 계획은 창세기 12장에서 50장 까지 네 명의 족장, 즉 아브라함, 이삭, 야곱, 요셉을 통하여 이루어가는 사건들로 읽을 수 있다. 이 부분은 하나님 나라의 백성으로서 믿음의 기초적 출발을 보여주고 있다.

성경은 66권으로 이루어져 있지만 사실 한 가지 주제를 말하고 있다. 성경의 첫 장인 창세기 1장은 세상의 기원을 말해주고 있다. 그리고 성경의 마지막 장인 요한계시록 22장은 이 세상의 완성을 말해주고 있다. 성경은 하나님의 은혜로 이 세상이 어떻게 완성되었는지를 알려주고 있다.

(2) 창세기는 어떻게 이루어져 있는가?

가) 태고사(太古史)와 구원사(救援史)

성경(하나님의 말씀)의 창세기를 크게 두 부분으로 나누면 1장에서부터

11장까지를 원역사(原歷史), 즉 태고사(太古史)와 12장부터 마지막 50장까지를 구원사(救援史)로 나눌 수 있다.

성경은 태고사에 등장하는 아담과 하와(이브), 그리고 아벨, 셋, 에녹과 노아 등의 인물들을 통해 하나님의 구원이 어떻게 임하게 될 것인지에 대해 아주 잘 설명해주고 있으며, 12장부터 등장하는 아브라함과 이삭과 야곱을 통해 인류의 구원과 믿음의 정체에 관해 자세하게 설명해주고 있다.

나) 구약성경의 중심인물 아브라함의 삶과 인생여정

특히 구원사의 첫 인물로 등장하는 아브라함이라는 인물의 삶과 그의 인생여정은 창세기의 14장에 걸쳐 기록되어 있다. 아브라함이라는 이름은 신구약 전체에 400번이나 등장하고 신약에만도 74번이나 나온다. 그리고 예수 그리스도도 아브라함의 이름을 수시로 언급하였다. 이처럼 아브라함은 성경 역사에서 아주 중요한 위치를 차지하고 있는 인물이며, 아래에서 그 내용에 대해 설명하기로 한다.[83]

다) 창세기를 2개의 부분으로 나누면 다음과 같다.

① 창1~11장: 인류 일반역사[원역사(原歷史), 즉 태고사(太古史)]

② 창12~50장: 가나안 땅의 이스라엘의 고대사로 시작된다. 아브라함, 이삭, 야곱, 그리고 야곱의 후손 70명의 식구가 가나안(팔레스타인) 땅에서 살아가는 이야기이다.

이 중에서 하나님이 아브라함의 믿음을 보시고 그를 통해 복을 내리는 이야기(창12:1~3, [1] 주께서 아브람에게 말씀하셨다. "너는, 네가 살고 있는 땅과, 네가 난 곳과, 너의 아버지의 집을 떠나서, 내가 보여 주는 땅으로 가거라. [2] 내가 너로 큰 민족이 되게 하고, 너에게 복을 주어서, 네가 크게 이름을 떨치게 하겠다. 너는 복의 근원이 될 것이다. [3] 너를 축복하는 사람에게는 내가 복을 베풀고, 너를 저주하는 사람에게는 내가 저주를 내릴 것이다.

---

83) 김성수, 창세기 강해 2 「개혁주의의 관점에서 본 창세기- 아브라함과 그 자손의 생애에 나타난 예수 그리스도 (창세기 9장~26장),」(서울: 도서출판 미스바, 2009), 제6장 '믿음의 조상 아브라함', 108.

땅에 사는 모든 민족이 너로 말미암아 복을 받을 것이다.")는 매우 흥미롭고 중요한 이야기이다.

이 이야기는 이들 70명의 야곱의 가족들이 이집트로 이민가면서 끝이 난다.

(3) 빅뱅에서 아브라함까지: 창세기 1~11장과 하나님의 계시

- 성경은 신화나 전설의 신비한 이야기가 아니라 하나님의 계시이다! 창세기 1~11장은 우주의 시작인 빅뱅(Big-Bang: 과학적으로는 약 137억 년 전에 일어난 사건)에서부터 믿음의 조상 아브라함을 거쳐 지금까지 약 137억년 동안의 우주의 역사를 압축시켜놓은 하나님의 계시이다. 그러나 하나님을 믿지 않는 일반 대중은 성경을 '하나님의 말씀, 즉 계시'로 보지 않고, '인간의 문학'으로 생각해버리는 경향이 있다. 성경의 말씀을 '하나님의 말씀, 즉 계시'로 보는 것은 인간을 구원하여 인간으로 하여금 영생의 기쁨을 누리게 하려는, 인간에게 비전을 주시려는 하나님의 의도이다. 그러나 그것을 단순히 하나의 문학작품으로 여기려는 것은 인간이 문학작품의 매력에 이끌리는 것을 이용하여 오히려 인간을 타락시키려는 '사탄(마귀)'의 의도인 것이다. 이처럼 인간에게는 하나님이 주신 신성(神性)이 있는 반면에 이에 반항하여 인간을 타락시키려는 사탄의 세력인 오만(傲慢, 휴브리스, Hubris)이 숨어있는 것이다. -

창세기 1~11장은 고대 바빌로니아의 길가메쉬 서사시(Epic of Gilgamesh, BC 2000년경), 에누마 엘리쉬(Enuma Elish, BC 1900~1700) 등 바빌로니아 신화의 영향을 많이 받았으며, 이 영향은 이스라엘 역사 초기에 일어났다고 하는 주장이 있다.

오늘날 성서학자들은 구약성경, 특히 창세기 연구에 아시리아학의 도움을 많이 받았으므로, 아시리아와 바빌로니아의 언어인 아카드어를 모르고는 구약성경을 이해할 수 없다고 말하고 있다. 그 결과 창세기 1~11장을 '하나님의 말씀, 즉 계시'로 보지 않고, '인간의 문학'으로 보려는 경향이 있다. 창세기 1~11장을 마치 고대 근동의 문화, 즉 수메르, 바빌로니아의 신화의 아류(亞流, 문학·예술과 학문에서 나온 것) 정도로 여기며, 성경을 신화와 전설이

혼합된 역사와 그 의미를 제대로 파악할 수 없는 신비한 이야기로 여기는 경향이 있다.

가) 고대 근동의 역사는 성경적 진리를 담고 있는 하나님의 계시로 보아야 한다.

고대 근동의 연구로 야기된 이런 부작용을 극복할 수 있는 길은 창세기 1~11장을 계시의 말씀이라는 사실을 인식하고, 그 계시를 바르게 해석하는 데 있는 것이다. 창세기 1~11장이 고대 근동의 신화의 영향을 받은 문학이 아니라, 성경적으로는 영원한 진리를 담고 있는 하나님의 계시라고 믿는 것이 인생을 의롭고 올바르게 사는 길(창15:6)이다. 이것이 고대 근동의 발견으로 인한 오해를 바로잡는 길이며, 또한 인류에게 희망과 비전을 안겨주는 것이기 때문이다.

나) 기독교는 인간의 지혜가 아니라 계시와 믿음을 말한다.

창세기 1~11장은 논리적으로 분석하고, 과학적으로 증명하고, 인간의 경험으로 평가하려고 할 것이 아니라, 믿음의 눈으로 보아야 하는 것이다. 그래서 기독교는 인간의 지혜가 아니라 인간의 믿음을 요구하고 있다. 해답을 찾으려고 헤매지 말고, 하나님께서 계시해주시는 것, 바로 그것을 믿고 따라야 하는 것이다.

다) 창세기 1~11장: 빅뱅(Big-Bang)에서 아브라함까지의 137억년

현재의 시간으로 환산: 137억년은 상대성이론으로 환산하면 약 6천년

창세기 1~11장은 우주의 시작인 빅뱅(Big-Bang)으로부터 아브라함이 등장하기까지의 137억년의 장구한 시간을 극도로 압축시켜서, 인간이 자기 자신과 자신이 속한 세계, 그리고 자신의 창조주에 관해 알아야 할 핵심 사항들을 하나님께서 인간에게 알려주신 계시인 것이다.[84)]

최근, 물리학자 제원호 박사[85)]가 137억 년 전에 일어난 빅뱅을 상대성 이

84) 정순혁, 「빅뱅에서 아브라함까지」(서울: 대한기독교성회, 2011), 11~38.

론으로 계산해보면 약 6천 년 전에 일어난 것이라고 상대성 이론으로 밝혔다. 이것은, 하나님의 계시의 놀라운 진실을 과학적으로 설명해주고 있다.

창세기 1~50장은 (1)창세기 1장~11장 <원역사(原歷史), 즉 태고사(太古史)>와 (2)창세기 12장~50장(끝) <구원사(救援史)>의 2부분으로 나눌 수 있다.

(4) 아브라함을 통해 하나님 나라로 향해 나아가는 과정(창 12장~50장)

하나님이 아브라함을 통해 하나님 나라를 만들어가는 과정

창세기 12장부터 마지막 50장까지는 하나님이 아브라함을 통해 '하나님 나라'를 만들어가는 과정이라고 할 수 있다. 니므롯으로 상징되는 세상적인 나라(세상공동체)에 대항하기 위해 하나님 스스로 하나님 나라(예배공동체)를 만들기로 작정하신 것이다. 이는 이전과는 다른 하나님의 태도다. 홍수 이전까지 하나님은 역사를 그냥 지켜보고만 계셨지만, 이때부터는 하나님이 본격적으로 역사에 개입하시겠다는 의사표시를 하신 것이다. 즉 하나님은 세상적인 삶을 추구하는 사람들을 더 이상 방치하지 않으시고 일정한 레드라인 이상의 죄를 범하게 되면 심판이라는 방법을 사용하시겠다는 결심을 보이게 된 것이다.

그런데 '나라'라는 개념은 세 가지 요소를 포함한다. 즉 주권, 영토, 국민이 그것이다. 하나님의 나라의 주권은 물론 하나님에게 있고 영토는 가나안 땅으로 정해졌다. 다만 문제가 되는 것은 아직 국민이라 불릴 만한 사람들이 준비되지 못한 것에 있었다. 이 문제를 해결하기 위해 하나님은 아브라함을 당시 찬란한 세속적인 문화를 자랑하던 갈대아 우르 땅에서 불러내어 가나안 땅으로 가라고 명령하신 것이다. 타락한 세상 바빌론에서 불러낸 것이다.

아브라함은 가나안 땅으로 가서 그곳에서 이삭을 낳고 이삭은 야곱과 에서를 낳는다. 야곱은 하나님의 주권적 선택에 따른 은혜를 입어 복을 받았다.

---

85) 제원호 교수(서울대학교 물리천문학부), 중앙일보, 2005년 4월 8일, "우주의 나이".

이어 야곱은 이름을 이스라엘로 바꾸게 되고, 12명의 아들을 낳는다. 열 두 아들 중 요셉이 형들에 의해서 애굽(이집트)으로 팔려가 그 곳에서 우여곡절 끝에 총리가 되고, 흉년을 맞아 양식을 사러 온 형들과 만나게 되며, 이어서 가나안 땅에 살고 있던 모든 가족들(70명)을 불러내어 애굽의 고센 땅에 정착해 살도록 한다. 이것은 마치 씨를 뿌리고 비닐을 씌워 모종을 불리는 과정이라고 할 수 있다. 하나님의 섬세한 솜씨가 엿보이는 대목이라 할 수 있다(창37장~50장).

왜 하필 애굽인가? 애굽은 당시 가장 강한 나라였다. 야곱의 가족 즉 하나님의 나라 백성의 씨앗이 될 사람들은 아직 갓 피어난 어린 순과 같이 약했다. 이방 민족으로부터 하나님의 연약한 백성들을 보호하기 위해서는 애굽과 같은 강한 나라의 울타리가 필요했던 것이고 또한 그와 동시에 강한 민족으로 키워내기 위한 혹독한 훈련이 필요했기 때문이다.

(5) 이스라엘의 대표적인 선지자(예언자) 아브라함의 등장

> 최초의 의인이며 선지자이자 믿음의 조상인 아브라함이 인간구원 계획의 주역으로 등장

가) 신구약 전체를 통해 400번이나 등장하는 아브라함

구원사(救援史)에서 맨 처음으로 등장하는 인물인 아브라함은 구약성경에서 14장에 걸쳐 기록되어 있으며, 그의 이름은 신구약 전체를 통하여 400번이나 등장하고 있다.

아브라함은 메소포타미아의 우르를 수도로 하는 우르 3왕조 시대의 사람으로 보고 있다. 이 시기의 메소포타미아를 비롯한 고대 근동 지역에는 아직 정통성 있는 종교가 성립되지 않았으므로, 사람들의 삶은 오직 '풍요와 다산'을 추구하는 우상숭배와 성적 타락이 만연(蔓延, 널리 퍼지다)해 있었던 것이다. 아브라함이 살고 있던 당시의 우르 지역에도 우상을 숭배하고 있었던 것이 성경에 나타나 있는 것을 알 수 있다.

성경(새번역)(수 24:2)에는 [그 때에 여호수아가 온 백성에게 말하였다.

"주 이스라엘의 하나님이 이렇게 말씀하셨습니다. '옛날에, 아브라함과 나홀의 아비 데라를 비롯한 너희 조상은 유프라테스 강 건너에 살면서 다른 신들을 섬겼다.'"]라는 기록이 있다.

또 성경(창11:31)에 "데라는, 아들 아브람(아브라함)과, 아들 하란에게서 난 손자 롯과, 아들 아브람의 아내인 며느리 사래(사라)를 데리고, 가나안 땅으로 가려고 바빌로니아의 우르를 떠나서, 하란에 이르렀다. 그는 거기에서 자리를 잡고 살았다"라고 기록되어 있다.

그 당시의 사회는 아직 올바른 신앙관이 정립되지 않았기 때문에 우상숭배와 성적 타락이 성행하였다. 그래서 그 당시 하나님으로부터 들려오는 세미한 음성을 듣고, 올바르게 하나님을 섬기던 사람들은 당시의 사회상, 특히 우상숭배와 성적 타락 때문에 영적 지도자인 선지자 아브라함에게는 영적인 갈등이 매우 심했을 것이다.

나) 아브라함의 결단86)

아브라함의 아버지 데라 역시 오늘날 전해 내려오고 있는 그 당시 우르 지역 사람들의 타락한 생활 풍습과 우상숭배 때문에 매우 심한 갈등을 겪으면서 살았을 것으로 생각된다. 그러나 그는 주변의 불신앙적인 생활환경 가운데서도 오히려 신앙으로 철저하게 무장하고, 올바르게 살았던 것으로 여겨진다.

데라는 무절제하게 '풍요와 다산'을 추구하는 우상숭배와 음란한 당시 그 지역의 건전하지 못한 종교의식으로부터 벗어나고자 하여 올바른 신앙을 찾고자 그곳을 떠나고자 하고 있던 때에, 마음속에 들려오는 '우르를 떠나 가나안 땅으로 가라'고 하는 세미한 하나님의 음성을 듣고, 고향인 우르를 떠나 가나안 땅으로 가야 하겠다는 결심을 하게 되고, 우선 하란까지 갔던 것이다.

그러나 데라는 아들 하란에게서 난 손자 롯과 아들 아브라함과 아브라함의 아내 사라와 함께 풍요로운 우르와는 멀리 떨어진 낯선 가나안 땅으로 쉽게 들어갈 용기가 나지 않았을 것이다. 그래서 그들은 아직도 메소포타미

86) 이홍림, 「미래학자와 예언자」, (서울: 한림원출판사, 2014), 171~173.

아 지역인 하란에서 더 이상 나아가지지 못하고, 하란에서 머물렀던 것이다.

그러나 그들은 마음속에 들려오는 음성을 듣고 눈에 보이지 않으나 믿음의 눈으로 깨닫게(듣게) 되는 하나님의 말씀(음성)에 따라 가나안으로 가고자 원했던 것이다.

다) 아굴의 기도와 풍요로운 땅 바빌로니아의 메소포타미아

> 아직 낯선 가나안 땅은 아굴의 기도처럼 하나님의 백성을 위한 최적의 땅인가?

아굴의 기도(잠 30:8~9)는 "[8] 허위와 거짓말을 저에게서 멀리하여 주시고, 저를 가난하게도 부유하게도 하지 마시고, 오직 저에게 필요한 양식만을 주십시오. [9] 제가 배가 불러서, 주님을 부인하면서 '주가 누구냐'고 말하지 않게 하시고, 제가 가난해서, 도둑질을 하거나 하나님의 이름을 욕되게 하지 않도록 하여 주십시오."라고 기록하고 있다.

바빌로니아의 메소포타미아 지역인 우르는 풍요로운 땅이고, 하란은 아직도 풍요로운 메소포타미아의 지역을 벗어나지 않은 그 지역 안에 있었기 때문에, 데라는 차마 아들 부부와 손자 롯을 데리고 하란을 떠나 낯선 가나안 땅으로 떠나갈 용기가 나지 않았을 것이다. 아직도 풍요로운 지역인 메소포타미아 지역인 하란에 머물던 그에게는 그곳을 떠난다는 것은 매우 큰 용기가 필요한 대단한 모험이었을 것이다. 데라는 더 나아가지 못하고 거기서 결국 생을 마감하게 된다. 그러나 아굴의 기도(잠30:8~9)에서 알 수 있듯이 아굴과 같은 하나님의 사람은 풍요로운 메소포타미아 지역보다는 오히려 척박할지도 모르는 가나안과 같은 낯선 땅에서는 오직 하나님께 의지하여 하나님의 말씀을 받아먹고 살아가는 하나님과 동행하는 삶을 더 바랐을 것이라고 생각된다. 아브라함이 아굴의 기도에서와 같은 믿음이 신실한 사람이라는 것을 알고 계신 하나님은 아마도 인간을 구원하기 위한 리더로 키우고자 하여 아브라함을 부르셨던 것이다.

사람은 자기가 갇혀있는 기존의 세계를 벗어나겠다는 큰 용기를 가지고 과감하게 탈출하지 않고서는 새로운 세상을 열어갈 수 없는 것이다. 어쩌면 전에 다른 신(우상)을 섬기면서 그 풍속에 젖어있던 데라로서는 새로운 세상을 찾아 떠나는 것이란 선지자(예언자) 또는 리더로서의 자격을 갖추게 되는 것만큼 힘든 일이었을지도 모른다.

결국 이스라엘은 최초의 믿음의 사람인 선지자와 리더로서 쓰일 사람으로 - 하나님으로부터 선택받게 될 사람으로 - 아브라함이 나타날 때까지 기다려야 했던 것이다.

라) 아브라함은 "너는 복의 근원이 될 것이다."라는 하나님의 음성을 듣게 된다.

하란에서 데라가 죽고 그의 아들 아브라함이 75세가 되었을 때 "너는, 네가 살고 있는 땅과, 네가 난 곳과, 너의 아버지의 집을 떠나서, 내가 보여 주는 땅으로 가거라. 내가 너로 큰 민족이 되게 하고, 너에게 복을 주어서, 네가 크게 이름을 떨치게 하겠다. 너는 복의 근원이 될 것이다. 너를 축복하는 사람에게는 내가 복을 베풀고, 너를 저주하는 사람에게는 내가 저주를 내릴 것이다. 땅에 사는 모든 민족이 너로 말미암아 복을 받을 것이다(창 12:1~3)"라는 하나님의 음성을 듣게 된다.

이미 우르를 떠나 하란까지 와서 지내던 아브라함은 아버지 데라가 죽고 난 다음에, 하나님의 부르심을 받는다. 오직 하나님에 대한 믿음으로 살아왔지만 어린 시절 우르에서 자라나서 사라와 결혼하기까지 주변에서 벌어지는 인간 세상의 타락상을 보게 되고, 하란에 와서도 만족할 수 없는 불편한 삶을 살았을 것이다.

그가 하나님으로부터 "너는, 네가 살고 있는 땅과, 네가 난 곳과, 너의 아버지의 집을 떠나, 내가 보여 주는 땅으로 가거라."는 음성을 들었을 때, 아브라함은 즉시 하나님께 순종하여, 새 힘을 얻고 가나안 땅으로 떠난다. 아브라함은 다른 신(우상)을 섬기는 분위기에서 자라면서 마음속에 침투해 들어오는 다른 신들을 섬기는 우상숭배에 대한 갈등을 수없이 겪었을 것이다. 그는 하나님의 음성에 무한한 갈증을 느끼면서, 하나님을 갈망하며 찾고 있던 비전의 사람이었던 것이다. 그는 하나님의 부르심을 분간할 수 있었고, '선지자

(예언자)'로서의 열정(Enthousiasmos, 엔투시아스모스)을 소유하고 있었으며, 또한 하나님께 의지하고자 하는 신실한 '믿음'과 '의(義, Righteousness)'를 가지고 있었기 때문에 그는 하나님의 음성을 듣고 즉시 하나님을 따를 수 있었던 것이다.

마) 마침내 아브라함이 '젖과 꿀이 흐르는 가나안땅'으로 가다!

아브라함은 풍요로운 메소포타미아 지역의 우르에서 아버지 데라와 함께 하란으로 옮겨와서 비교적 풍요롭게 살고 있었으나, 여전히 메소포타미아 지역에서의 풍요로운 삶 가운데서 타락한 세상적인 삶에서 벗어나고 싶었던 것이다. 아브라함은 가나안이 비록 낯설고 메소포타미아처럼 비옥하지는 못한 땅이라 할지라도 하나님을 믿고 의지하면, 하나님의 축복이 넘치는 영적인 삶을 누릴 수 있다고 생각하고 있었던 것이다. 따라서 하나님의 영적인 말씀에 따라 가나안 땅으로 가서 새로운 삶을 살아야겠다는 각오로 세상 사람들과는 구별되어 거룩하게 살고자 하면서 하나님의 부르심을 기다리고 있었던 것이다.

이때 이미 아브라함은 영적으로 매우 성장하여 일반 세상 사람들과는 구별된 삶을 살고 있었기 때문에 하나님과의 사이에 영적인 통로가 형성되어 '영감'과 '계시'의 교류가 이루어질 수 있게 되었던 것이다.

이때, 타락한 백성들을 구원하기를 원하시는 하나님은 아브라함으로 하여금 큰 민족을 이루게 하고, 복을 주어 모든 민족에 대하여 모범이 되게 하고, 또 그들의 '복의 근원'으로 삼겠다는 약속(창 12:1~3)을 하나님으로부터 받고 가나안 땅으로 떠나가게 되는데, 이때 아브라함의 나이는 75세였다.

아브라함은 하나님으로부터 자기를 '복의 근원'으로 삼겠다는 음성을 듣게 되기까지, 풍요로운 땅 우르와 하란 등 메소포타미아 지역에서 살면서 수많은 영적인 갈등을 겪었던 것이다.

그러나 물질로 풍요로웠던 메소포타미아 지역과는 대조적으로 아브라함이 찾아온 가나안 땅에는 심한 흉년이 들어 살아갈 수가 없었다. 그래서 그는 또다시 풍요로운 이집트로 내려가기로 했다. 그것은 그가 하나님의 뜻을 어기고 가나안을 벗어나서 이집트로 갔던 것이다. 거기서 아브라함은 파라오에게 아내를 빼앗길 위기의 수모를 당하고 나서야 다시 가나안으로 돌아오게 된다.

바) 이집트로 내려간 아브람(아브라함)이 바로에게 아내를 누이라고 말하다.

(창 12:10~20) [10] 그러나 가나안 땅에 심한 흉년이 들어 아브람은 이집트에 가서 살려고 그 쪽으로 내려갔다. [11] 그런데 그는 이집트에 가까이 갔을 때 자기 아내 사래(사라)에게 이렇게 말하였다. "당신은 정말 아름다운 여자요. [12] 이집트 사람들이 당신을 보면 당신이 내 아내인 줄 알고 나를 죽이고 당신은 살려 줄 것이오. [13] 그러니 당신은 그들에게 내 누이라고 말하시오. 그러면 당신 덕택에 내가 죽임을 당하지 않고 좋은 대접을 받게 될 것이오." [14] 아브람이 이집트 땅에 들어갔을 때 이집트 사람들은 아브람의 아내를 보고 아름답다고 야단들이었다. [15] 그리고 궁중 신하들도 그녀를 보고 그 아름다움을 바로 왕에게 말하였으므로 그녀는 궁실로 안내되었다. [16] 바로는 그 여인을 생각해서 아브람을 후하게 대접하고 그에게 양과 소와 나귀와 남녀종들과 낙타를 주었다. [17] 그러나 여호와께서는 아브람의 아내 사래의 일로 바로와 그의 집안에 무서운 재앙을 내리셨다. [18] 그래서 바로가 아브람을 불러 말하였다. "네가 어째서 나에게 이런 짓을 하였느냐? 그 여인이 네 아내라고 왜 나에게 말하지 않았느냐? [19] 어째서 네가 그녀를 누이라고 하여 내가 그녀를 데려다가 내 아내로 삼게 하였느냐? 자, 네 아내가 여기 있으니 데리고 가거라." [20] 그리고서 바로가 신하들에게 명령하자 그들이 아브람을 그의 아내와 함께 모든 소유를 이끌고 나라 밖으로 나가게 하였다.

사) 가나안 땅이 '젖과 꿀이 흐르는 약속 있는 비전의 땅'이 되기까지

다시 아브라함은 하나님이 약속하여 불러내신 가나안으로 향했다. 아직 낯설고 황량한 땅인 가나안은 아브라함이 하나님으로부터 약속받은 대로 오직 하나님의 뜻에 따라 하나님의 비전을 일구어내었어야 했던 것이다. 영적인 하나님의 말씀으로 살면서 투쟁하고 온갖 어려움을 극복해내기 위해서는 하나님에 의지하는 믿음에 의지하는 것뿐이었다.

아브라함과 그의 후손들은 이처럼 낯설고 황량한 가나안 땅에서 오직 믿음으로 모든 어려움을 극복해내고 하나님이 보여주시는 비전을 달성해냄으로써 비로소 비전의 사람 아브라함의 후손들에게 '젖과 꿀'이 흐르는 땅이 될 수 있었던 것이다.

아) 아브람(아브라함)의 믿음을 의로 여기신 하나님은 그에게 자녀(후손)의 교육계획을 밝히시다.

하나님이 아브람(아브라함)의 믿음을 의(義)로 여기시다.

성경(창15:5~7)에서 "[5] 주께서 아브람을 데리고 바깥으로 나가서 말씀하셨다. '하늘을 쳐다보아라. 네가 셀 수 있거든, 저 별들을 세어 보아라' 그리고는 주께서 아브람에게 말씀하셨다. '너의 자손이 저 별처럼 많아질 것이다.' [6] 아브람이 주를 믿으니 주께서는 아브람의 그런 믿음을 의로 여기셨다. [7] 하나님이 아브람에게 말씀하셨다. '나는 주님이다. 너에게 이 땅을 주어서 너의 소유가 되게 하려고, 너를 바빌로니아의 우르(또는 갈대아)에서 이끌어 내었다.'"라고 기록하고 있다.

왜 아브라함이 택함을 받았는지 알 수 없지만 아마도 아브라함이 하나님의 말씀에 순종하고 따르는 믿음과 성품을 가지고 있었던 것을 하나님은 발견했거나 또는 그러한 성품을 하나님이 주었을 것이다. 그러나 그보다는 하나님은 모든 사람에게 하나님께 순종하는 마음을 주셨지만, 아마도 아브라함은 그것을 누구보다도 분명하게 깨달았을 것이다.

자) 하나님이 아브라함에게 후손들이 하나님을 믿고 순종하도록 가르칠 교육계획을 밝히신 것은 인류의 미래를 위한 하나님의 구원계획

아브라함은 하나님으로부터 "[17] 내 계획을 아브라함에게 숨겨야 하겠느냐? [18] 아브라함은 막강한 나라의 조상이 될 것이며 세상의 모든 민족이 그를 통해 복을 받을 것이다 [19] 내가 아브라함을 택한 것은 그가 자기 자녀들과 후손들을 잘 인도하여 의롭고 선한 일을 하게 하여 경건하게 살도록 하기 위해서이다. 그렇게 함으로써 나 여호와는 아브라함에게 한 모든 약속을 이행할 것이다.(창18: 17~19)"라는 중요한 메시지를 받는다. 아브라함의 사명은 자손들에게 하나님께 순종하도록 가르치는 것이었다. 그것이 하나님이 아브라함을 부르고 선택한 이유인 것이다. 그것은 곧 모든 사람을 위한 부름이고 택함이며 또한 모든 사람을 위한 교육의 사명인 것이다.

그런데 하나님은 왜 그 많은 사람들 중에서 아브라함을 부르신 것일까? 하나님은 아브라함에게서 그가 자손들을 잘 가르쳐서 하나님께 순종하도록 할 수 있는 모범을 보일 수 있는 사람, 즉 하나님의 말씀을 믿고 그대로 순종하는 의인으로 보고, 그를 선택하여 부르신 것이다(창15:5~7).

차) 외아들 이삭을 제물로 바치는 아브라함(창 22:1~19)

(창 22:1~19) [1] 그 후에 하나님이 아브라함을 시험하시려고 "아브라함아" 하고 부르시자 그는 "내가 여기 있습니다." 하고 대답하였다. [2] 그때 여호와께서 아브라함에게 말씀하셨다. "너는 사랑하는 네 외아들 이삭을 데리고 모리아 땅으로 가 내가 지시하는 산에서 그를 나에게 제물로 바쳐라." [3] 그래서 아브라함은 다음 날 아침 일찍 일어나 나귀에 안장을 지우고 제물을 태울 나무를 준비하여 두 종과 자기 아들 이삭을 데리고 하나님이 지시하신 곳을 향해 떠났다. [4] 3일째에 아브라함이 멀리서 그 곳을 바라보고 [5] 종들에게 말하였다. "너희는 나귀와 함께 여기 있거라. 내가 아들과 저기 가서 경배하고 오겠다." [6] 그리고서 아브라함은 이삭에게 제물을 태울 나무를 가지고 가게하고 자기는 불과 칼을 들고 갔는데 도중에 [7] 이삭이 자기 아버지를 불렀다. "아버지!" "왜 그러느냐?" "불과 나무는 여기 있는데 제물로 바칠 어린 양은 어디 있습니까?" [8] "얘야, 제물로 바칠 어린 양은 하나님이 직접 준비하실 것이다." 그들이 계속 걸어서 [9] 하나님이 지시하신 곳에 이르렀을 때 아브라함은 그곳에 단을 쌓고 나무를 벌여 놓은 다음 자기 아들 이삭을 묶어 단의 나무 위에 올려놓았다. [10] 그리고 그가 손을 내밀어 칼을 잡고 자기 아들을 치려고 하는 순간 [11] 여호와의 천사가 하늘에서 "아브라함아, 아브라함아" 하고 불렀다. 아브라함이 "내가 여기 있습니다." 하고 대답하자 [12] 천사는 "그 아이에게 손을 대지 말아라. 그에게 아무 해도 입히

지 말아라. 네가 하나밖에 없는 네 외아들까지 아끼지 않았으니 네가 하나님을 두려워하는 줄을 내가 이제야 알았다." 하고 말하였다. [13] 아브라함이 주위를 살펴보니 뒤에 수양 한 마리가 있는데 뿔이 수풀에 걸려 있었다. 그래서 아브라함은 그 수양을 가져다가 아들 대신 제물로 바쳤다. [14] 아브라함이 그 곳 이름을 '여호와-이레'라고 불렀으므로 오늘날까지도 사람들이 '여호와의 산에서 준비될 것이다.' 라는 말을 하고 있다. [15] 여호와의 천사가 하늘에서 다시 아브라함을 불러 [16] 여호와의 말씀을 전하였다. "내가 내 이름으로 맹세하지만 네가 이처럼 하나밖에 없는 네 아들까지 아끼지 않았으므로 [17] 내가 너에게 한없는 복을 주어 네 후손을 하늘의 별과 바닷가의 모래알처럼 많게 하겠다. 네 후손들이 그 원수들을 정복할 것이다. [18] 그리고 네가 나에게 순종하였으므로 네 후손을 통해 세상의 모든 민족이 복을 받을 것이다." [19] 그리고서 아브라함은 자기 종들에게 와서 그들과 함께 브엘세바로 돌아와 거기서 살았다.

카) 하나님이 아브라함에게 후손들이 하나님을 믿고 순종하도록 가르칠 교육계획을 밝히신 것은 인류의 미래를 위한 하나님의 구원계획을 밝힌 것

하나님이 아브라함으로부터 그의 믿음을 보시고 의인으로 부르시고(창 15:6), 또다시 하나님께서 아브라함이 진정으로 하나님을 두려워하며 순종하는지를 시험하기 위해서 그의 사랑하는 외아들 이삭을 하나님께 희생 제사로 바치라고 하자, 아브라함은 이에 순종하여 이삭을 번제로 드리려고 한 비극적인 사건(창 22장)에서 하나님은 또 하나의 교훈, 즉 하나님을 경외(두려워)하도록 하는 교육의 필요성과 중요성을 가르치고 있는 것이다.

이처럼 성경은 우리 인류에게 하나님에 대하여 가르치고 있으며, 성경과 기독교가 인류의 미래를 위한 비전이 되고 있는 점이 바로 여기에 있는 것이다.

예정론(豫定論, Predestinarianism)

사람들 중에는 하나님을 믿고 의지하는 사람이 있는가 하면 절대로 하나님을 믿지 않는 사람들이 있다. 이것을 두고 어거스틴과 칼빈 등이 '예정론

(豫定論, Predestinarianism)'을 발전시켰는데, 하나님이 이 세상을 창조하기 전에 영원한 생명을 얻을 사람과 영원한 죽음을 당할 사람을 미리 예정하였다고 보는 것이다.

타) 아브라함이 외아들 이삭을 하나님의 제단에 바치는 사건의 의미는?

하나님은 다시 아브라함을 불러서 "너의 아들, 네가 사랑하는 외아들 이삭을 데리고 모리아 땅으로 가거라. 내가 너에게 일러주는 산에서 그를 번제물로 바쳐라(창22:2)"하고 그를 자식에 대한 완전한 교육자 아버지가 되도록 하는 중대한 결단을 내리도록 말한다. 하나님은 아브라함이 자기 자식에 대한 인간적인 애착보다도 하나님을 진정으로 두려워하는 마음으로 하나님의 말씀에 의지하는 믿음을 갖는 것이 더 중요하다고 생각하신 것이다. 아브라함은 자식에 대한 인간적인 편견을 갖지 않고 오로지 하나님의 말씀에 순종하는 모습을 보여준다. 아브라함은 순순히 하나님이 말씀하신대로 따른다. 그가 이삭과 함께 하나님이 말씀하신 그 곳에 이르러서, 아브라함은 거기에 제단을 쌓고, 제단 위에 장작을 벌려 놓았다. 그런 다음에 자신의 사랑하는 늦둥이 아들 이삭을 묶어서, 제단 장작 위에 올려놓았다(창22:9). 그는 인간적인 애착으로 눈물을 흘리면서 한없이 울었을 것이다. 또한 인간적인 욕심이 전혀 없지 않았겠지만, 하나님께 의지하는 믿음을 더 소중하게 여겼던 것이다. 아브라함은 오직 하나님께 의지하여 하나님의 말씀대로만 사는 그런 사람이었던 것이다. 하나님을 의지하면 무슨 일이든지 후회함이 없고, 결국 그것은 옳은 일이라고 믿었던 것이다. 인간적인 생각에서 나오는 모든 세상적인 욕심에 매이지 않는 순수한 믿음의 사람이었던 것이다. 이처럼 믿음은 모든 것을 이길 수 있는 힘을 가지고 있는 것이다.

이처럼 하나님이 아브라함에게 이삭을 바치도록 한 것은, 아브라함이 진정으로 하나님을 두려워하는 마음으로 하나님께 순종하면서 믿고 의지하며, 또 아이를 가진 부모가 되고 또한 자식(아이)에게 하나님의 올바른 자식으로 교육을 시키기 위한 것이라고 말할 수 있을 것이다. 여기서 아버지 아브라함이 아들 이삭을 결박하여 제단 위에 올려놓은 것은, 하나님이 어떤 분이라는 것과 또한 교육이란 것은 하나님의 뜻에 따라 순종해야 한다는 것을 자녀들에게 가르치는 일, 즉 '교육은 아이의 자유의사보다 앞서서 그 부모가 하나님의 말씀에 따라 엄격하게 강제성을 띠고 가르쳐야 할 부분이 있는 것임'을 성경은 우리에게 보여주고 있는 것이다. 그리고 이것은 하나님으로부터 자녀들을 잘 교육시키라는 말씀[(창18:17~19) [17] 그때 여호와께서 말씀하셨다. "내 계획을 아브라함에게 숨겨야 하겠느냐? [18] 아브라함은 막강한 나라의 조상이 될 것이며 세상의 모든 민족이 그를 통해 복을 받을 것이다. [19] 내가 아브라함을 택한 것은 그가 자기 자녀들과 후손들을 잘 인도하여 의롭고 선한 일을 하게 하여 경건하게 살도록 하기 위해서이다. 그렇게 함으로써 나 여호와는 아브라함에게 한 모든 약속을 이행할 것이다."]을 지키기 위한 것이기도 하다.

실제로 훌륭한 교육제도를 가지고 젊은이들을 잘 교육시키는 나라가 세계에서 가장 큰 영향력을 가지고 있는 것이 현실이기도 하다.

파) 그랄 왕 아비멜렉에게 또다시 아내를 누이라고 말하는 아브라함

또 하나님은 그랄 왕 아비멜렉이 아브라함의 아내 사라를 왕궁으로 데려갔을 때, 하나님은 "지금 당장 그 여인을 남편에게로 돌려보내어라. 사라의 남편(아브라함)은 예언자이므로, 너에게 탈이 나지 않게 하여 주시기를 기도할 것이고, 너는 살 것이다. 그러나 그 여인(사라)을 돌려보내지 않으면, 너와 너에게 속한 사람이 틀림없이 다 죽을 줄 알아라.(창 20:7)"라고 아비멜렉 왕에게 말씀하셨다. 하나님은 아브라함을 예언자로 세우시고, 기도의 능력과 권위를 부여하고 있는 것을 알 수 있다. 이처럼 아브라함은 미래를 내다보고 사람들에게 비전을 주는 리더로서의 역할을 할 수 있는 선지자(예언자)이며, 하나님으로부터 인정받는 믿음의 사람인 것을 말해주고 있다.

하) 유대교 · 기독교 · 이슬람교의 공통 조상인 아브라함

마침내 아브라함은 많은 나라의 아버지가 되어 '믿음의 조상'으로 인정받게 되고 유대교, 기독교, 이슬람교의 공통의 조상이 되어 세계적으로 큰 영향을 미치게 되었다. 따라서 아브라함은 후세들에게 바르게 살아가기를 바라면서 스스로 바르게 살아가는 삶을 실천한 위대한 고대 이스라엘의 예언자(선지자)이며 지도자로 존경받고 있다.

하나님이 아브라함을 택한 것은, 자식들과 후손들을 잘 가르쳐서 하나님께 순종하게 함으로써, 올바르게 살아가도록 가르치라는 뜻에서 비롯된 것이며, 바로 이것이 아브라함이 이 세상에서 살아가는 가장 중요한 사명이라고 믿었던 것이라고 볼 수 있다. 아브라함의 이 같은 부르심(calling)은 이스라엘 민족의 가장 중요한 사명으로 오늘날까지 이어져 '교육'은 유대(이스라엘)민족의 가장 중요한 전통이 되고 있다. 예언자(선지자, 비저너리)의 가장 중요한 덕목은 하나님께 의지하여 순종하면서 후손들을 잘 가르치는 것임을 아브라함이 보여주고 있는 것이다.

아브라함이 이스라엘을 세계의 중심국가로 등장시키다.

이렇게 하여 마침내 아브라함이 이스라엘을 세계 중심의 무대 위로 올려놓게 되는데, 바로 이 이스라엘이 오늘날도 여전히 '태풍의 핵' 또는 '중동의 화약고'라고 불리며 온 세계의 이목이 집중되고 있는 곳이다. 그러나 이스라엘은 그 규모가 작고, 땅이 척박하지만, 성경(하나님의 말씀)에 의지하여 개척정신을 가지고 열심히 살아가면서, 하나님의 제사장 나라로서 소강국을 일구어내어, 하나님의 말씀에 따른 '약속의 땅', '젖과 꿀이 흐르는 땅'으로 개척 · 발전시켰다. 이처럼 아브라함에 이어서 이삭, 야곱(이스라엘), 다윗 등 이스라엘의 주요 인물들의 영향력으로 이스라엘 민족이 소강국으로 이어오면서 영향력을 발휘할 수 있었던 것은 그들이 믿고 의지해오고 있는 하나님의 말씀(성경) 때문인 것이다.

아브라함이 이처럼 하나님의 음성을 듣고 복을 받게 된 것은 무엇 때문일까? 그것은 그의 신실한 믿음 때문인 것이다. 그는 하나님의 세미한 음성을 듣고, 그대로 따르는 사람이기 때문이라고 성경(창15:6)에서 "아브라함이 주를 믿으니, 주께서는 아브라함의 그런 믿음을 의로 여기셨다"고 밝히고 있다.

(6) 구약에서 신약에 오실 메시아를 예언하고 신구약을 연결한 위대한 선지자 이사야

하나님의 계시를 받은 구약의 선지자 이사야가 메시아가 오실 것을 예언하다.

선지자 이사야(BC 760~BC 680, 활동시기: BC 745~BC 695)가 남유다의 선지자로 활동할 시기에, 북이스라엘은 앗수르에게 멸망당했다. 이사야의 아버지 아모스(선지자 아모스가 아님)는 아마샤 왕의 형제이며, 이사야는 웃시야왕의 사촌, 요아스왕의 손자로 왕족이었다. 그의 문학적 업적으로는 웃시야의 생애(대하 26: 22), 이스라엘과 유다 왕들에 관한 책(대하 32:32)을 썼다. 그는 다른 선지자들보다도 신약성경에 많이 인용되고 있다. 그의 서사시는 셰익스피어, 밀턴, 호머보다도 높은 경지에 이른다.

이사야는 하나님의 계시를 받았으며, 하나님은 이사야에게 장차 오실 메시아의 위대하신 권능과 영광스러운 주권, 죄를 정화하는 거룩함을 계시하여 보이셨다.

이사야는 선지자의 이름을 따온 구약 성경책 '이사야서'에서 신약의 메시아를 예언한 위대한 예언자이다. 이사야서의 대부분은 하나님과의 언약을 파기한 이스라엘을 하나님이 어떻게 평가하시는지 이사야가 대변하는 내용으로 구성되어 있다.

장차 오실 메시아(그리스도)에 대한 이사야의 놀랍고 위대한 예언

가) 메시아 탄생에 대한 예언

① (사 9:6) 한 아기가 태어났으니 우리에게 주신 (하나님의) 아들이다. 그가 우리의 통치자가 되실 것이니 그 이름은 '위대한 스승', '전능하신 하나님', '영원히 계시는 아버지', '평화의 왕'이라 하리라.

② (사 11:1) 다윗 왕족의 혈통은 잘라진 나무처럼 끊어질 것이지만 줄기에서 새 순이 돋고 뿌리에서 새 가지가 나오듯이 다윗의 후손 가운데서 한 새로운 왕이 일어날 것이다.

나) 메시아의 모습에 대한 예언

이사야의 예언 중에는 장차 오실 메시아(그리스도)의 모습에 대하여 다음과 같이 기록하고 있다(사 53:2~12): [2] 그는 연한 순처럼, 마른 땅에서 나온 줄기처럼 주 앞에서 자랐으니 그에게는 풍채나 위엄이 없고 우리의 시선을 끌 만한 매력이나 아름다움도 없다. [3] 그는 사람들에게 멸시와 천대를 받고 슬픔과 고통을 당하는 사람이 되었으니 사람들이 그를 외면하고 우리도 그를 귀하게 여기지 않았다. [4] 그는 우리의 질병을 지고 우리를 대신하여 슬픔을 당하였으나 우리는 그가 하나님의 형벌을 받아 고난을 당하는 것으로 생각하였다. [5] 그가 우리의 죄 때문에 찔림을 당하고 상처를 입었으니 그가 징계를 받음으로 우리가 평화를 누리게 되었고 그가 채찍에 맞음으로 우리가 고침을 받았다. [6] 우리는 다 길 잃은 양처럼 제각기 잘못된 길로 갔으나 여호와께서는 우리 모든 사람의 죄를 그에게 담당시키셨다. [7] 그가 곤욕을 당하면서도 침묵을 지켰으니 도살장으로 끌려가는 어린 양과 털 깎는 사람 앞에서 잠잠한 양처럼 그의 입을 열지 않았다. [8] 그가 체포되어 심문을 당하고 끌려갔으나 그 세대 사람들 중에 그가 죽임을 당하게 된 것이 자기들의 죄 때문이라고 누가 생각했겠는가? [9] 그는 범죄하거나 거짓말을 한 적이 없었으나 악인들처럼 죽임을 당하여 부자의 묘실에 묻혔다. [10] 여호와께서 말씀하신다. “그가 상처를 입고 고통을 당한 것은 내 뜻이었다. 그가 죄를 속하는 희생제물이 되면 그는 자손을 보게 될 것이며 그의 날이 장구할 것이니 그를 통해 내 뜻이 성취될 것이다. [11] 그는 자기 영혼이 고통을 당해 얻어진 결과를 보고 만족스럽게 여길 것이다. 나의 의로운 종은 자기 지식으로 많은 사람을 의롭게 하며 그들의 죄를 담당할 것이다. [12] 그러므로 내가 강하고 위대한 자들의 영예를 그에게 주겠다. 그는 기꺼이 자기 생명을 바쳐 범죄자처럼 되었으며 많은 사람들의 죄를 짊어지고 그들이 용서받도록 기도하였다.”

7.7 신약성경의 핵심과 구약성경과의 관계

신약성경은 예수님의 가르침이 그를 따르던 제자들과 사도 바울 및 그와 관련된 사람들에 의해서 기록되어 전해 내려온 기독교의 모체를 이루는 경전이다.

신약성경은 4복음서(4권), 사도행전(1권), 바울서신(13권), 사도들의 서신(8권), 요한계시록(1권) 등 27권을 말한다.

신약성경 중의 4복음서는 예수님이 제자들에게 복음을 말씀으로 가르치신 것을 나중에 제자들이 기록하여 완성하였다. 그러나 실제로 신약성경에서 가장 먼저 기록된 책들은 바울서신이다. 사도 바울은 AD 35년경부터 60년 말경의 사이에 바울이 이방 전도를 하면서 그가 세운 교회들에게 예수님의 가르침을 편지로 기록하여 보낸 서신서들이다.

예수님은 제자들에게 복음을 가르치실 때 구약성경의 말씀을 많이 인용하셨기 때문에 신약성경은 구약성경과 연결되어 있으며, 그리스도교(기독교)는 구약성경을 경전으로 하고 있는 유대교를 바탕으로 하여 발전된 것이라고 볼 수 있다.

7.8 신약성경의 핵심: 4복음서와 사도행전 및 서신서

예수님의 가르침: 신약성경

여기서는 예수님이 제자들을 가르치면서 하신 말씀을 기록한 복음서를 소개한다.

예수님께서 지상생활을 하시는 동안 옆에서 지켜보고 지내던 제자들은 예수님이 하나님이시며 구세주라고 확실히 믿게 되었다고 복음서에서 증언하고 있다.

그들은, 예수님은 하나님이 인간의 몸을 입고 이 세상에 오셨으므로 하나님의 아들이라고 말한다. 그리고 예수님은 우리의 죄를 사해주시고 모든 인류를 죄로부터 구원하기 위하여 십자가에 매달려서 피를 흘려 돌아가신 후에 다시 부활하셔서 하나님께로 돌아가셨으며, 지금은 성령으로 우리에게 오셔서 우리와 함께 계시면서 우리 인간들을 가르치시는 분이시다.

예수님께서 가르치신 성경의 말씀을 잘 이해할 수 없거나 어떻게 살아야 할지 모를 때, 성령님을 통해 하나님이신 예수님께 기도드리면, 그 기도를 들어주시고 또 우리의 삶을 직접 인도해주시는 분이 성령님이신 것이다. 무엇이든지 잘 모를 때, 그것을 잘 깨닫고 이해하기 위해서는 성령의 도움을 받아서 성경을 읽고 기도해야 하는 것이다.

아래에 기록한 복음서의 내용을 읽고 묵상하고 기도하는 가운데 성경의 내용이 무엇인지, 또 내가 해야 할 사명이 무엇인지 그리고 그리스도교(기독교)가 무엇인지를 정확하게 깨닫는 것은 성령님을 항상 함께 모시고 기도하는 가운데 가능한 것이다.

(1) 4복음서: 예수님은 누구인가?

<예수님의 족보>

> 마태복음과 누가복음의 기록

<구약시대와 연결되는 예수님의 족보>

가) 예수님의 족보①: 마태복음(마 1:1~25)의 기록

> 아브라함부터 예수님에 이르는 예수님의 육신의 족보

(마 1:1~17)(눅 3:28~38) [1] 이것은 아브라함과 다윗의 후손 예수 그리스도의 족보이다. [2] 아브라함이 이삭을 낳았다. 이삭은 야곱을, 야곱은 유다와 그의 형제들을 낳았다. [3] 유다는 다말에게서 베레스와 세라를, 베레스는 헤스론을, 헤스론은 람을 낳았다. [4] 람은 암미나답을, 암미나답은 나손을,

나손은 살몬을 낳았다. [5] 살몬은 라합에게서 보아스를, 보아스는 룻에게서 오벳을, 오벳은 이새를, [6] 이새는 다윗왕을 낳았다. 다윗은 우리아의 아내에게서 솔로몬을, [7] 솔로몬은 르호보암을, 르호보암은 아비야를, 아비야는 아사를 낳았다. [8] 아사는 여호사밧을, 여호사밧은 요람을, 요람은 웃시야를 낳았다. [9] 웃시야는 요담을, 요담은 아하스를, 아하스는 히스기야를 낳았다. [10] 히스기야는 므낫세를, 므낫세는 아몬을, 아몬은 요시야를 낳았다. [11] 요시야는 바빌론으로 잡혀갈 무렵 여고냐와 그의 형제들을 낳았다. [12] 바빌론에 잡혀간 후 여고냐는 스알디엘을, 스알디엘은 스룹바벨을 낳았다. [13] 스룹바벨은 아비훗을, 아비훗은 엘리아김을, 엘리아김은 아소르를 낳았다. [14] 아소르는 사독을, 사독은 아킴을, 아킴은 엘리웃을 낳았다. [15] 엘리웃은 엘르아살을, 엘르아살은 맛단을, 맛단은 야곱을, [16] 야곱은 마리아의 남편 요셉을 낳았다. 그리고 그리스도라는 예수님은 마리아에게서 태어나셨다. [17] 그러므로 아브라함으로부터 다윗까지 모두 열 네 대이며 다윗으로부터 바빌론으로 잡혀갈 때까지 열 네 대이며 바빌론으로 잡혀간 때부터 그리스도까지 열 네 대이다.

구약의 예언과 마리아와 요셉 사이에서 '예수'의 탄생(마 1:18~25)(눅 2:1~7)〉

이사야의 예언: (사 7:14)그러므로 여호와께서 직접 너희에게 표적을 주실 것이다. 처녀가 임신하여 아들을 낳을 것이며 그의 이름을 '임마누엘'이라 부를 것이다.

(마 1:18~25)(눅 2:1~7) [18] 예수 그리스도의 태어나신 일은 이렇다. 예수님의 어머니 마리아는 요셉과 약혼하였으나 아직 결혼 전이었다. 그런데 성령으로 임신한 사실이 알려졌다. [19] 그러나 의로운 사람인 약혼자 요셉은 마리아를 부끄럽게 하고 싶지 않아서 남몰래 파혼하려고 마음먹었다. [20] 요셉이 이 일을 곰곰이 생각하고 있을 때 꿈에 주님의 천사가 나타나 이렇게 말하였다. "다윗의 후손 요셉아, 마리아를 아내로 맞아들이는 것을 주저하지 말아라. 그녀가 임신한 것은 성령으로 된 것이다. [21] 마리아가 아들을 낳을

것이다. 그의 이름을 '예수'라고 불러라. 그가 자기 백성을 죄에서 구원하실 것이다." [22] 이 모든 일이 일어나게 된 것은 하나님이 예언자를 통해서 말씀하신 예언(사 7:14)이 이루어지도록 하기 위해서였다. [23] "처녀가 임신하여 아들을 낳을 것이며 그의 이름을 '임마누엘'이라 부를 것이다." 임마누엘은 하나님께서 우리와 함께 계신다는 뜻이다. [24] 요셉은 잠에서 깨어나 주님의 천사가 일러 준 대로 마리아를 아내로 맞아들였다. [25] 그러나 그는 마리아가 아들을 낳을 때까지 그녀와 잠자리를 같이 하지 않았다. 마리아가 아들을 낳자 요셉은 이름을 '예수'라 하였다.

나) 예수님의 족보②: 누가복음(눅 3:23~38)의 기록

> 예수님으로부터 아브라함을 거쳐 하나님까지에 이르는 예수님의 육신의 족보

(눅 3:23~38) [23] 예수님이 기쁜 소식(복음)을 전하기 시작하신 때는 30세쯤 되셨다. 예수님은 요셉의 아들로 알려져 있었다. 요셉의 아버지는 헬리, [24] 헬리의 아버지는 맛닷, 맛닷의 아버지는 레위, 레위의 아버지는 멜기, 멜기의 아버지는 얀나, 얀나의 아버지는 요셉이었다. [25] 요셉의 아버지는 맛다디아, 맛다디아의 아버지는 아모스, 아모스의 아버지는 나훔, 나훔의 아버지는 에슬리, 에슬리의 아버지는 낙개였다. [26] 낙개의 아버지는 마앗, 마앗의 아버지는 맛다디아, 맛다디아의 아버지는 서머인, 서머인의 아버지는 요섹, 요섹의 아버지는 요다였다. [27] 요다의 아버지는 요아난, 요아난의 아버지는 레사, 레사의 아버지는 스룹바벨, 스룹바벨의 아버지는 스알디엘, 스알디엘의 아버지는 네리였다. [28] 네리의 아버지는 멜기, 멜기의 아버지는 앗디, 앗디의 아버지는 고삼, 고삼의 아버지는 엘마담, 엘마담의 아버지는 에르였다. [29] 에르의 아버지는 예수, 예수의 아버지는 엘리에서, 엘리에서의 아버지는 요림, 요림의 아버지는 맛닷, 맛닷의 아버지는 레위였다. [30] 레위의 아버지는 시므온, 시므온의 아버지는 유다, 유다의 아버지는 요셉, 요셉의 아버지는 요남, 요남의 아버지는 엘리아김이었다. [31] 엘리아김의 아버지는 멜레아, 멜레아의 아버지는 멘나, 멘나의 아

버지는 맛다다, 맛다다의 아버지는 나단, 나단의 아버지는 다윗이었다. [32] 다윗의 아버지는 이새, 이새의 아버지는 오벳, 오벳의 아버지는 보아스, 보아스의 아버지는 살몬, 살몬의 아버지는 나손이었다. [33] 나손의 아버지는 암미나답, 암미나답의 아버지는 람, 람의 아버지는 헤스론, 헤스론의 아버지는 베레스, 베레스의 아버지는 유다였다. [34] 유다의 아버지는 야곱, 야곱의 아버지는 이삭, 이삭의 아버지는 아브라함, 아브라함의 아버지는 데라, 데라의 아버지는 나홀이었다. [35] 나홀의 아버지는 스룩, 스룩의 아버지는 르우, 르우의 아버지는 벨렉, 벨렉의 아버지는 에벨, 에벨의 아버지는 셀라였다. [36] 셀라의 아버지는 가이난, 가이난의 아버지는 아르박삿, 아르박삿의 아버지는 셈, 셈의 아버지는 노아, 노아의 아버지는 라멕이었다. [37] 라멕의 아버지는 므두셀라, 므두셀라의 아버지는 에녹, 에녹의 아버지는 야렛, 야렛의 아버지는 마할랄렐, 마할랄렐의 아버지는 가이난이었다. [38] 가이난의 아버지는 에노스, 에노스의 아버지는 셋, 셋의 아버지는 아담, 아담의 아버지는 하나님이셨다.

(2) 예수님이 가르치신 말씀인 4복음서(기쁜 소식) 개요

■ 그리스도교(기독교, 예수교)의 4복음서란 무엇인가?

〈마태복음〉

- 저자: 마태(Matthew). 알패오의 아들로 가버나움 세무원 출신.
- 연대: AD 65~70년경(예루살렘 파괴 직전) 기록.
- 목적: 1) 예수님이 바로 다윗의 후손으로 오신 유대인의 왕이요 메시아임을 알려준다. 2) 유대교에서 개종한 신자들에게 율법과 복음의 관계성을 깨우쳐 참 신앙에 이르도록 한다.
- 개요: 1장~4:11: 왕(예수님)의 출현. 4:12~11:1: 왕(예수님)의 선포와 권능. 11:2~16:12: 왕(예수님)을 거부하는 세태. 16:13~20:28: 왕(예수님)의 가르침과 훈련. 20:29~27장: 왕(예수님)의 수난과 죽음. 28장 : 왕(예수님)의 부활과 대위임령

가) [마태복음의 산상설교(Sermon on the Mount)(마 5~7장) 중 5장]

산상설교(산상수훈)은 마태복음 (Matthew) 5장부터 7장까지에 기록되어 있는 예수님의 설교로 마태복음이 기록한 5개의 설교 (Five Discourses) 중 첫 번째 이다. 산상설교는 복음서에서 기록한 설교 중 가장 긴 것으로 "팔복", "주기도문" 등의 유명한 가르침을 포함한 예수님의 아니 역사상 가장 위대한 설교이다.

■ (마 5:1~2): [1] 예수님은 많은 사람들이 모여드는 것을 보시고 산에 올라가 앉으셨다. 그러자 제자들이 그분에게 나아왔다. [2] 그래서 예수님은 그들에게 이렇게 가르치셨다. ■

복이 있는 사람(마 5:3~12) 그리고 (눅 6:20~23)

■ (마 5:3~12) "[3] 마음이 가난한 사람은 행복하다. 하늘 나라가 그들의 것이다. [4] 슬퍼하는 사람은 행복하다. 그들이 위로를 받을 것이다. [5] 온유한 사람은 행복하다. 그들이 땅을 차지할 것이다. [6] 의에 굶주리고 목마른 사람은 행복하다. 그들은 원하는 것을 다 얻을 것이다. [7] 남을 불쌍히 여기는 사람은 행복하다. 하나님도 그들을 불쌍히 여길 것이다. [8] 마음이 깨끗한 사람은 행복하다. 그들은 하나님을 볼 것이다. [9] 화평을 이루는 사람은 행복하다. 그들은 하나님의 아들(자녀)이라고 불릴 것이다. [10] 의를 위하여 핍박을 받은 사람들은 행복하다. 하늘 나라가 그들의 것이다. [11] 나 때문에 사람들이 너희를 욕하고 핍박하고 거짓말로 온갖 악담을 할 때에 너희는 행복하다. [12] 하늘에서 큰 상이 너희를 기다리고 있다. 기뻐하고 즐거워하여라. 이전의 예언자들도 이런 핍박을 받았다." ■

소금과 빛(마 5:13~16) 그리고 (막 9:50; 눅 14:34~35)

■ (마 5:13~16) "[13] 너희는 세상의 소금이다. 그런데 소금이 그 맛을 잃으면, 어떻게 다시 짜게 할 수 있겠느냐? 그런 것은 아무 아무 쓸모가 없어 밖에 버려져 사람들에게 짓밟힐 뿐이다. [14] 너희는 세상의 빛이다. 산 위에 있는 마을은 잘 보이기 마련이다. [15] 등불을 켜서 그릇으로 덮어 둘 사람은 아무도 없다. 오히려 그것을 등잔대 위에 올려놓아 집 안에 있는 모든 사람에게 비치게 하지 않겠느냐? [16] 이와 같이 너희 빛을 사람에게 비추게 하라. 그래서 사람들이 너희 착한 행실을 보고 하늘에 계신 너희 아버지를 찬양하게 하라." ■

나) 예수께서 가르치신 기도(주기도문)(마 6:5~13) 그리고 (눅 11:2~4)

■ (마 6:5~13) "[5] 너희는 기도할 때 위선자들처럼 하지 말아라. 그들은 사람에게 나타내려고 회당과 길거리에 서서 기도하기를 좋아한다. 내가 분명히 말해 두지만 그들은 받을 상을 이미 다 받았다. [6] 그러나 너는 ■

■ 기도할 때 골방에 들어가 문을 닫고 보이지 않는 데 계시는 네 아버지께 기도하여라. 그러면 은밀히 보시는 네 아버지께서 갚아 주실 것이다. [7] 너희는 기도할 때 이방인들처럼 쓸데없는 말을 되풀이하지 말아라. 그들은 말을 많이 해야 하나님이 들어주실 것으로 생각한다. [8] 너희는 그들을 본받지 말아라. 너희 아버지께서는 너희가 구하기 전에 너희에게 필요한 것이 무엇인지 다 알고 계신다. [9] 그러므로 너희는 이렇게 기도하여라. '하늘에 계신 우리 아버지, 아버지의 이름이 거룩히 여김을 받게 하시고 [10] 아버지의 나라가 속히 오게 하소서. 아버지의 뜻이 하늘에서 이루어진 것같이 땅에서도 이루어지게 하소서. [11] 우리에게 날마다 필요한 양식을 주시고 [12] 우리가 우리에게 죄지은 사람들을 용서해 준 것처럼 우리 죄를 용서해 주소서. [13] 우리가 시험에 들지 않게 하시고 우리를 악[87]에서 구해 주소서. (나라와 권세와 영광이 영원토록 아버지의 것입니다.[88] 아멘!)'" ■

87) 또는 '악한 자에게서'

88) 고대 사본에는 이 구절이 없다.

다) [마태복음: 예수님의 부활과 지상명령(마 28:16~20) 그리고(막 16:14~18; 눅 24:36~49; 요 20:19~23; 행 1:6~8)]

■ (마 28:16~20) [16] 열 한 제자는 갈릴리에 가서 예수님이 그들에게 일러 주신 산에 올라가 [17] 예수님을 뵙고 경배하였다. 그러나 의심하는 사람도 있었다. [18] 그래서 예수님은 제자들에게 가까이 오셔서 이렇게 말씀하셨다. "나는 하늘과 땅의 모든 권능을 받았다. [19] 그러므로 너희는 가서 모든 민족을 제자로 삼아 아버지와 아들과 성령의 이름으로 세례를 주고 [20] 내가 너희에게 명령한 모든 것을 가르쳐 지키게 하라. 내가 세상 끝날까지 항상 너희와 함께 있겠다." ■

〈마가복음〉

- 저자: 마가(Mark). 베드로의 사랑받는 제자요 동역자이며, 바울과 함께 제1차 전도 여행에 참가한 복음전도의 조력자.
- 연대: AD 65~70년경(베드로와 바울의 순교 이후) 기록.
- 목적: 1) 하나님의 아들이신 예수님이 이 땅에 종으로 오셔서 인류의 대속 제물이 되셨음을 알려준다. 2) 로마 황제 네로의 치하에서 고난당하던 로마의 성도들에게 그리스도의 능력과 고난과 부활을 증거함으로써 소망을 준다.
- 개요: 1장~2:12: 종(예수님)의 출현. 2:13~8:26: 종(예수님)의 사역과 고난. 8:27~10장: 종(예수님)의 가르침. 11~15장: 종(예수님)의 거부당함과 수난. 16장 : 종(예수님)의 부활

[마가복음: 예수님의 지상명령(막 16:14~20)]

(막 16:14~20) [14] 그 후에 열 한 제자가 식사하고 있을 때 예수님이 나타나서 그들의 믿음 없는 것과 또 완고하게 고집을 피우며 자기가 살아난 것을 본 사람들의 말을 믿지 않는다고 그들을 책망하셨다. [15] 그리고 나서 예수

님은 그들에게 이렇게 말씀하셨다. "너희는 온 세상에 나가 모든 사람에게 기쁜 소식을 전파하여라. [16] 믿고 세례를 받는 사람은 구원을 받고 믿지 않는 사람은 죄인으로 단정될 것이다. [17] 믿는 사람들에게는 이런 기적들이 따를 것이다. 그들이 내 이름으로 귀신을 쫓아내고 배우지 않은 새로운 말을 하고 [18] 뱀을 만지거나 어떤 독을 마셔도 해를 입지 않으며 병든 사람에게 손을 얹으면 나을 것이다." [19] 주 예수님은 말씀을 마치시고 하늘로 올리어 가셔서 하나님 오른편에 앉으셨다. [20] 제자들이 나가서 이 기쁜 소식을 널리 전하자 주님께서는 그들과 함께 하셔서 그들에게 따르는 기적으로 그들이 전하는 말씀이 사실임을 확증해 주셨다.

〈누가복음〉

- 저자: 누가(Luke). 의사 출신으로 바울의 절친한 동역자. 사도들의 전도 기록의 저자이기도 하다.
- 연대: AD 60~62년경(사도들의 전도 기록보다 앞선 시기인 바울의 제1차 로마 투옥 당시) 기록.
- 목적: 1) 예수님이 하나님이시요 동시에 완전한 인간이심을 알려준다. 2) 로마의 관리 데오빌로를 위시한 이방인들에게 예수님이 유일한 구세주임을 전해준다.
- 개요: 1장~4:13 : 인자(예수님)의 탄생과 어린 시절. 4:14~9:50 : 인자의 세례, 시험당함, 갈릴리 사역. 9:51~19:27 : 인자(예수님)의 배척당함. 19:28~23장 : 인자(예수님)의 수난과 죽음. 24장 : 인자(예수님) 부활

가) [누가복음: 영생과 이웃(눅 10:25~37)]

(눅 10:25~37) [25] 어떤 율법학자가 예수님을 시험하려고 와서 "선생님, 제가 무엇을 해야 영원한 생명을 얻겠습니까?" 하고 물었다. [26] 예수님이 그에게 "율법에 무엇이라고 쓰여 있으며 너는 어떻게 알고 있느냐?" 하고

다시 물으시자 [27] 그는 "'네 마음을 다하고 정성을 다하고 힘을 다하고 뜻을 다하여 주 너의 하나님을 사랑하라.'[89] 그리고 '네 이웃을 네 몸과 같이 사랑하라.'[90] 하였습니다." 하고 대답하였다. [28] 그래서 예수님이 그에게 "네 말이 옳다 그대로 실천하여라. 그러면 네가 살 것이다." 하고 말씀하셨으나 [29] 그 율법학자는 자기가 옳다는 것을 보이려고 "그러면 누가 내 이웃입니까?" 하고 예수님께 물었다. [30] 그러자 예수님은 이렇게 대답하셨다. "어떤 사람이 예루살렘에서 여리고로 내려가다가 강도를 만났다. 강도들은 그 사람의 옷을 벗기고 때려서 반쯤 죽은 것을 버려두고 가 버렸다. [31] 마침 한 제사장이 그 길로 내려가다가 그를 보고는 피해서 다른 길로 지나갔다. [32] 그리고 어떤 레위 사람도 그 곳에 이르러 그를 보고는 피해서 다른 길로 지나갔다. [33] 그러나 어떤 사마리아 사람은 여행 중에 그 길로 지나다가 그를 보고 불쌍한 생각이 들었다. [34] 그래서 그는 다가가서 상처에 기름과 포도주를 붓고 싸맨 후 자기 짐승에 태워 여관까지 데리고 가서 간호해 주었다. [35] 이튿날 그는 두 데나리온을 여관 주인에게 주면서 '이 사람을 잘 보살펴 주시오. 비용이 더 들면 돌아오는 길에 갚아 드리겠소.' 하고 부탁하였다. [36] 그러니 네 생각에는 이 세 사람 중에 누가 강도 만난 사람의 이웃이 되겠느냐?" [37] 그때 율법학자는 "그 사람을 불쌍히 여긴 사람입니다." 하고 대답하였다. 예수님은 그에게 "너도 가서 그와 같이 실천하여라." 하고 말씀하셨다.

나) [누가복음: 돌아온 탕자(눅 15:11~32)]

(눅 15:11~32) [11] 예수님은 다시 말씀하셨다. "어떤 사람에게 두 아들이 있었다. [12] 그런데 작은 아들이 '아버지, 제 몫으로 돌아올 재산을 주십시오.' 하고 말하였다. 그래서 아버지는 재산을 갈라 두 아들에게 나누어 주었다. [13] 며칠 후 작은 아들은 자기 재산을 다 정리하여 먼 나라로 가서 방탕한 생활을 하다가 재산을 모두 날려버렸다. [14] 가진 것은 다 써 버리고 그 나라에 심한 흉년까지 들어 비로소 굶주리게 되자 [15] 그는 하는 수 없이

89) 신명기 6:5
90) 레위기 19:18

그 나라의 어떤 시민에게 가서 몸 붙여 살게 되었는데 주인이 그를 들로 보내 돼지를 치게 하였다. [16] 그는 너무도 배가 고파 돼지가 먹는 쥐엄나무 열매로 배를 채우려 했지만 그것마저 주는 사람이 없었다. [17] 그제서야 그는 제정신이 들어 말하였다. '내 아버지의 집에는 양식이 풍부하여 많은 일꾼들이 먹고도 남는데 나는 여기서 굶어 죽는구나! [18] 그렇다. 아버지에게 가서 이렇게 말씀 드려야지: 아버지, 제가 하늘과 아버지께 죄를 지어 [19] 이젠 아버지의 아들이라고 할 자격도 없습니다. 다만 저를 일꾼의 하나로 써주십시오.' [20] 그리고서 그는 일어나 아버지에게 갔다. 그러나 아버지는 그가 멀리서 오고 있는 것을 보고 측은한 마음이 들어 달려가서 아들을 얼싸안고 입을 맞추었다. [21] 그러자 아들은 '아버지, 제가 하늘과 아버지께 죄를 지어 이젠 아버지의 아들이라고 할 자격도 없습니다.(다만 저를 일꾼의 하나로 써 주십시오.)' 라고 하였다. [22] 그런데도 아버지는 종들에게 이렇게 말씀하셨다. '어서 제일 좋은 옷을 내어다가 입히고 손가락에 반지를 끼우고 신발을 신겨라. [23] 그리고 살진 송아지를 끌어와 잡아라. 우리 함께 먹고 즐기자. [24] 나의 이 아들은 죽었다가 다시 살아났고 잃었다가 다시 찾았다.' 그러자 그들은 즐기기 시작했다. [25] 한편 밭에 나갔던 큰 아들은 돌아오다가 집 근처에 왔을 때 풍악 소리와 춤추는 소리를 듣고 [26] 종 하나를 불러 무슨 일이냐고 물었다. [27] 이때 그 종은 '당신의 동생이 돌아왔습니다. 그래서 주인께서는 건강한 모습으로 돌아온 그를 다시 맞아들이게 되었다고 살진 송아지를 잡았습니다.' 하고 대답하였다. [28] 그러자 그는 화를 내며 집에 들어가려고 하지 않았다. 그의 아버지가 나와서 사정했으나 [29] 그는 아버지에게 이렇게 말하였다. '제가 여러 해 동안 아버지를 섬겨 왔고 아버지의 명령을 어긴 일이 없는데도 제게는 친구들과 함께 즐기라고 염소 새끼 한 마리도 주신 일이 없습니다. [30] 그런데 창녀들과 놀아나다 아버지의 재산을 다 없애 버린 동생이 돌아왔다고 아버지는 살진 송아지까지 잡으셨습니다.' [31] 그래서 아버지가 대답하였다. '얘야, 너는 항상 나와 함께 있으니 내가 가진 모든 것이 다 네 것이 아니냐? [32] 그러나 네 동생은 죽었다가 다시 살아났고 잃었다가 다시 찾았으므로 우리가 즐거워하고 기뻐하는 것이 마땅하다.'"

〈요한복음〉

- 저자: 요한. 갈릴리 어부 출신으로 예수님의 행적과 수난 및 부활의 목격자인 사도.
- 연대: AD 70~95년경(사도 요한이 밧모섬에 유배되기 전) 기록.
- 목적: 예수님이 본질상 하나님의 아들이요, 성육신한 분이심을 증거하고 이를 믿는 자에게 영생이 주어짐을 전한다.
- 개요: 1:1~18: 하나님 아들의 성육신. 1:19~4장: 하나님 아들의 증거. 5~12장: 하나님 아들의 사역과 배척당함. 13~17장: 하나님 아들의 교훈. 18~21장: 하나님 아들의 수난과 부활

가) [요한복음: 말씀이 육신이 되시다(요 1:1~18)]

(요 1:1~18) [1] 우주가 존재하기 전에 말씀되시는 그리스도가 계셨다. 그분은 하나님과 함께 계셨으며 바로 그분이 하나님이셨다. [2] 그리스도는 맨 처음부터 하나님과 함께 계셨고 [3] 모든 것은 그분을 통해서 창조되었으며 그분 없이 만들어진 것은 아무것도 없다. [4] 그리스도 안에 생명이 있었으니 이 생명은 인류의 빛이었다. [5] 이 빛이 어두움 속에서 빛나고 있었으나 어두움이 이 빛을 깨닫지 못하였다. [6] 하나님이 보내신 요한이라는 사람이 있었다. [7] 그는 이 빛에 대해서 증거하여 사람들이 자기를 통해 믿도록 하기 위해서 왔다. [8] 그는 빛이 아니었으며 다만 이 빛에 대하여 증거하러 온 것뿐이었다. [9] 세상에 와서 모든 사람을 비추는 참 빛이 있었다. [10] 그분이 세상에 계셨고 세상은 그분을 통해서 만들어졌는데도 세상이 그분을 알지 못했으며 [11] 자기 땅에 오셨으나 자기 백성들까지도 그분을 영접하지 않았다. [12] 그러나 그분은 자기를 영접하고 믿는 사람들에게는 하나님의 자녀가 되는 특권을 주셨다. [13] 이 사람들이 하나님의 자녀가 된 것은 핏줄이나 육체적 욕망이나 사람의 뜻으로 된 것이 아니라 하나님의 뜻에 의해서

된 것이다. [14] 말씀되시는 그리스도께서 사람이 되어 우리 가운데 사셨다. 우리가 그분의 영광을 보니 하나님 아버지의 외아들의 영광이었고 은혜와 진리가 충만하였다. [15] 요한은 그분에 대하여 이렇게 외치며 증거하였다. "내가 전에 내 뒤에 오시는 분이 나보다 위대한 것은 그분이 나보다 먼저 계셨기 때문이라고 말했는데 그가 바로 이분이시다." [16] 우리는 모두 그분의 넘치는 은혜를 한없이 받았다. [17] 율법은 모세를 통해주신 것이지만 은혜와 진리는 예수 그리스도를 통해 왔다. [18] 지금까지 하나님을 본 사람은 없었다. 그러나 아버지의 품안에 계시는 외아들(독생자, 독생하신 하나님)이 그분을 알리셨다.

나) [요한복음: 예수님이 제자들을 위해 기도하심(요 17:1~26)]

(요 17:1~26) [1] 예수님은 이 말씀을 하시고 하늘을 우러러보시며 이렇게 기도하셨다. "아버지, 때가 왔습니다. 아들이 아버지께 영광을 돌릴 수 있도록 이 아들을 영광스럽게 하소서. [2] 아버지께서는 아들에게 주신 모든 사람에게 아들이 영원한 생명을 주게 하시려고 온 인류를 다스리는 권한을 아들에게 주셨습니다. [3] 영원한 생명은 한 분밖에 없는 참된 하나님이신 아버지와 그리고 아버지께서 보내신 예수 그리스도를 아는 것을 말합니다. [4] 나는 아버지께서 맡겨 주신 일을 다 완성하여 세상에서 아버지를 영광스럽게 하였습니다. [5] 아버지, 세상이 있기 전에 내가 아버지와 함께 누렸던 그 영광으로 지금 아버지 앞에서 나를 영광스럽게 하소서. [6] 세상에서 이끌어내어 아버지께서 내게 주신 사람들에게 나는 아버지를 알게 해 주었습니다. 그들은 아버지의 사람들이었는데 아버지께서 내게 주셨습니다. 그들은 아버지의 말씀에 순종하였으며 [7] 지금은 그들이 아버지께서 내게 주신 모든 것이 아버지에게서 온다는 것을 알고 있습니다. [8] 나는 아버지께서 내게 주신 말씀을 그들에게 주었으며 그들은 이 말씀을 받아들였습니다. 그래서 그들은 내가 아버지에게서 나온 것을 확실히 알고 또 아버지께서 나를 보내신 것을 믿었습니다. [9] 내가 그들을 위해 기도합니다. 내가 기도하는 것은 세상을 위해서가 아니라 아버지께서 내게 주신 사람들을 위해서입니다. 그들은 아버지의 것이기 때문입니다. [10] 내 것은 모두 아버지의 것이며 아버지의 것도

다 내 것입니다. 나는 그들을 통해 영광을 받았습니다. [11] 나는 이제 세상을 떠나 아버지께로 가지만 그들은 세상에 남아 있습니다. 거룩하신 아버지, 내게 주신 아버지의 이름으로 그들을 지켜 주시고 아버지와 내가 하나인 것처럼 그들도 하나가 되게 하소서. [12] 내가 그들과 함께 있는 동안 내게 주신 아버지의 이름으로 나는 그들을 안전하게 보호하고 지켰습니다. 그들 가운데 멸망의 자식 외에는 하나도 잃어버린 사람이 없으니 이것은 성경 말씀이 이루어지기 위한 것입니다. [13] 이제 나는 아버지께로 갑니다. 그러나 내가 세상에서 이 말씀을 드리는 것은 그들이 내 기쁨을 마음껏 누리게 하려는 것입니다. [14] 내가 아버지의 말씀을 그들에게 전했는데 세상은 그들을 미워하고 있습니다. 그것은 내가 세상이 속하지 않은 것처럼 그들도 세상에 속하지 않았기 때문입니다. [15] 나의 기도는 그들을 세상에서 데려가 달라는 것이 아니라 악한 자에게서 지켜 달라는 것입니다. [16] 내가 세상에 속하지 않은 것처럼 그들도 세상에 속하지 않았습니다. [17] 그들을 진리로 거룩하게 하소서. 아버지의 말씀은 진리입니다. [18] 아버지께서 나를 세상에 보내신 것처럼 나도 그들을 세상에 보냈습니다. [19] 그들을 위해 내가 나를 거룩하게 합니다. 이것은 그들도 진리로 거룩해지기 위해서입니다. [20] 나는 그들뿐만 아니라 그들의 말을 듣고 나를 믿는 사람들을 위해서도 기도합니다. [21] 아버지, 아버지께서 내 안에 계시고 내가 아버지 안에 있는 것같이 그들도 하나가 되어 우리 안에 있게 하소서. 그래서 아버지께서 나를 보내신 것을 세상이 믿게 하소서. [22] 아버지께서 내게 주신 영광을 내가 그들에게 준 것은 아버지와 내가 하나인 것처럼 그들도 하나가 되게 하기 위해서입니다. [23] 나는 그들 안에 있고 아버지는 내 안에 계십니다. 그들이 완전히 하나가 되게 하셔서 아버지께서 나를 보내신 것과 또 나를 사랑하신 것처럼 아버지께서 그들도 사랑하신 것을 세상이 알게 하소서. [24] 아버지, 아버지께서 내게 주신 사람들이 내가 있는 곳에 나와 함께 있게 하소서. 그래서 세상이 생기기 전부터 아버지께서 나를 사랑하셨기 때문에 내게 주신 내 영광을 그들이 보게 하소서. [25] 의로우신 아버지, 세상은 아버지를 모르지만 나는 알고 있으며 그들도 아버지께서 나를 보내신 것을 알고 있습니다. [26]

내가 아버지를 그들에게 알게 했으니 앞으로도 계속 아버지를 알게 하여 아버지께서 나를 사랑하신 그 사랑이 그들 안에 있고 나도 그들 안에 있도록 하겠습니다."

다) [요한복음: 내 양을 먹이라. 나를 따르라.(요 21:15~19)]

(요 21:15~19) [15] 식사가 끝난 후 예수님은 시몬 베드로에게 "요한의 아들 시몬아, 네가 이 사람들보다 나를 더 사랑하느냐?" 하고 물으셨다. 베드로가 "그렇습니다. 주님. 내가 주님을 사랑하는 것을 주님이 아십니다." 하고 대답하자 예수님이 "내 어린 양들을 먹여라." 하고 말씀하셨다. [16] 예수님은 두 번째로 베드로에게 "요한의 아들 시몬아, 네가 나를 사랑하느냐?" 하고 물으셨다. 베드로가 "그렇습니다. 주님. 내가 주님을 사랑하는 것을 주님이 아십니다." 하고 대답하자 예수님이 "내 양을 쳐라." 하고 말씀하셨다. [17] 예수님은 세 번째로 베드로에게 "요한의 아들 시몬아, 네가 나를 사랑하느냐?" 하고 물으셨다. 베드로는 예수님이 세 번이나 물으시므로 슬픈 표정을 지으면서 "주님, 주님은 모든 것을 아십니다. 내가 주님을 사랑하는 것을 주님이 아십니다." 하고 대답하였다. 그러자 예수님이 베드로에게 말씀하셨다. "내 양을 먹여라. [18] 내가 분명히 너에게 말해 둔다. 네가 젊었을 때는 스스로 네 옷을 차려 입고 원하는 곳에 마음대로 다녔으나 네가 늙으면 너는 팔을 벌리고 다른 사람이 네 옷을 입혀 네가 원하지 않는 곳으로 너를 데려갈 것이다." [19] 예수님이 이 말씀을 하신 것은 베드로가 어떤 죽음으로 하나님께 영광을 돌릴 것인가를 알리시기 위해서였다. 그리고서 예수님은 베드로에게 "나를 따르라." 하고 말씀하셨다.

(3) 사도행전(사도들의 전도 기록)과 바울 서신(로마서 · 갈라디아서) 개요

〈사도행전(사도들의 전도 활동 기록)〉

- 저자: 누가(Luke). 의사 출신으로 바울의 절친한 동역자.
- 연대: AD 63년경(누가복음 기록 이후, 바울이 로마에 머물던 당시) 기록.
- 목적: 1) 성령의 역사로 탄생한 교회가 예루살렘으로부터 로마 제국의

전역으로 확산되어 가는 성장과정을 소개한다. 2) 당시 로마의 관리 데오빌로를 위시한 이방인에게 예수님의 십자가와 부활을 증거한다.

개요: 1~2장: 교회의 탄생. 3~7장: 교회의 성장. 8~12장: 박해와 교회의 확장. 13장~21:16: 바울의 3차에 걸친 전도 여행. 21:17~28장: 바울의 로마 여행과 고난.

가) [사도행전: 예수님의 승천과 오순절 성령 강림〈교회의 탄생〉(행 1:4~2:47)]

> 지상명령: 성령님이 너희에게 오시면 너희가 권능을 받아 예루살렘과 온 유대와 사마리아와 땅 끝까지 이르러 내 증인이 될 것이다(행 1:8).

(행 1:4~26) <성령을 약속하심> [4] 예수님은 사도들과 함께 모인 자리에서 이렇게 말씀하셨다. "너희는 예루살렘을 떠나지 말고 내가 전에 말한 대로 아버지께서 약속하신 선물을 기다려라. [5] 요한은 물로 침례를 주었으나 너희는 얼마 안 가서 성령으로 침례를 받을 것이다." <예수의 승천> [6] 그 후 예수님이 다시 나타나셨을 때 제자들이 예수님께 "주님, 이스라엘 나라를 다시 세우실 때가 지금입니까?" 하고 묻자 [7] 예수님은 이렇게 대답하셨다. "때와 시기는 아버지께서 자기 권한으로 정하신 것이니 너희가 알 것이 아니다. [8] 그러나 성령님이 너희에게 오시면 너희가 권능을 받아 예루살렘과 온 유대와 사마리아와 땅 끝까지 이르러 내 증인이 될 것이다." [9] 예수님이 이 말씀을 하시고 그들이 지켜보는 데서 하늘로 올리워 가시자 구름에 가려 다시는 보이지 않았다. [10] 예수님이 올라가실 때 그들이 자세히 하늘을 쳐다보고 있는데 갑자기 흰 옷 입은 두 사람이 그들 곁에 서서 말하였다. [11] "갈릴리 사람들아, 왜 서서 하늘을 쳐다보느냐? 너희 가운데서 하늘로 올리워 가신 이 예수님은 너희가 본 그대로 다시 오실 것이다." <유다 대신에 맛디아를 뽑다> [12] 그 후 제자들은 감람산에서 예루살렘으로 돌아왔다. 그 산은 예루살렘에서 가까워 안식일에도 다닐 수 있는 거리였다. [13] 그들은

성 안으로 들어가 자기들이 머물던 이층 방으로 올라갔다. 그들은 베드로, 요한, 야고보, 안드레, 빌립, 도마, 바돌로매, 마태, 알패오의 아들 야고보, 열심당원 시몬, 야고보의 아들 유다였다. [14] 그들은 거기 모인 여자들과 예수님의 어머니 마리아와 예수님의 동생들과 함께 한마음으로 계속 기도에만 힘썼다. [15] 그러던 어느 날 믿는 형제들이 120명쯤 모인 자리에서 베드로가 일어나 이렇게 말하였다. [16] "형제들이여, 예수님을 잡는 사람들의 앞잡이 노릇을 했던 유다에 대하여 성령께서 오래 전에 다윗의 입을 통해 예언하신 성경 말씀은 당연히 이루어져야 했습니다. [17] 그는 본래 우리 가운데 한몫 끼어 우리 일의 일부분을 맡았던 사람입니다. [18] 이 사람은 죄악의 값으로 밭을 사고 거기서 곤두박질하여 배가 터져서 창자가 다 흘러 나왔습니다. [19] 예루살렘 사람들이 모두 이 일을 알고 그 밭을 피밭이라고 불렀습니다. [20] 시편에는 '그의 집이 폐허가 되어 그 곳에 사는 자가 없게 하소서.(시 69: 25)' 라고 기록되어 있고 또 '그의 직분을 다른 사람이 갖게 하소서.(시 109:8)'라고 기록되어 있습니다. [21] 그러므로 요한이 침례를 베풀 때부터 예수님이 하늘로 올리워 가시기까지 주 예수께서 우리와 함께 계시던 그 모든 기간 동안에 줄곧 우리와 같이 다니던 사람 중에 하나를 뽑아 우리와 함께 예수님의 부활을 증거하는 사람이 되게 할 필요가 있습니다." [22] (21절과 같음) [23] 그러자 그들이 두 사람을 추천했는데 하나는 바사바 또는 유스도라고도 하는 요셉이었고 다른 하나는 맛디아였다. [24] 그리고서 그들은 이렇게 기도하였다. "모든 사람의 마음을 아시는 주님, 이 두 사람 중에 주님이 택하신 사람이 누군지 보여 주셔서 [25] 유다 대신 봉사와 사도의 직분을 맡게 하소서. 그는 이것을 버리고 제 갈 곳으로 갔습니다." [26] 그런 다음 제비를 뽑자 맛디아가 당첨되었다. 그래서 그는 열 한 사도와 함께 사도가 되었다.

(행 2:1~47) <오순절: 성령의 강림> [1] 오순절이 되자 그들이 모두 한 곳에 모였다. [2] 그런데 갑자기 하늘에서 강한 바람이 세차게 부는 것 같은 소리가 나더니 그들이 앉아 있던 온 집 안을 가득 채웠다. [3] 그리고 혀처럼 생긴 불이 나타나더니 그것이 갈라져 각 사람 위에와 닿았다. [4] 그러자 그

들은 모두 성령이 충만하여 성령께서 주시는 능력으로 그들도 알지 못하는 외국어로 말하기 시작하였다. [5] 그때 예루살렘에는 세계 여러 나라에서 온 경건한 유대인들이 많이 머물고 있었다. [6] 하늘에서 난 바람 같은 이 소리를 듣고 몰려든 군중들은 각자 자기 나라 말로 제자들이 말하는 것을 듣고 어리둥절하였다. [7] 그들은 모두 놀라 이상히 여기며 이렇게 말하였다. "지금 말하고 있는 저들은 다 갈릴리 사람들이 아니냐? [8] 그런데 그들이 하는 말이 우리가 각자 태어난 나라의 말로 들리니 도대체 어떻게 된 것인가? [9] 우리 중에는 바대, 메디아, 엘람, 메소포타미아, 유대, 갑바도기아, 본도, 아시아, [10] 브루기아, 밤빌리아, 이집트, 구레네 부근의 리비아 일대에서 온 사람도 있고 로마에서 온 [11] 유대인과 유대교로 개종한 이방인들도 있으며 또 크레테 사람과 아라.비아 사람도 있는데 우리가 다 하나님의 놀라운 일을 각자 우리 말로 듣고 있지 않는가?" [12] 그들은 모두 놀라고 당황하여 "이것이 어찌된 일인가?" 하고 서로 물었다. [13] 그러나 어떤 사람들은 "잔뜩 술에 취했군!" 하며 제자들을 조롱하였다. <베드로의 오순절 설교> [14] 그때 베드로가 열 한 사도와 함께 일어서서 큰 소리로 이렇게 말하였다. "유대인들과 예루살렘에 사는 여러분, 이 일을 여러분에게 설명해 드리겠습니다. 모두 내 말에 귀를 기울여 주십시오. [15] 지금 시간은 아침 9시밖에 되지 않았습니다. 여러분이 생각하는 것처럼 이 사람들은 술에 취한 것이 아닙니다. [16] 이 일에 대해서 예언자 요엘은 이렇게 예언했습니다. [17] 하나님이 말씀하신다: '말세에 내가 성령을 모든 사람에게 부어 주겠다. 너희 자녀들은 예언할 것이며 너희 청년들은 환상을 보고 너희 노인들은 꿈을 꿀 것이다. [18] 그 때에 내가 나의 남녀 종들에게 성령을 부어줄 것이며 그들은 예언할 것이다. [19] 또 내가 하늘에서는 이상한 일과 땅에서는 징조를 보여 줄 것이니 곧 피와 불과 연기이다. [20] 주의 크고 영광스러운 날이 오기 전에 해가 어두워지고 달이 핏빛으로 변할 것이다. [21] 그러나 누구든지 주의 이름을 부르는 사람은 구원을 받을 것이다(욜 2:28~32)'. [22] 이스라엘 사람 여러분, 이 말을 들으십시오. 여러분도 아시겠지만 하나님은 나사렛 예수님을 통해 기적과 놀라운 일을 여러분 가운데 베푸셔서 그분을 여러분에게 증거해 주셨습니다. [23] 이 예수님은 하나님이 미리 아시고 정하신 계획에 따라 여러분에게 넘겨졌는데 여러분이 악한 사람들의 손을 빌어 그분을 십자가에 못박아 죽였습니다. [24] 그러나 하나님께서는 예수님을 죽음의 고통에서 풀어 다시 살리셨습니다. 그것은 예수님이 죽음에 붙들려 계실 수 없었기 때문입니다. [25] 다윗은 그분에 대하여 이렇게 말하였습니다. '나는 항상 내 앞에 계신 주를 보았다. 그가 내 오른편에 계시므로 내가 흔들리지 않을 것이다. [26] 그래서 내 마음이 기쁘고 내 혀가 즐거우며 내 육체도 희망 가운데 살 것이다. [27] 주께서 나를 무덤에 버려 두지 않으시고 주의 거룩한 자를 썩지 않게 하실 것이다. [28] 주께서 생명의 길을 나에게 알려 주셨으니 주 앞에서 내 기쁨이 충만할 것이다.(시 16:8~11).' [29] 형제 여러분, 나는 여러분에게 우리 조상 다윗에 대하여 자신 있게 말할 수 있습니다. 그는 죽어서 묻혔고 그의 무덤도 오늘날까지 우리 가운데 남아 있습니다. [30] 다윗은 예언자였기 때문에 하나님께서 자기 후손 가운데 한 사람을 그의 왕위에 앉혀 주시겠다고 약속하신 것을 알고 있었습니다. [31] 그래서 그는 그리스도의 부활에 대하여 미리 내다보고 그분은 무덤에 버림을 당하지 않고 육체도 썩지 않을 것이라고 말했습니다. [32] 하나님께서는 이 예수님을 다시 살리셨습니다. 이 일에 대해서는 우리 모두가 다 증인입니다. [33] 예수님은 하나님의 오른편에 높임을 받으셔서 약속된 성령을 아버지에게 받아 우리에게 부어 주셨습니다. 지금 여러분이 보고 듣는 것이 바로 그것입니다. [34] 다윗은 하늘에 올라가지 못했으나 이런 말을 했습니다. '하나님이 나의 주님에게 말씀하셨다. 내가 네 원수들을 네 발 앞에 굴복시킬 때까지 너는 내 오른편에 앉아 있거라.(시 110:1).' [35] (34절과 같음) [36] 그러므로 여러분, 이 일을 분명히 아십시오. 여러분이 십자가에 못박아 죽인 이 예수님을 하나님께서는 주와 그리스도로 삼으셨습니다." [37] 사람들은 이 말을 듣고 마음에 찔려 베드로와 다른 사도들에게 "형제들, 우리가 어떻게 하면 좋겠소?" 하였다. [38] 그래서 베드로가 그들에게 말하였다. "여러분, 모두 회개하고 예수 그리스도의 이름으로 세례를 받아 죄 사함을 받으십시오. 그러면 성령님의 선물을 받을 것입니다. [39] 이 약속은 여러분과 여러분의 자녀들과 주 우리 하나님이 부르실 멀리 있는 모든 사람들에게 하신 것입니다.” [40] 이 밖에도 베드로는 많은 말로 증거하며 그들에게 이 타락한 세대에서 구원을 받으라고 권하였다. [41] 그때 베드로의 말을 기꺼이 받아들인 사람들은 세례를 받았는데 그 날에 제자의 수가 3,000명이나 추가되었다. [42] 그들은 계속 사도들의 가르침을 받고 서로 교제하며 성찬을 나누고 기도하는 일에 전적으로 힘썼다. <신도의 공동생활: 교회 시작> [43] 사도들을 통하여 놀라운 일과 기적이 많이 나타나자 사람들은 모두 하나님을 두려워하게 되었다. [44] 믿는 사람들은 다 함께 지내며 모든 것을 서로 나누어 쓰고 [45] 재산과 물건을 팔아 각자의 필요에 따라 나누어 주었다. [46] 그들은 한마음으로 날마다 성전에 모이기를 힘쓰고 집집마다 돌아가면서 성찬을 나누고 기쁨과 진실한 마음으로 함께 식사하며 [47] 하나님을 찬양하고 모든 사람에게 칭찬을 받았다. 그리고 주님께서도 구원받는 사람이 날마다 많아지게 하셨다.

나) [사도행전: 제3차 전도여행 때 바울의 고별 설교(행 20:17~38)]

제3차 전도여행 때 밀레도에서 행한 바울의 유명한 '고별 설교(행 20:17~38)'

(행 20:17~38) [17] 바울은 밀레도에서 사람을 에베소에 보내 교회 장로들을 불러오게 하였다. [18] 장로들이 오자 바울은 그들에게 이렇게 말하였다. “여러분은 내가 아시아에 들어온 첫날부터 지금까지 여러분 가운데서 어떻게 살아왔는지를 잘 알고 있습니다. [19] 유대인들의 음모로 여러 가지 시험을 당하면서도 나는 언제나 겸손과 눈물로 주님을 섬겨 왔습니다. [20] 그리고 여러분에게 도움이 되는 일이라면 나는 무엇이나 주저하지 않고 여러분에게 전했으며 또 대중 앞에서나 집집마다 다니면서 그것을 가르쳤고 [21] 유대인이나 이방(헬라, 그리스) 사람이나 모두 회개하고 하나님께 돌아와 우리 주 예수님을 믿어야 한다고 증거했습니다. [22] 지금 나는 성령님의 인도로 예루살렘으로 가는 길입니다만 거기서 무슨 일을 당하게 될지 모릅니다. [23] 다만 내가 한 가지 아는 것은 어느 도시에서나 투옥과 고난이 나를 기다린다고 성령께서 말씀해 주신 것입니다. [24] 그러나 내가 달려갈 길을 다

가고 주 예수님에게 받은 사명, 곧 하나님의 은혜에 관한 기쁜 소식을 증거하는 일을 완성하기 위해서는 나의 생명을 조금도 귀한 것으로 여기지 않습니다. [25] 내가 지금까지 여러분 가운데 다니면서 하나님의 나라를 전파해 왔으나 이제 여러분이 다시는 내 얼굴을 보지 못할 것입니다. [26] 그래서 오늘 내가 여러분에게 분명히 말해 두지만 여러분 가운데 누가 멸망한다고 해도 그것은 내 책임이 아닙니다. [27] 왜냐하면 내가 하나님의 모든 계획을 하나도 남김없이 다 여러분에게 전해 주었기 때문입니다. [28] 여러분은 자신과 양떼들을 위해 조심하십시오. 성령님이 여러분을 그들 가운에서 감독자들로 세우시고 하나님이 자기 피로 사신 교회를 보살피게 하셨습니다. [29] 내가 떠나고 나면 사나운 이리떼 같은 거짓 선생들이 여러분 가운데 들어와 양떼를 사정없이 해칠 것이며 [30] 여러분 중에서도 그와 같은 사람들이 일어나 그릇된 것을 가르쳐서 신자들을 꾀어내어 자기들을 따르게 할 것입니다. [31] 그러므로 여러분은 정신을 바짝 차리고 내가 3년 동안이나 밤낮 쉬지 않고 각 사람을 눈물로 훈계하던 것을 기억하십시오. [32] 이제 내가 하나님과 그의 은혜의 말씀에 여러분을 맡깁니다. 그 말씀은 여러분의 믿음을 든든히 세우고 모든 성도들이 얻는 하늘나라의 축복을 여러분에게 줄 수 있을 것입니다. [33] 나는 그 누구의 은이나 금이나 의복을 탐내지 않았습니다. [34] 여러분도 알다시피 나는 나와 내 일행이 필요한 것을 손수 벌어서 썼습니다. [35] 이처럼 내가 모든 일에 모범을 보였으니 여러분도 '주는 것이 받는 것보다 복이 있다.'는 주 예수님의 말씀을 기억하고 열심히 일하여 약한 사람들을 도우십시오." [36] 이 말을 하고서 바울은 그들과 함께 무릎을 꿇고 기도하였다. [37] 그러자 그들은 소리 내어 울며 바울의 목을 끌어안고 입을 맞췄다. [38] 다시는 그의 얼굴을 보지 못할 것이라는 말 때문에 그들은 더욱 슬퍼하며 그를 배에까지 전송하였다.

〈로마서(바울이 로마 교회에 보낸 편지)〉

- 저자: 바울(Paul)
- 연대: AD 57년경(바울의 에베소 목회 직후) 기록.
- 목적: 1) 로마 교인들에게 구원에 대한 진리를 체계적으로 가르친다. 2) 유대인과 이방인 사이의 올바른 교제를 이루도록 한다. 3) 바울이 계획하고 있는 로마 방문과 서바나(스페인) 선교의 순조로운 실현을 이루도록 한다.
- 개요: 1장~3:20: 구원의 필요성. 3:21~5장: 칭의. 6~8장: 성화. 9:1~29: 이스라엘의 과거(선택). 9:30~10장: 이스라엘의 현재(배척). 11장: 이스라엘의 미래(회복). 12~13장: 성도의 의무. 14장~15:13: 성도의 자유. 15:14~16장: 맺는 말.

가) [(롬 1:16~20) 복음의 능력과 하나님의 창조의 신성이 만물에 나타남]

(롬 1:16~20) <복음의 능력> [16] 나는 이 기쁜 소식을 조금도 부끄러워하지 않습니다. 그것은 처음에 유대인에게만 해당되었으나 이제는 이방인에게도 전파되어 모든 믿는 사람들을 구원하는 하나님의 능력이기 때문입니다. <의신 칭의> [17] 이 기쁜 소식에는 오직 믿음으로만 하나님과 올바른 관계를 갖게 된다는 것이 나타나 있습니다. 이것은 성경에 "의로운 사람은 믿음으로 살 것이다.(합 2:4))" 라고 쓰인 말씀과 같습니다. [18] 그러나 악한 행동으로 진리를 막는 모든 죄인들에게는 하나님이 하늘에서 노여워하십니다. [19] 그것은 하나님이 자기에 대하여 알 만한 것을 그들에게 나타내셔서 그것이 그들에게 분명해졌기 때문입니다.

- **하나님의 창조의 신성이 만물을 통해 나타남(롬 1:20)] [20] 하나님이 세상을 창조하신 그때부터 보이지 않는 그의 속성, 곧 그의 영원하신 능력과 신성이 그가 만드신 만물을 통해 분명히 나타나서 알게 되었으니 이제 그들은 변명할 수가 없습니다.**

나) [로마서: 믿음으로 의롭게 된 아브라함(롬 4:1~25)]

(롬 4:1~25) [1] 그러면 우리 조상 아브라함에 대해서는 어떤 결론을 내릴 수 있습니까? [2] 만일 아브라함이 행위로 의롭다는 인정을 받았다면 자랑할 것이 있었을 것입니다. 그러나 사실 그에게는 하나님 앞에서 자랑할 것이 아무것도 없었습니다. [3] 성경에는 “아브라함이 하나님을 믿었으므로 하나님은 이 믿음 때문에 그를 의롭게 여기셨다.(창 15:6)” 라고 기록되어 있습니다. [4] 일해서 받는 삯은 정당한 대가이지 선물로 거저 받는 것이 아닙니다. [5] 그러나 아무 공로가 없어도 경건치 않은 사람을 의롭다고 하시는 하나님을 믿는 사람에게는 그의 믿음이 의로운 것으로 인정을 받습니다. [6] 이처럼 공로가 없어도 하나님이 의롭다고 인정해 주는 사람의 행복에 대해서 다윗은 이렇게 말하고 있습니다. [7] “잘못을 용서받고 하나님이 죄를 덮어 주신 사람은 행복하다! [8] 주께서 그 죄를 인정하지 않는 사람도 행복하다.(시 32:1,2)” [9] 그렇다면 이런 행복은 할례를 받은 사람만이 누릴 수 있는 것입니까, 아니면 할례를 받지 못한 사람도 누릴 수 있는 것입니까? 우리는 아브라함이 믿음으로 의롭다는 인정을 받았다고 말했습니다. [10] 그러면 언제 아브라함의 믿음이 인정을 받았습니까? 할례를 받은 후입니까, 받기 전입니까? 그것은 할례를 받은 후가 아니라 받기 전이었습니다. [11] 아브라함은 할례를 받기 전에 이미 믿음으로 의롭다는 인정을 받은 표로서 후에 할례를 받았습니다. 그래서 아브라함은 할례를 받지 않고도 하나님을 믿어 의롭다는 인정을 받은 모든 사람들의 조상이 되었습니다. [12] 그는 또 할례를 받은 사람들의 조상이기도 합니다. 다시 말해서 그는 할례를 받은 사람들뿐만 아니라 우리 조상 아브라함이 할례를 받기 전에 가졌던 믿음을 좇아 사는 사람들의 조상도 되는 것입니다. [13] 하나님께서 아브라함과 그 후손에게 온 세상을 주겠다고 약속하신 것은 아브라함이 율법을 지켜서가 아니라 그가 믿고 의롭다는 인정을 받았기 때문입니다. [14] 만일 세상을 얻을 사람들이 율법을 지키는 사람들이라면 믿음은 아무것도 아니며 하나님의 약속도 무가치합니다. [15] 율법은 아무리 잘 지키려고 해도 어기기 마련이며 그 결과로 하나님의 노여움만 사게 됩니다. 그렇기 때문에 율법이 없으면 자연히 어기

는 일도 없게 되는 것입니다. [16] 그러므로 그 약속은 믿음에 근거한 것입니다. 이것은 그 약속이 아브라함의 모든 후손들, 곧 율법을 지키는 사람뿐만 아니라 아브라함처럼 믿음을 가진 모든 사람들에게 하나님의 은혜로 값없이 주시는 선물이 되기 위한 것입니다. 아브라함은 우리 모든 사람들의 조상입니다. [17] 이것은 성경에 "내가 너를 많은 민족의 조상으로 세웠다.(창 17:5)" 라고 기록된 말씀과 같습니다. 그는 하나님 앞에서 우리 조상이 된 것입니다. 그가 믿은 하나님은 죽은 사람을 살리시고 없는 것을 있게 하시는 분이십니다. [18] 아브라함은 도저히 불가능한 것을 바라고 믿었으므로 "네 후손도 저 별들처럼 많을 것이다.(창 15:5)" 라고 하신 약속대로 그는 많은 민족의 조상이 되었습니다. [19] 아브라함은 자기 나이가 백 세가 다 되어 몸은 죽은 것과 다름이 없었고 그의 아내 사라도 나이가 많아 도저히 출산할 수 없는 것을 알고도 믿음이 약해지지 않았습니다. [20] 그는 불신앙으로 하나님을 의심하지 않고 믿음에 더욱 굳게 서서 하나님께 영광을 돌리며 [21] 하나님께서 약속하신 것을 이루실 수 있다고 확신했습니다. [22] 그래서 하나님은 이 믿음 때문에 그를 의롭게 여기셨습니다(창 15:6). [23] 하나님이 그를 의롭게 여기셨다는 말은 그에게만 하신 것이 아니라 [24] 우리에게도 하신 말씀입니다. 우리 주 예수님을 죽은 사람들 가운데서 다시 살리신 하나님을 믿는 우리는 다 의롭다는 인정을 받게 될 것입니다. [25] 예수님은 우리 죄 때문에 죽임을 당하셨고 우리가 의롭다는 인정을 받게 하시려고 다시 살아나셨습니다.

〈갈라디아서(바울이 갈라디아 교회에 보낸 편지)〉

- 저자: 바울(Paul)
- 연대: AD 56년경(제3차 전도여행 도중) 기록.
- 목적: 1) 교회 내에서 유대 율법주의자들의 그릇된 가르침을 배척하고 오직 믿음으로만이 구원을 얻는다는 진리를 확인시켜준다. 2) 바울 자신의 사도권을 변증하여 자신이 전한 복음의 온전성을 확정한다.

개요: 1장: 바울의 사도권 변증. 2장: 바울의 권위. 3장: 율법의 속박. 4장: 은혜의 자유. 5장~6:10: 이신칭의의 적용. 6:11~18: 훈계와 축복.

오직 믿음으로만 구원을 얻는다(갈 2:19~21)

(갈 2:19~21) [19] 나는 율법에 관한 한 율법 그 자체에 의해서 죽었습니다. 이것은 하나님을 위해 살기 위해서입니다. [20] 내가 그리스도와 함께 십자가에 못박혀 죽었으므로 이제는 내가 사는 것이 아니라 내 속에 그리스도께서 살아 계십니다. 지금 나는 나를 사랑하시고 나를 위해 죽으신 하나님의 아들을 믿는 믿음으로 살고 있습니다. [21] 나에게는 하나님의 은혜가 참으로 귀중합니다. 만일 율법을 지켜서 의롭게 된다면 그리스도께서 헛되이 죽으신 것이 되기 때문입니다.

제 8 장 종교개혁은 왜 일어났는가?

8.1 유럽대륙과 영국에서 타오른 종교개혁의 횃불

> 인문학자들이 부르짖은 아드 폰테스(ad fontes: 근원[성경말씀]으로 돌아가자)! 스코틀랜드의 작가 월터 스콧경(Sir Walter Scott)이 말하는 종교개혁의 원인들! (1377/1234)년 한국(고려)에서 발명된 인쇄술이 구텐베르크(Gutenberg)에게 전해지자 1455년 구텐베르크(Gutenberg)가 성경을 인쇄하면서 종교개혁의 불길에 기름을 붓게 되다! 1517년 비텐베르크(Wittenberg)에서 밝힌 루터(Luther)의 종교개혁을 위한 95개 조항 발표! 스코틀랜드의 종교개혁자 존 낙스(John Knox, 1513~1572)는 장로교와 청교도 정신을 이끌다!

(1) 종교개혁은 왜 일어났으며 한국(고려)의 금속인쇄술의 발명은 종교개혁에 어떤 기여를 했나?

AD 1세기에 예수 그리스도가 이스라엘에서 처음으로 그리스도교(기독교)의 복음을 가르치기 시작함으로써 당시 유대교 사회에서 새로운 혁신의 바람을 일으켰다.

그 당시 이스라엘은 오직 야훼(여호와)를 유일한 하나님으로 섬기면서 올바르게 하나님을 믿고 의지하는 사람으로 살아가기 위해 율법을 철저하게 지키며 살아가던 유대교 사회였다.

이러한 유대교 사회에 예수 그리스도가 나타나서 스스로를 유대교의 경전인 구약성경에서 예언된 하나님의 아들 '그리스도(메시아)'라고 하면서 유대교로부터 혁신하여 새로운 예수 그리스도의 복음, 즉 그리스도교(기독교)를 전하기 시작하였다.

이렇게 시작된 기독교가 점점 더 널리 소아시아 · 그리스 · 로마 등 세계 전 지역으로 전파되어나가면서 기독교 사회가 확대되자 기독교는 유대교를 섬겨오던 유대인들과 갈등뿐만 아니라 기독교 자체 내에서도 많은 갈등과 문제가 일어나기 시작했다.

초기에는 아직 인쇄술이 발달되지 않았기 때문에 극소수의 필사본 성경책밖에 없었다. 따라서 극소수의 최고의 기독교 교회 지도자들만이 필사본 성경책을 소유하고 있었을 뿐이었다. 따라서 본래 예수 그리스도가 직접 전한 기독교 진리가 넓은 지역에 올바로 전파되는 것은 매우 어려운 상황이어서 기독교의 진리가 왜곡되어 잘못 전해지는 일이 벌어지기도 하였다.

따라서 대부분의 일선 교회의 기독교 성직자들은 성경책을 소유할 수 없었기 때문에 성직자들마저도 성경 말씀을 정확하게 잘 전달할 수 없었던 상황이었다.

또한 기독교의 교세가 확장됨에 따라, 성경 필사본에 비해 교인들의 수가 점점 더 확대되는 과정에서, 라틴어 성경에 기록된 기독교의 진리가 올바로 전달되기보다는 왜곡되어 일반 신자들을 잘못 가르치는 일이 많이 일어났다. 여기에 더하여 많은 성직자는 성경의 내용보다는 성직자의 의상이나 교회 내외부의 장식과 예배의 형식 등 많은 외적인 분야, 즉 성경의 진리와 상관이 없는 형식에 치우치게 되어, 마침내 기독교의 진리와 멀어져서 교회와 신도들을 타락하게 만드는 경향으로 나타나게 되는 일이 많이 벌어지게 되었다. 따라서 성경의 내용과는 다르게 편의에 따라 잘못 왜곡된 내용을 가르치는 일이 많았기 때문에 결국 기독교 지도자들과 신도들 중에 타락하는 사람들이 많이 나타나게 되었다.

교황사절단 한국(고려) 방문 및 영국의 존 위클리프(John Wycliffe, 1320~1384)와 윌리엄 틴데일(William Tyndale, 1494~1536)의 라틴어 성경을 영어로 번역

1377년 한국(고려)에서 발명된 금속인쇄술이, 실크로드를 따라 교황 사절단의 한국(고려) 방문을 통해 구텐베르크(Gutenberg, 1394~1468)에게로 전해지게 되고, 유럽에서 1455년 처음으로 성경을 인쇄하기 시작하였다.

또 영국의 존 위클리프(John Wycliffe, 1320~1384)와 윌리엄 틴데일(William Tyndale, 1494~1536)은 성경을 영어로 번역하였고, 위클리프는 이 번역본을 필사본으로 만들었으나, 그 이후 틴데일은 금속인쇄술이 발명된 이후에 성경을 영어로 번역했기 때문에 대량으로 인쇄본을 출판하여 일반 신도들에게 성경이 널리 보급될 수 있게 되어, 일반 하위직 성직자들은 물론 일반 신도들까지 성경을 직접 읽고, 차츰 성경의 내용을 정확하게 이해할 수 있게 되었다.

이에 많은 신도가 교회의 예배가 기독교 진리와 멀어지게 된 것과 성직자들의 행위와 가르침이 본래 기독교의 성경의 진리에 벗어나고 또 잘못 전해지고 있다는 사실이 점점 밝혀지게 되었다. 이에 교회와 기독교의 가르침과 예배를 개혁해야 한다는 주장이 나오기 시작하였다. 결국 인쇄술의 발명 이후에 신도들의 성경에 대한 지식수준이 높아짐으로써, 종교개혁에 대한 열망에 불을 댕기게 된 것이다.

(2) 당시에 고위 성직자 중심의 어려운 라틴어 성경이 처음으로 영어로 번역되고 금속인쇄술이 최초로 발명되어 성경이 평신도에 이르기까지 널리 보급됨에 따라 평신도들의 성경지식 수준이 높아지게 되었다.

> 한국(고려)에서 세계 최초로 금속인쇄술이 발명되어, 한국(고려)을 방문한 교황 사절단을 통해서 구텐베르크(Gutenberg)에게 고려의 금속인쇄술이 유럽으로 전달됨에 따라 당시 기독교 사회인 서양에서 성경 및 성경 관련 서적이 인쇄되어 널리 보급되기 시작하여 종교개혁 · 과학혁명 · 르네상스 등 인류 역사상 엄청난 대혁신이 일어나게 되었다!

서양의 기독교 사회에서 라틴어로 된 성경만이 허용되던 때, 영국에서 종교개혁에 대한 강한 의지를 가진 존 위클리프와 윌리엄 틴데일에 의해서 처음으로 라틴어에서 영어로 번역되었다. 또한 한국(고려)에서 금속인쇄술이 인류 역사상 처음으로 발명되어 고려를 방문한 교황사절단을 통해 구텐베르크에게 전해지게 되자, 그는 금속인쇄술을 사용하여 1455년 라틴어로 된 '구텐베르크 성경'을 세계 최초로 인쇄했는데, 이때부터 라틴어 성경에서 번역된 영어 성경이 대량으로 인쇄되어 값싸게 출판·보급되자, 기독교 진리가 대량으로 값싸게 인쇄된 영어 성경책을 통해서 당시 영국을 비롯하여 유럽과 전 세계에 급속도로 널리 전파되기 시작하였다. 따라서 교회 성직자와 지도자들은 물론 일반 신도들에 이르기까지 성경을 쉽게 접할 수 있게 되었다. 이에 성경에 기록된 하나님의 말씀이 조금도 가감이나 왜곡됨이 없이 본래 기록된 그대로 모든 성직자와 일반 신도들에게 전달되었다.

금속인쇄술이 한국(고려)에서 인류역사상 처음으로 발명되었으나, 당시 한국(고려)에서는 어려운 한자와 한문(중국어 문법에 따라 한자로 기록된 글)을 사용하고 있었으므로 한국에는 어려운 한자를 읽을 수 없는 문맹이 많아서 책을 인쇄해도 읽는 사람이 없어서 발명된 인쇄술이 더 이상 발전할 수 없었던 것이다. 그러나 당시 교황사절단의 한국(고려) 방문을 통해 구텐베르크에게 고려에서 발명된 금속인쇄술이 전해져서, 서양의 쉬운 알파벳으로 된 성경책을 값싸게 대량으로 인쇄하게 되자 인쇄술은 먼저 서양(영국, 독일 등)에서 기독교 전파에 엄청난 효과를 나타내기 시작하였다.

한국(고려)의 금속인쇄술 발명

한국(고려)이 1377년 세계 최초로 금속으로 활자를 만들어 최초로 인쇄한 책은 직지심체요절(直指心體要節)[정식명칭: 백운화상초록불조직지심체요절(白雲和尙抄錄佛祖直指心體要節)][91]이었다. 그러나 당시의 금속활자를 누가 만들었는지에 대해서는 기록이 남아 있지 않다. 불교의 교리를 기록한 이 책은 원래 상하 2권이었으나, 현재 하권 1책만 남아 있다. 그러나 유감

91) 고려 승려 경한(景閑)이 선(禪)의 요체(要諦)를 깨닫는 데 필요한 내용을 뽑아 엮은 책으로 상하 2권으로 되어 있다. 정식 서명은 <백운화상초록불조직지심체요절(白雲和尙抄錄佛祖直指心體要節)>이고, 간략하게 <직지심체요절>이라고 한다. 승려들을 위한 교과서로 불교의 원리를 기록한 책이다.
http://m.post.naver.com/viewer/postView.nhn?volumeNo=4015851&memberNo=5148059&vType=VERTICAL

스럽게도 이 책은 1800년대에 우리나라에 와 있던 프랑스 주한 공사가 돈을 주고 사 가버려서 그것이 지금은 프랑스 국립도서관에 보관되어 있다.

그러나 문헌('동국이상국집(東國李相國集)'[92]) 상으로 보면, 우리나라에서 금속활자로 인쇄한 최초의 책은 <직지심체요절>보다 훨씬 전인 1234년경 강화도에서 인쇄된 <상정고금예문(詳定古今禮文)[93]>으로 알려져 있다. 그러나 이 책은 현존하지 않고 다만 문헌상의 기록으로만 남아 있다.

그 후, 고려 때 실크로드를 따라서 한국(고려)을 방문한 교황사절단을 통해 고려의 금속인쇄술이 독일의 구텐베르크에게 전해지고, 구텐베르크가 이 금속인쇄술을 더 발전시켜서, 1455년 라틴어로 된 '구텐베르크 성경'을 최초로 인쇄했는데, 우리나라는 이보다 221년이나 앞서 1234년 금속활자를 사용하여 '상정고금예문'이란 책을 인쇄했다고 전해지고 있다. 그러나 세계적으로 인정받고 있는 <직지심체요절(直指心體要節)>이 인쇄된 것은 고려 우왕 3년(1377년)이라고 분명히 밝혀지고 있으므로 구텐베르크보다 78년 앞신 것이다.[94]

기록상으로 보면 구텐베르크는 1455년 라틴어 <구텐베르크 성경> 180부를 처음으로 인쇄한 것으로 되어 있고, 우리나라(고려)는 1234년경 강화도에서 <고금상정예문>을 금속활자로 인쇄했다는 것이 문헌상 기록으로만 남아 있어서 공인받지 못하고 있다. 그런데 1377년 금속활자로 인쇄된 <직지심체요절>이 실제로 프랑스 국립도서관에 보관되어 있어서, 이것이 1992년에 보물 제1132호로 지정되고, 2001년에는 유네스코 세계기록유산에 등재되었다. 따라서 우리나라(고려)가 세계 최초로 금속인쇄술을 발명한 것은 분

---

92) 고려의 문신 이규보(李奎報:1168~1241)의 시문집.

93) http://encykorea.aks.ac.kr/Contents/Item/E0027284. 고려 고종 때 최윤의 등 17명이 왕명으로 고금의 예의를 수집·고증하여 50권으로 엮은 예서. 상정고금예문/신인상정예문발미: 고려 후기의 문신, 문인 이규보의 문집. 목판본. 연세대학교 도서관 소장. '신인상정예문발미'에 의해 고려시대 금속활자의 사용에 관한 사실을 알게 되었다. 이 책은 현존하지 않는다.

94) 이홍림, "역사 속에 살아 있는 한국인의 창의성은 대한민국과 전 인류의 미래를 향한 비전이며 아픔과 슬픔의 한은 그 추진동력이다!", 「세라미스트」(서울: 한국세라믹학회, 2016) 19(4), 101~137.

명한 사실이다.

그런데 우리나라에서 인쇄술을 전해 받은 구텐베르크가 1455년 성경 180부를 인쇄하고 난 후 1470년까지 이탈리아, 스위스, 프랑스에 보급되고, 1476년에 영국에서 최초의 인쇄소가 설립되고, 1535년에는 대서양을 건너 멕시코, 칠레에 이르기까지 인쇄술이 보급되었으며, 이것이 계기가 되어 종교개혁과 과학혁명 등 세계 인류사에 큰 변혁을 일으키게 된 것이다.

만일 우리나라에 한글이 더 일찍 발명되고 또 더 이른 시기에 우리나라에 기독교가 들어왔다면 상황은 훨씬 달라졌을 것이다. 서양의 알파벳보다 더 쉬운 우리의 한글로 된 성경이 서양보다 먼저 인쇄되었더라면, 한국은 기독교의 영향으로, 세계에서 가장 앞선 문화 선진국이 되었을 것이라는 확신이 든다.

(3) 종교개혁은 왜 일어나지 않으면 안 되었는가?

> 종교개혁의 이유를 생생하게 밝히는 스코틀랜드의 위대한 작가 월터 스콧 경(Sir Walter Scott)! 스코틀랜드에서 스코틀랜드 특유의 종교개혁의 횃불이 피어오르다!

1) 로마가톨릭 개혁의 필요성을 밝힌 스코틀랜드의 작가 월터 스콧 경!

스코틀랜드의 유명한 작가 월터 스콧(Sir Walter Scott, 1771~1832) 경(그림 14)은 그의 후손들에게 기독교의 본질을 가르치기 위하여 영국에서 일어나기 시작한 종교개혁의 소용돌이에 대해 그가 쓴 책에서 다음과 같이 기록하고 있다.[95)]

---

95) 월터 스콧(Sir Walter Scott, 1771~1832) 지음, 이수잔 옮김, 「스코틀랜드 이야기-1」(Tales of a Scottish Grandfather) (고양: 크리스챤다이제스트, 2005), 334~348.

그림 14. 에든버러 중심에 자리하고 있는 스코틀랜드의 유명한 작가 월터 스콧(Sir Walter Scott, 1771~1832) 경의 기념탑(Scott Monument). 그 속에 스콧 경의 동상이 자리하고 있다.

예수 그리스도가 가르친 복음이 그가 세상을 떠난 후에 베드로와 바울 사도에 의해 고대 로마제국의 수도 로마에까지 전해졌다. 이 때문에 가톨릭 신도들은 베드로 사도를 로마 최초의 주교라고 부른다. 자칭 베드로 사도의 직무를 물려받았다고 하는 로마의 주교들은 자기들이 기독교 국가들 전체를 다스리는 권한을 지녔다고 주장했다. 착하고 선량한 사람들은 기독교에 대한 숭배의 뜻으로 그들의 요구를 별 불만 없이 받아들였다.

기독교가 점점 더 널리 받아들여지자 마침내 기독교를 정식으로 받아들여서 로마제국의 국교로 승인한 황제와 국왕들이 자신들의 경건함을 내세우기 위해 교회, 특히 로마의 주교들에게 많은 혜택을 주었기 때문에 주교들은 결국 속세의 왕들과 마찬가지로 막대한 땅과 재산을 소유하게 되었다. 이들은 주교의 자격으로 교황의 자리에 앉았으며 기독교 국가의 모든 성직자들에 대해 통합적·독점적 권한을 가지게 되었다.

교회의 우두머리 자리에 오른 로마의 교황들은 기독교 교리에서 보여주는 단순하면서도 아름다운 진리 속에 점점 다른 교리들 - 대부분이 순수 기독교와는 모순되고, 속인들의 지각과 도덕성에 대한 성직자들의 권한을 강화시키는 교리들 - 을 접목시켰다. 이러한 변화를 일으키는 것이 교황들에게는 결코 어려운 일이 아니었다.

이들(교황들)은 스스로 성 베드로의 후임자라고 주장했고 마치 베드로 사도만큼 거룩한 척하고 행동했으며 기독교인이라면 교황의 교서에 공표된 모든 내용을 마치 성경에서 명령한 것인 양 믿어야 한다고 주장했다.

2) 성직자가 죄를 용서하는 권한

성경 왜곡 중에서도 특히 죄를 지은 사람이 성직자가 부과한 고행을 이행한 경우에는 교회가, 즉 달리 말하면 성직자가 죄를 고백하는 자들을 용서해주는 권한을 가졌다는 믿음이야말로 성직자들에게 엄청난 돈을 벌게 해준 가장 결정적인 왜곡이었다. 그래서 죄를 용서받기 원하는 사람이라면 누구나 성직자에게 죄를 자백해야만 했으며 성직자는 범죄의 내역에 따라 고행의 정도를 달리해서 부과했다. 그러나 이러한 고행은 이에 상응하는 만큼의 돈을 교회에 지불했을 경우 대게 면제될 수 있었고, 이로 인해서 교회의 수입은 그만큼 많아지게 되었다.

3) 연옥(煉獄, Purgatory)

성경에 의하면, 선량한 사람들이 죽자마자 이르게 되는 '천국'(Heaven)이라는 행복의 상태와 악한 사람들이 사탄과 사탄의 수호자들과 함께 보내지는 영원한 형벌의 장소인 '지옥'(地獄, Hell) 사이에 중간 상태가 있다고 믿는 것은 옳지 않은 것이다.

그러나 초기 기독교인 가톨릭 성직자들은 중간 상태가 있다고 생각했고 이를 연옥(Purgatory)이라 불렀다. 성직자들은, 대부분의 사람들은 어느 정도의 형벌을 감당해내지 않고 영원한 행복의 상태에 바로 들어갈 수 있을 만큼 거룩하지는 않지만 그렇다고 해서 즉시 영원한 형벌에 처해질 만큼 악하지도 않다고 생각했다. 따라서 성직자들은 천국과 지옥의 중간 상태인 연옥이라는 것을 고안해냈는데 연옥은 지옥에 갈 운명은 아닌 사람들이 행복의 상태인 천국으로 들어가기 전에 죄의 강약에 따라 얼마간의 기간 동안 갇혀 있는 장소를 의미했다.

이 교리의 강조점은 다음과 같다. 기도를 통해 연옥에 있는 영혼들을 위해 용서를 얻어내고 고통스러운 연옥의 문이 빨리 열려서 최대한 빨리 연옥을 떠나도록 하는 능력을 교회가 갖고 있다는 것이다. 그래서 연옥에 오랫동안 머물게 될 것이라고 스스로 생각되는 사람들은 자기들의 영혼을 위해 기도해 달라는 뜻으로 교회에 거액의 돈을 갖다 바쳤다. 안 그래도 무상으로 끊임없이 수입을 벌어들이던 교회는 연옥(煉獄, Purgatory)에 대한 믿음으로 훨씬 더 부유해졌다.

자녀들은 고인이 된 부모님의 영혼을 위해 미사(가톨릭교도들이 드리는 특별한 예배)를 드릴 기회를 얻어냈다. 마찬가지로 과부들은 죽은 남편을 위해, 홀아비들은 죽은 부인을 위해 똑같이 하였다. 미사와 기도는 모두 돈으로 살 수밖에 없었으며, 이렇게 해서 들어온 돈은 전부 성직자들의 손에 들어갔다.

4) 면죄부(免罪符, Indulgence)

교황과 교황 밑에 있는 성직자들은 죄 지은 사람들에게 하나님의 용서를 돈을 받고 파는 데서 그치지 않고 한술 더 떠서 하나님과 교회의 법을 거스를 수 있는 권리까지(항상 돈을 받고) 부여할 수 있었다. 이러한 허가장을 면죄부(Indulgence)라 불렀고, 면죄부를 구입하는 사람들은 신의 분노로부터 해방되어 부정한 일과 악덕을 행하는 특권을 마음대로 누릴 수 있었다.

5) 성경 읽기 금지와 이단

성직자가 아닌 자가 성경을 읽으면 크나큰 죄로 간주되었는데 이는 신성한 성경을 읽으면 눈이 열려서 성직자들의 권한이 지나치다는 사실을 깨닫게 될 것을 두려워했기 때문이었다. 로마 교회가 가르치는 교리의 어느 부분이라도 감히 불신하거나, 이 교리들과 일치하지 않는 의견을 내세우는 자는 이단으로서 재판에 회부되고 산 채로 화형에 처해졌다. 가톨릭교도들이 이단이라 부르는 문제에 조금이라도 접근하는 행위라면 극히 미비한 정도라 하더라도 무자비한 형벌이 가해졌다.

6) 인쇄술의 발명에 의한 성경 보급으로 인간의 지성이 계몽되다!

> 유럽의 암흑시대에 살던 사람들이 15세기에 인쇄술이 발명되면서 성경이 일반 사람들에게 허용되자 인간의 지성이 계몽되기 시작하였다.

당시 사람들이 학문과 정보의 빛을 보지 못하고 살았기 때문에 유럽의 역사에서 이 시기를 암흑시대라 부르는데, 이 시기에 교회는 어마어마한 권한을 휘둘러 인간의 양심을 지배했다. 그러나 15세기에 인쇄술이 발명되면서부터 인간의 지성이 계몽되기 시작했다. 성직자들만 볼 수 있었던 성경이 일반 사람들에게 허용되어 널리 읽혀졌다. 독일과 스위스에서는 지혜롭고 선량한 사람들이 로마의 주교 관할 구역의 부정부패를 폭로하는 일에 힘썼다. 성자숭배의 교리는 우상숭배요, 용서와 면죄의 교리는 악덕을 부추기는 행위요, 연옥의 교리는 재물을 강제로 탈취하기 위한 교활한 수단이요, 교황 무류설(無謬說)은 오류가 없으신 유일한 존재인 하나님에 대한 모독이라는 주장이 제기되었다. 이러한 견해들은 종교개혁자들의 교리라고 불렸고, 이를 받아들이는 사람들의 숫자는 점점 늘어갔다. 로마 가톨릭교의 성직자들은 논쟁을 통해 교리를 변호하려고 애썼다. 그러나 이것이 먹혀들어가지 않자 유럽 대부분의 나라에서 폭력을 써서 교리를 주입시키려 하였다. 그러나 종교개혁자들은 독일의 곳곳에서 보호를 받았고, 이들의 숫자는 줄어들지 않고 오히려 증가하였으며, 기독교 세계에 거대한 혁명을 일으킬 수 있을 것처럼 보였다.[96]

(4) 인문주의자들의 주장: '기독교 개혁은 본래의 성경의 진리를 지키자는 것!'

> 진리에서 벗어나서 타락하지 말아야 인류에게 미래가 있다는 것이 '아드 폰테스(ad fontes)'의 정신이다! 진리에서 벗어났을 때는 지체 없이 맨 처음 성경에 기록된 대로 돌아가야 한다는 것이다! 희망은 오직 성경에 있다는 것이다!

"교회의 타락은 극도에 달하여 성직자들은 자기에게 맡겨진 영혼에게 오히려 해독을 끼치고 있었다. 성직자들의 대부분이 공공연하게 첩을 두고 있었으며, 만약 교회에서 이를 처벌하고자 한다면 이에 반항하여 오히려 문제를 야기하게 되는 것이다. 그들은 폭력을 사용해서까지 정의의 수행을 막고 있었다." -카스티야(Castilla) 왕국의 여왕 이사벨라(Isabella) (1500년 11월 20일)-

96) Ibid.

프로테스탄트(Protestant) 종교개혁이 발생하기 오래 전부터 인문주의자(Humanist)들은 자기들끼리 서신 왕래를 통한 일종의 조직을 갖추고 있었으며, 이들은 자기들의 사역을 통해 교회가 개혁되기를 원했다. 이들의 지도자로서 자타가 공인하였던 인물은 흔히 "인문학자들의 왕자"라고 불린 네덜란드 로테르담 출신의 에라스무스(Desiderius Erasmus of Rotterdam, 1466~1536)였다. 에라스무스는 신부와 의사의 딸 사이에 태어난 사생아로서 평생 이러한 자신의 출생을 부끄럽게 생각하였다. 그러나 자신의 부끄러운 출생에서 위대한 사상이 탄생할 줄이야![97] 하나님은 사람을 사용하기 위해서 그 사람에게서 반드시 약점을 주시고, 그 사람은 자신의 약점(바울은 이것을 가시라고 함)에서 위대한 하나님의 일을 하게 되는 것이다. 본래 이기적인 인간을 사용하시는 하나님의 솜씨가 참으로 놀랍지 않는가?

에라스무스의 '아드 폰테스(ad fontes, 원천으로, 처음으로, 성경으로)'라는 사상이 종교개혁을 불러일으킨 것이다. 인간이 타락하거나 종교가 타락하는 것은 '본래의 것', '원천의 것', '처음의 것'이 오염되었기 때문에, 처음에 하나님이 주신 것, 또는 그리스도께서 가르침을 주신 것(성경)으로 되돌아가야 한다는 것이 종교개혁의 정신이다.

(5) 스칼라 산타(Scala Santa) 계단에서 타오른 루터의 거룩한 분노와 종교개혁!

당시 루터의 정신세계를 지배하던 것이 '아드 폰테스(ad fontes)', 기독교 신앙의 본질, 즉 예수 그리스도께서 맨 처음 주창하신 기독교 복음의 맨 처음의 근원으로 돌아가자는 것이다. 루터가 성경을 읽으면서 성경의 근원을 깊이 연구하던 중, 로마 교황청이 성경의 본질을 벗어나서 부패했다는 사실을 발견한 루터의 가슴 속에 거룩한 분노가 타오르기 시작하였다!

어느 날, 루터가 로마를 방문하여 성계단성당(스칼라 산타, Salvatore della Scala Santa, 로마)의 '스칼라 산타'라는 28개의 계단(그림 15)을, 예수의 고

97) 후스토 L. 곤잘레스 지음, 서영일 옮김, 「종교개혁사(The Story of Christianity)」, (서울: 도서출판 은성, 1987), 17~18.

난을 상기하기 위해, 당시의 관례대로 무릎으로 올라가던 중 갑자기 '복음에는 하나님의 의가 나타나서 믿음으로 믿음에 이르게 하나니 기록된바 오직 의인은 믿음으로 말미암아 살리라 함과 같으니라.'라는 성경말씀[98]이 섬광처럼 루터의 심장과 머리를 스치고 지나갔다. 그러자 그는 중도에서 벌떡 일어나 걸어갔다고 한다. 이때부터 그는 종교개혁을 결심하고 면죄부 판매를 비롯한 로마 가톨릭의 잘못에 대한 총 95개 조항의 폐단을 정리하여 비텐베르크(Wittenberg) 교회 정문에 붙이고 종교개혁의 횃불을 들고 세상을 변화시킨 그 엄청난 종교개혁 운동을 시작하게 되었다.

그림 15. 예수의 고난을 생각하며 로마의 '성계단성당(Salvatore della Scala Santa)'의 계단으로 오르고 있는 성도들. 이 계단은 예루살렘에 있는 로마의 총독부 건물에서 가져온 것으로, 수난의 날 예수 그리스도는 바로 이 계단을 밟으며 빌라도 총독 앞으로 나아갔다. 이 계단을 옮겨온 이는, 콘스탄티누스의 어머니인 성녀 헬레나로서 옛 라테란 궁에 설치하기 위함 이었다. 그러다가 1589년 교황 식스투스 5세 때 건축가 도메니코 폰타나에 의해서 현재의 위치로 옮겨왔으며, 1853년 교황 비오 9세는 이곳의 관리를 그리스도 수난회의 수도사들에게 맡겨 오늘에 이른다.[99]

98) 로마서 1장 17절.

99) http://blog.daum.net/sunghwa/7045205: 성계단은 모두 28개 계단인데 오래 보존하기 위해 나무로 덧씌워 놓았지만 닳아서 패어져 있다. 성도들은 지은 죄를 속죄하기 위해 예수의 고난을 생각하며 무릎으로 그 계단을 올라가는 것이 관례였다. 어느 날 루터가 성계단을 무릎으로 올라가다가 '사람이 구원을 얻는 것은 예수 그리스도의 은혜를 믿음으로써 이지 어떤 행위를 통해서가 아님'을 깨닫고 중도에서 벌떡 일어나 걸어갔다고 한다.

(6) 루터가 밝힌 종교개혁의 4가지 핵심 요소: 오직 믿음(Sola Fide)·오직 하나님의 은혜(Sola Gratia)·오직 성경(Sola Scriptura)·오직 하나님의 영광(Sola Gloria)

루터가 주장한 종교개혁의 골자는 크게 네 가지였다. 첫째 '솔라 피데(Sola Fide)': 오직 믿음, 둘째 '솔라 그라티아(Sola Gratia)': 오직 하나님의 은혜, 셋째 '솔라 스크립투라(Sola Scriptura)': 오직 성경, 넷째 '솔라 글로리아(Sola Gloria)': 오직 하나님의 영광이 바로 그것이다. 루터는 로마 가톨릭을 상대로 본질, 근원, 성경으로 돌아가자고 제안했다. 그는 교권에 불만을 품었던 게 아니다. 제도를 개혁하고 시스템을 바꾸자는 것이 아니라 순수하게 복음의 근원으로, 본질로, 성경으로 돌아가자고 외쳤던 것이다.

결국 루터와 칼뱅(캘빈) 등 종교 개혁자들이 추구한 것은 에라스무스의 '아드 폰테스(ad fontes)'의 정신에 근거하고 있었다.

(7) 독일, 프랑스, 영국의 종교개혁

종교개혁은 개신교(프로테스탄트 교회, Protestantism)를 세우는 동기가 되었다!

잉글랜드의 헨리 8세는 영국국교회(성공회)를 수립하고, 스코틀랜드의 존 낙스는 장로교 설립을 이끌었다! 프랑스의 칼뱅(캘빈, Jean Calvin, 1509~ 1564)은 특히 그리스도교 공동체 안에서 율법의 긍정적인 역할을 찾고자 했다.

로마 가톨릭 교회의 쇄신을 요구했던 개혁 운동으로 일어난 종교개혁은 개신교(프로테스탄트, Protestantism)를 세우는 동기가 되었다.

여러 세기 동안 로마교황청은 서유럽의 정치에 깊이 관여했다. 권력 및 부와 결탁한 음모와 정치 공작, 면죄부와 성물 판매, 성직자의 타락은 교회의 영적인 권위를 추락시켰다.

본격적인 개혁운동을 이끈 독일의 루터(Martin Luther, 1483~1546) 이전에도 개혁자들이 있었다. 이전의 개혁자들이 교회의 타락을 비판한 반면, 루터는 구원과 은총에 관한 교회의 교리, 즉 면죄부 체계를 공격했다. 독일의 루터와 비슷한 시기에 루터와 쌍벽을 이루는 종교개혁운동을 한 프랑스의 칼뱅(캘빈, Jean Calvin, 1509~1564)이 있었다. 그는 특히 그리스도교 공동체 안에서 율법의 긍정적인 역할을 찾고자 했다.

잉글랜드의 종교개혁은 정치적 이유로 일어났는데, 헨리 8세(Henry VIII, 1491~1547)는 교황이 자신의 이혼을 승인해주지 않은 데 대한 불만을 가지고 교황에 반발하여 1534년 왕(자신)을 수장으로 하는 영국국교회(성공회)를 수립했다. 스코틀랜드에서는 존 낙스(John Knox, 1513~1572)가 장로교를 설립하고 청교도를 이끌었다.

종교개혁의 가장 중요한 지도자 독일의 루터와 프랑스의 칼뱅(캘빈)!

종교개혁의 가장 중요한 지도자는 독일의 마르틴 루터와 프랑스의 장 칼뱅(존 캘빈)이다. 광범위한 정치적 · 경제적 · 사회적 영향을 미친 종교개혁은 그리스도교의 3가지 주요 분파[100] 중 하나인 개신교를 세우는 기초가 되었다. 16세기 종교개혁자들이 출현한 중세 후기의 가톨릭 세계는 복잡했다. 여러 세기 동안 교회, 특히 교황청은 서유럽의 정치에 깊이 관여하면서, 늘어나는 교회의 권력 및 부와 결탁하여 발생한 음모와 정치 공작은 영적 능력을 가진 교회를 병들게 했다.

(8) 종교개혁의 횃불이 1517년 비텐베르크(Wittenberg)에서 타오르다!

종교개혁이 시작된 날로 여기는 '모든 성인의 날'(만성절, 萬聖節, All Saints Day, 11월 1일) 전야, 즉 1517년 10월 31일 비텐베르크(Wittenberg)대학교의 주임사제이자 교수였던 마르틴 루터(Martin Luther, 1483~1546)는 로마 가톨릭이 잘못하고 있는 면죄부 판매를 비롯한 모든 악행과 관습 등 총 95개 조항의 폐단을 정리하여 비텐베르크(Wittenberg)의 '모든 성인의 교회'(만성교회, All Saints Church) 정문에 붙였다. 역사적인 종교개혁의 횃불은 이렇게 하여 타오르기 시작했다.

마르틴 루터는 그 자신과 과거의 개혁자들은 분명히 서로 다르다고 주장

100) 그리스도교 3가지 분파: 1)로마 가톨릭 2)정교회 3)개신교(프로테스탄트, Protestestantism)

했다. 그들은 교회 생활의 타락을 공격한 반면, 자신은 모든 문제의 신학적 근원인 구원과 은총에 관한 교회의 교리를 공격했다는 것이다. 루터는 면죄부와 선행의 복잡한 체계에 하나님의 한없는 은총의 선물이 얽매어졌음을 개탄했고, 95개조 반박문에서 교황은 연옥에 관한 권한이 없고, 성인의 공덕에 관한 교리는 복음에 근거하지 않는다고 주장하면서 면죄부 체계를 공격했다.

이것이 교회의 윤리적·신학적 개혁에 대한 루터의 핵심적 관심사이다. 즉 성경만이 권위가 있고(Sola Sciptura, 오직 성경), 칭의(稱義) 또는 의인(義認)(Justification)은 선행에 의해서가 아니라 오직 믿음에 의해서만 가능하다(Sola Fide, 오직 믿음)는 것이다. 그는 가톨릭교회와의 단절을 의도하지 않았지만, 교황권과 곧 충돌하게 되었다. 1521년 루터는 보름스(Worms) 제국의회에서 심문을 받고 결국 파문당했다[101]. 내적인 개혁운동으로서 시작한 것이 서구 그리스도교(기독교)의 분열을 초래한 것이다.

(9) 칼뱅(Calvin, 캘빈)주의가 현대사회에 미친 영향

> 오늘날 기독교 사회를 중심으로 하는 예배공동체와 칼뱅(캘빈)주의란 무엇인가?

중요한 하나의 프로테스탄티즘(Protestantism)의 형태[102]는 칼뱅(캘빈)의 이름을 딴 칼뱅(캘빈)주의(Calvinism)이다.

장 칼뱅(Jean Calvin, 1509~1564, 본명: 장 코뱅, Jean Cauvin, 영어: 존 캘빈, John Calvin)은 프랑스의 신학자, 교회행정가이며, 16세기의 가장 중요한 프로테스탄트 종교개혁가이다. 그가 여러 저술에서 전개한 신학·교회·정치 사상, 제네바 시에 세운 모델 교회, 여러 나라의 정치적·지적 지도자들에게 베푼 적극적인 지원은 유럽과 북아메리카 여러 지역에서 프로테스탄트가 발전하는 데 심대한 영향을 끼쳤다.

---

101) 파문: 기독교에서 신자를 교회에서 제외·추방하고, 징벌을 과하는 것.

102) 1529년에 독일의 도시 슈파이어(Speyer)에서 열린 제국의회에서 로마 가톨릭에 '저항(Protest)'했기 때문에 붙여진 이름.

프랑스의 칼뱅이 프로테스탄트로 개종 후 프랑스를 탈주하여 스위스로 가다.

프랑스의 변 호사였던 칼뱅은 프로테스탄트 원리로 개종한 뒤 프랑스를 탈주했다. 1536년 바젤에서 그는 <그리스도교 강요(Institutes of the Christian Religion)> 초판을 출판했다. 이 책은 새로운 개혁운동을 포괄적 · 조직적 · 신학적으로 다룬 최초의 논거였다.

(10) 예배공동체(그리스도교 공동체)와 자유민주주의

그리스도교 공동체(예배공동체)는 성경에 기록되어 있는 창세기에서부터 유래되고 있다. 성경의 창세기에는 다음과 같은 기록이 있다. 즉, ([25] 아담의 아내는 다시 임신하여 아들을 낳고 "하나님은 가인이 죽인 아벨 대신 나에게 다른 아들을 주셨다." 하며 그 이름을 '셋'이라고 지었다. [26] 그리고 셋도 아들을 낳아 그 이름을 '에노스'라고 불렀다. 그때부터 사람들은 처음으로 여호와의 이름을 부르기 시작하였다.(창 4:25~26))고 하는 말씀처럼 이때부터 사람들이 여호와 하나님을 부르고 예배를 드리면서, 기독교적인 인간사회를 이루어 온 것이라고 볼 수 있을 것이다. 또한 이 성경 말씀이 바로 종교개혁자 칼뱅(캘빈)이 발전시킨 칼뱅(캘빈)주의의 근원이고, 오늘날의 기독교 사회(예배공동체)라고 할 수 있을 것이며, 바로 여기서 자유민주주의가 자라난 것이라고 볼 수 있을 것이다. 또한 미국으로 건너간 영국 청교도들을 중심으로 하는 기독교도들이 세운 자유민주주의는 여기에 근거하고 있는 것이다.

(11) 잉글랜드와 스코틀랜드의 종교개혁

> 칼뱅(캘빈)의 영향을 받은 존 낙스는 스코틀랜드와 잉글랜드의 영구적인 연합을 가능하게 한 장로교의 설립을 이끌었다.

헨리 8세(1491~1547)가 단행한 교회의 재조직은 정치적인 이유였음에도 불구하고 잉글랜드 종교개혁을 촉발하였다. 스코틀랜드에서는 존 낙스가 스코틀랜드와 잉글랜드의 영구적인 연합을 가능하게 한 장로교의 설립을 이끌었는데, 존 낙스는 제네바에서 칼뱅(캘빈)의 영향을 크게 받았다.[103] 이후 영국의 청교도와 장로교도들이 미국으로 건너가서 미국의 기독교사회를 건설하는데 도움을 주었다고 볼 수 있을 것이다.

8.2 스코틀랜드 역사와 운명을 바꾼 영웅이며 영국과 세계의 역사를 바꾼 '하나님의 나팔수' 존 낙스(John Knox)

장로교를 창시한 스코틀랜드의 종교개혁자 존 낙스가 영국사회를 바꾸어놓고, 미국을 개척한 청교도주의를 탄생시키다!

(1) 장로교 창시자 존 낙스

장로교의 창시자 존 낙스(John Knox, 1514~1572)(그림 16)는 1514년경 동 로디언(Lothian), 해딩턴 타운에 있는 기포드(Gifford 또는 Giffordgate)란 마을에서 태어났다.

그림 16. 존 낙스(John Knox, 1513~1572)[104]

존 낙스는 세인트앤드루스 대학교(University of St Andrews)에서 신학사 학위를 취득했으며, 스코틀랜드가 독립을 유지하고 있던 1536년 4월 15일 부활절 전야에 사제 서품을 받으면서 역사의 무대에 등장한다. 낙스는 위샤

103) http://100.daum.net/encyclopedia/view/b19j3091a
104) 에딘버러 대학교에 있는 존 헛치슨(John Hutchison)의 작품인 존 낙스 동상

트(George Wishart, 1513~1546)를 만난 후 그의 영향을 받고 종교개혁의 길로 점차 들어선 것으로 알려졌다. 그 시기 다른 유럽 국가들에서는 이미 종교개혁이 시작된 상태였다. 개신교도였던 조지 위샤트(Geoge Wishart, 1513~1546)의 순교에 영향을 받은 낙스는 성경에 기록된 초대교회와 같은 교회를 스코틀랜드에 세우고자 했다. 그러나 당시 스코틀랜드는 로마 가톨릭 외에는 다른 어떤 교회도 허용치 않는 나라였기에 그는 자신의 소명을 현실 속에서 펼치기 위해 여러 차례 죽음의 위기를 맞아야만 했다.

(2) 조지 위샤트의 순교에 영향을 받은 존 낙스는 세인트 자일스 대성당의 설교자가 되다!

위샤트는 1538년 스코틀랜드에서 잉글랜드로 도피하였고, 후에는 대륙의 주요 종교개혁자들과 교류하다가 6~7년 후 귀국하여 개혁신앙을 전파하기 시작했다. 위샤트의 설교에 감동한 낙스는 양손에 검을 들고 수행원 역할을 하기도 했다. 그러나 위샤트는 추기경 비튼에 의해서 1546년 3월에 처형되었다. 낙스는 이후 세인트 자일스 대성당(St. Giles Cathedral)(그림 17, 그림 18)에서 스코틀랜드의 중요한 설교자가 되었다. 세인트 자일스 대성당의 본래 이름은 '에든버러 하이 커크 자유교회 공동체(The High Kirk of Edinburgh)'이며, 자유와 저항, 스코틀랜드 종교개혁의 상징이다. 낙스는 위샤트가 순교한 뒤로 시민운동의 지도자가 되어 세인트 앤드류스 수비대를 조직하여 왕실과 교회 당국에 항거하는 등 스코틀랜드 종교개혁을 이끌었다.

그림 17. 에든버러 세인트 자일스 대성당 전경

그림 17. 1124년에 건축되고, 1546년 위샤트(Wishart)에 이어 존 낙스(John Knox)가 종교개혁을 주도하며 목숨을 걸고 설교한, 프로테스탄트 장로교회의 모(母)교회로 불리는 스코틀랜드 에든버러 세인트 자일스 대성당(St. Giles Cathedral) 전경[105]. 에든버러 시내의 하이 스트리트(High Street) 맞은 편, 구시가지의 중심지인 로열 마일(Royal Mile)에 있다. 854년경부터 지금 위치에 교회가 있었으나, 1120년에 당시 인기 높던 성인(聖人)인 세인트 자일스(St. Giles)에 헌정하는 성당이 건설되었다. 지금도 스코틀랜드 프로테스탄트의 중심지 역할을 하고 있다. 16세기 종교개혁을 주장한 칼뱅(캘빈)파 목사 존 낙스(John Knox)가 활동하던 곳이기도 하다. 에든버러 출신의 소설가로 <보물섬>과 <지킬박사와 하이드>의 저자 로버트 루이스 스티븐슨(Robert Louis Stevenson, 1850~1894)의 기념비가 세워져 있다.[106]

그림 18. 세인트 자일스 대성당(St. Giles Cathedral) 내부에 존 낙스 동상이 세워져 있다(왼쪽). 낙스는 사망할 때까지 이 교회에서 설교사역에 매진했다. 오른쪽은 에든버러 시내에 자리한 존 낙스 하우스로 지금은 박물관으로 사용되고 있다.[107]

(3) 존 낙스는 프랑스 갤리선(노예선)에 포로가 되어 중노동에 시달리며 프랑스어를 배워, 후에 칼뱅(캘빈)과 교제할 수 있도록 하나님이 섭리하시다!

세인트 앤드류스 성(Saint Andrews Castle)이 종교개혁자 손에 들어가자

105) Ibid.

106) http://terms.naver.com/entry.nhn?docId=1222311&cid=40942&categoryId=33081

107) 고성삼, 국민일보 2016.11.6.

왕실과 가톨릭교회는 프랑스에 원군을 요청하였다. 낙스와 수비대원들은 세인트 앤드류스 성을 방어하면서 프랑스에 대항하였다. 하지만 세인트 앤드류스 성은 1547년 프랑스 함대에게 점령되었으며, 낙스와 수비대원들은 모두 체포되었다. 이후 낙스는 프랑스 갤리선(노예선)에 포로로 감금되어 19개월 동안 중노동에 시달렸다. 이와 같은 고난이 있었지만 이 포로생활의 시기에 배운 프랑스어를 통해서 후에 칼뱅(캘빈)과 깊은 교제를 나눌 수 있었다.

오랜 세월 후에 잉글랜드와 프랑스의 정치적 화해 분위기로 낙스와 동료들은 포로생활에서 풀려나 잉글랜드로 압송 되면서 낙스의 중반기 생애가 시작된다. 잉글랜드로 압송된 낙스는 다행히 잉글랜드 서머셋 공작의 중재로 풀려나 에드워드 6세가 통치하는 잉글랜드의 개혁사업을 도울 수 있었다.

(4) 잉글랜드의 '피의 메리' 여왕의 개신교도에 대한 박해가 심해지자 존 낙스는 제네바의 칼뱅(캘빈)에게로 가다!

제네바는 신앙의 자유를 원하던 유럽 개신교도들의 집합 장소가 되다!

잉글랜드에서는 에드워드가 죽고 '피의 메리' 여왕이 왕위를 차지함으로써 개신교도들에 대한 박해가 시작되자, 낙스는 다시 망명생활을 해야 했다. 그 시기 칼뱅과 칼뱅의 제네바 계승자 테오도어 베자(Theodore Beza, 1519~1605) 등은 제네바에서 개혁을 준비하고 있었는데, 제네바는 신앙의 자유를 원하던 유럽 개신교도들의 집합 장소였다. 낙스는 칼뱅(캘빈)이 개신교 신학을 전파하기 위해 세운 제네바 아카데미에 입학하여, 1554년부터 약 5년간 칼뱅(캘빈)의 지도를 받는다.

(5) 낙스가 제네바에 세운 교회가 잉글랜드 장로정치와 청교도주의를 탄생시키다!

> 낙스가 종교의 자유를 찾아 피난해 온 잉글랜드 성도들의 목회자가 되고 장로정치를 실현하여, 제네바에 이민자 교회를 세우고 가르친 것이 잉글랜드 청교도주의를 탄생시킨 결정적 원인이 되었다!

칼뱅(캘빈)과의 교류를 통해 장로정치와 청교도주의를 탄생시킨 존 낙스

존 낙스가 제네바 아카데미에서 칼뱅(캘빈)의 지도를 받던 이 시기는 그에게 매우 중요한 기간이었다. 그는 칼뱅의 지도를 통해 그의 개혁사상을 터득했을 뿐 아니라 목사·장로·집사를 세우고 장로정치를 실현했다. 제네바 아카데미를 가리켜 '사도시대 이래 가장 완전한 그리스도의 학교'라 불렀는데, 가장 성경적인 신앙과 교회 정치형태를 실현했기 때문이다. 낙스는 여기서 종교의 자유를 찾아 피난해 온 잉글랜드 성도들의 목회자가 되었다. 나중에 로이드 존스 목사는 그가 제네바에 이민자 교회를 세우고 가르친 것이 잉글랜드 청교도주의를 탄생시킨 결정적 원인이 되었다고 평가한다.

(6) 칼뱅의 '제네바 아카데미'에서 교육받은 존 낙스 한 명으로 인해서 스코틀랜드와 영국 및 세계의 역사와 운명이 바뀌다![108]

> 낙스처럼 전 유럽에서 성경과 개혁주의 신학을 공부하기 위해 찾아온 젊은 신학생들은 칼뱅이 운영하던 '제네바 아카데미'에서 훈련받고, 유럽 전역으로 파송되어 2,100여개의 교회를 개척하였다. 칼뱅 시대에 이와 같은 일이 가능했던 이유는 인쇄술의 발달로 성경과 신학 서적들을 대량으로 출판할 수 있었기 때문이다. 여기서 훈련받은 존 낙스 한 명으로 인해서 영국(스코틀랜드·잉글랜드)과 미국은 물론 전 인류의 역사와 운명이 바뀐 것이다.

108) 고성삼, 국민일보 2016.11.6.

1) 인쇄술의 발달로 유럽 전역으로 칼뱅의 기독교 전파가 가능하게 되다!

우리는 낙스를 통해 하나님 앞에서 깨어나서 준비된 한 사람으로 태어난 것을 깨달을 수 있다. 낙스 한 명으로 인해 스코틀랜드를 시작으로 서양 세계는 물론 나아가 전 세계의 문명과 역사와 운명이 바뀌었다고 볼 수 있을 것이다. 낙스는 칼뱅이 제네바에서 운영하는 아카데미를 통해 이루어진 결과에 매료되었다. 칼뱅은 신학자요 성경 주석가로 알려져 있지만, 위대한 교회 개척운동가이기도 했다. 칼뱅은 낙스처럼 전 유럽에서 성경과 개혁주의 신학을 공부하기 위해 찾아온 젊은이들을 제네바 아카데미에서 훈련시켰고, 이후 유럽 전역으로 신학생을 파송해 2,100여개의 교회를 개척할 수 있었다.

칼뱅 시대에 이와 같은 일이 가능했던 배경에는 인쇄술의 발달로 성경과 신학 서적들이 대량으로 출판될 수 있어서 신자들의 신앙 강화와 신학생들의 교육 향상에 기여한 것이 큰 힘으로 작용하였기 때문이라고 볼 수 있다.

이런 상황에 대하여 생각해보면, 인류의 미래를 위한 비전은 기독교에 크게 달려있다고 볼 수 있을 것이다. 종교개혁은 500여 년 전 역사 기록으로 남아 있는 과거의 일만이 아니다. 제2의 종교개혁의 불길이 다시 유럽은 물론 한국과 아시아에서 그리고 전 세계에서 활활 타올라야 할 것이다.

존 낙스는 그의 종교개혁을 통하여 영국을 위대한 나라로 발전시켰고, 미국은 물론 한국을 비롯한 전 세계 인류의 정신문화는 물론 인류의 모든 분야의 발전에 크게 기여한 것을 우리는 높이 평가해야 할 것이다.

2) 2017년 스코틀랜드 하일랜드의 '스코틀랜드 자유 장로교회' 예배에 참석하다.

2017년 6월 19일(수) 오후 6시 필자가 스코틀랜드 하일랜드를 여행하던 중에 스카이(Skye) 섬의 마을 포트리(Portree)에 있는 '스코틀랜드 자유 장로교회'(Free Presbyterian Church of Scotland)(그림 19)의 오후 6시 저녁 예배에 참석하여, 오래전부터 전통적으로 내려오는 존 낙스가 창시한 스코틀랜드 장로교회의 예배를 지켜볼 수 있었다. 성경을 읽고 시편을 노래하는 오래된 스코틀랜드 장로교회의 전통을 지키는 당시 예배형식에 따라 존 낙스를 생각하면서 하나님께 예배를 드리는 시간을 가질 수 있었다.

그림 19. 스코틀랜드 하일랜드 스카이(Skye) 섬의 마을 포트리(Portree)에 있는 스코틀랜드 자유 장로교회(Free Presbyterian Church of Scotland). 스코틀랜드를 여행 중이던 필자는 2017년 6월 19일(수) 오후 6시 예배에 참석하여, 오래전부터 전통적으로 내려오는 존 낙스가 창시한 스코틀랜드 장로교회의 예배를 지켜보면서 하나님께 예배를 드릴 수 있었다. 성경을 읽고 시편을 노래하는 오래된 스코틀랜드 장로교회의 전통을 지키는 예배형식이 남아 있는 것을 볼 수 있었다.

8.3 렌위크(A.M. Renwick)가 전해주는 스코틀랜드 종교개혁

스코틀랜드 종교개혁은 시간적으로 독일, 스위스, 잉글랜드의 종교개혁보다 뒤지는 것이었으나 어느 나라보다도 철두철미하고 대담한 개혁이었다.

스코틀랜드의 자유교회(Free Church of Scotland)의 신학교 교장을 역임하면서 교회사를 강의하던 렌위크(A. M. Renwick, 1967년 사망)는 그의 저서 "스코틀랜드 종교개혁사(The Story of The Scottish Reformation)"에서 다음과 같이 설명하고 있다.[109)]

종교개혁은 하나의 정신적인 힘이었다. 그러나 그것은 동시에 세계 역사

109) A. M. Renwick(1967년 타계) 지음, 홍치모 옮김, 「스코틀랜드 종교개혁사(The Story of the Scottish Reformation)」(서울: 생명의말씀사, 1980), 7~13.

상 사회적으로나 정치적으로 커다란 영향을 미친 사건이었다. 스코틀랜드 종교개혁은 시간적으로 독일, 스위스, 잉글랜드의 종교개혁보다 뒤지는 것이었으나, 어느 나라보다도 철두철미하고 대담한 개혁이었다.

(1) 존 낙스에 의한 스코틀랜드의 종교개혁: 장로교 제도와 청교도주의 탄생

> 스코틀랜드의 개혁정신은 거친 산골 사람의 기질이기도 했다.

소왕국 스코틀랜드처럼 근본적인 개혁을 단행한 국가는 없었다. 가령 독일 같은 나라는 종교개혁을 단행하는 데에 놀라운 일을 함으로써 다른 나라들에 영향을 준 것은 사실이다. 그럼에도 불구하고 종교개혁의 교리들을 실제 생활에 완전히 옮겨 놓치는 못했다. 그러나 스코틀랜드는 그렇지 않았다. 애초부터 스코틀랜드 종교개혁자들은 신약성경에 근거한 교회정치 수립에 목표를 두었다. 그들은 개혁원리와 그들이 채택한 장로교 제도를 직접 사도들의 교훈에 입각하여 정립하였다.

스코틀랜드 국민들은 이미 여러 해 동안 자유 쟁취를 위해 투쟁해왔다. 그들에게 있어서 독립이란 진주처럼 값진 것이었다. 인종적으로 볼 때 그들은 혼혈민족이었다. 용맹스럽고 개인주의적인 켈트족(Celts), 뱃사람들의 담대한 기질이 혈관 속에 흐르는 노르웨이족(Norsemen), 그리고 노르만족(Norman)의 봉건제도에 질려 스코틀랜드로 이주해온 색슨족(Saxons) 등의 피가 그들 속에 섞여 있었다. 이렇게 자유를 사랑하는 국민들이 로마가톨릭교회의 교권제도에 시달리면서 그 영적 속박을 깨닫게 되었을 때 강력하게 반발하였던 것이다. 이러한 정신은 흔히 산골 사람의 기질이기도 하였다. 스위스와 스코틀랜드의 교회사가 유사한 계열로 전개된 것도 이 때문이다. 이 두 나라의 종교개혁 지도자들은 용기와 선견지명과 실력이 두드러진 사람들이었는데 존 낙스(John Knox)가 특별히 그러한 인물이었다. 그가 오랫동안 대륙국 스위스에 거주한 결과 그의 인격 속에는 이 두 나라의 정신이 뿌리를 내린 것이다.[110)]

(2) 프랑스 신교도들의 대학살 사건(성 바돌로메 날의 대학살)과 프랑스 개신교의 최후, 오늘날의 프랑스의 개신교

스코틀랜드인들은 프랑스인들처럼 추리력이 강했고 그들의 개혁 원리들을 적절하게 적용하여 관철하는 대담성이 있었다. 프랑스 개혁교회는 그들의 탁월한 동포인 장 칼뱅(Jean Calvin, 1509~1564, 본명: 장 코뱅, Jean Cauvin, 영어: 존 캘빈, John Calvin)의 교훈을 시종일관 추종하면서 스코틀랜드 교회와 거의 동일한 계통으로 발전하고 있었다. 그것이 놀라울 정도로 발전하고 있을 때 사건은 터지고 말았다. 1572년 8월 24일 성 바돌로메 축제일의 전야(St. Bartholomew's Eve)에 위그노(Huguenot, 프랑스의 칼빈주의 신교도를 경멸적으로 일컫는 말)들에 대한 대학살로 프랑스 전체가 피로 물들어 생지옥과 비슷한 질식 상태에 빠져들어 갔다. 프랑스 신교는 성 바돌로메 날의 대학살 때 엄청난 충격을 받은 이후 완전회복을 결코 이루지 못했다.

프랑스에서는 30여 년 동안의 '위그노 전쟁'(1562~1598년)[111]의 기간 동안 3만여 명의 위그노가 가톨릭의 박해로 살해되었다. 그러나 이런 박해 가운데서도 위그노의 숫자는 신앙의 자유가 선포될 당시 거의 125만 명으로 크게 늘어났다.

그 후 절대 군주인 루이 14세가 1685년 '낭트 칙령'[112]을 폐지함으로써 30만여 명의 위그노가 영국, 프러시아, 미국 등 해외로 망명하고 프랑스 혁명 이전까지 위그노는 다시 순교와 박해의 긴 터널을 지나야 했다. 1802년에 가서야 위그노는 정치적 권리를 회복하였고, 1907년에 프랑스 개혁교회로 발전하여 오늘에 이르고 있다.

---

110) Ibid.

111) 위그노 전쟁(1562~1598년)은 프랑스에서 발생한 종교 전쟁으로, 1562년 3월 1일 로마 가톨릭 교회의 프랑스내 개신교인들에 대한 학살인 바시 학살로 인해 시작되었고 낭트 칙령이 앙리 4세에 의해 발표되면서 신구 기독교 간의 종교 전쟁은 일단락되었다.

112) 낭트 칙령 (Edict of Nantes)은 앙리 4세 가 1598년 4월 13일 선포한 칙령으로, 프랑스 내에서 가톨릭 이외에도 칼뱅주의 개신교 교파인 위그노 의 종교 적 자유를 인정하였다. 이로써 앙리 4세는 위그노 전쟁 을 끝내고, 개신교와 가톨릭교도 사이에서 화합을 도모하였다.

(3) 존 낙스의 민주주의적 개혁은 루터나 칼뱅과는 다른 특별한 영향력이 있었다.

존 낙스가 자기 나라에서 개혁의 지도자가 되었을 때, 그는 평소에 생각해오던 민주주의적인 정치원리들을 과감하게 적용시켰다. 이런 점에서 그는 루터나 칼뱅보다 개혁 정신이 훨씬 앞서 있었다. 그리고 그의 강력하고 용맹한 국민들은 그의 지도를 따르는 데에 신속했다. 그의 교훈은 그 누구의 교훈보다 더 스코틀랜드를 민주주의적인 교회가 있는 민주국가로 만드는 것이었다. 국민들은 신부나 고위 성직자의 중개 없이 그리스도의 중보를 통하여 직접 하나님께 접근할 수 있음을 알았다. 또한 교회 법정에서 성직자와 평신도가 정확하게 동일한 권리가 있음도 알았다. 또한 스코틀랜드는 종교개혁 당시 유럽에서 진행되던 위대한 정치투쟁에 주축이 되었다는 사실을 명심해야 한다.

존 낙스는 스코틀랜드 종교개혁의 영웅이었다. 그의 탁월한 인품, 그의 웅변, 그의 기민한 판단력, 정곡을 찌르는 그의 말, 그리고 대중에 대한 그의 강력한 호소력은 어떤 다른 사람의 영향력보다 종교개혁을 서둘러 승리로 이끈 요소들이었다.113)

8.4 종교개혁을 촉진시킨 위클리프와 틴데일의 영어 번역 성경

위클리프(John Wycliffe)와 틴데일(William Tyndale)은 성경을 영어로 번역하여 종교개혁을 불씨를 만들고, 인문학자 에라스무스(Erasmus)의 자극을 받은 루터(Martin Ruther)는 마침내 종교개혁의 횃불을 들었으며, 칼뱅(John Calvin)의 영향을 받은 낙스(John Knox)는 장로교와 청교도를 창설하여 민주주의 정치원리를 과감하게 적용시켜, 먼저 영국(UK)의 잉글랜드, 스코틀랜드, 웨일스, 북아일랜드 지방 자치주들을 동일한 기독교 민주주의 예배공동체의 연합을 달성하고, 미국을 비롯하여 한국 등 전 세계에 성경과 함께 기독교를 전파함으로써 인류의 미래를 위한 비전을 제공하였다.

---

113) A. M. Renwick(1967년 사망) 지음, 홍치모 옮김, 「스코틀랜드 종교개혁사(The Story of the Scottish Reformation)」(서울: 생명의말씀사, 1980), 7~13.

(1) 영국의 위클리프(John Wycliffe)와 틴데일(William Tyndale)

종교개혁의 선구자 영국의 위클리프(John Wycliffe, 1320~1384)와 틴데일(William Tyndale, 1494~1536)은 당시에 유일하게 허용되고 있던 라틴어 성경을 영어로 번역하였다. 그리고 종교개혁에 영향을 끼친 인문학자 에라스무스(Erasmus, 1466~1536)의 영향을 받은 루터(Martin Ruther, 1483~1546)는 1517년 마침내 종교개혁의 횃불을 높이 들었다.

프랑스의 종교개혁자 칼뱅(John Calvin, 1509~1564)의 영향을 받은 스코틀랜드의 존 낙스(John Knox, 1513~1572)는 장로교와 청교도를 창설하여 민주주의 정치원리를 과감하게 적용하여, 먼저 영국의 잉글랜드, 스코틀랜드, 웨일스, 북아일랜드 지방 자치주들에 대하여 동일한 기독교 민주주의 예배공동체 연합을 달성하고, 나아가 미국을 비롯하여 한국 등 전 세계에 라틴어로부터 영어로 번역한 성경을 전달하여 기독교와 선교와 함께 자유민주주의를 꽃피움으로써 인류의 미래를 위한 기독교적 비전을 제공하였다.

1866년 영국의 토마스(Robert J. Thomas, 1840~1866년) 선교가 한국에 와서 순교한 것도 결국 존 낙스가 과감하게 실천한 종교개혁의 영향이라고 볼 수 있을 것이다.

(2) 라틴어 성경을 영어로 번역한 민주주의 사상가 존 위클리프

> **링컨의 말로 알려진 '국민의, 국민에 의한, 국민을 위한 정부'는 위클리프가 모든 사람들에게 성경을 읽도록 하기 위한 구호였다. 위클리프는 "성경이 국민의, 국민에 의한, 국민을 위한 정부를 만들어낼 것"이라고 주장했다.**

비록 미완성이기는 하지만 존 위클리프(John Wycliffe, 1320~1384)(그림 20)의 가장 위대한 사역이며, 앞으로 폭풍을 일으킬 나비의 날갯짓과 같은 것은 성경 번역이다. 그는 비록 '불가타 성경'(Vulgata, Vulgate, '대중 라틴어 성경')[114]을 참조하기는 했지만 라틴어로 된 성경을 라틴어가 아닌 그의

114) '대중적'이란 뜻의 불가타(Vulgata, Vulgate, 대중 라틴어 성경) 또는 새 라틴어 성경은 '코이네 그리스어'(BC 300년경의 헬라어) 원문 성경을 5세기 초에 라틴

모국어인 영어로 번역을 시도했다. 그 당시에 유일하게 인정되었던 라틴어 성경을 라틴어 이외의 언어로 번역하는 것은 절대적 권위를 가진 가톨릭교회가 금지하는 일이었다. 그것은 지극히 위험한 일이었다. 현재 GBT(Global Bible Translators)[115)]로 알려진 성경번역선교회는 위클리프 국제 연대의 회원 단체이다.

성경번역선교회는 위클리프가 시도했던 성경 번역 정신을 물려받았다. 종교개혁은 '오직 성경으로'에서 시작되었고, 다시 '오직 성경으로' 돌아가게 된 것이다. 그 어떤 권위나 전통보다 성경의 권위 위에 둘 수 없다는 것이다. 이러한 종교개혁의 모토는 철학과 인문주의 영향을 받았지만 위클리프의 전통을 물려받은 것이기도 하다. 성경 번역이 중요한 이유는 먼저는 그릇된 가톨릭의 절대적 권위를 무너뜨리는 것이었다. 라틴어로 된 성경은 고등교육을 받지 않은 사람들은 알 수 없었기 때문에 사제를 통해서만 성경을 읽고 배울 수 있었다. 성경 번역은 모든 사람이 직접 성경을 읽고 연구할 수 있도록 만드는 것이다.

링컨의 말로 알려진 '국민의, 국민에 의한, 국민을 위한 정부'는 위클리프가 모든 사람에게 성경을 읽도록 하기 위한 구호였다.

위클리프는 <하나님 주권론>과 <시민 주권론>의 논문들을 통해 장차 도래할 민주주의를 위한 이론을 제공하고 있었다.

위클리프는 성경이 '국민의, 국민에 의한, 국민을 위한 정부'를 만들어낼 것이라고 실로 놀라운 주장을 했으며, 링컨은 조금도 부끄러워하지도 않고 위클리프의 이 말을 마음대로 가져다 미국의 민주주의 발전을 위해 썼던 것이다.

어로 번역한 기독교 성경 번역본이다. 본래 히브리어 구약성경으로부터 헬라어로 번역한 70인역(LXX)을 기초로 히에로니무스(제롬, Jerome, 342~407)가 번역한 라틴어 성경.

115) GBT: GBT는 성경 번역 선교를 위한 위클리프 국제 연대(Wycliffe Global Alliance)의 회원 단체로서 1985년에 설립되었다. 모든 사람들이 자신이 가장 잘 이해할 수 있는 마음의 언어로 된 말씀을 통해 하나님께 나아갈 수 있도록 전 세계의 여러 성경 번역 단체들과 함께 자신들의 말로 된 성경이 없거나 성경 번역이 중단된 모든 지역에 성경 번역팀을 준비시켜 보내고 있다.

종교개혁이 이루어지면 모든 권력이 시민에게 있고, 모든 성도는 직접 하나님께 기도하고 성경을 읽을 수 있다는 파격적인 선언은 위클리프에게서 시작되었다. 종교개혁의 횃불이 오르기 백 년 하고도 오십 년이 더 남았음에도 위클리프(그림 20)는 선구자로서 해야 할 역할을 다하고 있었다.

그림 20. 존 위클리프(John Wycliffe)(1320~1384)116)

(3) 라틴어 성경을 영어로 처음으로 번역한 위클리프(John Wycliffe)에 이어 최초로 헬라어 신약성경을 영어로 번역한 틴데일(William Tyndale)

성경을 목숨 걸고 보급하고자 한 틴데일의 열정이 없었다면 성경이 우리 손에 들어오는 데 시간이 더 걸렸을지도 모른다는 생각이 들면서 시편 12장 6~7절("[6] 여호와의 말씀은 확실하여 용광로에 일곱 번이나 정련한 은처럼 순수합니다. [7] 여호와여, 악한 자들의 손에서 영원히 우리를 지키시고 보호하소서.")은 주께서 성경을 지키시고 보존하신다는 말씀을 믿는 중 성경이 어떻게 우리 손에 왔는가를 생각한다는 것은 매우 흥미롭다.

하나님께서 이스라엘 백성에게 주신 성경이 오늘날 어떻게 우리 손에 들어왔는지를 알아보는 것은 매우 중요한 생각이다. 하나님께서는 처음에 자신의 거룩한 사람들이 직접 쓴 자필 원본으로 성경 기록을 주셨다(벧후 1:21 "예언은 결코 사람의 뜻에서 나온 것이 아니라, 성령님의 감동을 받은 사람들이 하나님에게서 받아서 말한 것이기 때문입니다.")

그 이후에는 다른 사람들이 그 자필 원본에서 필사하여 사본들을 만들었

116) Ibid. https://392766.tistory.com/entry/기독교-고전-읽기-존-위클리프John-Wycliffe-생애와-사상. 국민일보, [기독교 고전 읽기] 존 위클리프(John Wycliffe) 생애와 사상.

으며 처음의 자필 원본과 그 후의 많은 사본들은 수명을 다한 뒤에 역사 속으로 사라졌다. 성경을 번역하려면 번역의 대본인 본문이 필요한데 이 땅에 하나님의 모든 말씀들을 담은 사본이 하나도 없었으므로 누군가가 현존하는 사본들을 편집해서 본문을 만들어야 한다. 현존하는 신약성경 사본들은 약 6,000개이다. 이 사본들은 대개 서방계열, 안디옥계열, 알렉산드리아계열로 나눈다. 이중 서방계열이나 알렉산드리아계열에 속한 것은 그 수가 몇 개 되지 않아 소수 사본(1% 미만)이라 하고, 시리아 계열의 사본들은 다수를 차지하여 다수사본, 보편적 사본, 비잔틴 사본이라 불린다. 이 사본들을 번역하여 영어 성경과 독일어 성경이 나왔다.

1) 라틴어 불가타 성경을 영어로 번역한 위클리프(John Wycliffe), 최초로 그리스어(헬라어) 신약성경을 영어로 번역하고 히브리어 구약성경으로부터 영어로 번역한 틴데일.

위클리프가 처음 부르짖은 민주주의 '국민의, 국민에 의한, 국민을 위한 정부'

중세기 종교 암흑시대에는 로마 가톨릭(천주교)의 교황이 각 나라의 정권과 결합하여 로마 가톨릭교를 강요하는 일이 광범위하게 일어났다. 그래서 로마 가톨릭교는 그들 가톨릭교를 믿지 않고 성경대로 믿으려는 무리를 핍박하였고, 13세기경에는 그 무서운 종교재판소를 통해 신앙을 고수하려는 신실한 그리스도인들을 잔인하게 핍박하였으며, 진실한 그리스도인들이 참혹한 고문과 죽임을 당하였다. 이처럼 가톨릭교회가 1000년 이상 온 세상을 암흑시대 속에 가두어서 백성들은 하나님 말씀인 성경을 직접 대할 수가 없었고 국가법으로도 성경을 개인이 가질 수 없게 하였으며, 또 인쇄술이 발명되지 않아 필사본 성경이 일반화되는 것도 불가능한 시대였다.

존 위클리프(John Wycliffe, 1320~1384)는 옥스퍼드 대학을 졸업한 영국 기독교 신학자이다. 그는 1361년 필링엄 주교 대리가 되었다. 1374년 교황이 납세 문제로 영국 왕 에드워드 3세를 불러들였을 때 위클리프도 사절단으로 따라갔다. 그 후 교구장이 되어 로마 교황청의 부패를 탄핵하기 시작하였다.

그는 교황에 대한 공세로 가톨릭 교리와 교회법을 비판했다. 교황 그레고리우스 11세로부터 이단이라는 비난을 받았으나, 계속해서 교황의 권력과 로마가톨릭교회의 교리에 공격을 가하였다. 후에 종교개혁 운동의 여러 동기는 그의 설교 가운데서 싹텄다고 여겨지기도 하였다.

당시는 개인이 성경을 소지하는 것이 엄격히 금지되어 있어서 성경은 소수의 가톨릭 사제들만의 전유물이었다. 위클리프가 내건 유명한 구호 가운데 하나인 '국민의, 국민에 의한, 국민을 위한 정부'라는 구호는 사람들이 성경에 다가갈 수 있도록 만든 것이 근본적으로 민주주의를 이룩하는 결과를 가져왔음을 확인해 준다.

위클리프는 성경이 '국민의, 국민에 의한, 국민을 위한 정부'를 만들어낼 것이라고 주장했는데, 링컨은 자유민주주의 국가인 미국의 대통령으로서 미국을 '자유민주주의 국가'로 세우겠다는 확고한 의지를 나타내기 위해서 위클리프의 말을 가져다 써서 자기 것으로 만들었으며, 결국 오늘날 전 세계의 민주주의 국가는 이것을 바탕으로 민주주의를 꽃피우고 있는 것이다. 실로 기독교가 인류의 민주주의 발전에 놀라운 기여를 하게 된 것이라고 볼 수 있다.

마침내 위클리프는 1382년에 민중에게 복음의 진리를 전하기 위해 천주교 공식 라틴어 벌게이트(불가타)(Vulgate, Vulgata) 성경을 영어로 번역하였는데 이 영어 성경 번역이야말로 위클리프의 가장 큰 업적이다. 최초로 영어 성경 완역을 한 것은 모든 사람이 하나님의 가르침을 정확히 알게 하려면 라틴어가 아닌 영어로 된 성경이 꼭 필요했기 때문이다.

2) 위클리프가 번역한 성경은 로마가톨릭의 가르침과 성경의 내용이 너무 다르다는 것을 보여주었다! 필사본 성경 한 권의 값이 도서관 사서의 일 년 치 봉급과 맞먹었다!

위클리프는 프로테스탄트 종교개혁의 선구자들 가운데 한 사람이었다. 최초의 영어 성경 번역자인 존 위클리프(John Wycliffe)는 그가 번역한 영어 성경을 통해 로마가톨릭의 가르침과 성경의 내용이 너무 다르다는 것을 보여주기에 충분했다. 그는 성경을 번역했다는 이유로 이단으로 정죄를 받고 출회(黜會)[117]를 당했으나 1384년 그가 죽을 때까지 계속해서 성경 번역을 계속했다.

그때까지는 인쇄술이 발명되지 않았기 때문에 그의 번역 성경은 일일이 손으로 필사하였는데 보통 한 권의 성경을 필사하는 데는 열 달 정도 걸렸다고 하며 그 가격도 만만치 않아서 필사본 성경 한 권의 값이 도서관 사서의 1년 치 봉급과 맞먹었다고 한다.

그럼에도 불구하고 많은 양의 성경이 필사되어 1382년 5월에 열린 교회 회의에서 위클리프의 많은 저서가 정죄 받았고, 그의 모든 글은 금서로 공포되었다. 그는 1384년 12월 중풍이 악화되어 사망했다.

영국 국회는 법령을 제정하여 위클리프의 성경을 보급하지 못하게 하였다. 또한 영국의 아룬델 대주교는 교황에게 '저 사악한 위클리프를 처치해 달라고 요청했고 그 뒤 1408년에 그의 지휘 아래 옥스퍼드 회의가 열려 어떤 형식으로든지 성경을 영어로 번역해서는 안 되며 어느 누구도 그런 책을 읽어서는 안 된다'는 것을 결정했고 이 결정을 따르지 않는 사람은 이단으로 정죄 받을 것이라고 선언했다.

영어 성경이 평민들의 손에 들어가자 큰 위협을 느낀 교황 요한 23세는 콘스탄츠 공의회(Konstazer Konzil, 1414~1418)를 열어 위클리프의 성경을 이단으로 결정하고 이미 죽어 무덤에 안치된 위클리프의 유골을 캐내어 불사를 것을 결의하였다.

그가 죽은 후 31년이 지난 1415년, 콘스탄츠 공의회에서 만장일치로 선출된 교황 마르티누스 5세는 위클리프가 죽은 지 44년이 지난 1428년 위클리프의 죄는 라틴어 불가타 성경을 영어로 번역한 것에 대한 형으로 이단 판결과 그의 저작을 불태우고 그의 무덤을 파헤칠 것을 결정한다. 새로운 교황의 명에 따라 그의 뼈를 태운 후 남은 재를 에이번(Avon) 강의 지류인 스위프트(Swift)강에 쏟아 부음으로써 위클리프는 또 한 번의 부관참시(剖棺斬

117) 단체 또는 모임에서 내쫓음.

屍)[118]를 당한 것이다. 성경이 일반 백성들의 손에 들어오기가 이렇게 험난한 과정을 겪어야 했던 것이다.

3) 한국(고려)에서 발명된 인쇄술을 전수받은 구텐베르크는 라틴어 성경을 인쇄하였다!

하나님께서는 암흑시대에서 벗어나도록 본래 자필 원본 성경을 백성들이 볼 수 있도록 여건을 마련해 주시는데, 그 첫 번째가 인쇄술의 발명이다. 세월이 흘러 독일의 요한 구텐베르크가 (한국에서 먼저 발명한 금속활자와 인쇄술을 받아들여서) 1450년에서 1455년 사이에 이 세상에서 처음으로 금속활자로 라틴어 성경을 인쇄하는 획기적인 사건이 일어나게 된다.

4) 최초로 그리스(헬라)어 신약성경과 히브리어 구약성경을 영어로 번역한 윌리엄 틴데일(William Tyndale)

① 위대한 지성을 가진 틴데일

여기서는 윌리엄 틴데일(그림 21)이라는 사람을 소개한다. 사람들은 위클리프와 틴데일을 역사적으로 이렇게 평가한다. "위클리프는 성경의 일부를 번역했다는 사실보다는 남들에게 영향을 미친 점이 더 높이 평가되는데 비해, 틴데일은 대부분의 성경을 자기 손으로 직접 번역했던 인물이다. 중요한 차이점은 위클리프는 소수 사본으로부터 번역된 천주교(가톨릭) 공식 라틴어 벌게이트 성경을 영어로 번역하였지만 딘데일은 다수사본으로 만든 에라스무스의 본문을 가지고 영어로 번역하였다.

그림 21. 윌리엄 틴데일(William Tyndale) (1494~1536)[119]

118) 부관참시(剖棺斬屍) 또는 부관참두(剖棺斬頭)는 이미 사망한 사람이 사망 후에 큰 죄가 드러났을 때 처하는 극형을 말한다. 이 극형은 무덤에서 관을 꺼내어, 그 관을 부수고 시신을 참수하는 것으로, 부관형과 참시형을 합친 형벌이다.

1494년 틴데일이 태어날 때만 해도 일찍이 1408년에 만든 헌법(위클리프의 번역판에 대한 대책으로 비공인된 영어 성경을 일절 읽어서는 안 된다는 금지령)이 여전히 실효성을 갖고 있었다.

윌리엄 틴데일은 뛰어난 지성을 가진 사람이었다. 그는 젊은 청년 시절 옥스퍼드 대학에 들어가 사제가 되기 전에 언어와 논리학을 열심히 공부했다. 그는 일곱 개 언어에 능통한 사람이었다. 그는 성경을 연구하면서 잘못된 것을 바로잡으려는 마음으로 불타올랐다. 사람들을 가르치는 많은 사제가 라틴어를 읽을 줄 모르기 때문에 그들 자신도 성경이 무엇을 말하는지 몰랐다는 사실이 그를 격분시켰다.

1500년대의 영국에는 단 하나의 교회인 로마가톨릭만 있었다. 그런데 그 교회는 엄청난 부와 권력을 소유하고 있었다. 정부는 교회가 모든 사람에 대해 자체적으로 법을 집행하도록 허용했다. 교회는 사람들에게 많은 액수의 돈을 내라고 요구했지만, 그들을 돕기 위해 한일은 거의 없었다. 많은 사람이 너무나 가난해서 빈민굴에 살고 있었다. 그러나 영국에서 교황을 대표하는 월시 추기경(Cardinal Wolsey)은 500명의 종을 거느리고 궁전에서 살았다.

한편 영국에 있는 모든 성경은 라틴어로 씌어있었다. 일반 백성들은 성경이 주어진다 하더라도 읽을 수가 없었다. 그리고 교회의 허락 없이 영어로 된 성경을 읽는 사람은 누구를 막론하고 땅과 재산과 생명을 잃게 된다. 따라서 그런 행위를 하는 사람은 교회와 정부의 적으로 간주 되었다. 따라서 감히 영어로 주기도문이나 십계명을 가르치는 남자나 여자들은 즉시 화형에 처해졌다.

② 성경이 모국어로 번역되어야 교회 내의 모든 불행을 막을 수 있다고 깨달은 틴데일은 독일로 이주하였다.

틴데일은 하나님의 말씀이 사람들의 눈에서 가려진 것이 교회 내의 모든 불행의 원인임을 깨닫게 되었다. 왜냐하면 너무나 오랫동안 바리새파적인 성

119) m.blog.daum.net/gw0226/72

직자들이 행한 가증스런 행위들과 우상숭배가 식별하기 불가능한 지경에 이르렀기 때문이었다. 그들은 궤변으로 바른 판단을 흐리게 하고, 본문의 내용과는 다르게 성경을 자기들의 목적에 맞추어서 그들의 행위를 경멸하는 자들을 옭아매었다.

교회 성직자들의 가증한 행위를 잘 알고 있던 틴데일은 성경이 모국어로 번역되어서 가난한 사람들이 하나님의 말씀을 읽는 것보다 더 좋은 방법이 없음을 생각하게 되었다. 그는 성경이 보통 사람들의 눈앞에 그들의 모국어로 제시되어서 그들 스스로 본문의 뜻을 이해하지 않고서는 평민들을 진리위에 세울 수 있는 길이 없음을 알게 되었다. 왜냐하면 아무리 진리를 그들에게 가르친다 해도 진리를 대적하는 자들이 성경에 근거하지 않은 궤변과 그들 자신의 전통으로 진리를 덮어버리거나 본문을 속여서 다르게 설명하기 때문이었다.

이런저런 생각을 하면서 틴데일은 성경을 자신의 모국어로 번역하고자 하는 하나님의 열정으로 가득 차 있었다. 틴데일은 1524년에 독일로 이주해 다시는 영국으로 돌아오지 않았다. 그는 독일에서 비텐베르크에 사는 루터를 만나 서로 대화도 하였다.

③ 틴데일은 독일에서 그리스어(헬라어) 신약성경을 영어로 번역하여 영국으로 몰래 들여보내다.

틴데일은 먼저 신약에 손을 대서 그리스어(헬라어) 신약성경을 영어로 번역하여 A.D. 1525년경에 최초의 영어 성경을 출판하게 되었다. 그 후 틴데일은 그를 후원한 사업가를 통해 인쇄된 성경들을 곡식 주머니에 넣어 영국으로 몰래 들여오곤 했다. 1526년 초, 많은 신약성경이 '상품을 넣은 상자, 술통, 옷 짐짝, 밀가루와 옥수수 부대 등에 숨겨진 채' 잉글랜드로 밀반입되었다. 틴데일의 신약성경이 영국에 도착하자 수요가 너무나 커서 다른 인쇄업자들이 점점 더 많은 인쇄본을 만들어내게 되었다. 틴데일의 신학 서적들, 특히 신약 번역은 사람들의 손을 통해 해외로까지 퍼져나갔으며 경건한 사람들에게 수많은 유익을 가져다주었다.

그러나 불경한 사람들은 (대중들이 자신들보다 더 현명하게 되는 것을 시기했으며, 진리의 찬란한 빛으로 자신들의 어둠 일들이 드러나는 것을 두려워하면서) 적지 않은 소요를 일으켰다.

④ 지칠 줄 모르고 헬라어 신약성경을 영어로 번역한 틴데일

윌리엄 틴데일은 지칠 줄 모르고 지난번에 번역한 부분에 이어서 계속해서 헬라어 신약성경을 번역하였다. 그는 뛰어난 재능을 가지고 각각의 단어를 주의 깊게 선택하였다. 비록 그가 영국인이면 누구나 이해할 수 있도록 쉬운 언어를 사용하긴 했지만 거기에는 시와 같은 아름다움과 리듬이 있었다.

하나님의 진정한 종인 윌리엄 틴데일은 교황과 같은 오만한 성직자들의 뿌리와 기반을 흔드는데 쓰인 하나님의 도구였으며, 주께서 선택하신 특별한 지체였다. 어둠의 통치자는 틴데일을 함정에 빠뜨리기 위해 가능한 모든 교활한 방법을 사용했다.

⑤ 영국 성직자들은 틴데일이 영어로 번역한 성경을 이단적 교리를 포함하고 있다고 주장하면서 그를 파멸시키려고 음모를 꾸몄다!

한편 영국의 성직자들은 영국에 들어온 틴데일 성경은 수천에 달하는 이단적 교리들을 포함하고 있기 때문에 단순히 어느 정도 수정되어야 하는 것이 아니라 완전히 파기되어야 한다고 주장하면서 그 책이 보급되어서는 안된다고 주장했다. 주교들과 고위 성직자들은 왕의 동의를 기어코 얻어냈으며 서둘러 선언문을 작성하고 공표해서 틴데일의 번역 성경을 금지시켰다. 여기서 만족하지 않고 그들은 더 나아가서 그의 생명까지 빼앗으려는 음모를 꾸미기 시작했다.

런던의 등기부에서 주교들과 토마스 모어 경은 틴데일에게 속한 모든 것들을 열심히 찾아서 조사했다. 틴데일이 어디서 누구와 모였으며, 그 집이 어디 있으며, 그의 키는 얼마며, 외출할 때는 어떤 옷을 입는지 등을 조사했다. 조사한 자료들을 가지고 그들은 틴데일을 파멸시키기 위한 그물을 한 올 한 올 엮어갔던 것이다.

영국의 왕과 왕의 측근들은 그를 체포하기 위해 유럽으로 스파이들을 보냈지만 윌리엄 틴데일(WilliamTyndale)은 10년 동안 붙잡히지 않았다.

이 조용한 사람이 무슨 끔찍한 범죄를 저질렀기에 영국의 지명수배 명단 첫머리에 놓였단 말인가? 그를 대적하는 사람들조차도 그의 삶이 거룩함의 모델임을 인정했다. 그럼에도 그의 유일한 죄는 성경을 영어로 번역한 것이었다.

⑥ 죽음의 위기에서 틴데일은 다시 히브리어 구약성경을 영어로의 번역에 착수하였다!

사형위기 속에서도 다시 히브리어로 된 구약성경을 영어로 번역하는 일을 착수하였다. 그러나 교회지도자들은 격분했다. 그들은 윌리엄 틴데일의 성경을 소지한 사람이면 누구든지 체포하고 투옥시키고 사형에 처함으로써 그에 맞서 싸웠다. 자신에 대한 체포영장이 발부되었다는 소식을 들은 윌리엄 틴데일은 구약성경 번역에 매달리면서 이곳저곳을 자주 옮겨 다녔다. 그러나 마침내 체포되어 틴데일은 앤트워프에서 18마일 떨어진 빌보데 성에 갇히게 되었다.

⑦ 틴데일은 체포되었고 변호사를 거절하고, 자기를 고소한 자들에게 설교를 했다.

감옥에서 틴데일은 변호사를 대주겠다는 제안을 받았지만 자신이 직접 답변하겠다며 거절했다. 그는 자신을 고소한 사람들에게 오히려 설교했으며, 성 안에서 그러한 그의 모습을 본 사람들은 그가 훌륭한 그리스도인이었다고 말했다.

⑧ 화형 당한 현장에서 '주님, 잉글랜드 왕의 눈을 열어주소서!'라는 기도를 올렸고, 윌리엄 틴데일의 기도는 응답되었다.

1535년 네덜란드에서 성경을 영어로 번역했다는 죄목 때문에 틴데일은 체포되었고, 마침내 많은 논의 끝에 아무런 이유도 없이 황제의 칙령으로 오그스버그 모임에서 그는 유죄를 선고받았다.

다음해 1536년 10월 6일 틴데일은 화형을 당했다. 그의 사형 이후 엘리자베스 1세에 의해 영어 번역이 논의되었고 제임스 1세에 이르러 그의 번역을 기초로 한 킹제임스 버전 흠정역 성경이 나오게 되었다.

그는 마지막 옥중에서도 히브리어 성경과 히브리어 문법책과 히브리어 사전을 볼 수 있게 해달라고 간청했고, 마지막 화형을 받는 현장(그림 22)에서도 '주님, 잉글랜드 왕의 눈을 열어주소서!'라는 기도를 올렸다고 한다. 윌리엄 틴데일의 기도는 응답되었다.

그림 22. 윌리엄 틴데일(William Tyndale)의 화형120)

틴데일 번역본은 1611년에 왕에 의해 공인된 킹제임스 성경 어법의 90%이상을 제공했으며, 그의 번역본은 역사상 가장 영향력 있는 책이 되었다.

틴데일은 그가 젊은 날 고백했던 말처럼 "하나님이 자기 목숨을 살려주신다면 쟁기를 모는 소년이 성직자보다 성경을 더 많이 알게 할 것"이라는 고백처럼 살다가 갔다. 그의 죽음 직후에 한 친구가 성경을 인쇄하여(윌리엄의 번역본 전부를 포함) 헨리8세에게 바쳤다. 그것은 박해 없이 유포되도록 허용된 최초의 영어성경이 되었다.

나중에 윌리엄 틴데일의 번역본은 1611년에 왕에 의해 공인된 킹제임스 성경 어법의 90%이상을 제공했다. 윌리엄의 번역본은 역사상 가장 영향력

120) m.blog.daum.net/gw0226/72

있는 책이 되었던 것이다.[121)]

영국형의 가톨릭 잉글랜드 국교회를 연 헨리8세

한편, 헨리8세(1491~1547)는 영국형의 가톨릭을 원했기에 이에 맞는 국교 신조 6조를 만들고, 이를 의회에 통과시켜 위반할 때는 화형까지 할 수 법률을 만들었다. 그 조항을 보면, 첫째 성찬은 허락하며, 둘째 정절에 대한 서약을 준수할 것, 셋째 성직자의 독신 존중과, 넷째 일반인들이 성직자에게 고해하는 것의 승인, 마지막으로 개인적 미사의 승인 등이었다.

이는 헨리8세가 개혁하여 세운 가톨릭 잉글랜드 국교회가 프로테스탄트와는 성격이 달랐으므로 순수 프로테스탄트들도 박해를 받게 되었고 최초의 영어판 성경 인쇄자인 윌리엄 틴데일(William Tyndale)은 결국 화형을 당하고 말았다.

8.5 종교개혁과 함께 영국의 청교도들이 앞장서서 신앙의 자유를 찾아 신대륙(미국)으로 가서 자유민주주의 미국을 건설하고, 한국을 비롯한 전 세계에 '자유민주주의'를 전파하였다.

미래학을 열어놓은 영국 기독교의 개척·개혁·창의 정신!

1620년 영국의 청교도[122)]들은 '신앙의 자유'를 찾아 메이플라워호(Mayflower)를 타고 콜럼버스가 발견한 신대륙(미국)으로 건너갔다. 그들은 자유롭고 평화스런 삶을 추구하며 찾아 나서, '신앙의 자유'는 물론, 이에 더하여 그들은 인류의 자유롭고 풍요로운 삶을 위한 '자유민주주의'를 달성하였고, 전 세계에 밝고 위대한 미래를 열어주었다. 여기에 더하여 '과학기술'을 획기적으로 발전시켰으며, 인류에게 미래를 내다볼 수 있도록 하는

121) Ibid.

122) 1564년 이래로 영국의 성공회와 그 헌법에 대항하여 장로교 헌법을 새롭게 제정하고 성공회에 대항한 칼뱅(캘빈, Calvin)주의의 흐름을 이어받은 프로테스탄트 개혁파를 일컫는 말.

'미래학'을 개척하여 모든 인류를 위해 열어놓았다.[123)]

청교도들이 열정을 가지고 끊임없이 하나님을 찾고 참된 '신앙(믿음)'을 추구하는 그 정신 속에는 '생각의 자유'와 '창의적 능력', 그리고 거기에는 '인류의 미래를 위한 비전과 미래를 열어갈 수 있는 능력과 열정'이 함께 잠재해 있었다고 볼 수 있을 것이다.

스코틀랜드의 전설적인 영웅인 젊은 윌리엄 월리스(William Wallace, 1272/1276~1305.8.23)가 죽음의 순간까지도 부르짖은 '자유(Freedom)'는 영국의 개척과 창의 정신을 키워주고, 오늘도 인류사회를 밝은 미래로 이끌고 있다. 그리고 이것은 인류를 창조하시고 또 인류의 미래를 열어주는 위대한 하나님의 비전이며 능력이라고 볼 수 있을 것이다.

8.6 한국(고려)이 발명한 금속 인쇄술이 구텐베르크에게 전해져서 성경을 비롯한 많은 책이 인쇄·보급되어 기독교와 새로운 지식 및 정보가 급속하게 전파되고 종교개혁·과학혁명이 일어나게 되어 인류문화발전에 크게 이바지하였다!

한국(고려)에서 발명된 금속 인쇄술이, 읽고 쓰기 쉽고 편리한 알파벳을 사용하는 서양의 기독교 사회의 구텐베르크에게 전달되어, 유럽에서 성경과 많은 책이 인쇄·보급됨으로써 종교개혁과 과학혁명을 일으키는 등 세계를 크게 변화시키게 되었다. 이것은 한국인의 창의력이 세계 인류문화의 발전에 크게 기여하였다고 볼 수 있다. 이것은 우연이라기보다는 기독교의 하나님이 한국의 건국이념인 '홍익인간'의 사상을 품고서 한국인의 잠재의식 속에 본래부터 자리하고 있었던 것이다. 즉, 우리나라에서 하나님(하늘님 또는 하느님이라고 불림)이라고 하는 유일신을 오래전부터 전통적으로 불러온 것은 우리나라 건국이념인 홍익인간의 사상이 기독교의 유일신인 하나님 가운데 자리하고 있어 왔던 것이기 때문이라고 볼 수 있을 것이다.

123) 이홍림, "영국 청교도들", 「세라미스트」(서울: 한국세라믹학회, 2017) 20(2), 95~96.

8.7

영국인들은 잉글랜드·웨일스·스코틀랜드·아일랜드 등 모든 지역에서 여러 민족이 동일한 기독교 정신 아래, 서로 치열하게 경쟁하면서도 기독교 공동체로서 협력하는 가운데 창의적이고 진취적인 하나의 영국을 창조하고 마침내 세계를 기독교화 하는데 열심을 다해온 것이다.

특히 영국의 잉글랜드(헨리 8세, 1491~1547)와 스코틀랜드(존 낙스, 1514~1572)는 오랜 기간에 걸쳐 서로 매우 독특한 방법으로 종교개혁을 일으켰다. 그리고 영국은 아브라함의 교육이념(창 18:17~19)을 충실히 따랐다.(창 18:17~19: [17] 그때 여호와께서 말씀하셨다. "내 계획을 아브라함에게 숨겨야 하겠느냐? [18] 아브라함은 막강한 나라의 조상이 될 것이며 세상의 모든 민족이 그를 통해 복을 받을 것이다 [19] 내가 아브라함을 택한 것은 그가 자기 자녀들과 후손들을 잘 인도하여 의롭고 선한 일을 하게 하여 경건하게 살도록 하기 위해서이다. 그렇게 함으로써 나 여호와는 아브라함에게 한 모든 약속을 이행할 것이다.") 그 결과 영국은 세계에 기독교를 전파하였다.

영국은 로마가톨릭이 라틴어로 된 성경을 다른 언어로 번역하는 것을 금하고 있던 중에 이를 개혁하기 위해 존 위클리프(1320~1384)가 성경을 영어로 번역하고 박해를 당하였다. 또 인쇄술이 발명된 이후에는 윌리엄 틴데일(1494~1536)이 성경을 영어로 번역·출판하여 많은 사람들의 종교개혁에 대한 열망에 불을 지피고, 때마침 잉글랜드의 헨리 8세는 로마가톨릭으로부터 벗어나서 영국국교회(성공회)의 수장이 되어 사실상 영국에서 종교개혁을 단행하였다.

스코틀랜드의 존 낙스(1514~1572)는 프랑스의 칼뱅(캘빈, 1509~1564)의 영향을 받아 '제네바 아카데미'에서 칼뱅과 종교개혁 활동을 함께 하면서 장로교를 설립하고 청교도주의를 탄생시켰다. 또한 전 유럽으로 신학생들을 파견하면서 종교개혁을 주도하였다.

바로 이시기에 한국(고려)은 금속인쇄술을 발명하고, 한국을 방문한 교황사절단을 통해서 구텐베르크에게 인쇄술을 전달함으로써, 때마침 틴데일이 영어로 번역한 성경을 인쇄·보급하여 유럽의 종교개혁과 기독교 발전에 크게 기여하였다.

유럽의 종교개혁 시기는 한국에서는 조선시대였다. 바로 임진왜란이 일어나기 직전, 나라가 당파싸움으로 혼란스러웠고 사화(士禍)로 나라가 편할 날이 없었으며, 또한 중국과 일본의 침략으로 가난과 암흑의 굴레 속에서 시달리면서도 외국에서 일어나고 있는 사정을 알지 못하고 있던 매우 암울하고 어려운 시기였다.

영국에서는 이때 종교개혁으로 기독교의 발전과 함께 인쇄술의 발달로 교회를 통한 국민교육 및 어린이 교육에 의해서 사람들의 지식과 문화수준이 크게 향상되고 있었다. 특히 교육은 기독교의 가장 중요한 핵심으로서 후세들을 잘 가르치는 것이었다.

▪ 영국은 아브라함의 교육이념(창 18:17~19)을 충실하게 잘 따랐다.

그것은, 성경말씀(창 18:17~19), "그 때에 주께서 말씀하셨다. '내가 앞으로 하려고 하는 일을 어찌, 아브라함에게 숨기랴? 아브라함은 반드시 크고 강한 나라를 이룰 것이며, 땅 위에 있는 나라마다 그로 말미암아 복을 받게 될 것이다. 내가 아브라함을 선택한 것은 그가 자식들과 자손을 잘 가르쳐서, 나에게 순종하게 하고, 옳고 바른 일을 하도록 가르치라는 뜻에서 한 것이다. 그의 자손이 아브라함에게 배운 대로 하면 나는 아브라함에게 약속한 대로 다 이루어 주겠다.'"[124]라는 성경의 말씀에 따라 영국은 후세들에게 기독교 교육을 잘 하라는 말씀을 따랐던 것이다. 이것은 결국 현재와 미래의 삶을 위해서 가장 중요한 것이며, 사람이 살아가야 할 비전을 찾는 일로서 후세들을 위한 교육이 얼마나 중요한 것인지를 말해주고 있는 것이다.

영국은 바로 이 성경말씀에 따라 국민과 후세들에게 올바르게 교육을 시키기 위해 먼저 성경을 자국어인 영어로 번역하여 기독교를 개혁하고자 했고, 위클리프, 틴데일, 낙스를 비롯한 영국인들은 죽음을 무릅쓰고 열정을

124) 창세기 18장 17~19절.

다하여 하나님께 순종하여 영국의 종교개혁 운동에 앞장섰던 것이다.

8.8 영국에서 라틴어 성경을 영어로 번역한 것은 인류에게 어떤 영향을 주었는가?

> 기독교 선교와 언어의 역할: 영어권의 나라들은 왜 모두 기독교국일까? 기독교와 자유민주주의 및 전체주의(사회주의 · 공산주의 · 파시즘)와의 관계는 어떤가? 영국이 신대륙을 개척하여 자유민주주의 국가 미국과 영연방을 세우고, 미래학을 개척했으며, 세계로 나아가 기독교를 전파한 영국인들의 개척정신은 어디서 온 것인가?

종교개혁 이전에는 일반 백성들이 성경을 가질 수 없도록 금지시켰기 때문에 성경을 읽을 수도 없었다. 또한 라틴어 성경을 다른 언어로 번역하는 것을 금지하였으며, 이를 어기는 자는 이단자로 화형에 처해졌다. 이때는 인쇄술이 발명되기 전이어서 존 위클리프(John Wycliffe, 1320~1384)는 1382년 신구약성경을 영어로 번역하여 필사본(위클리프성경, Wycliffe's Version)으로 출간하여 영국 종교개혁의 신호탄을 쏘아 올리고, 인쇄술이 발명·보급된 후에는 윌리엄 틴데일(William Tyndale, 1494~1536)이 1525년 영어로 번역한 틴데일 성경(Tyndale Version)을 인쇄하여 보급하는 중에 체포되어 화형을 당해 순교하였다. 틴데일은 그리스(헬라)어의 신약성경과 히브리어 구약성경을 영어로 번역하여, 후에 킹제임스[(King James Version; Authorized Version, 1611)과 Revised Version(RV, NT, 1881; OT, 1885; Apocrypha, 1895)]의 기초가 되었다. 독일의 루터는 독일어로 구약(1522)과 신약(1534)을 번역하였다.

잉글랜드 종교개혁 (1533~1540)

1534년 왕위지상령으로써 '잉글랜드교회를 치리하는 자'는 왕임을 선포하고, 1534년 11월 3일에 통과된 수장령은 잉글랜드교회의 수장은 군주임을 밝혔다. 동시에 영국 하원은 로마에 호소하는 것을 금지하였으며 잉글랜드

내에서 교황의 교서를 발표하면 가차 없이 형벌에 처하기로 결의하였다. 그리하여 헨리8세는 잉글랜드교회의 상징적인 지도자는 영국 국왕이라 선언했던 것이다.

위클리프에 이은 틴데일의 영어성경 번역과 금속인쇄술 발명 덕분에 대부분의 영국 기독교인들은 영어로 된 성경을 쉽게 구해 읽을 수 있어서, 영국인들은 종교개혁을 쉽게 받아들일 수 있게 되어, 성경을 읽고 '자유'와 '민주주의'를 가장 먼저 깨닫게 되었다.

이처럼 영어를 사용하는 영국과 미국을 비롯한 영연방국 국민들은 다른 나라 국민들에 비해서 영어(자국어)로 번역된 성경을 보다 쉽게 접할 수 있었기 때문에, 영국 청교도[125]와 같은 영국의 개신교도들은 개척정신을 가지고 '신앙의 자유'[126]를 찾아 신대륙으로 건너가서(1620), '자유민주주의' 미국을 개척하고 과학 · 기술을 발전시켜 인류 문명과 문화의 발전을 위해 크게 기여할 수 있게 되었다.

미국을 비롯한 서양의 여러 나라들은 가장 먼저 자유와 자유민주주의를 추구하여 선진국이 될 수 있었다. 이처럼 영국과 미국을 비롯한 서양인들은 성경말씀을 읽고 깨달은 '자유'에 근거하여 달성해낸 종교개혁에 힘입어 '자유민주주의'와 '과학·기술'을 개척해낸 창의능력에서 비롯된 것이라고 볼 수 있다.

이처럼 '신앙의 자유'가 중요함을 알게 된 그들은 이것을 모든 인류에게 전하고 가르쳐주어야 할 사명을 성경[127]을 통해 스스로 인식하게 된 것이다. 또 그렇게 선교에 대한 확신을 갖게 된 그들은 이 선교의 사명을 다할 때, 세계 인류는 하나님의 가르침에 따라 올바른 삶을 살아갈 수 있을 것이라는 확신을 갖게 된 것이다.

---

125) 1620년 메이플라워호를 타고 최초로 신대륙으로 건너간 영국 청교도들.

126) 성경(갈5:1): "그리스도께서 우리를 자유롭게 하려고 자유를 주셨으니 그러므로 굳건하게 서서 다시는 종의 멍에를 메지 말라"

127) (행 20:24) 내가 달려갈 길과 주 예수께 받은 사명 곧 하나님의 은혜의 복음을 증언하는 일을 마치려 함에는 나의 생명조차 조금도 귀한 것으로 여기지 아니하노라.

반면에 전체주의 이데올로기의 공산주의·사회주의를 추종하는 나라들은 영국의 소설가 조지 오웰[128]이 '빅브라더'에서 예견했던 대로 인간의 자유와 인권을 억압하는 전체주의 · 공산주의 국가들이다. 왜 그런가? 이런 국가들은 아직도 하나님을 두려워하지 않는 독재자들이 다스리고 있기 때문인 것이다. 그들은 아직도 기독교와 성경의 진리를 깨닫지 못하고 있기 때문에, 국민의 자유를 억압하고 있는 것이다. 우리는 자기의 목숨을 다 바쳐서 기독교의 전도를 위해 노력하고 수고한 사도 바울의 정신을 이어받아 하나님을 두려워하지 않는 이들 국가들에 대해서도 꾸준히 선교하여 그들이 하나님을 믿고 의지하여 우리와 모두 함께 '자유'를 누릴 수 있도록 해야 할 것이다.

128) 조지 오웰(George Orwell, 1903~1950)이 1949년 출간한 소설. 빅브라더(big brother)를 등장시켜 1984년 당원의 모든 것을 감시하는 전체주의 국가의 모습을 그려냈다. 당시 소비에트연방의 독재자 스탈린을 풍자했다는 해석이 지배적이다.

제 9 장 동북아에서 유일한 기독교의 나라 대한민국

9.1 동북아 한·중·일 3국 중 기독교 한국의 창의성

한국을 둘러싼 동북아의 한 · 중 · 일 3국이 과거에 얼마나 서로 협력해왔는지 알아보고, 그중에서 유일하게 기독교국인 한국이 창의력을 발휘하여 인류의 평화를 위해 이바지할 수 있는 비전을 제시해야 할 것이다.

일 본

먼 고대로부터 도자(세라믹스) 제조 기술과 한자를 공유하는 문명과 문화를 한국 · 중국 · 일본 3국이 함께 공유하고 발전시키고 또 교류하면서 서로 협력해왔다.

일본은 19~20세기 근대화를 추진하면서 서양으로 눈을 돌려 화혼양재(和魂洋才)[129], 즉 일본[和]의 혼(魂, 정신)과 서양[洋]의 재(才, 기술)를 받아들이면서, 서양의 혼(魂)인 기독교는 배척하고 서양으로부터 오직 과학기술과 무기제조기술을 받아들이는 정책을 채택하였다. 그리하여 일본 고유의 전통적 정신에서 유래하는 국가 가족주의를 지향하는 권위주의와 전체주의 이념인 천황 파시즘(Fascism) 정치체제를 발전시키면서 제국주의 · 침략주의로 나아갔다.

그 결과 전체주의 독재체제를 갖추고 군국주의로 무장하여 한국과 중국 등 주변국을 침략하고, 특히 한국에 대해서는 국권을 강탈하여 식민지로

129) '화혼'이란 일본의 전통적 정신을, '양재'란 서양의 기술을 말한다. 일본의 것인 혼(魂, 신도와 존황사상)을 지키고 서양 것(기술)인 재(才)를 받아들인다는 것이다. 근대화 시기 일본의 구호이다.

삼아 한국인을 강제로 징병 · 징용 및 일본군 위안부로 연행하고, 국민으로부터 약탈하였으며, 한국 국민을 차별 · 비하 · 억압하고 엄청난 굴욕을 안겨주었다.

또 일본은 일본 고유의 정신인 화혼(和魂, 일본 정신)에서 유래하는 존황주의(尊皇主義)의 천황파시즘에서 나오는 군국 · 침략주의 정책으로 한국과 중국 등 이웃 나라를 침략하고 이어서 미국에 대해 1941년 12월 7일 하와이 진주만을 기습 · 공격하여 태평양전쟁(제2차 세계대전)이라는 참혹한 침략전쟁을 일으켜서 한국 국민을 일본 침략군의 앞잡이로 강제징집 · 징용하여 전쟁터로 몰아넣고 희생시켰다. 그러나 1945년 일본은 결국 미국에 패전함으로 한국은 일제 식민 통치에서 벗어나게 되었다.

패전한 일본은 미군이 정해준 평화헌법에 따라 자유민주주의를 강제로 시행하게 된다. 이어서 벌어진 6.25 한국전쟁(1950~1953) 동안, 패전으로 황폐해진 일본은 미군(연합군)의 병참기지 역할을 하면서, 일본 특유의 화혼(和魂)의 단결력으로 경제를 다시 일으켜 경제 대국으로 또다시 우뚝 일어서게 된다. 그러나 일본은 오랫동안 지켜온 전통사상인 신도(神道, Shintoism)로 인하여 아직도 기독교를 받아들이는 데 매우 소극적이다. 그러나 일본이 기독교를 받아들인다면, 기독교로 복음화 되어 일본 속에 잠재하고 있는 신도와 존황주의에서 벗어나서 한국을 비롯한 이웃 나라는 물론 전 세계와 평화롭게 살아갈 수 있을 것이다.

중 국

중국에는 중국이 세계의 중심이며 모든 것이 중국을 중심으로 하여 전 세계로 퍼져 나간다고 하는 중화사상(中華思想) 또는 중화주의(中華主義)에 따라 스스로 '중화(中華)'라 하면서, 중국 민족의 우월성을 자랑하고 다른 민족을 배척하는 사상이 이어져 왔다.

또 중국은 이웃의 작은 나라인 한국을 오랜 과거부터 변방의 소국(小國, 힘이 약한 작은 나라)으로 여기고 조공을 받으면서 무력으로 끊임없이 침략하고 오랜 기간 무력으로 한국을 침략하여 경제적 약탈과 고통의 굴레를 씌워 왔다.

마오쩌둥(毛澤東, 1893~1976)이 이끄는 중국 공산당은 장개석 국민당을 대만으로 몰아내고 1949년 중국을 공산화하여, 종교와 인권을 탄압하면서 '죽(竹)의 장막'[130]을 치고, 사회주의 경제정책을 시행하자, 10억이 넘는 인구는 가난에 시달리게 된다.

또 1950~1953년 동안의 6.25 한국전쟁 때는 북한을 지원하여 한국을 침략하였으며, 오늘에 와서 시진핑(習近平, 1953년생)의 집권 이후 또다시 중국의 어린 세대의 교육에서부터 중화사상(中華思想)을 불어넣는 바람이 다시 거세지고 있다.

1970년대 후반 중국은 덩샤오핑(鄧小平, 1904~1997)이 등장하여 1979년 미국과 수교하고, 개방정책을 펴면서 미국의 도움을 적극적으로 받아들여 급격하게 경제발전을 일으킨다. 그러면서 중화주의(中華主義)와 '중화민족 부흥'을 꺼내 들었다. 오늘에 와서 마오쩌둥의 반열에 오른 시진핑은 중화민족 부흥의 목표는 중국을 세계 최강국으로 만드는 것이라고 당당히 선포하고 있다.

중국은 일본이 근대화에 성공할 때 취했던 정책인 화혼양재(和魂洋才)를 모방하여 중혼양재(中魂洋才)[131], 즉 '중화주의'를 지키면서 서양(특히 미국)의 기술을 배우고 결국에는 미국을 이기고 세계를 제패하겠다는 의도를 가지고, 최첨단의 기술을 적극적으로 도입 · 발전시키면서, 중국의 경제발전과 강력한 중앙 집권식의 통치를 하기 위해 디지털 기술을 독재체제 유지를 위해 적극적으로 적용 · 활용하고 있다.

또 중국은 디지털 감시체제를 강화하면서, 이미 30년 전에 소련의 붕괴와 함께 무너져버린 전체주의 · 공산주의 체제를 오히려 더 적극적으로 추진하

---

130) 죽의 장막(Bamboo Curtain): 냉전시절, 중화인민공화국과 공산화되지 않은 국가들 간의 경계를 지칭했다.

131) 중혼양재(中魂洋才): 중국의 정신(중혼, 中魂)을 지키고 서양의 기술(양재, 洋才)을 배우고 받아들인다는 의미.

고 있다. 따라서 현재의 중국의 혼(魂)인 '중화주의'에 '공산주의'를 결합하고, 여기에 첨단의 디지털 기술을 연결하여 일대일로(一帶一路, One belt, One road)[132] · 중국몽(中國夢)[133] 달성이라는 비전을 내걸고 내심으로는 전 세계에 대한 패권을 노리고 있다.

이것은 오늘날 중국이 추구하고 있는 중공양재(中共洋才)[134]에 과거 중국이 추구하던 전통적 중화주의(中華主義)와 전체주의 이데올로기인 사회주의 · 공산주의를 결합한 중공혼양재(中共魂洋才)[135]를 추구하고 있다고 볼 수 있을 것이다. 그러나 공산주의 중국은 필연적으로 기독교와 국민의 자유를 억압하고 있다. 만일 중국이 지금이라도 기독교를 받아들이고 자유민

---

132) 일대일로: 실크로드 경제벨트와 21세기 해상실크로드 계획, 혹은 일대일로(一帶一路, One Belt and One Road, Belt and Road Initiative, BRI)는 2014년 11월 중화인민공화국에서 개최된 아시아 태평양 경제 협력체 정상 회의에서 시진핑 주석이 제창한 경제권 구상이다. 이는 중국과 중국 이외의 유라시아 국가들을 연결하고 협동하도록 하는 것에 그 목표를 두고 있는 계획이다. 이 구상은 크게 두 가지로 이루어져 있는데, 하나는 육지기반의 실크로드 경제벨트 계획이고 다른 하나는 해상기반의 21세기 해상실크로드 계획이다. 이 계획은 중국이 국제 사회에서 더 큰 역할을 하는 것을 노리는 한편, 철강산업과 같이 중국내 생산능력이 필요 이상으로 과다하게 된 분야의 문제를 해소하려는 것에 있다. 중국의 공식적인 통계에 따르면 일대일로 계획은 지구상 인구의 63%에 해당하는 44억 인구를 대상으로 하고, 이와 관련한 GDP는 전 세계 GDP의 29%인 21조 달러에 달한다.

133) 중국몽: 중국몽(中國夢)은 시진핑 정부에서 만든 개념으로, 중국이 추구할 이상향을 말한다. 시진핑 주석은 2012년 11월에 중국 공산당 중앙위원회 총서기로 추대되면서부터 '중국몽'을 처음으로 사용했다. '중국몽'은 미국과의 수평적 관계 형성, 중국식 강대국 외교를 통한 국제 사회에서 중국의 제 위치 찾기, 경제 패권국으로의 발전을 위한 패권국가로서 역할과 정체성 확립 등이 핵심이다. 중국은 이를 구현하기 위한 전략으로 '일대일로' 계획과 아시아인프라투자은행(AIIB) 설립을 추진하며 관련 국가들에게 자원과 자본을 제공하고 있다. 중국몽은 '위대한 중화 민족 부흥'과 중국 특색을 반영한 지역패권 국가 구축을 위한 정체성 정치의 일환으로 볼 수 있다. 그러나 시 주석이 추진하는 중국의 패권 정체성 정치는 중국의 특수성과 세계자본주의 경제 질서라는 보편성이 충돌한다는 한계가 있다.

134) 중공양재(中共洋才): 중국 공산주의(共産主義)에 서양의 기술(양재, 洋才)을 받아들인다는 의미.

135) 중공혼양재(中共魂洋才): 중국공산주의(共産主義)에 중화주의를 결합시키고, 서양의 기술(洋才)을 받아들인다는 의미.

주주의를 받아들인다면 더 많은 '자유'를 누리게 될 것이며, 이웃 나라인 한국과 일본은 물론 세계 여러 나라와 평화를 누릴 수 있을 것이다.

한 국

세계를 변화시킨 한국인의 창의력과 기독교의 비전

(1) 유럽의 종교개혁에 영향을 준 한국(고려)의 금속인쇄술 발명

우리나라 고려 고종 때(1234년) 처음으로 강화도에서 최윤의 등 17명이 왕명으로 고금의 예의를 수집·고증하여 50권으로 엮은 예서로서 <상정고금예문(詳定古今禮文)> 또는 <고금상정예문>이 세계 최초로 금속인쇄술로 인쇄된 것으로 알려져 있다.[136] 이 기록에 따르면 우리나라는 독일의 구텐베르크보다 221년이나 앞서 금속활자를 사용하여 책을 인쇄했다고 할 수 있다. 그러나 이 책은 현존하지 않고 그 역사적 사실이 기록으로만 남아있어서 공인되지 않고 있다.

실제로 세계적으로 인정받고 있는 <직지심체요절(直指心體要節)>이 금속활자로 인쇄된 것은 고려 우왕 3년(1377년)이므로 구텐베르크가 처음으로 성경을 인쇄한 1455년보다 78년 앞선 것이며, 이것은 프랑스 국립도서관에 보관되어 있는데, 이것이 1992년에 보물 제1132호로 지정되고, 2001년에는 유네스코 세계기록유산에 등재되었다. 따라서 우리나라(고려)가 세계 최초로 금속인쇄술을 발명한 것이 사실로 밝혀졌다.

이렇게 한국(고려)에서 발명된 금속인쇄술은, 한국(고려)을 방문한 교황사절단을 통해 구텐베르크에게 전달되고, 구텐베르크는 1455년 성경 180부를 인쇄하게 된다. 그 후 금속인쇄술은 1470년까지 이탈리아, 스위스, 프랑스에

136) http://encykorea.aks.ac.kr/Contents/Item/E0027284. 고려 고종 때 최윤의 등 17명이 왕명으로 고금의 예의를 수집·고증하여 50권으로 엮은 예서. 상정고금예문/신인상정예문발미: 고려 후기의 문신, 문인 이규보의 문집. 목판본. 연세대학교 도서관 소장. '신인상정예문발미'에 의해 고려시대 금속활자의 사용에 관한 사실을 알게 되었다. 이 책은 현존하지 않는다.

보급되고, 1476년에 영국에서 최초의 인쇄소가 설립되었으며, 1535년에는 대서양을 건너 멕시코, 칠레에 이르기까지 보급되었다.

이것이 계기가 되어 성경과 과학 지식과 모든 정보가 급속도로 보급됨으로써 종교개혁 · 르네상스 · 과학혁명 등 세계 인류사에 획기적인 큰 변화가 일어나게 된 것이다.

구텐베르크가 1455년에 성경을 인쇄하여 보급함으로써 종교개혁(1517)을 촉발하고, 또 성경이 영어로 번역되어 인쇄된 영어성경을 많은 기독교인들이 읽게 되자, 성경을 통해 자유의 중요함을 깨닫게 되어, 박해받고 있던 청교도들이 종교의 자유를 찾아 신대륙(미국)으로 건너가서(1620), 1776년 미국을 세우고 선교사들이 한국과 세계에 기독교를 전파하는 데 큰 영향을 미치게 되었다.

(2) 한국인의 창의력을 자랑하고 있는 한글의 발명과 한국인의 기독교 창의성

1) 한글의 탁월성과 한글 발명 과정 이야기

> 과거에 쉬운 알파벳을 사용한 서양세계가 어려운 한자를 사용하는 동양세계를 지배하였다! 다가오는 미래에는 세계에서 가장 쉬운 한글을 사용하는 대한민국이 세계를 리드할 것이며, 더욱이 쉬운 한글로써 성경과 지식을 더 빨리 흡수하는 한국인들이 세계를 가장 앞서 선도하게 될 것이며, 결국 한국은 세계에서 가장 앞선 문화선진국이 되어, 한국이 모든 분야에서 세계에서 가장 큰 영향력을 행사하게 될 것이다.

① 한자에 비해 배우기 쉬운 한글!

1446년 음력 9월 29일 예조판서 정인지가 이렇게 선언하였다. '훈민정음은 지혜로운 사람은 아침나절이 되기 전에 이를 이해하고, 어리석은 사람도 열흘 만에 배울 수 있게 된다.'(1446년 9월 29일 '세종실록', 정인지 훈민정음 서문). 19세기 말 조선을 찾은 중국 지식인들이 조선 문자(한글)에 보인 관심은 근대화에서 밀린다는 위기감에서 나왔다. 이후 중국 근대 지성 루쉰

(노신, 魯迅)은 이렇게 선언했다. '한자가 멸망하지 않으면 중국이 반드시 망한다(漢字不滅 中國必亡·한자불멸 중국필망).'[루쉰(노신, 魯迅), '병중답구망정보방원(病中答救亡情報訪員)', 1936]

② 한글 발명 이야기

1446년 세종대왕이 만든 '훈민정음'이 '집집마다 편히 읽는' 손쉬운 문자 한글이 되기까지 '조선 문자', '한글' 이야기. (수난받은 훈민정음과 세종의 논리).

'이달에 임금이 친히 언문 28글자를 지었다. 비록 간단하지만, 응용이 무궁하여 백성을 가르치기에 적합하니 이를 훈민정음이라 일렀다.'(1443년 12월 30일 '세종실록'). 이 실록 기록에는 미묘한 정치적 맥락이 숨어 있다.

훈민정음은 세종이 최항, 박팽년, 신숙주, 성삼문 같은 집현전 정5품 이하 20, 30대 신진 학자들을 부려서 비밀리에 추진하던 프로젝트였다. 아는 사람은 이들 측근과 맏아들 동궁(문종), 둘째 수양대군과 안평대군 정도였다. 그런데 그 비밀 프로젝트가 동지섣달 어느 날 완성되고, 그 사실이 그달 마지막 날에야 알려졌다.

과연 두 달 뒤 집현전 중진들이 집단 상소하여 새 문자 창제를 반대하고 나왔다. 여러 반대 논리 가운데 학문에 관한 반론은 이러했다. "27자 언문만 공부하면 출세할 수 있다고 한다면 무엇 때문에 고심노사(苦心勞思)하여 성리(性理)의 학문을 궁리하려 하겠습니까."(1444년 2월 20일 '세종실록'). 이에 분노한 세종은 상소에 참여했던 중진 학자들을 모조리 하루 동안 옥에 가두라 명했다.

그리고 3년이 지난 1446년 훈민정음이 공식 반포됐다. '해례(解例)' 서문을 쓴 정인지는 '바람 소리와 학 울음, 닭 울음소리나 개 짖는 소리까지도 모두 표현할 수 있는' 문자라고 자평했다. '해례'는 집현전 학자들이 집단으로 정음의 제작 원리와 구성을 설명한 설명서다.[137)]

137) 조선일보, 박종인 선임기자, 2021.10.6.

③ 한글의 영향력

우리나라 한문 고전을 모두 한글로 번역한다면, 엄청난 문화 발전을 이룩할 것!

읽을 만한 가치가 있는 우리나라 대부분의 중요한 고서적(古書籍)들, 즉 조선왕조실록, 승정원일기, 일성록 등 오늘날 일반 대중의 관심이 큰 우리나라 역사 기록들이 모두 어려운 한자와 한문으로 기록되어 있어서 읽기가 어려우므로, 그것을 쉬운 한글로 해석해놓은 다음에, 대량으로 인쇄한다면, 우리나라 국민이 쉽게 읽을 수 있을 것이다. 그러면 독서열도 높아지고 많은 사람이 사서 우리나라의 역사와 창의적인 성과를 읽고 공부하여, 과거 역사에서 미래를 내다볼 수 있는 안목도 높아질 수 있을 것이므로 나라의 미래를 위해 큰 도움이 될 것이다. 그러나 처음부터 쉬운 한글로 기록되었다면 우리나라가 얼마나 더 훌륭하게 발전할 수 있었을까 하는 아쉬움이 크다.

더구나 우리나라(고려)가 구텐베르크보다 훨씬 일찍 금속인쇄술을 사용하여 한글로 기록한 많은 책을 인쇄해서 널리 보급하여 읽고 공부하여 선진 문화 민족이 되었더라면, 지금쯤 한국이 세계 최고의 문화 선진국으로서 세계 최고의 강대국이 되어 있을 것이라는 생각이 들면서 아쉽고 안타까운 마음이다.

지금 우리가 사용하는 쉬운 한글 성경 덕분에 우리 한국은 세계에서 가장 빨리 기독교화 되었고, 한국인은 지금 세계적으로 가장 빨리 최고의 문화민족이 되어가고 있다.

2) 서양이 동양을 앞선 이유: 동양의 한자보다 서양의 알파벳이 쉽기 때문!

세종대왕이 발명한 한글을 사용하기 이전에 어려운 한자를 사용하던 그때, 서양 세계는 읽기 쉬운 알파벳을 사용하면서 고려 때 우리가 만든 인쇄술을 서양이 받아들이고 사용하여, 특히 성경(구텐베르크 성경)을 먼저 인쇄·보급함으로써 종교개혁을 일으키고 과학과 지식을 확산시킴으로써 과학혁명과 산업혁명을 일으켜 서양이 동양과 전 세계를 지배하게 된 것이라고 볼 수 있다.

또, 우리 한글이 조선시대의 세종대왕에 의해서 발명된 것이 다소 늦기는 하지만, 그나마 얼마나 큰 다행인지 모른다. 그리고 앞으로 닥쳐올 미래에는 모든 분야에서 한글이 가속페달이 되어 한국이 빠르게 발전함으로써 우리 대한민국이 세계를 리드하게 될 것이라는 확신이 든다. 오늘날 디지털 시대에 디지털 적합성에서 가장 우수한 글자인 한글이 나타낼 능력은 실로 엄청나게 커서 4차 산업혁명 시대와 함께 모든 면에서 앞으로 한국이 펼쳐나갈 미래는 실로 엄청날 것으로 생각된다.

3) 한글을 발명한 세종대왕의 위대하고 놀라운 열정!

조선시대에 들어오자 세종대왕은 한글을 발명하기 위해서 몸을 아끼지 않고, 심혈을 기울여 노력하다가 안질을 비롯하여 온갖 질병으로 시달렸다. 임금으로서 백성들이 편안한 삶을 살 수 있게 하려고 백성들에게 사용하기 쉬운 글자를 만들어주기 위해 헌신하는 마음으로 세종대왕은 직접 온갖 노력을 집중한 결과, 세계 최고의 명품 글자인 한글을 발명하게 된 것이다.

임금이 직접 한글 발명을 위해 노력했다는 것은 국가가 모든 노력을 기울여서 연구했다는 의미와 같은 효과가 있는 것이다. 그때도 학자들 사이에는 대국인 중국의 한자를 두고서 작은 나라인 조선이 별도로 한글을 만드는 것은 대국에 대한 예의가 아니며, 불가한 일이라고 주장하는 사대주의 학자들이 많이 있었으나, 위대한 정신과 창의적인 능력을 갖춘 세종대왕은 신하들의 반대를 무릅쓰고 오직 백성들의 편리를 위해, 열정을 다해 연구한 결과 세계에서 가장 우수한 한글을 만들 수 있었다.

그때 중국에 대한 사대주의 체제 아래 중국의 힘에 눌려 지내던 한국이 한글을 발명하지 않았더라면, 조선왕조실록, 승정원일기, 일성록 등 오늘날 일반 대중의 관심이 큰 역사 기록을 읽기 쉬운 한글로 번역하지 않은 채로 읽지도 않고 쌓아두거나, 또는 한자로 된 것을 아무리 인쇄한다고 해도, 읽을 수 있는 사람이 거의 없을 것이며, 우리 대한민국이 미래로 나아가는 데 엄청난 어려움을 겪게 될 것이다.

이제 컴퓨터와 SNS 등 디지털 시대를 맞이한 우리에게 만일 한글이 없다면, 얼마나 힘들게 지내며 살고 있을 것인지 생각만 해도 아찔하기만 하다.

4) **오래전부터 동양의 한자에 비해 읽기 쉽고 쓰기 쉬운 알파벳을 가진 서양문화권이 금속인쇄술까지 갖추자 어려운 한자를 사용하는 동양문화권을 압도하게 되었다. 그러나 서양의 알파벳보다 더 쉽고 편리한 한글을 발명한 한국은 이 한글을 미래를 향해 달리는 가속페달로 삼아서 마침내 세계의 선도국가, 중심국가가 될 것이다!**

인쇄술이 발명된 이후부터 서양 세계가 동양 세계에 비해서 특히 과학기술의 발전이 크게 앞서게 된 것은, 서양이 동양의 무수하게 많고 또 읽고 쓰기 어려운 복잡한 한자보다 훨씬 더 편리한 26자 정도의 알파벳을 사용하고 있었던 것이 가장 큰 이유라고 볼 수 있다.

실제로 과학혁명은 서양에서 먼저 일어났는데, 그 시기가 구텐베르크가 금속인쇄술을 처음 사용하여 '구텐베르크 성경'을 1455년에 인쇄하고, 이어서 모든 분야의 지식을 책으로 인쇄하고 보급함으로써, 16~17세기에 과학혁명이 일어난 것이 이를 증명하고 있다. 서양을 크게 변화시킨 르네상스도 본격적으로는 15~16세기에 일어났고, 루터가 1517년 종교개혁을 일으킨 것도 인쇄술 발전에 힘입어서 이루어진 것이라고 볼 수 있으며, 금속인쇄술의 발달은 인류사에서 가장 위대한 발명이라고 할 수 있을 것이다.

당시에 한국(조선)은 중국의 한자를 사용하고 있었지만, 한국어가 중국어와는 전혀 달라서 한국의 발전에 커다란 장해 요소였을 것이다.

이제 한국은 서양의 알파벳보다 그 숫자가 더 적은 24자이고 자음과 모음의 조합 기능에서는 더 편리하여 세계 최고의 명품인 한글을 세계에서 유일하게 독자적으로 발명하여 사용하고 있고, 더욱이 훌륭한 금속인쇄술을 가장 먼저 발명하여 갖추고 있으며, 또한 오늘날 우리가 디지털시대를 맞고 있는 이때 디지털 적합성을 갖추고 있는 한글을 사용하고 있으니, 앞으로 대한민국이 세계에서 가장 앞선 선진국이면서 중심국이 되는 것은 분명한 일이 아닌가?

5) 대한민국이 금속인쇄술을 세계 최초로 발명해놓고도 어려운 한자 사용 때문에 독서열이 낮아서, 세계 최고의 문화선진국이 될 기회를 놓치고 말았으며, 쉬운 알파벳을 사용하는 서양의 구텐베르크에게 금속인쇄술을 넘겨주어, 서양이 종교개혁과 과학기술혁명을 먼저 일으켜 혁신적인 발전을 일으키게 도와주었다. 또 한국은 중국에 대해서 맹목적으로 사대하면서, 힘을 기르지 않고, 편 가르기와 당쟁을 일삼다가, 우리보다 앞서 서양의 앞선 기술을 먼저 받아들인 일본에게 기습·침략당함으로써, 나라를 빼앗기고 식민지 백성으로 노예처럼 고통과 고난의 암흑의 굴레 속에 살아야 했다.

"만일 중국의 역사를 읽고 중국의 인물들을 숭앙하는 노력의 10분의 1이라도 우리의 역사를 공부하고 우리나라의 발전을 위해 노력했다면, 그리고 적어도 '징비록'을 읽고 치욕과 분노를 조금이라도 느끼고 세종대왕을 따라 도전과 창의정신을 가지고 열심히 살았다면, 조선은 결코 일본의 식민지는 되지 않았을 것이다!"[138)]

송복 교수는 그의 책에서 다음과 같이 쓰고 있다:

"한국(조선)에서 임진왜란이 끝날 무렵 이순신 장군이 전사하고, 임진왜란이 끝난 후, 류성룡 선생은 재상에서 물러나서 고향으로 돌아온 후에 임진왜란에 대한 자책감과 함께 후손들에게는 경계의 교훈으로, 같은 시대 사람들에게는 징계의 채찍으로, '징비록(懲毖錄)'을 남기는 일에 심혈을 쏟았다. 그의 생생한 필치는 엄청난 생명력으로 읽는 이의 가슴을 때린다. '왜 우리는 그토록 힘이 없었는가? 왜 우리는 그토록 짓밟혀야 했는가? 왜 우리는 그토록 한(恨)에 차서 살아야 했는가?'

'징비록'을 읽고 울분을 토하며 눈물을 삼키지 않은 사람은 한국(조선)인이 아니다. 그러나 조선의 사대부(士大夫)들은 그 징비록을 읽으려 하지 않았고, 읽어도 몰랐고, 알았어도 감동이 없었다. 그리고는 중국의 제갈량의 출사표(出師表, 출병하면서 자신의 뜻을 적어 임금에게 올리는 글)를 읽고

---

138) 송복, 「조선은 왜 망하였나」 (서울: 일곡문화재단, 2011), 22~23.

눈물을 흘리지 않은 자는 충신이 아니라고 되뇌면서, 내 나라 개념이 없고, 내 나라 의식이 없었다. 오직 망한 중국(명)만 그리워하고 숭모하면서 류성룡도 잊고 이순신도 잊어버렸다. 그것이 조선의 지도자요 지식인이었다.

그러면 어째서 일본은 그렇게 강했는가? 어떻게 여진족이 대청(大淸)제국을 세웠는가? 인구도 국력도 열악한 종족이 무슨 힘으로 우리의 지배국이 되었는가? 그 누구도 알려고 하지 않았고 우리의 역사는 역사로 생각지 않았다. 오로지 아느니 중국 인물이고, 읽느니 중국 역사였다. 그러고도 망하지 않는다면 기적이다… 마침내 일본에 나라는 송두리째 넘어갔다. 중국 역사(歷史)를 읽고 그 인물들을 숭앙하는 노력의 10분의 1이라도 우리 역사를 공부했다면, 적어도 '징비록'을 읽고 치욕과 분노를 조금이라도 느끼고 함께하는 노력을 했다면 조선은 결코 일본의 식민지는 되지 않았을 것이다."[139]

그리고 필자는 유성룡의 징비록을 인용하여 한국의 미래를 위한 아래의 글을 쓴 적이 있다.[140]

징비록은 어려운 한사와 한문으로 기록된 책이다. 당시의 일반백성들은 대부분이 한자가 어려워서 징비록을 읽을 수가 없었다. 따라서 류성룡 선생이 뜻한바 징비의 효과를 거둘 수가 없었다. 만일 징비록이 쉬운 한글로 기록되었다면, 많은 사람이 그것을 읽음으로써 징비록을 기록한 효과를 거두고 일제침략을 막을 수 있었을 것이다. 그리고 그 효과로 인해서 대한민국은 일제침략을 막아내고, 지금쯤 강대국이 되어 있을 것이다. 이제부터 우리는 우리가 가진 쉬운 한글을 읽고 유익하게 잘 활용해야 할 것이다.

6) 한글! 국민의 독서열을 높이고 후세들에게 과학기술을 비롯한 학문을 가르치면서, 동시에 미래 한국을 이끌어갈 지도자들을 길러내어, 나라를 지키고 빛낼 위대한 우리 한글!

139) 송복, 「조선은 왜 망하였나」(서울: 일곡문화재단, 2011), 22~23.

140) 이홍림, "미래학이란 무엇이며, 미래예측은 가능한가?", 「세라미스트」(서울: 한국세라믹학회, 2016) 19(2), 69~98.

과거 한국(조선)의 사대부들은 한자와 한문을 사용하고 중국에 사대하면서 한글 사용을 가로막아 나라 발전을 가로막고, 임진왜란과 일제 침략까지 불러왔다!

우리나라는 예부터 복잡하여 읽고 쓰기에 어려운 중국의 한자를 사용했기 때문에 독서열이 낮아 지식의 흡수와 파급이 늦어서, 과학기술의 발전이 늦고, 또한 중국에 대해 맹목적으로 사대하면서, 힘을 기르지 않고, 정치 세력이 갈라져서 서로 편 가르기와 당쟁을 일삼다가, 일본에 침략당하여, 나라를 빼앗기고 노예처럼 고통과 고난의 암흑기를 살아야 했다.

왜 그랬던가? 여기에는 매우 중요한 이유가 있다. 한글이 발명되었음에도 불구하고 중국을 지나치게 사대하고 중국에 굴종한 나머지 당시 사대부(士大夫)들이 한글을 중국의 한문에 비하여 '언문'이라고 비하하면서 한글 사용을 가로막았다. 그리고는 어려운 한자와 한문을 마치 자랑이나 하듯 즐겨 사용함으로써, 일반 국민에게 한글의 보급이 늦어지게 된 것이다.

우리나라(고려)가 금속인쇄술을 세계 최초로 발명하고도 그 기술을 독일의 구텐베르크(Gutenberg)에게 넘겨버리고, 결국 그들의 쉬운 알파벳(로마자)을 금속인쇄술에 먼저 적용하여 지식을 담은 책을 인쇄·보급함으로써 서양문화만을 획기적으로 발전시켰던 것이다. 반면에, 당시 우리나라(고려)는 금속인쇄술을 먼저 발명했음에도 불구하고 아직 한글을 발명하기 이전이어서, 어려운 한자를 그대로 사용하고 있었으므로 독서열이 낮아서, 비록 금속인쇄술을 먼저 발명했음에도 불구하고, 결국 서양에 비해서 한국 문화가 훨씬 뒤떨어지는 결과를 가져온 것이라고 볼 수 있다.

조선시대에 들어와서 한글이 발명되었지만, 중국에 대한 사대주의 때문에 한글이 반포된 후에도 즉시 보급되어 일반화되지 못하고, '징비록' 등 중요 서적들이 여전히 어려운 한자와 한문으로 기록됨으로써 일반백성들이 쉽게 읽을 수 없었고, 또 읽으려 하지도 않았던 것이다. 그 결과는 엄청난 것이었다. 일본으로부터의 침략전쟁인 임진왜란(1592)과 중국으로부터의 침략전쟁인 병자호란(1636)은 물론 우리나라를 강탈하기 위해 우리나라에서 벌인 중국과 일본 사이의 전쟁인 청일전쟁(1894)과 러시아와 일본 사이의 전쟁인 러일전쟁(1904)을 불러왔으며, 결국 미래를 내다보지 못한 우리나라의 지도자들은 한국의 발전을 이루어내지 못하고 우리나라를 중국과 일본의 침략전쟁의 전쟁터로 만들고 말았던 것이다.

우리는 이것을 잊지 말고 깊이 반성해야만 한다. 그것은 우리나라 미래를 짊어질 우리 후손들의 행복한 미래를 위해서 더더욱 뼈를 깎는 반성을 하고, 또 미래를 위한 비전을 찾고 개발해야만 할 것이다.

우리나라에는 나라의 미래를 걱정하는 율곡 선생과 류성룡 선생과 같이 미래를 내다보는 비전을 가진 학자와 리더(지도자)가 필요한 것이다. 그러나 율곡 선생과 류성룡 선생이 있었음에도 불구하고, 왜 우리나라는 임진왜란에서 일본에 비참하게 당하고 말았는가? 그것은 정치 세력들 사이에서 자신의 사리와 자기편의 이익을 위해 편 가르기와 당파싸움으로 상대편의 의견을 수용하지 않고 화합하지 않았기 때문인 것이다. 우리는 이것을 절대로 잊지 말고 반드시 고쳐나가야 할 것이다.

우리나라가 중국을 숭배하는 사대주의에서 벗어나서 합리적인 생각으로 국민적 화합과 합의를 끌어냄으로써, 한글을 발명·반포한 직후부터 한글을 사용했더라면, 한글로 번역된 징비록을 읽을 수도 있었고, 또한 이에 기반을 두고 처음부터 징비록을 한글로 기록하여 사대부와 일반 백성들이 모두 쉬운 한글로 된 징비록을 읽고, 심기일전하여 일본과 중국의 침략에 미리 잘 대비함으로써, 그 이후 중국의 침략과 일본의 침략을 막아내었을 것이다. 이에 더하여 미래를 내다보는 훌륭한 학자와 지도자들이 많이 나타나서 나라를 더 훌륭하게 이끌었을 것이다. 그래서 한글의 독창성과 창의력을 무기로 하여 지금쯤 대한민국은 세계 최강의 자리에 올라가 있을 것이라고 믿어진다.

오늘날 한국에서 한글 발명의 창의력과 한국의 위대한 디지털 기술의 발달로 BTS와 K-Pop 등 한국의 대중문화가 현저하게 빠른 속도로 전 세계로 퍼져나가고 있는 것은 우리 한국인들이 한글을 많이 사용하기 때문이며, 한글이 자음 14개와 모음 10개로 이루어져 있어서, 과학적으로 쉽게 조합하여,

무수히 많은 글자와 발음을 만들어 낼 수 있어서, 읽기 쉽고, 다양한 발음을 만들어낼 수 있으므로, 디지털 적응 우수성이 탁월하기 때문이다. 이 한글은 자음과 모음의 조합으로 글자를 만들거나 읽기에 매우 쉬운 장점이 있다. 따라서 세계의 인류가 모두 한글을 쉽게 배우고 한국을 사랑하면서 한국을 따라오게 될 것이기 때문이다.

(3) 기독교와 한글

외국의 선교사들이 먼저 깨달았던 "한글은 기독교 선교의 최고의 무기!"

"한글은 정말로 이 세계에서 제일 간단하여 배우기 쉽다. AD 1443년에 발명되어 조용히 먼지투성이의 시대를 거치면서 자기의 세월이 오기를 기다리고 있으니 누가 그것을 알아주었겠는가? 하나님의 신비로운 섭리에 의해 그것은 성경과 모든 기독교 서적을 위해 준비된 채 자기의 날이 오기를 기다리고 있었다." - 존슨 선교사 -

캐나다 출신 선교사 게일(James Scarth Gale, 1863~1937)은 1900년 종로 5가에 소재하고 있는 연동교회의 1대 담임목사로 부임하였다. 그는 1909년 그의 저서 '전환기의 조선'에 동료 선교사 존슨(1867~1919)의 위의 글을 인용했다. 그리피스(1843~1928) 선교사는 "금과 보석을 발견한 알리바바도 한글의 철자를 찾아낸 언더우드와 아펜젤러보다 더 즐거움을 느끼지는 못했을 것"이라고 할 정도였다. 당시 선교사들이 한글이 얼마나 '좋은 무기'인지 자각하고 있음을 보여주는 대목이다.

선교사들은 국한문 혼용 대신 한글 전용을 택했고, 성경을 비롯한 기독교 서적을 펴내 선교에 적극적으로 활용했다고 허경진 연세대 명예교수는 분석한다. 통로는 1890년 교파를 초월해 설립된 연합기관인 대한기독교서회였다. 읽을거리에 목말랐던 대중들은 기독교서회 서적에 호응했고, 신자가 됐다. 기독교서회가 펴낸 책은 130년 동안 1만 종에 이른다.[141]

141) "한글은 기독교 선교 최고의 무기", 조선일보, 2021.10.5.

영국의 윌리엄 틴데일(William Tyndale)(1494~1536)이 라틴어 성경을 영어로 번역하고 인쇄하여 보급함으로써 영국의 기독교 발전에 크게 기여한 것처럼 한국에서는 선교사들이 와서 한글이 놀라울 만큼 배우기 쉽고 또 읽기 쉬운 점을 발견하고, 성경을 비롯하여 수많은 기독교 서적을 한글로 번역하고 인쇄하여 보급함으로써 한국의 기독교 선교에 크게 기여했던 것이다. 한글을 발명한 세종대왕, 그는 한글을 발명한 위대한 창의능력으로 인해 한국이 위대한 나라가 되고, 미래를 위한 위대한 기독교 나라가 되어 하나님의 위대한 능력을 세상에 전하여 위대한 세상을 만들어낼 것을 미리 깨달아 알고 있었던 것이다.

(4) 콜럼버스가 신대륙을 발견하고 영국의 청교도들이 자유를 찾아 신대륙(미국)으로 건너가서 미래를 개척하고 있을 때, 한국(조선)은 무엇을 하고 있었는가?

① 1492년 콜럼버스가 아메리카대륙을 발견하기 이전인 1377년에 이미 한국(고려)에서는 금속인쇄술이 발명되고(이에 앞서 1234년에 발명되었다는 기록도 있음), 1443년에는 세종대왕이 한글을 발명하는 등 과학기술을 비롯한 모든 분야가 크게 발전함으로써, 서양(14~16세기)과 비슷한 시기에 한국(조선)에서도 르네상스 시대를 열었다.

그러나 당시 한국(조선) 사회는 기독교가 아직 들어오지 않아서 서양과 같이 종교개혁의 영향으로 '자유'를 추구하고 누리는 등의 변화는 기대할 수 없었다. 그러나 우리에게 적합하고 사용하기 쉬운 글자가 없는 것을 크게 걱정하던 세종대왕은 놀라운 창의능력을 발휘하여 우리 민족의 위대하고 영원한 자랑이며, 세계를 바꾸어놓을 한글을 발명하였다.

② 중국 성리학의 영향으로 탁상공론(卓上空論)[142]이 한국(조선)에 흘러 들어와서 양반들이 붕당(朋黨)[143]을 짓고 붕당정치(朋黨政治)[144]를

142) 탁상공론: 당시 유교사회의 현실성이 없는 허황한 이론이나 논의를 뜻하는 말.
143) 붕당(朋黨): 조선 중기 이후 특정한 학문적·정치적 입장을 공유하는 양반들이 모여 구성한 정치 집단.
144) 붕당정치(朋黨政治): 학문적 유대를 바탕으로 형성된 각 붕당들 사이의 공존을

일삼게 되어, 수양대군 때부터 계유정난(1453), 무오사화(1498), 갑자사화(1504), 기묘사화(1519), 을사사화(1545) 등의 당쟁과 사화(士禍)가 계속되면서, 수많은 선비(학자)가 고문과 죽임을 당했다. 율곡 선생의 십만양병설(1583)도 당쟁으로 무시되고, 마침내 나라가 극도의 혼란에 빠져들어 쇠약해지자, 이를 기회로 삼은 일본(왜)은 임진왜란(1592~1598)을 일으켰다.

선조 임금은 전란을 피해 의주로 피신하고, 일본군은 성내의 남자들을 모두 학살하고, 전국에서 도자 기술자(세라미스트)를 비롯한 모든 기술자를 강제로 연행해갔으며, 일본인 노예상들은 한국(조선)인들을 끌고 가서 노예로 팔았다(그림 23).

일본은 당시 최첨단의 도자(세라믹스) 기술을 비롯한 조선의 앞선 모든 기술을 통째로 강탈해갔다. 이어서 중국(청)으로부터 정묘호란(1627)과 병자호란(1636)의 침략을 당해 끊임없이 수모를 당하고 수십만 명의 포로가 노예로 중국으로 끌려갔다. 한국(조선)은 정치적으로 대혼란을 겪으면서, 당시 첨단기술인 도자(세라믹스) 기술을 비롯한 모든 과학기술과 산업은 몰락의 길을 가고 말았다.

그림 23. 안토니오 꼬레아: 이탈리아의 상인 까를레티가 1597년에 일본 나가사키항에 도착해 조선인 5명을 30엔을 주고 노예로 데려갔다. 독일 출신 화가 루벤스의 명화 속 주인공 안토니오 꼬레아. "안토니오 꼬레아를 기억하는가", 국제신문, 2014. 3. 3.

특징으로 하는 조선의 정치 운영형태.

③ 1900년 당시 러시아 정부 조사단은 조선의 상황을 이렇게 평가했다. "한국인들은 제조업 분야에서 이웃 나라인 일본인들의 스승이었다. 일본은 도자기와 칠기 기술을 배워갔다. 그러나 이후 한국(조선)인들 자신은 이 제조 기술을 완성하는 일을 중지했을 뿐 아니라 과거 수준을 유지할 능력조차 갖추지 못하게 됐다. (중략) 지금의 조잡한 한국 도자기 제품을 보면 일본인들이 한국인들에게서 그 기술을 전수받았다고는 상상할 수 없다."(국역 한국지, p494 등)[145] 이처럼 한국이 중·일로부터 당한 전쟁의 피해와 고통은 이루 말로써 다 형언할 수 없었고 한국(조선)은 무기력했다.

④ 임진왜란으로 한국(조선) 사회는 정치적 · 사회적 혼란과 불안이 이어졌다. 이를 틈 타 한국의 도자(세라믹) 기술을 비롯한 과학·기술을 앞지르기 시작한 일본은 메이지유신(明治維新, 1868)으로 근대화를 달성하고, 일본 천황 이데올로기 전체주의 파시즘 정책으로 인해, 운요호사건(雲揚號)사건(1875)과 을미사변(1895, 명성황후 시해사건)이 이어지면서 일제침략이 본격화되었다. 당쟁과 쇄국으로 약해진 조선(한국)은 또다시 일제 침략으로 무참히 무너지고, 1910년 마침내 일본에 국권을 빼앗기면서 일본의 식민지로 전락하여 참혹한 일제의 무단통치(武斷統治)로 나라가 결딴나게 되었다.

⑤ 1945년 제2차 세계대전(태평양전쟁)에서 일본이 패망하자 한국은 해방되었다. 그러나 1950년 6.25 한국전쟁이 일어나서 나라는 또다시 폐허화 되고 말았다.

그러나 1960년 이후 전쟁의 폐허를 딛고 서양 기독교 선교사들의 도움과 한미동맹을 배경으로 매년 10% 이상의 경제성장을 달성하면서 세계 10위권의 경제대국인 오늘의 대한민국을 일구어내었다.

(5) 한국의 기독교화와 근대화

1868년 일본은 메이지유신(明治維新)을 일으키고 화혼양재(和魂洋才)

145) 박종인, "박종인의 땅의 역사", 조선일보, 2019.12.17.

를 주장하면서 근대화를 달성하고 일제 침략전쟁을 일으켜 한국의 국권을 강탈하여 식민지화하고(1910), 1945년 패망할 때까지 한국을 식민 통치하였다. 메이지유신 직전인 1866년 영국의 토마스 선교사가 평양에서 순교하면서부터 선교사들이 한국에 들어오기 시작했다. 이렇게 하여 기독교가 한국에 전파되고, 평양대부흥회(1907)를 비롯하여 기독교인들이 3.1독립운동(1919)을 일으키며 한국에서 기독교 활동이 활발하게 일어났다.

1945년 일제가 제2차 세계대전(태평양전쟁)에서 항복하고 패망하자, 한국은 일제 식민 통치에서 해방된다. 그러자 일본군 무장해제를 위해 남한에는 미군이, 북한에는 소련(러시아)군이 들어오고, 한반도는 남북으로 분단된다. 그러나 또다시 남한을 공산화하기 위해 소련과 중국의 지원을 약속받은 북한의 김일성은 1950년 6월 25일 기습 남침하여 6.25 한국전쟁을 일으킨다. 남한은 미국을 중심으로 하는 유엔군의 도움을 받아 북한 및 중국 지원군과 싸우던 중, 1953년 38선을 경계로 남북한이 분단된 채로 휴전된다. 한국은 미국과 한미상호방위조약을 체결(1954)하고 이를 배경으로 하여, 북한과 중국, 러시아의 공산주의 세력의 침략을 막아내고, 1960년대 이후 매년 10%의 경제성장을 일으키면서 세계 10위권의 경제 대국을 달성하였다. 여기에는 공산주의와 싸워 이겨낸 하나님의 능력, 즉 기독교의 힘이 작용하고 있었기 때문이다.

9.2 한국인의 기독교 창의력: 이스라엘의 엘로힘(하나님, God), 즉 야훼(여호와)를 한국의 하나님으로 깨달은 한국인의 창의력!

> 한국인의 가장 위대한 창의력은 한국인이 전통적으로 섬겨온 '하나님'이 이스라엘이 섬기는 기독교의 유일신인 여호와(야훼)와 동일한 분이신 것을 발견한 것이다! 그리고 한국의 유일신인 하나님을 섬겨온 한국의 전통적 사상이 기독교에서 섬기는 유일신 사상과 일치하므로 한국인은 기독교를 받아들이고, 자유민주주의를 실현할 수 있게 되었다.

우리 한국인의 독창성 중에서도 가장 으뜸이 되는 창의력은, 이스라엘에서 시작하여 기독교에서 섬기는 여호와 '하나님'이 우리 한국인이 전통적으로 섬겨오던 '하나님'과 같은 분이라는 것을 발견한 놀라운 사실이다.

우리 대한민국은 하나님을 섬기면서, 이웃 나라에 대해서는 침략하지 않았다. 그러나 외국의 침략에 대해서 참담하게 당하였으나, 결국에는 목숨을 다해 지켜내었다. 또 한국인은 이웃과 세상에 대하여 하나님의 사랑을 전하고 실천하며 살아오면서, "사랑하는 여러분, 여러분이 직접 복수하지 말고 하나님께 맡기십시오. 성경에는 '원수 갚는 것은 나의 일이다. 내가 갚아 주겠다.(롬 12:19)'"라는 말씀을 따랐기 때문에 하나님이 우리나라를 지켜 주신 것임을 알 수 있다.

한국인들은 이처럼 한국이 전통적으로 섬겨온 유일신을 하나님(하늘님, 하느님, 또는 천신 등으로 불림)이라고 부르고, 우리나라의 초기 기독교인들은 기독교의 유일신(唯一神)(여호와, 야훼)이 우리의 하나님과 같다는 것을 깨닫고 기독교를 우리의 신앙으로 자연스럽게 받아들이게 된 것이다. 이스라엘에서 엘로힘(אלוהים)이란 유일신(唯一神)이라는 뜻인데 영어에서는 첫 글자를 대문자로써 God로 번역했고, 우리나라에서는 '하나님'이라고 번역하였다. '엘'은 '하나밖에 없는 유일한 신'이라는 뜻인데 '엘'을 최상급으로 경외하여 표현하는 단어가 '엘로힘'이다. 그리고 엘로힘(하나님)의 이름을 여호와 또는 야훼라고 한다.

우리 대한민국에서 전통적으로 믿고 부르고 있는 '하나님' 역시 이스라엘의 족보인 성경에 인류의 시조(始祖)로 기록된 '하나님(엘로힘)'인 '여호와' 또는 '야훼'와 일치하며, 이 세상과 우주에 존재하는 유일하신 '하나님'으로 깨닫고 믿게 된 것이다.[146)]

한국은 1910년 일본의 식민지가 되어 일본의 천황제 파시즘에 시달리다가 1945년 일본이 일으킨 태평양전쟁에서 미국의 원자폭탄 투하로 패망하자,

---

146) 눅 3:38: "그 위는 에노스요 그 위는 셋이요 그 위는 아담이요 그 위는 하나님이시라"

이에 독립한 한국은 선교사들로부터 기독교를 진지하게 받아들이고 동북아에서 유일하게 기독교국이 되었다.

이때부터 한국은 기독교에서 근원이 되는 자유민주주의 체제를 택하게 되었고, 모든 국민이 자유를 누리게 되면서 세계에서 가장 창의적이고 훌륭한 한글을 사용하면서 뛰어난 창의력을 발휘하여 오늘과 같은 선진국으로 발전할 수 있게 되었다.

하나님을 시조[147)]로 하는 이스라엘 민족의 족보가 기록된 성경에서 유래하는 기독교를 한국이 자연스럽게 받아들인 놀라운 사실의 근거는 '기독교 사상'이 오랜 과거로부터 하나님을 섬기는 '한국의 전통 사상'과 일치하고 있기 때문이다. 이에 따라 한국은 기독교를 자연스럽게 받아들이고, 자유민주주의를 택하게 되면서, 1960~1980년대에 민주화와 산업화를 달성하고, 마침내 세계 제10위권의 경제 대국으로 발전하게 되면서 오늘에 이르고 있다.

9.3 기독교와 자유

인류 최선의 목표이고 비전인 기독교!

(1) 기독교와 만인제사장(萬人祭司長)

만인제사장(萬人祭司長, Priesthood of All Believers)이란 누구든지 예수 그리스도를 주(主)라고 고백하고 믿으면, 더 이상 구약시대의 제사장 또는 로마가톨릭의 교황이나 사제 즉, 교황청의 권위를 가진 인간 중보자(Human Mediator) 없이 하나님으로부터 직접 죄 사함을 받고 죄로부터 자유를 얻게 되며, 거룩한 성도로서 하나님의 자녀가 된다는 것이 종교개혁자 마틴 루터의 선언이다. 이것은 예수 그리스도께서 모든 인류의 죄를 사해주기 위하여

147) 눅 3:38: "그 위는 에노스요 그 위는 셋이요 그 위는 아담이요 그 위는 하나님이시라"

십자가에서 피 흘려 돌아가셨기 때문이다. 인간은 이렇게 예수 그리스도가 우리를 죄로부터 구해주신 주님이라고 믿기만 하면 누구나 죄로부터 자유를 얻게 되는 것이다.

따라서 이제는 구약시대의 제사장이 필요 없게 된 것이다. 구약시대에는 사람이 지은 죄를 하나님으로부터 사함을 받기 위해서는 대리자인 제사장이 짐승을 죽여서 피를 흘리게 하는 희생 제사가 있었지만, 이제는 그것이 필요 없게 된 것이다. 하나님의 아들로서 대제사장이신 예수 그리스도께서 인간의 모습으로 이 세상에 와서 인간이 지은 모든 죄를 용서해주기 위해 피 흘려 돌아가시고, 모든 인류의 죄를 대신 짊어지고 하나님께로 올라가신 것이다. 그러므로 이 사실을 믿고, 이 예수 그리스도를 믿고 의지하는 사람은 누구든지 하나님 앞에서 죄로부터 자유로운 상태가 되어, 자유를 누리면서 살아갈 수 있게 되는 것이다.

이것은 또한 모든 기독교 신자는 성도(Saint)이며 평등하다는 개념으로, 그리스도를 통해 성령님의 도움으로 하나님께 직접 예배드림으로써 하나님과 직접 교통할 수 있다는 기독교의 교리이며, 개신교의 신학 개념이다. 이것을 만인제사장설 또는 만인사제설이라고 한다.

이것은 오늘날 자유민주주의(自由民主主義)148) 국가의 국민이 되면 누구나 개인의 자유와 기본권이, 성경에 바탕을 둔 법치주의(法治主義)에 따라 보장받아서, 자유로운 시민이 되는 것과 같은 원리이다.

이렇게 하여 성립된 자유민주주의는 먼저 기독교사회를 이루고 있는 서양에서 먼저 일어나서, 서양 사회를 먼저 개화(開化)시키고, 한국과 전 세계에 대한 기독교 전도와 함께 전 세계의 인류에게 전파되고 있다. 지금 개인의 자유가 허용되지 않는 전체주의 이데올로기인 공산주의 독재정치 제도를 채택하고 있는 나라들도 모두 자유를 잉태하고 있는 기독교를 받아들인다면, 자연히 개인의 자유와 기본권이 보장되는 자유민주주의가 실현될 수 있는

148) 자유민주주의(自由民主主義): 자유주의와 민주주의가 결합된 정치원리 및 공화제 입헌 정부형태이다. 인간의 존엄성 실현을 위해 개인의 자유와 기본권을 보장하며, 권력의 분리와 견제를 지향한다.

것이다. 따라서 기독교는 인류의 희망이며 비전이다.

(2) '신앙(종교)의 자유'에서 나온 '자유'와 '자유민주주의'

성경이 라틴어에서 영어 등 다른 언어로 번역되고, 또 금속인쇄술의 발명으로 성경이 모든 사람에게 쉽게 전달되어, 성경의 참뜻을 모든 사람이 쉽게 깨닫게 되자, 루터 등 성경의 본뜻을 깨닫게 된 기독교인들이 종교개혁을 일으켰다. 종교개혁을 통해서 인류는 더 많은 '신앙의 자유'를 더 누릴 수 있게 되자, 그 '신앙의 자유' 속에 잠재하고 있는 창의력을 통해 '자유민주주의'와 '창의적인 과학 · 기술'을 비롯한 모든 분야의 학문이 크게 발달하게 되고, 인류는 점점 더 많은 자유와 풍요를 누리게 되었다.

중세 서양 사회에서 종교개혁과 함께 르네상스와 과학·기술 혁명이 일어나고 있을 때, 기독교는 어떤 역할을 하였는지 생각해볼 필요가 있다.

인쇄술의 발달로 성경과 과학 · 기술의 지식이 널리 보급되고 있는 분위기에서, 종교개혁의 영향으로 기독교 진리가 민중 속으로 더 깊숙이 파고들면서, 그 당시 교황에게 집중되어 있던 막강한 영향력이 점점 신자 개인에게로 돌아가고, 개인의 자유와 권리가 신자(국민) 개개인 속으로 점점 더 깊숙이 스며들어 가게 되어 그들의 창의력이 점점 더 확대되기 시작하였다.

(3) '만인제사장설'이 보편화되면서, 자유민주주의가 자리 잡게 되었다.

종교개혁으로 모든 신자가 개인적으로 직접 하나님께 기도하면서 대화하고 또 회개함으로써 자기의 죄를 하나님으로부터 직접 용서받을 수 있는 '만인제사장'으로 인식하게 되었다. 개인의 종교적 자유가 최대로 인정받게 된 '만인제사장설'이 보편화되면서, 사실상 자유민주주의가 자리 잡게 된 것이다. 즉, 예수 그리스도께서 만인(모든 사람)의 죄를 사해주기 위해 십자가에 못 박혀 피 흘려 돌아가셨기 때문에, 모든 사람은 누구든지 구약시대처럼 '제사장'을 통하거나, 종교개혁 이전에 로마가톨릭교회에서 교황의 권위를 지키기 위해 먼저 사제에게 '고백성사'를 행하지 않고도 이제는 신자가 직접 예수 그리스도의 이름으로 하나님께 지은 죄를 고백함으로써 하나님으로부터 죄 용서와 구원을 직접 받고 자유를 누릴 수 있게 된 것이다.

이제는 구약의 제사장이나 로마가톨릭교회의 사제를 통하지 않고, 직접 예수 그리스도를 통해 개인이 자유로이 하나님께 직접 죄를 고백하고 용서를 받을 수 있게 된 것이다. 이것은 예수 그리스도의 십자가 사건이 성경에 기록된 말씀 그대로인 것이다.

인간은 누구나 하나님과 직접 만날 수 있는 자유를 누릴 수 있는 '만인제사장'이 될 수 있게 된 것이다. 이것이 바로 자유민주주의의 바탕인 것이다. 구약시대에는 제사장을 통해서, 그리고 종교개혁 이전까지는 일반 신도는 교황의 권위를 나타내는 사제에게 고백성사를 먼저 해야만 했다. 즉, 신도가 하나님을 직접 만나기 전에 '고백성사'라는 과정을 추가로 하나 더 넣었다.

그러나 종교개혁 이후에는 '고백성사' 과정을 없애고, 성경 말씀대로 신도가 사제나 목사 등 성직자를 통하지 않고 직접 예수 그리스도를 통해서 하나님을 만나게 되고 하나님께 직접 자신의 죄를 고백하는 기도를 드리게 된 것이다.

종교개혁 이전에 로마가톨릭에서는, 요한복음 14장 6절의 "예수께서 이르시되 내가 곧 길이요 진리요 생명이니 나로 말미암지 않고는 아버지께로 올 자가 없느니라."라고 하신 말씀 중에 예수께서 (요 14:6)의 "나로 말미암지 않고는" 대신에 "먼저 로마 교황의 권위를 나타내는 사제를 통해야 하나님에게로 갈 수 있다."라고 가르쳤다.

그러나 종교개혁 이후에는 성경 말씀대로 누구든지 직접 예수 그리스도를 통하여 하나님께 죄를 고하는 기도를 직접 드리고 용서를 구할 수 있게 된 것이다. 즉 모든 사람이 하나님의 말씀인 성경에 기록된 그 말씀을 믿고 직접 예수 그리스도를 통하여 하나님으로부터 직접 죄 용서함을 받음으로써, 죄에서 회복되어 '자유'를 얻을 수 있게 된 것이다. 바로 이 '자유'로 인해서 인간의 생각과 창의 능력도 하나님으로부터 직접 받을 수 있는 '자유'가 허용된 것이다.

이렇게 종교개혁을 통해서 비로소 서양 세계가 먼저 인쇄된 성경을 직접 읽고 기독교의 진리를 깨달아서 자유를 누릴 수 있도록 해주는데 크게 기여한 한국(고려)의 금속인쇄술 발명이야말로 하늘(하나님)이 주신 창의적 능력에서 비롯된 것이며, 우리 한국의 금속인쇄술 발명이 기독교와 인류사에 매우 큰 기여를 한 것이라고 볼 수 있다.

9.4 천황제 파시즘 전체주의 일본과 공산주의 중국 사이에서 자유민주주의를 일구어낸 기독교 대한민국의 역할과 미래 비전

> 태평양전쟁으로 한 · 중 · 일 3국에서 일어난 정치·사상 · 종교 · 문화의 변화와 미래 한국의 역할

(1) 메이지(明治)시대 일본 개혁의 지도자들을 길러낸 사무라이 교육자들의 반기독교(反基督教) 존황파(尊皇派)에 맞선 대한민국

메이지유신(明治維新, 1868) 시대 사무라이 출신인 요시다 쇼인(吉田松陰, 1830~1859)과 후쿠자와 유키치(福澤諭吉, 1835~1901) 등 서양학의 영향을 받아, 아시아를 배척하고 서구를 추종하는 존황파(尊皇派) 인물들이 경쟁적으로 많이 배출되었고, 이들은 일본 근대화와 일제침략을 위해 주도적인 역할을 하였다. 그러나 일본은 기독교를 받아들이지 않고 천황제 파시즘 전체주의 · 군국주의 · 침략주의로 나아갔다. 일제 침략전쟁은 수직적 황국사관 교육을 받은 사무라이 교육자들이 일본의 제국주의 목표를 실현하는 과정이었다.

천황제 강화를 위해 일본의 메이지(明治) 정부는 신사를 관장하는 기구를 설치하고 전국의 신사를 재편성하여 천황가를 일본의 건국신, 즉 일본이 섬기는 8백만 신(神, Kami)들을 지배하는 최고의 여신 아마테라스오오미카미(天照大神)의 자손으로 받드는 국가신도(國家神道)를 정착시켰다. 또 일본에는 한국보다 약 300년이나 먼저 기독교가 전래되었으나, 일본에는 인간신(人間神)인 천황만이 최고의 유일신이기 때문에, 기독교의 유일신(여호와, 야훼)을 올바로 깨닫지 못하여 기독교를 받아들이지 못하고, 기독교의 유일

신인 (여호와, 야훼) 하나님을 800만의 신(神)들의 명칭인 "가미(神, Kami)"의 하나로 인식하였다. 즉, 기독교의 유일신(God, 여호와)을 일본이 믿는 800만의 "신(神, Kami)"들 중의 하나로 인식하게 된 것이 결국 기독교를 올바로 받아들일 수 없도록 만든 것이다.

본래 한국에서는 건국 초기의 처음 고조선 시대부터 전통적으로 일반적인 신(神)들과 구별하여 '하나님'이라고 하는 유일신을 섬기고 있었기 때문에, "기독교의 유일신(여호와, 야훼)이 한국이 전통적으로 섬겨온 유일신인 '하나님'과 동일하다."라고 올바로 깨닫고 믿게 된 것이다. 이것은 놀랍게도 한국을 위해 하나님께서 예정하신 것이며 대한민국을 위한 축복이라고 여겨진다.

북한 김일성의 주체사상

북한에서는 일본의 천황 제도를 모방하여 인간신으로서 김일성을 유일신으로 받들고, 기독교 성경의 내용을 김일성의 가르침으로 대체하여 북한 인민들을 가르치기 위한 '김일성 주체사상'으로 삼고 있는 것은 참으로 특이하고 놀라운 일이 아닐 수 없다.[149)]

(2) 일본의 신국(神國)과 성전(聖戰, Holy War) 사상의 위험성

일본의 국가신도(國家神道)에 의하면 모든 백성은 천황을 마땅히 충(忠)과 효(孝)로 만백성의 어버이로 받드는 황국사관(皇國史觀)에 따라, 일본을 인간신(人間神)인 천황의 특별한 가호를 받는 신국(神國)으로 규정하고 있다. 또 일본은 천황의 뜻에 따라 세계를 구제해야 할 사명을 부여받았기 때문에 다른 나라에 대한 침략전쟁은 그곳 사람들을 구제하기 위한 성전(聖戰, Holy War)으로 미화하여 침략전쟁을 정당화하였다.

그러므로 일본이 침략전쟁(제2차 세계대전, 태평양전쟁)에서 패망한 1945년 이후, 일본의 침략을 받은 나라에 대한 전쟁범죄(강제 징용 · 징병, 일본군위안부 문제 등)에 대해 사과를 하는 것은 곧 그들의 신(神)인 천황에 대한 모독으로 생각하기 때문에 지금까지도 한국과 일본 사이에는 일제 침

149) 김진홍 목사의 설교 중에서.

략전쟁 문제를 이해하고 해결하는 데는 양국이 서로 받아들일 수 없는 갈등을 빚고 있다.

대표적인 기독교 사상가인 일본의 우치무라 간조(内村鑑三, 1861~1930)는 일본 천황을 숭배하는 존황파(尊皇派)들로부터 보복 테러의 표적이 되기도 했다. 그는 일본에서 그가 섬기는 기독교가 천황 중심주의 사상의 근원인 신도와 배치된다는 이유로 일본 존황파들로부터 테러의 대상이 되기도 했다.

(3) 기독교국이 된 대한민국

> 일본이 신도(神道)화되고, 중국은 공산화되자, 기독교화 된 한국. 1950년 6월 25일 북한은 러시아(소련) 및 중국과 연합하여 대한민국(남한)을 침략하였다.

1945년 8월 15일 일본이 연합군에게 패하여 항복하자, 중국은 국공내전(國共內戰, Chinese Civil War)[150]으로 내란을 겪게 되었다. 결국 1949년 장개석의 국민당은 대만으로 쫓겨나고, 마오쩌둥(毛澤東)이 이끄는 공산당이 승리함으로써 중국은 전체주의 이념의 공산주의 독재체제로 바뀌게 되었다.

한국에는 일본제국주의 식민 통치 이전부터 기독교 선교사들이 들어오기 시작했다. 특히 공산주의 소련(러시아)과 중국과 북한은 연합하여 분단된 남쪽의 한국에 대해 1950년 6.25 한국전쟁을 일으키자 한국은 미국·영국을 비롯한 기독교국으로 구성된 유엔군의 도움을 받아 1953년 휴전협정이 될 때까지 공산주의자들이 일으킨 침략전쟁의 참화를 겪어야 했다.

1953년 휴전이 되자, 6.25 한국전쟁의 참화를 겪은 한국은 공산주의 소련(러시아) · 중국 · 북한의 침략을 막아내기 위해, 대한민국과 미합중국 간의 상호방위조약을 체결하고, 미국을 비롯한 우방의 도움으로 전쟁의 참화로 파괴된 한국을 건설하고, 전쟁의 고통 속에서 허덕이던 한국에 기독교가 전파되면

150) 국공내전(國共內戰) Chinese Civil War)은 1927년 이후 중국 국민당 과 중국 공산당 사이에 중국의 패권을 두고 일어난 두 차례의 내전 을 말한다. 결과, 중국 공산당이 승리하여, 중국 대륙에 중화인민공화국을 수립하고, 중화민국 정부는 타이완으로 옮김. 제1차 전쟁: 1927. 8.1.~1936.12.22일, 제2차 전쟁: 1946. 3. 31.~1950. 5. 1.(중국 대륙과 부속 도서)

서 자유민주주의를 이룩하면서 마침내 한국은 급속도로 발전하게 되었다.

이렇게 하여 한 · 중 · 일 3국에는 과거의 교류로 인해서 역사·문화·종교(불교 · 유교)의 유사성은 존재하지만, 중국 본토는 1949년 공산주의 국가가 되고, 일본은 1868년 천황제 파시즘 제국주의로 나아가 이웃과 세계에 대해 일제 침략전쟁을 일으켰으나, 1945년 패전함으로써 미국 중심의 연합군에 의해 강제로 자유민주주의를 실시하게 되었다. 그러나 일본은 여전히 존황주의(尊皇主義)와 신도(神道)에서 벗어나지 못하고 야스쿠니신사(靖国神社)를 참배하면서 주변국들에 위협적인 국가로 남아있다.

기독교를 받아들인 한국은 1948년 8월 15일 남한에서만 자유민주주의 정부를 세우고 동북아 유일의 기독교국이 되어 기독교인인 이승만 박사가 대통령으로 선출되고, 기독교인 김윤영 국회의원이 기도로 초대 국회를 열었다.

대한민국은 이제 세계 중심의 기독교국으로의 역할을 다하고 있다: 1948년 5월 31일 제헌국회 제1차 회의 기도문

1945년 8월 15일 일제에서 해방된 대한민국은 1948년 5월 10일 제헌국회를 구성하고 초대 국회의장으로 이승만 박사가 선출되고 다시 1948년 8월 15일 대한민국 초대 대통령으로 선출된 이승만 초대 대통령은 기독교 입국론을 주창하며 대한민국이 하나님을 섬기는 민주공화국임을 선포한 것은 틀림없는 하나님의 능력에 의한 것이다. 따라서 이후 오늘날의 번영을 이루기까지 우리나라가 하나님의 능력에 힘입어 세계 중심의 기독교국으로서 우뚝 서서 그 역할을 다하고 있다.

1948년 5월 31일 제헌국회 제1차 회의(그림 24) 회의록 기록: 임시의장 이승만 박사가 의장석 등단하여 전 국회의원들에게 먼저 하나님께 기도하자고 제의하고, 이윤영 의원(목사)이 기도했다.

당시 목사이면서 국회의원인 이윤영 의원이 하나님께 올린 기도문을 소개한다.

제헌국회 이윤영목사 기도문[151] (1948.5.31.)

그림 24. 1948년 5월 31일 대한민국 제헌국회 개회[152)]

임시의장 (이승만)

대한민국 독립민주국 제1차 회의를 여기서 열게 된 것을 우리가 하나님께 감사해야 할 것입니다. 종교 사상 무엇을 가지고 있든지, 누구나 오늘을 당해 가지고 사람의 힘만으로만 된 것이라고 우리가 자랑할 수 없을 것입니다. 그러므로 하나님에게 감사를 드리지 않을 수 없습니다. 나는 먼저 우리가 성심으로 일어나서 하나님에게 우리가 감사를 드릴 터인데 이윤영 의원 나오셔서 간단한 말씀으로 하나님에게 기도를 올려주시기를 바랍니다.

이윤영 의원(목사) 기도: (일동 기립)

이 우주와 만물을 창조하시고 인간의 역사를 섭리하시는 하나님이시여, 이 민족을 돌아보시고 이 땅에 축복하셔서 감사에 넘치는 오늘이 있게 하심을 주님께 저희들은 성심으로 감사하나이다.

오랜 세월 동안 이 민족의 고통과 호소를 들으시고 정의의 칼을 빼서 일제의 폭력을 굽히시사 하나님은 이제 세계만방의 양심을 움직이시고 또한 우리 민족의 염원을 들으심으로 이 기쁜 역사적 환희의 날을 이 시간에 우리에게 오게 하심은 하나님의 섭리가 세계만방에 현시하신 것으로 믿나이다.

하나님이시여, 이로부터 남북이 둘로 갈리어진 이 민족의 어려운 고통과

---

151) 대한민국 제헌국회 개회 기도문 (1948년 5월 31일) > 자료실 | 이승만기념관 - 건국대통령 업적과 연구자료 제공 (xn--zb0bnwy6egumoslu1g.com)

152) Ibid.

수치를 신원하여 주시고 우리 민족, 우리 동포가 손을 같이 잡고 웃으며 노래 부르는 날이 우리 앞에 속히 오기를 기도하나이다.

하나님이시여, 원치 아니한 민생의 도탄은 길면 길수록 이 땅에 악마의 권세가 확대되나 하나님의 거룩하신 영광은 이 땅에 오지 않을 수 없을 줄 저희들은 생각하나이다. 원컨대, 우리 조선독립과 함께 남북통일을 주시옵고 또한 민생의 복락과 아울러 세계평화를 허락하여 주시옵소서. 거룩하신 하나님의 뜻에 의지하여 저희들은 성스럽게 택함을 입어 가지고 글자 그대로 민족의 대표가 되었습니다. 그러하오나 우리들의 책임이 중차대한 것을 저희들은 느끼고 우리 자신이 진실로 무력한 것을 생각할 때 지와 인과 용과 모든 덕의 근원되시는 하나님께 이러한 요소를 저희들이 간구하나이다. 이제 이로부터 국회가 성립되어서 우리 민족의 염원이 되는 모든 세계만방이 주시하고 기다리는 우리의 모든 문제가 원만히 해결되며 또한 이로부터 우리의 완전 자주독립이 이 땅에 오며 자손만대에 빛나고 푸르른 역사를 저희들이 정하는 이 사업을 완수하게 하여 주시옵소서.

하나님, 이 회의를 사회하시는 의장으로부터 모든 우리 의원 일동에게 건강을 주시옵고, 또한 여기서 양심의 정의와 위신을 가지고 이 업무를 완수하게 도와주시옵기를 기도하나이다. 역사의 첫걸음을 걷는 오늘의 우리의 환희와 감격에 넘치는 이 민족적 기쁨을 다 하나님에게 영광과 감사를 올리나이다.

이 모든 말씀을 주 예수 그리스도 이름 받들어 기도하나이다. 아멘.

이처럼 한국이 기독교 국가가 된 것은 하나님의 뜻이며, 이것은 한국 사람들이 하나님을 믿고 의지하는 믿음에 근거한 하나님의 은혜이다.

한 · 중 · 일 3국은 과거 도자(세라믹스)기술과 불교와 유교를 공유하면서 서로 교류해왔으나, 21세기에 들어 한 · 중 · 일은 서로 많이 달라지고 있다. 앞으로 한 · 중 · 일 동북아 3국이 어떻게 하면 이념의 차이를 극복하고 기독교 정신 아래 함께 협력과 화합을 이루어낼 수 있을 것인가에 대해 생각해보는 것은 의미 있고 또한 매우 중요한 일이라고 생각된다.

(4) 제국주의 파시즘 일본의 황국사관과 한국의 기독교

> 일제강점기 일본의 한국에 대한 식민지교육의 목적은 무엇이며, 일본의 천황제 파시즘 정권은 왜 수직적 황국사관 교육으로 전쟁국가가 되고, 한국은 어떻게 기독교국으로 태어나게 되었나?

일본 천황제 파시즘(Fascism) 정권은 침략전쟁을 하기 위해 학교교육의 제도와 내용을 전적으로 국가가 통제하고, 국민의 사상과 의식을 획일화하는 전체주의의 수직적 교육을 시행하였다. 국체(國體), 즉 '만세일계(萬世一系)의 천황을 중심으로 한 대가족국가(大家族國家)' 주의를 모든 사상의 중심에 두고, 그 이외의 사상은 일체 배제하며 '군신일체(君臣一體) 교육'을 강화해 나갔다. 바로 이것이 일제 교육의 핵심이며, 식민지통치 기간에 한국에 대해서는 '우민화(愚民化)교육'을 이에 추가하여 시행하였다.

이것은 철저한 반기독교적인 권위주의와 침략주의 교육방식이다. 이처럼 일본은 '인류의 보편적 가치를 실현하고자 하는 기독교 교육'에 정면으로 배치되는 침략전쟁을 위한 황국사관(皇國史觀)에 따라 교육하였다.

그 결과는 참담한 결과를 가져오게 되었다. 제2차 세계대전에서 일본이 최후의 일인까지 할복자결(割腹自決) · 가미카제(神風)특공대 · 옥쇄작전(玉碎作戰)[153)]을 펴면서 미국을 비롯한 연합국에 대해 끝까지 항전하자, 미국은 원자폭탄을 히로시마(1945.8.6.)와 나가사키(1945.8.9.)에 투하함으로써, 마침내 일본은 1945년 8월 15일 항복하고 말았다. 바로 이날 한국은 일본의 식민지 탄압에서 해방되고, 자유민주주의 기독교국으로 태어나게 되었으며, 이것은 이스라엘이 이집트로부터 '출애굽(Exodus)'을 한 것과 같이 한국에 대해서는 매우 의미가 매우 큰 사건이라고 볼 수 있다.

그러나 이스라엘이 출애굽 이후부터 약 40년 동안 광야에서 방황했던 것처럼 한국 역시 오늘과 같은 세계 10대 경제대국으로 성장하기까지는 방황

153) 옥쇄작전: 옥처럼 아름답게 부서진다는 뜻으로, 특히 일본군이 2차 세계대전에서 미군과 싸우다가 이기지 못하면 깨끗하게 자결한 것을 말함.

하면서 고난의 세월을 보내야 했다. 그러나 아직도 가야 할 멀고 험난한 길이 우리를 기다리고 있다는 것을 잊지 말아야 할 것이다. 한·일 및 한·중 사이의 갈등, 남북한 사이의 갈등, 남한 내부에서의 이념 갈등, 사회 계층 간 갈등 등의 해결해야 할 수많은 문제가 우리 앞에 놓여있다. 이제 우리 한국은 이 문제들을 해결하기 위해 가장 먼저 하나님의 말씀인 성경의 바탕 위에서 진정한 기독교국으로서 기독교 복음을 이웃(중국과 일본)에 전하면서 전 세계의 모든 인류와 함께 하나님께 의지하여 평화스럽게 살아가야 할 것이다.

(5) 동북아에서 유일하게 기독교국이 된 한국의 미래

1) 한국이 기독교국이 된 것은 중 · 일 양국으로부터 온갖 고통과 고난과 굴욕을 당하면서도 자유를 지켜내기 위해 하나님께 의지하여 꿋꿋하게 살아온 데 대한 하늘의 보상이다!

동북아시아의 한 · 중 · 일 3국 중에서 한국은 오랜 기간을 중 · 일 양국 두 나라로부터 침략과 박해와 고난과 굴욕과 탄압에 시달리면서도 오직 평화와 자유를 갈구하며 살아왔다. 한국이 당해온 고통과 고난에 대한 하늘의 보상은 무엇인가? 그것은 1945년 일본의 패전 및 항복과 동시에, 한국에 대한 해방의 축복과 기독교국으로의 탄생일 것이다.

한국이 중 · 일의 침략 · 박해 · 고난 · 굴욕의 굴레에서 벗어날 수 있도록 도와주기 위해 하나님의 사랑과 은혜로 영 · 미의 선교사들이 찾아온 것이다. 선교사들의 도움과 우리의 선배 기독교인들의 노력과 기도 덕분에 한국은 동북아 유일의 기독교국으로 탄생한 것이다.

2) 한국의 홍익인간 사상이 기독교 사상과 일치함으로써 한국은 기독교를 쉽게 받아들이게 되었다.

한국이 고대로부터 지켜오고 있는 우리의 경천애인(敬天愛人) 사상은 하늘과 땅과 사람을 하나로 보아서 '온 세상을 모두 사랑하라'라는 것이며, 이것은 또한 우리의 전통적인 홍익인간(弘益人間) 사상[154]을 내포하고 있는 기독교 사상과도 일치하는 것이다. 중 · 일로부터 끊임없이 침략과 핍박과 고

154) 널리 인간 세계를 이롭게 한다는 뜻. 국조(國祖) 단군(檀君)의 건국이념.

난을 겪으면서도, 한국이 전통적으로 하나님을 섬겨온 기독교 정신으로 인해 중·일에 대해 침략하지 않고 오직 하나님의 은혜와 사랑으로 살아온 것에 대한 하나님의 보상으로 한국은 기독교국이 되었으며, 또한 영원히 기독교국으로 이어가게 될 것이다.

3) 성경에 나타난 율법의 완성과 우리 한국인과 세계 인류가 나아갈 길

가장 큰 계명

모세가 시내산에서 받은 십계명을 비롯한 인간이 지켜야 할 율법으로 모세오경에는 613가지가 있다.

그러나 사람들이 이렇게 많은 율법을 모두 기억하면서 지켜낼 수가 없으므로, 예수 그리스도께서 직접 오셔서 인간이 지켜야 할 율법이 이렇게 많고 복잡한 것을 정리하여 신약성경에 명확하게 완성하셨다. 이것을 율법의 완성이라고 하며, 2가지 계명으로 정리·완성하였다.

이렇게 하여 예수 그리스도는 인간이 영생을 얻기 위해 지켜야 할 '가장 큰 계명'으로서, "첫째는 우리 주 하나님은 단 한 분밖에 없는 주이시다. 너는 마음을 다하고 정성을 다하고 뜻을 다하고 힘을 다하여 주 너의 하나님을 사랑하라(신 6:4~5). 그리고 둘째로 중요한 것은 '네 이웃을 네 몸과 같이 사랑하라(레 19:18).'라는 계명이다. 이 두 계명보다 더 큰 계명은 없다. (막 12:28~31)"라고 당시의 이스라엘 백성들에게 하신 말씀을 이제 우리 한국인들은 선교사들이 전한 성경을 통해 알게 된 것이다. 똑같은 내용의 말씀을 마태복음[155]과 누가복음[156]에도 기록하고 있다.

---

155) (마 22:35~40) [35] 그 중의 한 율법사가 예수를 시험하여 묻되 [36] 선생님 율법 중에서 어느 계명이 크니이까 [37] 예수께서 이르시되 네 마음을 다하고 목숨을 다하고 뜻을 다하여 주 너의 하나님을 사랑하라 하셨으니 [38] 이것이 크고 첫째 되는 계명이요 [39] 둘째도 그와 같으니 네 이웃을 네 자신 같이 사랑하라 하셨으니 [40] 이 두 계명이 온 율법과 선지자의 강령이니라.

156) (눅 10:25-28) [25] 어떤 율법교사가 일어나 예수를 시험하여 이르되 선생님 내가 무엇을 하여야 영생을 얻으리이까 [26] 예수께서 이르시되 율법에 무엇이라 기록되었으며 네가 어떻게 읽느냐 [27] 대답하여 이르되 네 마음을 다하며 목숨을 다하며 힘을 다하며 뜻을 다하여 주 너의 하나님을 사랑하고 또한 네 이

따라서 기독교에서는, '율법의 완성'이라고 하는 '①하나님에 대한 사랑과 ②이웃에 대한 사랑'이라는 이 2가지 계명을 잘 기억하고 지켜내면, 우리는 구원받아, 영생을 얻고 모든 인류와 함께 영원히 복을 받고 평화스럽게 살아 갈 수 있을 것이다.

이처럼 우리 대한민국은 하나님을 섬기면서, 이웃 나라에 대해서는 단 한 번도 침략하지 않았다. 그러나 외국의 침략에 대해서는 최선을 다해 국력을 강화하여 목숨을 다해 적극적으로 방어하면서, 이웃과 세상에 대해 하나님의 사랑을 전하고 실천하며 살아간다면, 성경(롬 12:19)에 "사랑하는 여러분, 여러분이 직접 복수하지 말고 하나님께 맡기십시오. 성경에는 '원수 갚는 것은 나의 일이다. 내가 갚아 주겠다.(롬 12:19)'"라고 기록된 것처럼 하나님이 우리를 지켜 보호해주실 것이다.

4) 한국 전통의 하나님은 기독교의 유일신(여호와, 야훼)과 동일하다!

한국의 초기 기독교인들은 기독교의 유일신(唯一神)(여호와, 야훼)을 한국이 전통적으로 섬겨온 유일신인 하나님(하늘님, 하느님, 또는 천신 등으로 불림)과 일치함을 깨닫고, 하나님이라 부르고, 기독교를 우리의 신앙으로 자연스럽게 받아들이게 된 것이다. 따라서 한국 고유의 전통적인 '하나님'은 우리의 유일하신 하나님(God, 神)이면서, 이스라엘에서는 엘로힘(אלוהים)은 유일하신 신(神)이라는 뜻인데 영어에서는 God로 번역했고 우리나라에서는 하나님으로 번역했다. 엘은 '하나밖에 없는 유일한 신'이라는 뜻인데 '엘'을 최상급으로 경외하여 표현하는 단어가 '엘로힘'이다. 그리고 '엘로힘(하나님)'의 이름을 '여호와' 또는 '야훼'라고 한다.

우리 대한민국에서 전통적으로 믿고 있는 하나님 역시 이스라엘의 족보인 성경에 인류의 시조(始祖)로 기록된 하나님(엘로힘)인 '여호와' 또는 '야훼'와 일치하며, 이 세상과 우주에 존재하는 유일하신 '하나님'으로 깨닫고 믿게 된 것이다.[157]

웃을 네 자신 같이 사랑하라 하였나이다 [28] 예수께서 이르시되 네 대답이 옳도다 이를 행하라 그러면 살리라 하시니

157) 눅 3:38: "그 위는 에노스요 그 위는 셋이요 그 위는 아담이요 그 위는 하나님이시라"

이렇게 볼 때, 천황을 인간신으로 받드는 전체주의 파시즘을 아직도 마음의 습관으로 가지고 있는 일본이나 전체주의 · 공산주의 · 사회주의를 신봉하는 중국과 공산주의 국가들에서 기독교를 인정하지 않는 것과는 달리, 동북아 3국 중에서 가장 먼저 한국이 기독교를 한국의 신앙으로 자연스럽게 받아들이게 된 것은 우연히 된 것이 아니라 하나님의 예정과 계획에 따른 것임이 분명하다.

따라서 한국은 중국과 일본의 침략으로 오랫동안 고통과 고난과 굴욕을 당해왔으나, 마침내 선교사들에 의해 받아들인 기독교를 믿는 능력으로 중 · 일로부터 독립을 이루어내고, 성경의 근본 진리인 '자유'에 근거한 '자유민주주의'를 실현할 수 있게 되었으며, 이제부터는 한국이 중 · 일과 여러 비기독교 공산주의 국가에 대해 주도적으로 사랑을 보여주고 그들도 기독교 정신을 바탕으로 하는 자유민주주의 국가가 되도록 도와줌으로써 모든 인류가 함께 '자유'를 누릴 수 있도록 해야 할 것이다.

9.5 메시아의 나라 이스라엘의 고난의 역사와 대한민국

> 메시아의 나라이면서 하나님의 제사장의 나라인 이스라엘은 오랜 기간의 노예와 포로생활에서 풀려나서, 선지자(예언자)들의 예언과 성경에서 비전을 찾아 고난과 역경을 이겨내고 사탄의 세력에 도전하여 이겨내면서 미래를 개척하여 꿋꿋하게 오늘을 살아가고 있다. 대한민국은 어떤가?

메시아가 탄생한 나라 이스라엘은 한국처럼 오랜 과거부터 주변 강대국들로부터 침략받아 고통을 당하고, 이웃의 강대국들에 대해 조공을 바치면서 굴욕적으로 살아온 역사를 가지고 있다. 기근이 극심하던 때 먹고 살기 위해 이집트로 이주해가서 430년 동안 노예로 핍박을 받고 살아가다가, 지도자 모세의 인도로 출애굽(Exodus)[158]하여 하나님으로부터 십계명 등 율법(모세

158) 하나님(야훼)이 모세를 통해 430년 동안 이집트에서 노예 살이 하던 이스라엘 민족을 가나안 땅으로 인도한 사건.

5경)을 받고 가나안 땅에 정착하였다. 그러나 북이스라엘은 앗수르에게 멸망당하고 남유다는 바빌론의 침략으로 멸망하였으며, 왕과 백성들이 포로로 잡혀가서 70년이란 오랜 기간 동안 포로 생활을 하였다. 이때, 이스라엘 민족에게 하나님을 진지하게 믿고 의지하면서 이스라엘과 인류를 구원할 메시아가 올 것을 예언하는 선지자(예언자)들이 나타나서 그들을 가르치고 인도하였다. 선지자들은 왕과 백성들에게 올바르게 살아가야 할 비전을 성령의 인도를 받아 성경에 기록하여, 백성들을 올바르게 인도해주었다. 그 선지자들이 이스라엘 민족에게 하나님의 말씀인 성경을 기록하여 전해준 것이 이스라엘 민족에게 오늘이 있게 하고, 마침내 전 인류를 구원하기 위해 '은혜와 진리'[159]인 메시아 예수님이 이스라엘을 통해 나타나게 된 것이다.

(1) 하나님의 말씀인 성경을 기록한 이스라엘 선지자(예언자)들! 한국은?

> 성경은 이스라엘 민족의 미래를 위한 비전이고 역사이며 이스라엘 민족의 족보!
> 한국의 비전과 역사와 족보는?

성경에는 하나님의 말씀과 함께 이스라엘의 역사가 기록되어 있어서, 성경은 이스라엘의 비전이고, 삶의 지침서이며 역사이면서 이스라엘 민족의 족보이기도 하다. 이스라엘 민족은 야곱(이스라엘)의 12 아들(지파)에 속하는 하나의 혈통을 가지고 있으며, 메시아가 탄생한 그 족보의 시조는 하나님으로 기록되어 있다.[160] 이스라엘 민족은 하나님의 직계 자손이며, 성경은 하나님의 말씀이자 그들의 족보이므로 이스라엘 민족은 어릴 때부터 이 성경을 암송하고 공부하면서 그 성경에서 삶의 지혜를 배운다.

따라서 이스라엘의 선지자(예언자)들은 하나님 나라인 이스라엘의 미래를 영원히 그리고 훌륭하게 지켜나가기 위해, 과거 이스라엘을 다스리던 왕 중에서 하나님의 말씀대로 살면서 백성들을 잘 다스린 왕과 하나님의 뜻대로 살지 않고, 악(잘못)을 행했던 왕들의 행적을 성경에 자세히 기록해놓고, 이

159) 요한복음 1장 14절.
160) 눅 3:38: "그 위는 에노스요 그 위는 셋이요 그 위는 아담이요 그 위는 하나님이시라"

스라엘의 미래세대를 교육하고 있다. 이처럼 성경은 단순히 하나님을 신(神)으로 믿는 종교적 또는 신앙적 차원을 넘어서, 이스라엘의 영원한 미래를 위해 사람이 어떻게 살아야 하는지에 대한 삶의 방식과 태도는 물론 가장 중요한 미래세대를 올바로 가르치기 위한 교육의 비전을 기록한 것이다.

이렇게 볼 때, 구약과 신약의 성경으로 가르치고 있는 기독교는 일반적인 종교나 신앙의 차원을 넘어서, 인간이 하나님의 자녀로서 올바른 이상적인 삶을 살아가야 할 삶의 지침서나 좌우명과 같은 것이라고 볼 수 있다. 성경을 항상 몸에 지니고 다니면서 읽는 일이야말로 사람을 스스로 교육하는 훌륭한 선생님인 하나님을 모시고 다니는 것과 같은 것이다. 따라서 기독교는 우리가 일반적으로 생각하고 있는 단순한 종교나 신앙의 영역이 아니라 그 이상의 것, 즉 개인과 모든 인류를 위한 삶의 지침서이며 올바른 삶을 위한 비전이라고 볼 수 있는 것이다.

우리 대한민국 백성들에게 근본적으로 자리 잡고 있는 단군의 교육이념인 '홍익인간' 사상과 '경천애인' 사상이 기독교 사상과 근본적으로 동일하다는 것은 실로 우리나라를 위해 놀라운 축복이 아닐 수 없으며, 이것은 우리 민족이 하나님과 아담에서 유래된 이후에 하나님에게서 벗어나지 않고, 포도나무(하나님)의 가지에 잘 붙어 있어서, 열매를 맺게 된 것으로 생각된다.[161]

성경 말씀(욥 23:10)에서처럼, "내가 가는 길을 그(하나님)가 아시나니 그가 나를 단련하신 후에는 내가 순금 같이 되어 나오리라.(욥 23:10)"는 말씀은 우리 한국인을 중국, 일본, 러시아 등 이웃 나라와 세계 속에서 단련시켜 순금 같이 되어 진정한 하나님의 양자[162]가 되고, 한국이 하나님의 제사장 나라가 되도록 만들고 계신 것이다.

이스라엘은 하나님을 이스라엘의 창시자로 하여 그들의 족보인 성경을 기록하고, 왕과 백성들을 위해 보다 나은 미래를 위한 비전을 제시해주고, 올바

161) 요 15:5: "나는 포도나무요 너희는 가지라."
162) 롬 8:14~15: "무릇 하나님의 영으로 인도함을 받는 사람은 곧 하나님의 아들이라. 너희는 다시 무서워하는 종의 영을 받지 아니하고 양자의 영을 받았으므로 우리가 아빠 아버지라고 부르짖느니라."

르게 살아갈 수 있도록 그들의 선지자(예언자)들이 성령의 도움으로 하나님을 대신하여 성경을 기록한 것처럼, 우리도 리더(선지자·예언자·미래학자)들을 잘 길러서, 우리 민족이 하나님의 뜻에서 벗어나지 않게 하도록, 우리도 이스라엘처럼 이스라엘의 족보이면서 우리의 족보이기도 한 성경을 몸에 지니고 다니면서, 미래세대를 잘 인도할 수 있도록 우리도 성경을 읽고 공부하며 후세들을 가르쳐야 할 것이다.

이스라엘의 왕과 지도자 중에는 하나님에 대한 믿음이 올바를 때는 나라가 번영하고 평화스러웠지만, 믿음이 경건하지 않거나 선지자(예언자)의 말을 따르지 않을 때는 하나님으로부터 징계당하고, 이웃 강대국들로부터 침략받아 고통스러운 삶을 살아야 했다. 그래서 그들은 오늘날에도 성경에서 배우기 위하여 항상 성경을 읽고 기도하면서, 하나님을 믿고 성경 말씀에 의지하여 살아가고 있다.

한국에도 '조선왕조실록'과 같이 왕들의 통치에 관한 기록이 있기는 하지만, 하나님과의 관계에 대한 기록은 없다. 만일 우리나라가 왕조실록과 같이 나라의 통치에 관해서 기록하되, 당시 통치한 왕들의 통치에 관해서 하나님의 관점에서 바라보면서 훌륭한 왕들과 악한 왕들을 비교하면서 기록했다면, 후세의 왕이나 정치 지도자들이 나라를 다스리는 데 크게 도움이 되고, 나라가 더 올바른 길로 나아갔을 것이다. 그러나 그렇게 하지 못했기 때문에, 항상 당파싸움 등 정치적 악습과 폐단이 되풀이되면서 나라가 어려움에 빠지고 백성들이 고통과 고난을 겪어왔다. 따라서 우리도 이스라엘처럼 성경을 우리의 것으로 받아들여서 항상 읽고 우리의 삶에 적용한다면, 하나님의 도움으로 밝은 미래를 열어갈 수 있을 것이다.

(2) 성경은 이스라엘뿐만 아니라 모든 인류를 위한 생활지침서

> 성경에 기록된 지도자들의 선행을 본받고, 그들의 악행을 반면교사로 삼아야 한다. 죄를 회개하면 하나님을 움직여 하나님께 이르지만, 회개하지 않으면 사탄의 종이 되고 만다.

이스라엘을 다스리던 왕들의 행적을 기록해둔 족보인 성경을 우리의 것으로 받아들여서 읽고 배운다면, 한국 역시 하나님을 믿고 의지하게 되면서 올바로 살아가는 데 큰 도움을 받을 수 있을 것이다.

이스라엘의 왕 중에서 대표적인 왕인 다윗(David, BC 1107~BC 1037)은 이스라엘 왕국의 제2대 왕으로서 40년 동안(BC 1077~BC 1037) 통치하였다. 양을 치는 목동이던 그는 음악가, 시인, 예언자로 성장하여 왕이 되었으며, 구약성경에서 매우 두드러지게 훌륭한 왕으로 언급되고 있다.

다윗 왕은 부하 장수의 아내인 밧세바와의 불륜으로 하나님의 징계를 받고 난 후에 철저히 회개하고, 새사람으로 거듭나서, 하나님과의 관계가 회복되는 과정을 적나라하게 성경에 기록하고 있다.

성경은 다윗의 회개를 매우 중요하게 다루고 있다. 회개하면 하나님께 이르지만, 회개하지 않으면, 죄인 곧 사탄의 자식이 되는 것을 성경은 가르치고 있다.

바로 이것, 즉 예수 그리스도가 이러한 범죄를 저지르고 회개한 다윗 왕의 후손으로 태어나서 한없는 사랑으로 끝까지 인간을 포용해주시는 하나님의 모습을 성경은 말해주고 있다. 이처럼 기독교에서 회개가 주는 교훈적인 요소와 하나님의 은혜와 진리가 기록된 이스라엘의 족보와 하나님의 말씀을 기록해놓은 성경이야말로 모든 인류가 자신의 족보로 받아들여서 반드시 읽어야 할 책이라고 할 수 있는 것이다.

또 아합왕(BC 873~851)은 북이스라엘 왕국의 7대 왕으로서 이세벨 왕비와 함께 구약성경 열왕기하에 기록된 바에 의하면 이스라엘 왕 중에서 악한 일을 많이 한 왕이라고 평가받고 있다. 아합왕의 악행과 회개하지 않는 모습을 성경에 적나라하게 기록한 것은 모든 인류의 후손들에게 보여주어야 할 대표적인 반면교사의 전형이라고 볼 수 있을 것이다.

이처럼 하나님의 '제사장 나라'이면서 '메시아의 나라'인 이스라엘이 과거에 겪어온 하나님과의 관계를 기록한 이스라엘의 족보인 성경을 우리의 것으로 받아들이고, 특히 하나님의 뜻을 거스른 왕들의 악행을 반면교사로 삼아 우리나라의 미래를 이끌어간다면, 우리의 밝은 미래를 개척해나가는 데 큰 도움이 될 수 있을 것이다.

이스라엘은 성경의 말씀을 통해서 오늘의 소강국(小强[康]國)을 만들어 왔으며, 하나님의 자랑스러운 제사장 나라이면서 메시아의 나라인 이스라엘을 만들어온 모든 내용을 우리는 성경을 통해서 눈여겨 살펴보고, 우리도 성경을 읽고 그들에게서 신앙과 나라의 운영과 나 개인의 삶에 대해 많은 것을 배우고 참고해야 할 것이다.

(3) 스마트 코리아(Smart Korea)로 가는 길

1) 성경은 젊은이와 늙은이 모두에게 꿈과 비전이다!

성경(행 2:17)에는 "하나님이 말씀하신다. '말세에 내가 성령을 모든 사람에게 부어 주겠다. 너희 자녀들은 예언할 것이며 너희 청년들은 환상을 보고 너희 노인들은 꿈을 꿀 것이다'[(욜 2:28~32)에서 인용]"라는 말씀이 있다.

이처럼 하나님을 믿으면 말세에 모든 육체에 하나님의 영(성령)을 부어주신다고 말씀하고 있다. 따라서 먼저 믿음을 갖게 된 우리는 후세들에게 성경을 통해 하나님에 대한 믿음을 심어주고 또 잘 가르쳐서, 말세의 위기가 닥쳐와도 미래를 바라보고 통찰할 수 있는 예언의 능력과 비전과 꿈을 가지며 스스로 미래를 잘 개척해나갈 뿐만 아니라 우리나라(한국)뿐만 아니라 모든 인류를 구원할 수 있는 능력을 길러주어야 할 것이다.

미래의 비전을 개척해나가는 방법은 성경에서 찾을 수 있다. 강대국들에 둘러싸여서 수천 년 동안이나 약소국으로 살아온 이스라엘이 멸망하지 않고 오늘의 소강국(小强[康]國)을 개척하여 굳건하게 지켜온 것은, 이스라엘 민족이 이웃 강대국에 조공을 바치며 온갖 고통과 고난을 겪으면서 노예로 힘들게 살아온 역사와 그 고통을 당할 때마다 하나님으로부터 받은 말씀을 성경에 기록해두고, 지도자와 백성들이 매일같이 읽고 하나님께 기도하고 반성하면서 각오를 새롭게 다지고 있기 때문이다.

우리는 이스라엘이 작은 나라로서 강대국들 사이에서 살아남은 역사적 교훈을 반드시 배워야 할 것이다. 그러기 위해서는 먼저 그들의 역사와 족보와 함께 하나님의 말씀이 기록된 성경을 읽고, 그들이 온갖 난관을 딛고 비전을 찾아낸 그들의 성경을 우리의 족보와 성경으로 삼아 앞으로 더 밝은 미래를 향해 하나님의 나라를 더욱 튼튼하게 만들어가야 할 것이다.

성경에 기록된 바와 같이 하나님이 자신의 영을 우리와 우리 후손들의 육체에 가득 부어주실 것을 믿고, 또 그 믿음을 우리 후세들에게 심어주어 후세들이 스스로 더욱 훌륭한 미래를 개척해나갈 수 있도록 잘 교육하고, 리더십과 창의 능력과 개척정신과 도전정신을 모두 잘 가르쳐 주면서 항상 그들을 위해 기도해야 할 것이다.

우리가 도달할 곳은 하나님이 다스리는 '스마트 코리아(Smart Korea)[163]' 인 것이다.

2) 분단된 한국이 이스라엘에서 배워야 할 것은 또 무엇이 있는가?

성경과 핵무기를 보유하고 기독교 강대국 미국과 동맹을 강화하고 있는 이스라엘!

우리 대한민국보다 더 작은 나라 이스라엘을 보라! 이스라엘은 이웃하고 있는 주변국들이 모두 역사적 · 종교적으로 적대적인 나라들이며, 국경이 모두 적국으로 둘러싸여 있어서 일촉즉발의 위험에 처해있으며, 수시로 전쟁과 테러가 발생하고 있다.

이를 극복하고 생존하기 위해서 이스라엘은 그들의 창의력과 단결력을 성경에서 찾고 의지하면서 끊임없이 신무기와 핵무기를 개발하여 보유하고, 초강대국인 미국과의 동맹관계를 철저히 유지하고 있어서 주변의 적대적인 나라들로부터 나라를 안전하게 지킬 수 있는 것이다.

우리 대한민국 역시 비록 작은 나라이지만, 이스라엘처럼 경제력과 군사력을 튼튼히 하고, 최강국이며 기독교국인 미국과의 안보 동맹을 굳건히 유지하면서 공산주의 세력을 이겨내고, 우리와 후세들이 영원히 자유민주주의를 누리며 살아갈 수 있도록 항상 안전을 위해 빈틈없이 대책을 세우고, 또한

---

163) 한국처럼 비록 작은 나라이지만 하나님을 믿고 의지함으로써 하나님으로부터 능력을 받아 강한 국력과 높은 국격을 달성하여, 모범적인 자유민주주의를 지향 · 실천하는 이상적인 세계 최고의 나라를 '스마트 코리아'라고 말한다.

후세들을 위해 리더들과 비저너리(Visionaries)들을 잘 기르고 가르쳐야 할 것이다.

3) 새로운 종교개혁을 요구하고 있는 코로나 19 팬데믹

2020년 초에 중국에서 시작된 코로나19(COVID-19)가 전 세계로 급속도로 전파되고 있다. 또 그 전파력이 엄청나게 강하며, 기세가 좀처럼 꺾이지 않고, 또한 여러 가지 변종을 계속 만들어내면서 전 세계에 팬데믹(Pandemic)'으로 계속 번져나가고 있다. 이에 대해 많은 사람은 지금까지 인간들이 지은 너무나 많은 죄로 인해서 하늘이 내리는 종말적인 징벌이 아닌가 하고 불안해하고 있다.

우리 인류는 이 문제에 대해서 지금까지 개척하여 발명 · 발견해놓은 모든 지식을 동원하여 대책을 세우는 것이 필요하지만, 많은 사람이 우려하는 바와 같이 인간이 지은 모든 죄로 인하여, 하늘이 내리는 징벌이라는 견해에 대해서도 깊이 생각하고 하나님께 회개하며 성경 말씀에 따라 올바르게 살아가야 할 것이다.

지금처럼 코로나19가 계속해서 세계적으로 번지고 있는 펜데믹 시대에 교인들이 한자리에 함께 모여서 예배를 드리는 것은 매우 우려되는 일임에는 틀림이 없다.

이를 해결하기 위해서, 모든 과학 · 의학 · 기술과 IT 기술 등 모든 기술을 총동원하여 비대면(온라인) 예배 방법을 적극적으로 개발해나가는 것은 물론, 전혀 새롭고 혁신적인 방법에 대해서도 생각하고 연구·개발해야 할 것이다. 하나님과의 관계인 신앙 문제는 잠시도 멈출 수 없는 절박하고도 중대한 문제이기 때문이다.

과거 루터와 같은 종교개혁자들이 어떠한 방법으로 종교개혁을 했으며, 믿음의 선배들이 위기에 어떻게 대처했는지를 생각해보아야 할 것이다. 우리는 반드시 이 코로나19의 위기를 새로운 종교개혁의 의지로 대처해나가야 할 것이다. 바로 이때를 기하여 하나님이 진정으로 우리에게 바라는 것이 무엇인가를 생각하면서, 또 쉬지 않고 기도하며, 성경에서 그 방법을 찾으면서 하나님의 말씀에 귀를 기울여야 할 것이다.

9.6 인류의 미래를 위한 세계의 기독교(복음)화는 한국이 주도해야 할 것이다!

알렉산더 대왕의 영향으로 헬라어(그리스어)로 통일된 헬레니즘 문명의 세계로 헬라어 성경을 통해 기독교가 전파되고, 또다시 기독교는 라틴어로 통일된 로마 세계로 라틴어 성경을 통해 퍼져나갔다. 이어서 종교개혁 시대에 성경이 영어로 번역되면서 세계 공통어가 된 영어를 따라서 전 세계로 영어 성경을 통해서 기독교가 전 세계로 퍼져나가게 되었다. 그러나 현재 기독교는 민주주의 세계에만 머물러 있고 전체주의 · 공산주의 세계로 넘어가지 못하고 있지만, 앞으로 세계에서 가장 배우기 쉬운 한글을 통해 이념을 넘어 전 세계에 기독교가 전파되는 날이 오게 될 것이다.

마케도니아의 알렉산더(BC 356~323) 대왕이 당시 지중해 지역을 통일하여 헬레니즘(Hellenism) 문화권으로 만들자, 그 지역에 헬라어(그리스어)가 공용어로 사용하게 되고, 헬라어로 된 성경을 통해 기독교가 지중해의 헬레니즘 세계로 전파되었다.

이와 함께 위대한 헬라인(그리스인)들의 영향으로 그리스(헬라)에서 발달한 헬레니즘 문화와 민주주의가 헬레니즘 문화권 전체로 퍼져나가게 되었다.

그 이후에 로마제국의 세력이 확대되면서 헬라(그리스)를 합병하고 라틴어가 공용어가 되면서 성경이 라틴어로 번역되고 이 라틴어 성경을 따라서 기독교가 로마제국 전체로 전파되었다. 더욱이 로마가 로마제국의 통치를 위해 도로망을 확대하여 건설하게 되자 기독교는 이 도로망을 따라서 기독교는 성경과 함께 더욱 빠르게 널리 전파되었던 것이다.

이후 종교개혁을 겪게 되고, 영국에서는 위클리프(John Wycliffe, 1320~1384)와 틴데일(William Tyndale, 1494~1536)이 라틴어 성경을 영어로 번역하고, 영국이 세계를 지배하게 되는 대영제국의 시대를 맞게 되자, 영어가 전 세계로 급속도로 전파되면서 널리 보급된 영어 성경을 통해서 기독교가 영어를 사용하는 전 세계로 더욱 퍼져나갔던 것이다.

이렇게 볼 때, 기독교는 알렉산더 대왕이 지배한 헬레니즘 문화의 영역인 지중해를 넘어 로마제국을 거쳐서 다시 영국과 미국을 통해, 전 세계로 펴져 나가게 된 것을 알 수 있다. 그리고 여기에는 항상 창의적이며 용감한 사람과 언어의 힘이 작용하여 그 시대의 문화를 열었으며, 그 문화의 힘을 통해 기독교가 전파된 것을 또한 알 수 있는 것이다.

이렇게 하여 마침내 한국에까지 기독교가 들어오게 되었다. 우리나라에는 1866년 영국의 토마스(Robert J. Thomas, 1840~1866년) 선교가 들어와서 한문으로 된 성경책을 전하고 순교한 것이 한국 기독교 역사에서 매우 중요한 사건이 되었다고 볼 수 있을 것이다. 또한 영국 존 로스(John Ross, 1842~1915) 선교사는 1886년에 성경을 한글로 번역하여 전한 것이 한국의 기독교 전도에 큰 역할을 하였다.

이 사건들을 시작으로 하여 한국에 기독교가 뿌리를 내리게 되었으며, 그 후에 많은 영 · 미의 선교사들이 한국에 들어와서 한국이 일제 침략과 6.25 한국전쟁의 고통과 시련을 겪는 중에 한국의 독립과 자유민주주의 국가로 등장하게 되는 데 큰 도움을 주는 역할을 하게 된 것이다.

한국이 동북아시아에서 유일하게 기독교국이 된 데에는 한국인의 창의적인 능력으로 만들어낸 한글의 매우 중요한 역할이 있었기 때문이다. 즉, 한국인의 창의 능력과 거기에서 나온 한글 덕분이라고 볼 수 있다. 쉬운 한글과 한국인의 창의적이면서 빠르고 민첩한 성격이 결합하여 만들어내는 한국적인 문화가 기독교를 세계 구석구석까지 전파하게 될 것이며 전체주의·공산주의 나라 모두에게 기독교의 영향으로 자유와 번영을 누릴 수 있게 할 것이라고 믿어진다. 실제로 기독교가 들어오기 전에 한국은 자유와 번영을 누릴 수 없었던 것을 생각해보면 이것을 미리 알 수 있는 것이다. 더구나 오늘날은 인터넷과 디지털 기술이 긴밀하게 연결된 시대이므로 여기에 가장 잘 맞는 한글을 사용하고 있는 한국인이 인터넷과 디지털 환경에 가장 적합한 민족이라고 생각된다.

따라서 성경은 물론 모든 기독교 서적을 세계에서 가장 배우기 쉽고 디지털 시대에 가장 적합한 한글을 사용하여 만들어서 세계 각국에 보급해주고 기독교를 전파한다면, 지구상의 모든 민족을 기독교화 하는 것은 시간문제일 것이다.

새로 형성되는 K-Pop 등 한국 문화와 함께 세계로 전파되는 기독교

지중해 지역에서 기독교가 전파될 때 그리스에서는 그리스 문화와 문명이 꽃피우고 있었다. 민주주의도 그리스에서 가장 먼저 나타났다. 마케도니아의 알렉산더 대왕이 그리스를 중심으로 지중해 지역을 통일하고 이룩한 문명을 그리스 문명, 즉 헬레니즘(Hellenism)이라 하는데, 이 그리스가 꽃피운 헬레니즘 문명과 문화가 알렉산더 대왕의 정치적 군사적 세력을 힘입어서 기독교가 지중해를 넘어까지 전해지게 되었다.

그 후에 기독교는 로마제국의 정치적 군사적 세력을 힘입어서 로마제국의 문화와 문명을 따라서 로마제국의 지배를 받는 넓은 영역으로 확장되었다.

그 후 기독교는 과학의 발달과 함께 지리상의 발견과 종교개혁에 힘입어 영국을 중심으로 하는 유럽의 영향력이 신대륙 미국의 힘과 정치적·군사적·문화적 영향, 그리고 영어와 영어 문학, 즉 영어와 결합하여 영미문학을 힘입어서 기독교가 전 세계로 더 널리 전파되었다고 볼 수 있다.

오늘날 특히 한국 대중가요와 한국 드라마가 해외에서 인기를 얻는 등 한국 문화가 한국으로부터 먼 다른 나라로 전파되고, 외국에서도 한국 문화와 한국어와 한글에 대한 관심이 높아지게 되고, 한국의 문화와 예술이 해외로 널리 퍼져나가고 있으며, 이에 따라 한국 선교사들에 의한 해외 선교 활동도 활발해지고 있으며, 이것 역시 한국에 대한 하나님의 사랑과 은혜 때문일 것이다.

9.7 한국의 기독교와 한글

알렉산더 대왕의 영향으로 헬라어(그리스어)로 통일된 헬레니즘 문명의 세계로 헬라어 성경을 통해 기독교가 전파되고, 또다시 기독교는 라틴어로 통일된 로마 세계로 라틴어 성경을 통해 퍼져나갔다. 이어서 종교개혁 시대에 성경이 영어로 번역되면서 세계 공통어가 된 영어를 따라서 전 세계로 영어 성경을 통해서 기독교가 전 세계로 퍼져나가게 되었다. 그러나 현재 기독교는 민주주의 세계에만 머물러 있고 전체주의 · 공산주의 세계로 넘어가지 못하고 있지만, 앞으로 세계에서 가장 배우기 쉬운 한글을 통해 이념을 넘어 전 세계에 기독교가 전파되는 날이 오게 될 것이다.

한국의 발전과 기독교, 그리고 한국인의 창의성

한국의 놀라운 발전은 1945년 일제로부터의 해방과 1948년 대한민국 정부가 수립된 이후 1958년 한글전용이 시행된 때부터이다.

실제로 한글이 발명(세종 25년, 1443년)되고 반포된 것은 1446년이지만, 중국에 대한 사대주의로 한글보다는 한자를 우선적으로 사용해 왔다. 그리고 일제 침략 때 또다시 우리말과 한글 사용을 금지 당하였으며, 한글 반포 423년 후인 1945년 우리나라가 일제에서 해방되고, 대한민국 정부가 1948년에 수립되어 10년이 지난 1958년 1월부터 '한글전용 실천 요강'이 시행되어 공문서는 반드시 한글로 쓰게 되면서부터 실질적으로 한글전용이 이루어지게 되었고, 1960년 4.19혁명, 1961년 5.16군사혁명이 일어나자 박정희 대통령은 경제개발 계획을 발표하고 '조국 근대화'의 길을 열고, 특히 한글 전용을 강력하게 시행하였다.

이때부터 한국은 대기업을 중심으로 경제부흥을 이루면서 매년 10% 이상의 경제 성장을 달성하게 되고 마침내 세계 10위의 경제 대국을 이루어나가게 된 것이다.

이어서 1980년대에 접어들면서 민주화 운동이 일어나고 대한민국은 조국 근대화와 민주화를 달성하여 세계의 중심에 우뚝 서게 되었다.

한국의 공업화와 민주화를 달성하게 된 배경에는 기독교의 전파와 한글전용이 매우 큰 역할을 하게 되었다.

(1) 기독교와 한글

한국을 개화하고 한국의 독립운동을 이끈 한글과 기독교

일본의 한글 정책과 한글 성경 번역 과정 이야기[164)]

1446 세종대왕 한글 반포→양반·조정대신의 한문중심·사대주의로 한글 사용 억제→일본강점기(1910~1945): 조선(한국)문화·한글말살정책·일본어보급→조선총독부: 한글사용금지(1938년 4월 조선교육령〈한글사용 완전 금지-학교에서 한글사용 완전금지·한글과목 폐지·일본어사용의무화논문작성 일본어로·일본어를 국어로 가르침·창씨개명〉)→이에 대한 놀라운 반전: 하나님이 우리 민족을 위하여 준비시키고 계심: 외국 선교사들의 기독교 복음 선교를 위하여 한글로 된 성경을 번역하게 하심(영국의 존로스 선교사가 처음으로 한글 성경 번역)·조선의 문화와 언어를 잃지 않도록 하기 위해 기독교의 성경을 통한 한글 보급→일제에 저항하는 독립운동의 하나로 인식하고 적극적으로 동참·기독교 선교와 한글 보급이 독립운동의 한 축으로 일제 저항운동으로 진행됨

1446년 세종대왕이 한글을 창제하여 세상에 반포하였다. 그러나 한문을 중심으로 출세 가도를 달렸던 양반들과 조정 대신들의 반대로 한글의 보급은 지지부진하였다.

설상가상으로 일본의 침략으로 그들은 당연히 조선 문화 말살과 한글 말살 정책을 추진했고 일본어를 보급하려 했다.

---

164) 영국 선교사 존 로스의 최초 한글 성경! 한글 보급의 일등 공신이었다! : 네이버 블로그 (naver.com) https://m.blog.naver.com/hospiceok/222526375706

1905년에 을사조약(늑약)[165]이 체결되고, 1910년 8월 22일 대한제국과 일본 사이에 합병조약(合倂條約)이 강제로 체결된 이후, 8월 29일 한일병합조약이 공포되면서 대한제국은 국권을 상실하는 경술국치(庚戌國恥)를 당한다. 이렇게 하여 조선(대한제국)은 일본의 식민지로 전락하고, 1920년 조선총독부에서 일본어 대역인 <조선어사전>을 편찬, 발행을 한 것도 일본어를 조선에 보급하기 위한 그들의 공작이었다.

조선총독부는 1938년 4월에 조선교육령을 발표하고 한글사용을 완전히 금지했다. 학교에서는 일본어 사용이 의무화됐고 한글 과목도 폐지했다. 논문작성도 일본어로만 하게 했다. 그 당시의 세대들은 창씨개명은 물론, 일본어를 국어로 배웠다.

(2) 기독교 선교와 한글 보급이 독립운동의 한 축으로 연결되어 있었다.

이대로 역사가 흘러갔으면 조선에서 한글은 그 수명을 다하고 완전히 끝났을 것이다. 그런데 우리 하나님께서는 이 민족을 위하여 놀라운 반전을 기회를 준비하고 계셨던 것이다. 그것은 바로 외국 선교사들로 하여금 한국에 기독교 복음을 전하기 위하여 영어 성경을 한글로 번역하게 하여 한글로 된 성경을 만들게 하셨다. 아울러 조선(한국) 내에서는 조선의 문화와 언어를 잃지 않기 위한 몸부림으로 기독교의 성경을 통한 한글 보급이 일제에 저항하는 독립운동의 하나로 인식하고 기독교인들이 적극적으로 동참했던 것이다.

즉 기독교 선교와 한글 보급이 독립운동의 한 축으로 연결되는 운동이 진행되고 있었다. 이 기독교 선교와 한글 보급 운동은 자연스럽게 일본에 대한 저항운동으로서 함께 전개되었다.

외국 선교사들이 조선에 성경을 보급하려면 조선말인 한글을 사용하지 않을 수 없었다. 한글로 된 성경을 만드는 일이 우선 되어야만 조선 사람들에게

165) 을사조약(乙巳條約, 1905년 11월 17일)은 일제가 대한제국의 외교권을 박탈하기 위해 강제로 체결한 조약이다. 대한제국의 외부대신 박제순과 일본 제국의 주한 공사 하야시 곤스케에 의해 체결되었다. 불평등 조약임을 강조하기 위해 을사늑약(乙巳勒約)으로도 불린다.

복음을 전하고 가르칠 수 있었기 때문이었다.

그림 25. 한글 보급에 앞장섰던 조선어학회 한글 학자들[166)]

조선 내 한글 학자들은 선교사들에 의한 한글 성경 번역과 보급이야말로 한글을 보존하고 보급할 수 있는 절호의 기회로 보고 함께 협력하기 시작했다(그림 25). 그것을 독립운동의 한 축으로 이해한 것이었다. 한글을 보급하고 익히게 하는 것이야말로 조선의 얼과 정신을 지키는 것으로 생각했다.

개신교 선교사로 한국에 처음 들어온 독일의 귀츨라프(K. Gützlaff) 목사와 로스 선교사[167)]

> 개신교 선교사로 우리나라에 처음 들어온 독일 출신 귀츨라프(K. Gützlaff) 목사, 그는 1832년(순조 32년) 7월 한국 서해안 고대도 섬에 상륙하여, 한 달간 머물면서 그곳 선비의 도움을 받아 주기도문을 우리말로 번역하고 감자 심는 법, 포도주 만드는 법을 그곳 주민들에게 가르쳐 주고 떠났다.

"태초에 말씀이 계시니라..." (요한 1:1)

이 말씀으로 그리스도의 이야기는 시작된다. 말씀의 기록이 성경이다. 성경은 그리스도를 증언하고 그리스도는 성경을 완성하셨다. 기독교 역사를 성경과 떼어놓고 생각할 수 없다. 성경이 새로운 언어로 번역될 때마다 세상이

166) 영국 선교사 존 로스의 최초 한글 성경! 한글 보급의 일등 공신이었다! : 네이버 블로그 (naver.com) https://m.blog.naver.com/hospiceok/222526375706
167) https://blog.naver.com/ugiandyoung6/222293524516

바뀌었다. 헬라어에서 라틴어로 옮겨지면서 어거스틴의 중세기가 시작되었다. 라틴어에서 영어와 불어, 독일어로 옮겨지면서 종교개혁의 시대가 열렸다. 그것은 한국 교회 역사에서도 마찬가지였다. 무엇보다 성경은 한국기독교 선교의 문을 여는 열쇠였다.

개신교 선교사로 한국에 처음 들어온 독일의 귀츨라프(K. Gützlaff) 목사

중국 개척선교사 모리슨이 번역한 한문 성경

개신교 선교사로 우리나라에 처음 들어온 사람은 독일 출신 귀츨라프(K. Gützlaff) 목사다. 그는 1832년(순조 32년) 7월에 내한해서 서해안 고대도 섬에 상륙하여, 한 달간 머물면서 그곳 선비의 도움을 받아 주기도문을 우리말로 번역하고 감자 심는 법, 포도주 만드는 법을 그곳 주민들에게 가르쳐 주고 떠났다. 그런데 그는 동인도회사 소속 로드암허스트호를 타고 왔다. 동인도회사라면 19세기 아시아인들의 자존심에 깊은 상처를 준 아편전쟁을 떠올린다. 아시아에서 자행된 '대영제국'의 경제 · 정치적 침략의 현장엔 동인도회사가 있었고 그 회사 소속 선박에 길 안내 겸 통역으로 함께 탄 선교사들의 모습도 종종 보였다. 조선과 교역을 터볼 요량으로 서해안에 나타난 로드암허스트호에 동승한 귀츨라프의 역할도 그런 것이었다. 그러나 교역 요구에 대한 조선 정부의 거절로 로드암허스트호가 떠나면서 귀츨라프의 역할도 끝났다. 중국 개척선교사 모리슨이 번역한 한문 성경을 뿌릴 기회도 얻지 못했다.

다음으로 1866년(고종 3년) 8월, 영국인 토마스(R. J. Thomas) 선교사가 대동강을 거슬러 평양에 나타났다. 그가 타고 온 배는 미국 프레스톤무역회사 소속 제너럴셔먼호였고 그 역시 그 배의 길 안내 겸 통역이었다. 그러나 남의 땅 깊숙한 곳까지 들어온 미국 배는 안하무인격으로 평양 사람들의 인내심을 자극했고 결과적으로 쌍방간에 무력 충돌이 빚어져 배에 타고 있던 승무원들이 모두 희생되었다. 토마스도 그때 조선 사람들에게 전도하다가 장

렬하게 '순교'했다는 이야기가 전해지고 있다. 제네럴셔먼호가 불타는 것으로 토마스 선교사의 역할도 끝났다. 이때 중국 선교사 윌리암슨이 마련해준 한 상자 분량의 한문 성경이 이때 전해졌으나 대부분 불타 없어졌다.

귀츨라프나 토마스의 선교 시도가 실패로 끝났다는 아쉬움이 없는 것은 아니다. 이 두 사람에게 미지의 나라 조선에 복음을 전하려는 순수한 선교적 동기가 있었음은 물론이다. 이들에게 조선 여행은 순교를 각오한 여행이었고 토마스는 실제로 그 길을 갔다. 이들의 선교가 성공했더라면 한국 개신교 역사는 그만큼 빨라졌을 것이다. 그러나 그들의 선교 시도가 실패로 끝난 것이 아쉽지만은 않다. 그것은 그들이 타고 온 배의 성격 때문이다. 귀츨라프를 태워 온 로드암허스트호나 토마스가 타고 온 제네럴셔먼호나 아시아인들에겐 달갑지 않은 '이양선'(異樣船)[168]이었다. 정치적 · 경제적 침략의 선봉에 섰던 이양선으로 한국인의 마음을 열기는 어려웠다.

이같이 '서세동점'(西勢東漸)[169] 과정에서 연출된 선교사들의 조선 접근이 성공했더라면 한국 개신교 역사와 그로 인해 형성된 기독교의 성격은 크게 달라졌을 것이다. 그것은 서구 제국주의 국가들의 식민지 확장 과정에서 기독교 선교가 이루어진 동남아시아와 제3세계 국가 교회들이 처한 오늘의 형편을 보면 잘 드러난다. 힘에 밀려 항구를 개방하고 상인과 군인을 받아들인 나라들은 하나같이 긴 인고의 세월을 겪어야 했다. 그런 침략에 길 안내자로 동원되었던 선교사들에 의해 해석된 기독교 복음은 언제나 강자의 복음이었다. 그런 복음은 출세 지향적이고 자본주의적인 기독교인을 배출하는 데는 효과가 있지만 약자를 위한 사랑의 봉사자를 길러내는 데는 한계가 있다. 힘으로 여인의 몸을 정복할 수는 있어도 그 마음은 얻을 수 없듯 무력으로 항구는 열 수 있어도 그 땅의 사람들의 마음의 문은 열 수 없다. 돈과 힘을 앞세운 선교의 결과는 늘 그러하다.

---

168) 이양선(異樣船)이란 조선 후기에 조선 연안 지역에 출몰했던 정체불명의 배들을 가리키는 표현이다. 모양이 동양 세계의 배와 달리 특이한 모양이라 하여 이양선이란 이름이 붙여졌다.

169) 서양 세력이 동양의 세력 범위에 점차 침투하여 정치·경제·문화 등 여러 부문을 지배하거나, 또는 그러한 시대적 흐름이나 경향을 말한다.

고려문(高麗門)

1866년 토마스 선교사가 한문 성경을 전하고 순교한 8년 후, 1874년 만주에서 활동하고 있던 스코틀랜드 연합장로교 선교사 로스(J. Ross)가 고려문을 방문하였다. '고려문'(高麗門)은 봉천(지금의 심양) 아래 봉황성 근처에 있는 조그만 마을 이름인데 이곳에서 한·중 양국 상인들의 무역이 이루어지고 있었다. 로스 선교사는 이곳에서 한국인들을 처음 만나 전도하였다. 의주에서 건너온 상인들이었다. 그러나 장사꾼들의 관심은 로스가 전하는 말보다는 그가 입고 있는 양복 옷감에 있었다. 그래서 방법을 바꾸었다. 상인들의 환심을 살 수 있는 '양초'를 한 자루씩 주면서 한문 성경책도 나눠주었다. 그리고 그 자신 한국어를 배워 성경을 한글로 번역하기로 하고 한국어 선생을 찾았다. 그리하여 1876년 두 번째 고려문 방문길에 한국어 선생 이응찬(李應贊)을 만날 수 있었다.

이응찬 역시 압록강을 건너다니면서 장사하던 의주 사람이었다. 그런데 한 번은 인삼을 사서 압록강을 건너가다가 배가 뒤집히는 바람에 전 재산을 날려 버렸다. '빈털터리'가 된 이응찬이 만주 땅에서 하릴없이 시간을 보내던 중 로스의 중국인 조수를 통해 로스를 소개받았다. 이응찬은 '밤중에' 로스를 찾아가 만났고 "기독교를 강요하지 않는다."라는 조건으로 로스의 제안을 받아들이기로 했다. 그때부터 로스는 이응찬에게 한국어를 배웠고 불과 1년 만에 영어로 한국어 문법책을 저술할 만큼 발전을 보였다.

1년 만에 한국어를 어느 정도 할 수 있게 된 로스는 성경을 번역하는 일에 착수했다. 이응찬도 계속해서 '돈을 받고' 성경 번역하는 일에 참여하였다. 2년 후인 1879년, 4 복음서와 사도행전의 번역 초고가 완성되었다. 로스는 이 원고를 들고 본국으로 들어가 인쇄기 모금 운동을 벌였다. 그 사이 로스의 매제 되는 매킨타이어(J. McIntyre)가 일을 맡아 보았다. 그때 의주에서 백홍준이란 20대 청년이 그를 찾아와 세례를 받고 돌아갔다. 그는 3년 전 로스가 나눠준 '양초'와 함께 성경을 가져갔던 의주 상인의 아들이었다. 종교 문제에 관심이 많았던 백홍준은 아버지가 갖고 온 한문 성경을 혼자 읽으면서 공부하던 중 그 속에서 진리를 발견하고 마음의 결심을 한 후 압록강을 건너와 세례를 받고 돌아갔다. 백홍준의 세례에 자극받은 이응찬이 결심하고 세례를 받겠다고 했다. 선교사를 만난 지 3년 만이었다. 같은 해 두 사람이 더 세례를 받았다. 이들이 한국 개신교 최초 세례자들이 되었다.

열린 문

이렇게 만주에서 개종자들이 나오는 것과 때를 같이하여 로스와 매킨타이어, 이응찬·김진기·최성균·이성하·이익세·서상륜·김청송 등 의주 출신들이 번역한 한글 쪽 복음[170]들이 인쇄되어 나오기 시작했다. 1882년 봉천에서 요한복음과 누가복음이 처음으로 인쇄되어 나왔다. 그해, 한국은 미국과 통상조약을 맺었다. 그 소식을 들은 로스는 이런 말을 남겼다.

"최초 한글 성서 발행이 한미조약 체결과 거의 동시에 이루어졌다는 것은 하나님의 섭리다. 완고한 '고려문'이 '열린 문'이 되면 곧바로 복음이 이 민족 안으로 들어갈 것이다."

그리고 예언대로 되었다. 만주에서 인쇄된 성경들은 백홍준·서상륜·최성균 같은 매서인[171]을 통해 국내에 유입되었다. '고려문'을 통해 들어온 성경은 '불온문서'(?)처럼 유통되며 '새로운 도'에 관심 있는 사람들 사이에 은밀하게 읽혔다. 그 결과 의주와 소래, 서울 지역에서 1백여 명에 가까운 개종자들이 세례를 받겠다는 의사를 표시하였다. 이처럼 세례 지원자들이 기다리고 있는 상황에서 선교사들이 들어오게 되었으니 서세동점(西勢東漸)[172]의 폭력에 굳게 닫혔던 문을 연 것은 성경이었다.

"하나님이 우리에게 전도의 문을 열어주셔서 그리스도의 비밀을 말할 수 있도록 우리를 위해 기도해주십시오(골 4:3)."

---

170) 66권으로 된 성경 전체를 수록한 것이 아니라 4 복음서 또는 그중에 한두 복음서를 묶은 것이나 복음서의 내용 중에 일부분을 발췌하여 편집해서 책으로 만든 변형본 성경을 말한다.

171) 매서(인), 권서(인): 기독교에서 돌아다니며 전도하고 책을 파는 사람.

172) 서양 세력이 동양의 세력 범위에 점차 침투하여 정치·경제·문화 등 여러 부문을 지배하거나, 또는 그러한 시대적 흐름이나 경향을 말한다.

존 로스(John Ross) 선교사를 통한 최초의 한글 성경 번역 이야기

1880년 프랑스 선교사에 의한 <한불자전>, 1890년 미국 언더우드 선교사에 의한 <한영자전-일본 요코하마(橫浜, 횡빈)에서 출간>, 1897년 영국 선교사 게일(Gale)에 의한 <한영자전-일본 요코하마(橫浜, 횡빈)에서 출간>을 통해 한글 성경이 번역되기 시작했다.

지금 여기서 이야기하려는 것은 이보다 훨씬 앞서서 중국에 선교사로 나와 있던 영국의 선교사 존 로스(John Ross)의 한글 성경 번역과정을 밝히고자 한다.

존 로스의 성경 번역 사업은 1884년 아펜젤러와 언더우드 선교사에 의해서 한국에 기독교가 공식적으로 들어온 때 보다 10년이나 앞선 1874년부터 준비하며 진행된 놀라운 사건이다.

(3) 토마스 선교사가 최초의 한문 성경을 한국에 전달하고 순교하다!

1866년 9월 5일 대동강변에서 순교한 토마스[173](Robert J. Thomas, 1839~1866)(그림 26) 선교사가 죽어가면서 전해준 성경책은 한문 성경이었다.

한문으로 된 성경책은 극소수의 양반계급 식자층 사람들만 이해할 수 있는 언어였다. 따라서 기독교가 쉽게 전파되기엔 어려운 부분이 많았다.

그림 26. 한문 성경을 전하고 순교한 토마스 선교사

173) '조선을 향한 마지막 기도' - 토마스 선교사 - 디사이플 (mdisciple.com) https://www.mdisciple.com/ArticleView.asp?AID=8183

(4) 최초의 한글 성경을 번역한 영국 존 로스(John Ross) 선교사

한글로 된 성경이 절실하게 필요로 할 때 영국인으로서 중국에 선교사로 나와 있던 존 로스(그림 27)가 1877년부터 한글로 된 책과 성경을 번역하기 시작했다. 이것은 기독교 선교와 한글 보존과 보급에 아주 중요한 사건이다.

존 로스(John Ross, 1842~1915)와 그의 매제되는 매킨타이어(John Macintyre)는 영국 스코틀랜드 연합장로교회의 선교사들이었다. 연합장로교회는 1862년부터 중국선교를 개시했고, 1871년부터는 산동반도를 선교지로 삼았다. 매킨타이어와 존 로스는 1872년 차례대로 중국에 선교사로 파송됐다.

이듬해인 1873년 로스는 스코틀랜드 성서공회의 윌리암슨 선교사로부터 토마스 목사가 평양 대동강에서 순교한 소식을 들었다. 두 선배의 한국선교 열의에 감동한 로스는 조선에 복음을 전하겠다는 결심을 하게 된다.

그림 27. 영국 존 로스(John Ross, 1842~1915) 선교사[174)]

1874년 10월 9일, 존 로스 선교사(그림 27)는 복음을 전하기 위해 당시 청국과 조선국의 국경이자 양국 사이의 합법적인 교역이 이루어지던 고려문[175)]으로 갔다. 그곳에서 한국 상인들과 접촉하는 것은 성공했지만, 그들에게 복음을 전하기란 쉬운 일이 아니었다. 한국 상인들은 로스가 전하는 복음보다는 그가 입은 옷의 옷감에만 관심을 가졌다. 실망하는 로스에게 50대의

174) 영국 선교사 존 로스의 최초 한글 성경! 한글 보급의 일등 공신이었다! : 네이버 블로그 (naver.com) https://m.blog.naver.com/hospiceok/222526375706

175) 고려문(高麗門)은 봉천(지금의 심양) 아래 봉황성 근처에 있는 조그만 마을 이름인데 이곳에서 한·중 양국 상인들의 무역이 이루어지고 있었다. 로스는 이곳에서 한국인들을 처음 만나 전도하였다.

한국 남자 상인이 찾아왔다. 로스 선교사는 그 상인에게 한국정세 및 한국인 발음법 등을 배웠고, 헤어지기 전에 그에게 한문 신약성경을 건네줬다.

로스는 고려문의 이용 가치를 확인한 뒤, 한글 성경 번역 계획을 세웠다. 1876년 3월, 강화도 조약으로 한국 문호개방 소식을 들은 로스는 다시 고려문을 찾았고, 의주 상인 이응찬을 만났다. 그는 이응찬을 따라 봉천으로 들어와 한국어 공부를 시작했다.

1877년 로스는 'Corean Primer'를 발간했는데 이 책은 훗날 한국 선교사들을 위한 교재의 역할을 했다. 이후 로스는 이응찬과 한두 명의 한국인과 함께 성경 번역을 시작했다. 1878년 봄까지 요한복음과 마가복음을 번역했지만, 이응찬이 의주로 돌아가는 바람에 번역은 잠시 중단됐다.

그러나 로스는 매킨타이어의 소개로 서상륜을 만났고, 그와 함께 요한복음, 마가복음, 누가복음의 번역을 계속했다.

(5) 존 로스의 한글 성경 번역과정

한글 성경의 번역과정은 준비기간을 거쳐 1877년부터 1886년까지 무려 10년간 이어졌다. 이 과정은 존 로스와 매킨타이어에 의해서 진행되었는데 번역자, 번역 초고, 번역내용 등을 고려하면 다음 네 시기로 나눌 수 있다.

단계	연도	번역진척	주요 내용
1단계	1874~1877	번역단계 (한국어 공부)	존로스가 이응찬을 만남 (Corean Primer 발간)
2단계	1877~1879	번역 초기	요한복음 번역 착수 (마가복음 번역시작)
3단계	1879~1881	번역 수정기	매킨타이어가 주도 (존 로스의 영국 안식년)
4단계	1881~1886	완성기	'예수셩교젼셔'가 완역됨 (존 로스 영국서 귀국)

(1단계 번역단계): 로스가 이응찬을 만난 1874년 가을부터 'Corean Primer'가 출판되는 1877년 여름까지

(2단계 초역기): 1877년 여름 요한복음 번역이 이응찬으로 인해 착수된

때부터 1879년 4월 로스가 영국으로 안식년 휴가를 떠나기까지

(3단계 번역 진척 및 수정기): 1879년 5월부터 1881년 5월까지 2년에 걸친 로스의 휴가 기간 중 매킨타이어 선교사가 주도로 번역이 진척 및 수정.

(4단계 완성기): 로스가 귀국한 1881년 6월부터 1886년 가을 '예수셩교젼셔'가 완역되는 시기로 나눌 수 있다.

안식년을 마친 존 로스 선교사는 스코틀랜드 성서공회의 지원으로, 일본 요코하마에서 주조한 35,563개의 음절별 한글 연활자를 받았다. 인쇄기도 상해에서 구입했으며, 2명의 중국인 인쇄공과 서간도 출신의 매약상 김청송을 식자공으로 채용했다.

1881년 9월, 로스는 성경을 인쇄하기 전 소책자 '예수셩교문답'과 '예수셩교요령'을 시험 인쇄하기로 했다. 한글로 인쇄된 최초의 기독교 문서인 두 권의 소책자는 각각 수천 권이 인쇄됐고, 만주와 일본을 거쳐 한국에 반포됐다.

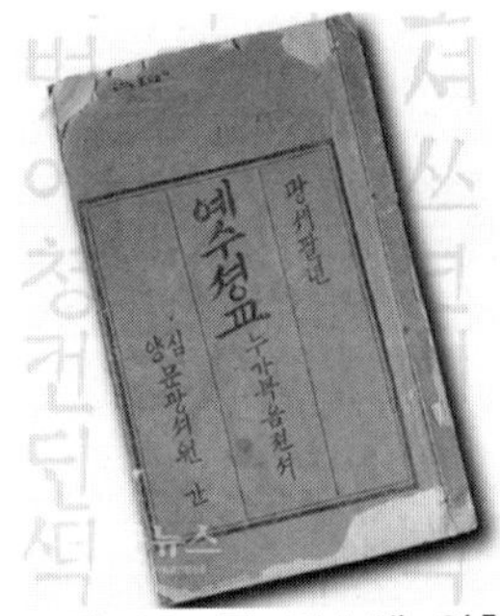

그림 28. 존 로스에 의한 최초의 한글 성경 '예수셩교 누가복음젼셔'[176]

시험 인쇄에 성공한 로스는 8~9차의 수정을 거친 누가복음을 1881년 말부터 인쇄를 시작했다. 마침내 1882년 '예수셩교누가복음전셔'(그림 28)라는 한국기독교 최초의 성서를 발간해 오늘날 한국교회의 초석을 닦았다. 비록

176) 영국 선교사 존 로스의 최초 한글 성경! 한글 보급의 일등 공신이었다! : 네이버 블로그 (naver.com) https://m.blog.naver.com/hospiceok/222526375706

한지로 된 51페이지의 작은 책이었지만, 조선시대 복음 전파에 결정적인 역할을 하였다.

누가복음에 이어 5월 12일, 요한복음 3,000부가 출간되고, 1884년에는 '예수셩교셩셔 맛데복음'과 '예수셩교셩셔 말코복음' 등 4 복음서와 사도행전이 간행된다. 이후 1885년부터는 '로마셔', '코린도젼후셔', '가라다셔', '이비소셔' 등의 단권들과 요한복음 · 마태복음 등의 개정판이 계속 인쇄 · 출판됐다.

신약성경의 단권들이 간행·보완된 예수성교본은 남은 서신서들을 추가해 '예수강셰일천팔백팔십칠년'에 한글 최초의 신약전서인 '예수셩교젼셔'(그림 29)로 묶어져 발행되었다. '예수셩교젼서'는 339페이지의 책자로, 발행 부수는 5,000부였다.

그림 29. 존 로스의 최초의 '예수셩교전서'

이처럼 한글 성경은 1874년부터 1886년까지 만 10년이라는 오랜 시간을 거쳐 완성됐다. 그리고 이응찬, 서상륜 등 여러 한국인이 동역자가 되어주었다. 존 로스 선교사는 "한국인 학자가 1명이라도 없었다면 나는 속수무책이었을 것이다"라고 고백했다.

비록 존 로스 선교사가 계획하고 추진하며 감독했지만, 실제 번역은 한국인 개종자들에 의해 이루어졌다고 볼 수 있다. 게다가 한국인 번역자들은 일자리를 얻기 위해 온 자들이 아니었다. 그들은 성경을 통해 기독교를 접하고 스스로 그 진리를 찾기 위해, 혹은 세례를 받고 고향에서 복음을 전하고자 했던 신앙의 인물들이었다.

이후 한국인 개종자들과 성경 반포에 책임을 맡은 권서인들은 성경을 짊어지고 마을마다 방문해 성경을 나눠주며 복음의 씨를 뿌렸다. 로스는 성경을 반포하기 수월한 한인촌을 대상으로 사역을 시작했고 김청송을 '최초로 완성된 복음서를 가진 전도사' 겸 권서(勸書)[또는 권서인(勸書人), 또는 매서(賣書) 또는 매서인(賣書人)][177]로 삼아 파송했다. 이들의 권서 활동으로 개종을 희망하는 자들이 생겨났고, 로스 선교사에게 세례를 받았다.

이후 조선 땅에는 서간도 한인촌, 서울, 압록강 연안의 평북 지역, 평양, 부산과 대구 등지에서 복음의 열매들이 맺어지고 있었고, 내한한 선교사들이 선교 여행을 떠나기도 전에 그들을 찾아와 세례를 요청하는 자들도 생기는 등 로스의 한글 성경은 한반도 내 기독교 확산에 큰 영향을 미치게 되었다.

총신대학교 박용규 교수는 "'예수셩교젼서'를 보면 첫 장부터 끝장까지 한글로 기록되었다. 이처럼 한글로 된 성경이라는 부분은 세 가지의 중요한 의미가 있다."라고 말했다.

박용규 교수는 "첫째, 존 로스와 이응찬, 서상륜 등의 사람들이 참여해서 만든 '최초 한글 성경'이라는 것,

두 번째는 성경 번역에 참여한 사람들이 그 성경으로 복음을 전했다는 점,

세 번째는 해외 선교사들이 조선에 입국하기 전 이미 성경 번역이 진행됨에 따라 그들이 수월하게 복음을 전할 수 있었다는 부분이 큰 의미를 부여할 수 있다"라고 평가했다.

박용규 교수는 "결국 존 로스가 성경을 한글로 번역한 행위는 결국 한국기독교의 초석을 다진 것이라 해도 과언이 아니다."라고 주장했다.

아울러 존 로스의 한글로 된 최초의 성경 번역이 기독교 선교와 한글 보급 및 대중화에 결정적인 역할을 제공하였다는 점에서 우리는 존 로스에게 큰 빚을 지고 있는 셈이다.

177) 권서(인), 매서(인): 기독교에서 돌아다니며 전도하고 책을 파는 사람.

세종대왕이 1443년에 창제한 인류 최고의 문자 한글! 우리는 매년 10월 9일 한글날을 맞이할 때마다 초기 기독교 선교사들의 한글 성경 번역이 단순한 기독교 복음 전도만이 아니라 우리의 민족혼을 지켜 주는 한글 보급에도 얼마나 큰 역할을 했는지도 함께 기억해야 할 것이라고 천상 소망 노인요양원 대표 고명길은 말했다.

외국의 선교사들이 먼저 깨달았던 것: "한글은 기독교 선교 최고의 무기!"

1) "한글은 정말로 이 세계에서 가장 간단하여 배우기 쉽다. AD 1446년에 반포되어 조용히 먼지투성이의 시대를 거치면서, 하나님의 신비로운 섭리로, 한글은 성경과 모든 기독교 서적을 위해 준비된 채 자기의 날이 오기를 기다리고 있었다. -선교사 존슨(1867~1919)-

1900년 종로 5가 연동교회 1대 담임목사인 캐나다 출신 선교사 게일(1863~1937)은 1909년 그의 저서 '전환기의 조선'에서 위의 동료 선교사 존슨(1867~1919)의 글을 인용하였다.

2) 그리피스(1843~1928) 선교사: "금과 보석을 발견한 알리바바도 한글의 철자를 찾아낸 언더우드와 아펜젤러보다 더 즐거움을 느끼지는 못했을 것이다".

당시 선교사들이 한글이 얼마나 '좋은 무기'인지 자각하고 있음을 보여주는 대목이다. 선교사들은 한글 전용을 택하여, 성경을 비롯한 한글 서적을 펴내 선교에 적극적으로 활용하였고, 대중들은 한글 서적을 읽고, 기독교 신자가 됐다.

제 10 장 미래 한국을 위한 호주제 폐지와 족보 및 제사제도 개선

특히 미래 한국을 위해 개선되어야 할 족보와 제사제도

우리 집은 어떤가?

기독교와 한국 사회의 변화

호주제도가 폐지되고, 남녀평등이 보편화되어있는 오늘의 한국에서, 족보(族譜)와 제사(祭祀) 제도는 어떻게 개선되어야 하는가?

동북아 3국인 한국과 중국 그리고 일본은 한자, 불교, 유교, 도자기 문화를 공유하면서 서로 친밀감을 유지해왔다. 그러면서도 동북아의 세 나라는 서로 자주 갈등을 일으키면서 군사적인 충돌을 일으켜 온 것도 사실이다.

그중에서도 가장 특이한 점은 이 동북아 3국은 고대로부터 불교와 유교에 의해서 공통적인 생활 습관으로 이어져 와서 오늘날의 삶에 이르기까지 크게 영향을 미치고 있다.

근현대에 들어오자 동북아 3국은 서구 열강으로부터 문호개방(門戶開放)의 요구를 받아서 기독교 선교사가 들어오게 되었다. 그때까지 한 · 중 · 일 3국은 각기 불교와 유교의 영향으로 서로 약간씩 다르기는 하지만 거의 비슷한 전통적인 신앙을 섬기고 있었다. 한국은 전통적으로 '하늘님', '하느님' 또는 '하나님'이라고 부르는 유일신을 섬기고 있었지만 다양한 민속 신앙도 지역에 따라 다양하게 존재하였다.

그러나 서양 선교사들이 들어오면서 한국은 중국 또는 일본과는 다르게 한국이 다소 민속적이기는 하지만 유일신으로 섬겨온 '하늘님', '하느님' 또는 '하나님'이 기독교에서 이스라엘인(유대인)들이 유일신으로 섬기는 '여호와' 하나님과 일치함을 깨닫게 되어, 한국은 기독교를 비교적 쉽게 받아들여서 오늘날 우리나라에는 기독교가 으뜸을 이루고 있다.

또한 1443년에 발명된 한글이 중국의 한자의 힘에 눌려 있다가, 한국이 해방 · 독립되고 1948년부터 한글전용이 시행되면서 오히려 한국에 들어온 외국인 선교사들이 한글이 읽기 쉽고 쓰기 쉬운 것을 깨닫게 되고, 한글이 기독교 선교에 강력한 무기인 것을 깨닫게 되자, 성경을 한글로 번역하고 한글 성경과 한글로 된 기독교 서적을 많이 발행하여 보급하면서부터 한국에서 기독교 선교가 매우 활기를 띠게 되었다.

이렇게 되자 한국인은 점점 더 기독교를 쉽게 받아들이게 되었고, 한 · 중 · 일 3국 중에서 한국이 기독교를 가장 먼저 잘 받아들이게 되고, 지금은 한국에서 기독교 활동이 가장 활발하게 되었다.

이처럼 한국에서 기독교와 한글의 영향력이 커지게 되고, 한미상호방위조약을 배경으로 1960~1980년대에 일어난 산업화와 민주화가 급속하게 이루어지게 되었으며, 한국에서는 자유민주주의도 비교적 빠르게 정착되어가고 있다. 여기에 기독교 문화가 널리 확산되면서, 여성의 권리가 신장되어, 남녀평등이 차츰 달성되고, 제사제도에서도 기독교 예배가 널리 보급되기 시작하였다.

이에 따라 남성 위주의 혈통을 중시하는 가부장적 견해와 족보에 대해서도 사람들의 생각이 많이 달라지고 있다.

특히 한국에서는 남성 위주의 호주제도(戶主制度)가 2005년 3월 2일 호주제 폐지를 위한 민법 개정안이 국회를 통과하고, 3월 31일 공포되어, 3년의 준비기간을 거쳐 2008년 1월 1일부터 시행되었다. 이에 따라 제사제도와 남녀양성평등문제에도 큰 변화가 일어나고 있다. 한 가문의 남자 호주(戶主)를 중심으로 남자들이 제사를 엄격한 격식에 따라 지내던 것으로부터, 복잡하고 바빠진 오늘의 현실에 맞추어 호주 대신에 가구별로 세대주를 중심으로 하여 제사가 간소화되거나, 또는 제사를 아예 지내지 않는 경우가 많아지고 있다.

특히 오늘에 와서는 기독교가 널리 전파되면서, 제사 대신에 교회 중심의 예배가 널리 파급되어 기독교식 추모 예배를 드리는 경우도 많이 나타나고 있다. 또 가부장적인 풍속에서 유래하는 복잡하고 권위적이며 엄격하고 형식적인 유교식 제사를 지내지 않으려고 하는 가정이 많이 나타나고 있으며, 실제로 점차 폐지되고 있는 것은 자연스러운 현상이라고 볼 수 있다.

또한 남성 위주의 권위주의로부터 남녀(양성)평등주의가 널리 퍼져나가게 되고, 2018년에는 들불처럼 번진 '미투운동(캠페인)'(Me too Movement, Campaign)[178]으로 권력형 성폭력에 대한 폭로와 처벌이 이어지면서 여권(女權)이 크게 신장되고, 재산상속 문제에서도 남녀에 상관없이 동등하게 재산을 상속하는 남녀평등이 자리 잡고 있다.

10.1 족보(族譜)는 어떻게 달라져야 하는가?

(1) 한국의 족보와 제사

우리나라에서 채택되고 있는 족보(族譜)는 국민 각자의 부계(父系)를 중심으로, 자신이 속해있는 가문(家門)[179]의 혈통 관계를 기록한 책이며, 자기 가문의 조상들과 구성원들의 공적과 우수성, 특히 국가 기관의 관직(공직, 감투, 벼슬)을 위주로 기록하고 있어서, 결국 자기 가문이 국가와 사회를 위한 공적이 우수함을 보여줌으로써, 자기 가문의 후손들에게 자긍심을 갖게 하고, 또 후손들이 미래를 위해서 훌륭한 역할을 할 수 있도록 격려하는 의미가 담겨 있다고 할 수 있다. 또 이 족보는 부계(父系)를 중심으로 기록하고 있으므로, 다분히 남성 위주의 유교적 호주제도와 가부장적 유교 풍속에서 유래된 것으로 볼 수 있다.

---

178) 미투운동: 사회관계망서비스(SNS)에 성범죄 피해 사실을 밝히며 심각성을 알리는 캠페인으로, 2017년 10월 영화배우 알리사 밀라노의 제안으로 시작돼 전 세계로 확산됐다.

179) 가족 또는 가까운 일가로 이루어진 공동체

족보는 한 가문의 가장 중심이 되는 남자 호주(戶主)를 중심으로 기록하기 때문에 호주제도(戶主制度)와 직접적으로 관련되어 있다. 그러나 한국에서는 호주제도의 불합리성 때문에, 6.25 한국전쟁 이전부터 약 50년 동안 논의되어 오다가 2005년 3월 2일 호주제가 폐지되고, 2008년 1월 1일부터 시행되었다. 이에 따라 호주를 중심으로 남성 위주로 기록되어오던 족보 역시 남녀평등의 원칙에 따라 기록하는 것이 옳을 것이다.

이에 따라 호주가 중심이 되어 지내던 제사도 별로 의미가 없게 되었다. 한가지 예로서, 기독교를 믿는 가정에서는 과거처럼 호주가 아니라 각 세대 또는 가정의 구성원이 중심이 되어 기독교식의 추모예배를 드릴 수도 있고, 불교나 유교를 믿는 가정에서도 가정별로 추모할 수는 있겠지만, 호주제가 폐지됨에 따라 종전의 방식대로 제사를 지내는 것은 의미가 없게 되었다.

(2) 이스라엘의 족보인 성경과 우리 민족과의 관계

한국과는 달리, 이스라엘(유대) 민족은 모두가 아브라함에서 시작하여 이삭으로 이어지고, 다시 야곱에서 야곱(이스라엘)의 12지파로 나누어지고 있다. 그런데 이스라엘 민족은 모두 이들 12지파에 속하므로, 오직 하나의 혈통을 가지고 있다. 성경에는 이스라엘 민족의 역사적 사건을 기록하고 있으므로, 성경은 곧 이스라엘의 역사서이면서 하나님을 시조[180]로 기록하고 있는 이스라엘 민족의 족보이기도 하다.

이스라엘(유대) 민족은 자기들은 여호와 하나님을 섬기면서 성경을 족보로 하는 유일한 정통 가문이라고 믿고 있으며, 다른 민족은 여호와 하나님을 섬기지 않고 성경을 자신들의 족보로 여기지 않고 있으므로 이방인으로 취급받고 있다. 이처럼 하나의 가문으로 된 이스라엘 민족은 유일한 여호와 하나님을 섬기는 유일한 민족이므로 국민적 자존심과 단결력이 매우 크다.

그러나 사실 성경은 '여호와 하나님'이 모든 민족의 하나님이라고 밝히고 있다. 따라서 우리 민족 역시 기독교의 하나님인 '여호와 하나님'을 '우리의

180) 눅 3:38: "그 위는 에노스요 그 위는 셋이요 그 위는 아담이요 그 위는 하나님이시라"

하나님'이심을 깨달아서 섬기고, 또 성경을 우리의 하나님의 말씀으로 믿고 성경의 말씀대로 살아간다면, 우리 민족 최초의 조상은 하나님이 되는 것이다. 그리고 우리는 바로 그 하나님의 은혜와 보호 아래 영원한 행복을 누리며 살게 될 것이다.

(3) 일본의 족보와 제사의식

> 일본은 천황중심의 대가족국가로서 일본 국민의 어버이인 천황의 족보 하나만 있다. '야스쿠니신사 참배'는 하나의 대가족국가인 일본 국민의 제사 의식

일본은 천황을 일본 국민의 어버이로 받들고, 또한 천황을 일본에 존재하는 약 800만 신(神, Kami, 가미)들을 다스리는 최고의 여신(女神)인 아마테라스 오오미카미(天照大神)[181]의 후손이라고 믿는 신도(神道, Shintoism)를 일본 국가의 종교로 삼아왔다. 따라서 일본은 전 국민이 일본을 천황 중심의 하나의 대가족국가라고 인식하고 있으므로 국민 각자에게는 별도의 족보가 필요하지 않다.

일본은 천황을 중심으로 하는 천황의 자손인 일본 국민을 하나로 단결시키고, 다른 나라를 상대로 일제 침략전쟁을 일으켜 인류에게 엄청난 전쟁범죄를 저지른 전쟁 국가로서의 모습을 보여왔다. 일본은 이처럼 천황을 중심으로 단결하여 침략전쟁을 일으키고, A급 전범자들까지 포함하여, 전쟁에서 죽은 혼령들을 위로하기 위해 오늘날 글로벌화된 시대에도 국수주의 종교인 신도(神道)의 총본산인 야스쿠니신사(靖國神社)를 중심으로 정치지도자들이 모여, 전국가적 제사의식을 행하면서, 전 국민에게 황국사관을 교육하여 단결시키고 있다.

일본의 아베 전 총리가 퇴임한 후 3일 만에 야스쿠니신사를 참배하였다.[182] 야스쿠니신사 참배는 천황 중심의 국가주의적인 관점에서 보는 황국

---

181) 일본신화(日本神話)에 등장하는 태양신(日神)으로, 일본 천황의 조상신(祖上神)로 알려져 있다.

182) 조선일보 2020.9.21.

사관(皇国史観)[183]에 따르는 것으로 일본 국민과 일본의 역사를, 만세일계(萬世一系)[184]를 주장하는 천황 중심의 국가주의에서 인식하고 있으므로, 평화를 원하는 세계 인류들에게는 또다시 전쟁의 위험을 내포하고 있는 제사 의식이라고 볼 수 있다.

(4) 호주제 폐지 이후 우리나라 족보 기록의 원칙은 어떻게 달라져야 하는가?

> 성경은 이스라엘의 역사책이면서 하나님을 시조로 하는 족보이므로, 우리 한국도 이 성경 내용을 우리의 것으로 받아들여서 우리의 삶에 적용하는 것은 기독교를 받아들이고 있는 우리나라에서는 의미가 있고, 또 그럴 필요가 있을 것이다.

호주제 폐지와 남녀 차별 폐지 및 족보기록의 원칙

과거 우리나라에서는 전통적으로 지켜온 호주제에 따르는 남자 위주의 서열에 따라서 족보를 기록하고, 또 돌아가신 조상들에게 제사를 지내온 것이 조선시대의 유교식 제사 제도이다.

그러나 2005년 3월 2일 호주제 폐지를 위한 민법 개정안이 국회를 통과하고, 3월 31일 공포되어, 3년의 준비기간을 거쳐 2008년 1월 1일부터 시행되었다. 호주제가 폐지되기 이전까지는 부모의 유산 분배도 남자 위주였고, 여자는 여기서도 차별받아야 했다.

그러나 이제는 우리나라에서도 남성 위주의 호주제도가 폐지되었으므로, 앞으로 우리의 후손들에게 남겨줄 족보를 어떻게 기록해야 할 것인지에 대해 잘 생각해보아야 할 것이다. 두말할 것도 없이 남아(男兒) 우선 사상보다는 남녀평등(男女平等)의 원칙에 따라 여자도 남자와 똑같이 대우하여 족보에 동등하게 기록되어야 할 것이다.

---

183) 황국사관(皇国史観)은 일본의 역사를, 만세일계를 주장하는 천황 중심의 국가주의적인 관점에서 보는 역사적 견해를 일컫는다. 일본 제국의 77년간을 상징하는 역사관이다.

184) 일본 황실의 혈통이 단 한 번도 단절된 적이 없다고 주장하는 견해.

이스라엘인들이 어릴 때부터 하나님을 시조로 받들어 섬기면서 성경을 자기들의 역사와 족보로 받아들여서 읽고 공부하는 것처럼, 우리 민족도 하나님을 시조로 하는 모든 인류를 포함하는 한 족속에 속하므로, 당연히 어릴 때부터 하나님을 인류 최초의 시조로 섬기면서 성경을 우리 인류의 공통된 족보와 역사로 여기고 삶에 적용하는 것은 매우 의미 있는 일이라 할 것이다.

(5) 우리 인류는 모두 똑같은 하나님의 자녀들이므로 이스라엘의 족보와 역사인 성경을 우리의 것으로 읽고 살아가는 것은 매우 중요하다.

> 우리나라보다 더 작은 이스라엘이 소강국으로서 강하게 살아가고 있는 이유를 알아보자!

약소국인 이스라엘이 주변의 강대국들 사이에서 꿋꿋하게 살아가기 위해 강하게 단결하고, 또 다음 세대들에게 올바로 교육하여 미래의 비전을 깨달아 알게 하려면, 당시의 왕과 지도자들이 행한 잘잘못을, 예언자(선지자)들이, 성령의 인도를 받아서 하나님의 관점에서 잘 분별하여 기록함으로써 사람이 올바로 살아가야 할 바를 기록한 성경을 읽을 뿐만 아니라 항상 옆에 두고 공부해야 할 것이다.

바로 이 성경이 이스라엘의 족보이고 역사이며[185], 사람이 올바로 살아가야 할 바를 기록한 책이므로 우리나라에서도 모든 사람이 각자의 가문에 대한 족보를 별도로 기록하기보다는, 나라의 발전에 영향력을 발휘해온 모범이 되는 훌륭한 사람들을 중심으로, 하나님과의 관계에서 볼 때 옳고 그름을 따져서, 나라 전체의 역사로 잘 기록함으로써, 우리 대한민국 국민 모두가 그것을 우리의 족보와 역사로 읽고, 모든 사람이 이스라엘처럼 하나님의 관점에서 바라볼 때 올바른 길을 따라 살아가야 할 것이다.

이와 같은 관점에서 볼 때, 이미 하나님의 관점에서 이스라엘의 역사와 족보로서 잘 기록 · 분석 · 정리해놓은 성경을 우리의 것으로 받아들여서 읽

185) 눅 3:38: "그 위는 에노스요 그 위는 셋이요 그 위는 아담이요 그 위는 하나님이시라"

음으로써, 모든 인류가 똑같은 하나님의 자녀로서 함께 살아가야 할 우리 모든 인류의 비전과 미래를 개척해나가데, 도움이 되도록 하는 것이 더 쉽고 편리할 것이다.

10.2 제사제도

인간의 올바른 삶을 위해 가르침을 준 사람으로 공자는 유교의 원리를 폈다. 또 석가모니는 인류를 생로병사(生老病死: 태어나고 늙고 병들고 죽는 것)의 고통으로부터 구원하기 위해 왕자의 자리를 떠나 불교를 세웠다. 예수 그리스도는 모든 인류를 죄에서 구원하여 자유로운 삶을 누리고 하나님 나라로 인도하기 위해 십자가에서 피를 흘리며 죽음으로써 자신을 희생시키는 제사를 하나님께 드렸다.

예수 그리스도는 인류의 죄를 사해주고 구원하기 위하여 자기 자신을 스스로 희생시켜 하나님께 드리는 희생 제사 의식을 실천하였으므로, 우리 인간은 그 사실을 믿고 예수 그리스도를 통해 하나님께 의지하여 믿기만 하면 누구나 구원받게 되는 제사 의식인 예배, 즉 기도를 예수님이 직접 가르쳐주신 것이다.

(1) 한국의 제사제도, 옛날 이스라엘의 희생 제사, 그리고 기독교의 제사인 추모예배

① 한국의 제사제도

오늘날 한국 사회에서 많은 사람은 조상님이 돌아가신 날 조상님께 드리는 유교식 제사 의식을 행하고 있는데, 이것은 죄 사함을 받는 의식이 아니다. 우리나라의 제사에서는 제사를 받는 대상이 하나님이 아니라 돌아가신 조상님이다.

조상님이 돌아가신 날 자정에, 돌아가신 조상님이, 자손이 사는 집에, 보이지 않는 신(神)적 존재로서 찾아온다고 생각하고, 자손들이 음식을 차려놓고 예를 갖추어 인사를 드리는 것을 제사(祭祀) 또는 기제사(忌祭祀)라고 하는

데, 이때 오직 남자들만 제사에 참여할 수 있다. 여자는 음식을 준비하고 제사의 시중만 든다. 이렇게 남자들만 제사 의식에 참여할 수 있는 것은 집안의 대(代)를 남자가 이어가고, 또 족보가 남자 중심으로 기록되는 것과 맥을 같이 하고 있다. 따라서 호주제가 폐지되기 이전까지 부모의 유산 분배도 남자 위주였던 것 역시 여기에서 연유되고 있다.

제사에는 기제사(忌祭祀)[186]와 명절(설과 추석)에 지내는 차례(茶禮)[187]가 있다. 이러한 제사를 지낼 때는, 정해진 음식의 종류와 격식과 절차가 복잡하고 엄격하여, 오늘날 바쁜 현대인의 생활에서 볼 때, 이런 식으로 전통적인 제사를 지내는 것은 매우 불편한 점이 많으며, 또 남자들 위주로 제사를 지내는 것 역시 매우 불합리하다.

이와는 대조적으로 기독교 신자들은 돌아가신 조상들을 추모하기 위해서 기독교식의 추모예배를 하나님께 드리며, 더 나은 미래의 삶을 위해 예배자 자신들이 지은 죄나 잘못을 하나님께 고백함으로써 용서받기 위해, 남녀 모두가 동등하게 모두 함께 예배를 드리는 것이 올바른 제사일 것이다.

② 예수 그리스도가 오시기 이전의 이스라엘의 희생제사

예수 그리스도가 이 세상에 오시기 전까지의 구약시대에는, 사람들이 자기가 지은 죄를 용서받기 위해서, 양과 염소 등의 짐승을 준비하여 제사장에게 가지고 가면, 제사장이 자신을 대신하여 그 짐승을 죽여서 피를 흘리게 함으로써, 마치 자신이 죄로 인하여 피를 흘려 죽는 것과 같은 체험을 하게 하는 희생제사(Sacrifice)를 드렸는데, 이것은 예수 그리스도가 이 세상에 오시기 전에 이스라엘 사람들이 자신의 죄를 용서받기 위해 하나님께 드리는 희생제사 의식(Sacrificial Rite)이었다.

③ 예수 그리스도의 희생제사

예수 그리스도가 오시기 전에는, 유대인들이 짐승을 죽여서 자기 죄를 사

186) 기제사(忌祭祀)는 돌아가신 조상을 추모하기 위해 해당 조상이 돌아가신 날에 지내는 제사이다.

187) 차례(茶禮)는 명절이나 일정한 절기에 지내는 제사지만, 오늘날 절기 차례는 거의 사라지고 설과 추석의 명절 차례만 전승되고 있다.

하도록 하였지만, 예수 그리스도가 오신 후에는, 예수 그리스도께서 모든 인류를 위해 십자가에서 피를 흘려 돌아가심으로써, 모든 인류의 죄가 단번에 사하게 되는 희생제사(Sacrifice)를 하나님께 드리신 것이다. 예수 그리스도께서는 이 희생제사를 드림으로써 모든 인류를 죄에서 구원하시고 자유롭게 하시며, 천국의 삶을 누릴 수 있도록 인도하신 것이다.

오늘날에는 단지 예수 그리스도께서 우리 인류의 죄를 사하시기 위해 희생 제사를 우리를 대신하여 드리신 사실을 우리는 믿기만 함으로써, 우리가 모두는 직접 예수 그리스도를 통해 하나님께 희생 제사를 지내게 되는 것이다. 이것이 바로 예수 그리스도께서 하나님께 드린 희생 제사이며, 우리는 단지 이 사실을 믿음으로써 우리가 구원받게 되는 제사를 지내게 되는 것이다. 이것이 곧 그리스도인의 제사 의식이며 일상적인 기독교 예배이다.

④ 기독교식 제사인 추모예배란 무엇인가?

> 인류를 죄에서 구원하시기 위해 하나님께 자신을 희생 제사로 드리신 예수 그리스도

본래 한국의 전통적 제사 의식은 조상님이 돌아가신 날 자정에 그 자손의 집에 찾아오신 조상님의 신(神)적 존재에게 자손들이 음식을 대접하고 예를 갖추어 절하면서 인사를 드리는 의식을 말한다. 그러나 일단 돌아가신 조상님은 하나님과 함께 천국(저승)에 계시기 때문에, 더 이상 조상님에 대한 일은 하늘나라에 조상님과 함께 계신 하나님께 맡기는 것이 좋을 것이다.

따라서 조상님이 돌아가신 날을 기념하여 그 자손들이 한자리에 모여, 자손들이 살아가는 동안 올바로 살지 못하고 지은 죄를 하나님께 기도를 통해 고백하고 회개하면서 용서를 구하여 자유롭게 되는 의식이 기독교식 제사이고 추모예배이며 또한 이것은 조상님이 돌아가신 날은 물론 일상적으로 드려야 하는 예배이다. 즉, 하나님의 아들이신 예수 그리스도께서 우리 모든 인류를 죄에서 구원하기 위해, 십자가에서 피 흘려 돌아가신 사실을 믿고, 그분께 의지함으로써 제사 모임에 참석한 사람들이 모두 죄 사함을 받고,

더 이상 죄를 짓지 않을 것을 다짐함으로써 자기의 죄 때문에 멀어졌던 하나님과의 관계를 회복하고 화해하여 자유를 얻게 되는 의식을 기독교식의 제사 곧 예배라고 하는 것이다.

(2) 호주제 폐지와 한국의 제사제도·족보·재산상속·양자 입양 등 자녀 문제의 개선

2005년 3월 2일 한국에서 호주제도(戶主制度) 폐지(2008년 1월 1일부터 시행)와 함께 남녀평등 원칙에 따라 족보에도 남녀가 동등하게 기록되어야 하고, 집안의 대를 잇는 문제도 남녀가 동등해야 할 것이다. 제사도 남녀가 함께 동등하게 지내되, 비록 기독교인이 아니더라도, 모두가 하나님을 믿고 의지하면서 기독교식의 추모예배를 드리는 것이 필요하며, 또 간단하고 편리하며 또한 매우 큰 의미가 있다고 할 수 있다.

그렇게 하면 남아선호사상도 자연히 사라지며, 대를 이어가기 위해 양자(養子)를 일부러 입양(入養)할 필요도 없을 것이다. 왜냐하면 자녀가 있으면 아들이나 딸 모두가 대를 이어가게 되며, 또 필요에 따라서는 부모 중의 어느 한쪽의 성(姓)을 나누어서 따를 수도 있고 양쪽 부모의 성을 모두 따를 수도 있는 것이다.

그리고 기독교 공동체에서는 모두가 하나님의 자녀이기 때문에 만인이 모두가 하나님의 자녀로서 서로가 형제자매이므로 성(姓)에 따라서 대(代)를 잇는 것은 별로 의미가 없다.

기독교 공동체에서는 모든 사람은 남녀의 구별 없이 누구나 똑같이 서로가 하나님을 아버지로 하는 형제자매이면서 예수 그리스도와 함께 하나님의 후사(後嗣, 후계자. 상속자)[188]이기 때문이다.

따라서 반드시 조상님이 돌아가신 날이 아니더라도, 사람이 살아가는 동안 지은 죄에 대해 기도로 고백함으로써 용서함을 받고 자유를 얻어 하나님의 사랑스러운 자녀로서 행복하게 살아갈 수 있는 것이다. 이처럼 예수 그리스도께서 우리를 대신하여 피를 흘려 희생하여 돌아가신 것을 믿고 의

188) 후사: 대(代)를 잇는 자식. 후계자(後繼者). 상속자. 로마서 8:12~18.

지하는 의식인 기독교식의 희생 제사인 예배를 자주, 가능하면 매일 드리면서 예수님의 이름으로 하나님께 기도드리면서 경건한 삶을 살아가야 하는 것이다.

이처럼 예배공동체를 이루며 살아가는 사람은 모두가 하나님의 자녀이고 서로가 형제자매이면서 하나님의 후사(후계자, 상속자)이므로, 자녀가 없을 때는 일부러 양자를 입양하지 않아도 되는 것이다.

(3) 예수님이 하나님께 드린 희생 제사와 우리가 드리는 제사인 예배와 믿음의 삶

예수님이 오시기 전 이스라엘에서는 자신의 죄를 용서받기 위해서는 자신을 대신하여 짐승을 죽여서 피를 흘리게 함으로써 죄 사함을 받았다. 그러나 예수님께서 오셔서 단번에 우리의 죄를 사해주시고 인류를 구원해주기 위하여 피 흘려 돌아가셨기 때문에, 이제 우리는 희생 제사를 더 이상 드리지 않아도 되는 것이다. 이제는 예수님께서 우리를 위해 피를 흘려 돌아가신 희생 제사를 지낸 사실을 믿고 의시함으로써 얻게 되는 자유를 우리는 누리기만 하면 되는 것이다. 이것이 예수 그리스도, 즉 하나님을 믿는 원리이다.

우리 한국도 이제는 이미 돌아가신 조상님께 습관적으로 제사를 지내는 대신에, 모든 인류가 죄 사함을 받고 구원받아서 자유롭게 되어 즐겁고 행복하게 살아가게 하도록 우리를 대신하여 예수 그리스도께서 먼저 하나님께 자기 자신을 희생하여 희생 제사를 지낸 사실을 우리가 믿는 의식인 예배를 하나님께 드리는 것이 우리의 제사 의식이 되어야 하는 것이다.

이처럼 예수 그리스도가 드린 희생 제사로 인하여 우리 인간은 모두 죄로부터 자유를 얻게 되는 구원을 받아서, 자유로운 삶을 살고, 자유롭게 생각하면서 희망을 품고 미래를 개척하고 도전하는 자유를 누리게 되는 것이다.

10.3 아버지의 결단(기독교인으로 결단하신 아버지)

나의 아버지의 형제와 가족의 이야기

화평이 아니라 검을 주러 왔노라!

우리 집은 주변의 동네 사람들과 마찬가지로 1년 중에 석가탄신일에만 절에 찾아가는 정도의 불교를 신앙으로 하고, 삶의 방식은 유교식 관습에 따라 살아가는 집안이었다. 당시 우리 마을은 울주군 지역에 속했지만 양산 통도사가 2km 정도의 거리에 있었으므로, 1년에 한두 번 정도는 통도사를 찾았다. 그리고 통도사 부근 신평이라는 마을에 5일장이 열려서 어릴 때는 할머니나 어머니를 따라서 이 시장에 다니기도 했다. 그러나 근처에 기독교 교회는 없었다.

우리 형제와 자매들은 어릴 때 농촌 마을인 방기리라는 마을에서 자랐고, 나중에 내가 중학생이 되었을 때는 조금 더 큰 언양읍으로 이사를 가서 살았다.

우리 형제자매는 남자가 5명이고, 여자가 2명인 7남매 중에서 나는 장남으로 태어나서, 할머니, 아버지, 어머니 그리고 아버지의 남자 형제만 6명이어서 모두 15명의 식구가 한집에서 함께 살았다. 아버지께서는 장남이면서 우리 집안의 호주여서 집안의 모든 제사를 주관하시면서, 처음에는 농사일을 형제들에게 맡기고, 원동기를 이용한 쌀 방앗간을 운영하시다가 나중에는 목수를 여러 명 고용하여 토목건축사업을 하셨다. 그러나 당시에 아버지께서는 자본금이 없이 이웃에서 돈을 빌려서 사업을 하셨다. 당시에 아버지께서는 15명의 가족을 먹여 살리는 일이 매우 어려웠다. 방기리 마을 뒤편에 약간의 논이 있었으나 가족 10명이 먹고 살면서 또한 삼촌들과 우리 형제자매들이 공부하기에는 너무 힘든 형편이었다.

부모님은 참으로 고생을 많이 하신 불쌍하신 분들이셨다!

이런 환경 속에서 자라나는 동안, 그때는 그것이 당연한 줄 알았지만, 그

때 그 많은 가족을 부양하기 위해 부모님이 겪으신 고생과 어려움을 지금 회상해보면, 내 가슴이 너무나 아프고 슬퍼진다.

특히 온종일 가족을 위해 희생하신 아버지는 물론이고, 여자로서 많은 고생을 하신 어머니의 삶을 생각하면, 그 당시 여성들의 삶은 노예와도 같았다. 나도 이제 나이가 들어서 그때 어머니의 고통스러운 삶의 모습이 떠오르고, 특히 요즘에 와서 늦게나마 가슴 아파질 때가 많아진다. 그래서 한국 여성들은 이 세상의 그 누구보다 강인하게 집안을 지켜온 공이 너무나도 크고 훌륭하다고 생각된다. 이에 대해 특히 여성들에 대해 하나님의 크신 보답이 있을 것으로 생각한다.

기독교 대학의 역할

> 기독교 대학을 다니며 큰 영향을 받다.

나는 농촌의 고향을 떠나서 서울의 기독교 대학인 연세대학교 화학공학과에 들어가서 다녔다. 학교의 모든 행사가 예배로 시작하고, 기독교식으로 진행되는 것과 기독교 강의를 수강하고 또 매주 채플 시간에 외부에서 유명한 목사님을 초청하여 설교를 듣고 많은 영향을 받고 변화되었다. 또한 나는 연세대학교 입학시험에서 수석합격을 하였으므로 입학금과 등록금을 면제 받았고, 학교의 외부로부터 장학금도 받았다. 또한 가정교사를 하여 돈을 벌면서 공부했기 때문에, 대학을 졸업할 때까지 부모님의 부담을 덜어드릴 수 있었다. 우리 집 형편으로는 대학에 가기는 매우 어려웠지만, 이렇게 하여 그나마 대학을 다닐 수 있었다. 이때 나는 하나님으로부터 많은 도움을 받았다고 생각하고 감사하였다. 나는 기독교 대학에 들어가서부터 매주 의무적으로 참석해야 하는 채플 시간에서 기독교에 관한 설교와 기도를 듣고 예수님과 하나님에 대해 많이 알게 된 것을 지금까지 감사하고 있다.

아버지께서는 장남인 나에게 관심을 많이 가지셨고, 특별히 다정하게 대해주셨다. 나는 고향에 계신 아버지와 어머니께 편지를 쓸 때마다 기독교에 관한 얘기를 자주 써서 보내게 되었고, 아버지께서는 나의 편지를 읽으시고 반응하시면서 기독교에 관심을 많이 가지시게 되셨다.

아버지께서는 평소에도 책을 읽기를 좋아하셔서 내가 사다 드리거나 직접 구하신 성경책과 기독교 관련 서적을 열심히 읽으시면서 차츰 기독교에 큰 관심을 가지기 시작하셨다.

그 후, 내가 대학을 다니면서 학군단(ROTC) 훈련을 받았으므로, 대학을 졸업하고 현역에 들어가서 군대를 마치고 다시 대학원 화학공학과에 들어가서 공부를 계속했다. 대학원에 다닐 때는 연세대학교에서 시간강사도 하고 사설학원에서 강사를 하면서 학비와 생활비를 벌었다.

대학원을 졸업하고 일본 동경공업대학 화학공학과에서 일본 문부성과 유네스코의 공동 후원으로 1년 동안 연구생으로 연구한 적이 있어서 그때 첫 번째로 6개월 동안은 화공과의 구보다(久保田) 교수 연구실에서 연구하고, 나머지 6개월 동안은 사타(佐多) 교수 연구실에서 세라믹스(고온재료)를 연구하고 왔는데, 1년 후에 사타 교수께서 문부성 장학금을 받을 수 있도록 나를 다시 초청해주셔서 다시 유학을 가게 되었다. 이번에 나는 박사과정 입학시험을 치르고 합격하여 3년간의 공부를 하고 박사학위를 받고 귀국하여 연세대학교에서 교수로 채용되었다.

내가 연세대학교에서 교수 생활을 하면서 자리를 잡아가는 기간 동안, 아버지께서 하시던 사업이 어렵게 되자 사업을 그만두시게 되고, 절망에 빠지신 아버지께서는 큰 결단을 내리시는 일이 일어났던 것이다.

어느 날 아버지께서는 "오늘 근처에 있는 불교를 가르치는 불교 모임에 가보고, 내일은 교회에 나가서 예배를 드리고 난 다음에 불교나 기독교를 택하겠다."라고 하시고 난 며칠 후에 기독교가 더 실질적이어서 좋다고 하시면서 기독교를 택하셨다. 그때부터 아버지께서는 집 근처에 있는 마을교회(언양교회)에 다니시기 시작했다.

그 후 어느 날 장남인 나에게 이렇게 말씀하셨다. "내가 지금까지 지내던 모든 제사는 나(아버지)까지만 지낼 테니 너부터는 더 이상 지내지 말라."라고 하셨다. 실로 엄청난 일이 우리 집안에서 벌어진 것이다. 우리 집은 종갓

집이어서 제사가 매우 많았다. 더구나 아버지는 종갓집 장남이었다. 우리 집은 종갓집이어서 장남이신 아버지는 종손(宗孫)이고 호주(戶主)였다. 그래서 장남인 나도 아버지를 이어서 우리 집안의 호주가 될 운명이어서 책임을 지고 제사를 지내야 할 형편에 놓여 있었던 것이다. 한 집안의 장남은 가장이면서 장차 호주가 되므로 집안의 모든 제사를 책임지고 지내야 할 운명이었다. 그때 내가 호주가 된다는 것에 대해 사실 나의 기분이 좀 우쭐해지는 것 같기도 했다. 그러나 그것은 결국 우리 사회의 나쁜 폐단이 되는 것으로 나타나서 결국 2005년 노무현 대통령 때 그 호주제가 폐지되기에 이르렀다.

그 당시는 물론, 지금까지도 많은 사람은 유교식 제사를 지내면서, 종교는 불교인 것이 일반적으로 받아들여지고 있었다. 제사를 지내는 것은 유교식 전통에 따라 남자만 제사를 지낼 수 있고, 여자는 음식을 차리고 설거지를 하는 등 시중드는 일을 하여, 제사를 지내는 일에서도 '남녀 차별의식'이 내 마음속에서도 자라는 것 같은 생각이 들었다. 이처럼 제사제도와 호주제도는 남녀차별을 강화하는 나쁜 폐단을 불러오는 풍속과 제도라고 생각되었다.

그러나 만일 호주제가 폐지된다면, 호주가 중심이 되어 모든 집안사람이 한데 모여, 돌아가신 조상들의 영혼이 제삿날에 집에 찾아온다고 생각하여, 음식을 차리고, 그 조상의 신적인 존재 앞에서 엎드려 절하는 우리나라의 전통적인 유교식의 제사제도는 자연히 사라지게 되고, 그에 따라, 기독교를 믿는 가정은 자연히 세대주가 중심이 되어 그 세대만의 가족들만 모여 각자의 종교나 뜻에 따라 기독교일 경우에는 하나님께 추모 예배를 드릴 수 있게 되는 것이다. 따라서 호주를 중심으로 집안(일가) 전체가 모이지 않게 되고, 각 세대별로만 모이게 되고, 또 자연히 남녀평등이 쉽게 이루어지게 되며, 이에 따라 기독교의 전도는 더욱 활발하게 될 것이다.

따라서 아버지께서 제사를 지내는 것을 포기하신 것은 장남과 호주를 포기하게 되고, 기독교 전도 역시 활발해지도록 하는 실로 엄청난 혁신적인 사건이었다.

그러나 호주제 폐지는 2005년에 이루어졌으므로, 아버지께서 제사 지내시기를 포기하신 것은 이미 2005년보다 30여 년 이전이었으므로, 아버지께서는 선견지명이 있으신 분이라는 것을 알 수 있다.

마침내 노무현 대통령 때 '호주제'가 폐지되다.

그 후 1997년 12월 28일 아버지께서 돌아가시고 난 후, 당시 기독교적인 사회 분위기를 받아들인 노무현 대통령은 호주제 폐지를 공약으로 내세우고 대통령 후보로 출마하여, 대통령에 당선되고, 강금실 여성 법무부 장관을 내세워서, 국회에서 2005년 3월 2일 호주제폐지를 위한 민법개정안을 상정하여 통과시키고, 3월 31일 공포되어, 3년의 준비기간을 거쳐 2008년 1월 1일부터 호주제는 법적으로 완전 폐지되었다.

그러나 아직도 우리 사회 구석구석에는 남녀 차별의식이 뿌리내려져 있는 것을 우리는 알아야 한다. 우리나라의 출산율이 세계에서 가장 낮은 근본 이유도 호주제에서 기인하는 남녀 차별에 있는지도 모른다.

호주제가 폐지된 것은, 이때부터 우리나라는 남녀평등이 법적으로 확정되는 순간이며, 이것은 기독교 전도를 위해서, 또한 우리나라의 발전을 위해 실로 엄청난 사건이었다.

이제는 아들과 딸에게도 똑같이 유산 상속이 가능하게 되어, 이제는 법적으로 분명히 여성의 권리가 신장된 것이 분명하게 느껴지고 있다.

민수기 27:1~11에서 하나님이 아들 없이 죽은 슬로브핫의 딸들에게 유산을 물려주게 하다.

아들이 없이 죽은 슬로브핫의 딸들이 모세와 제사장 엘르아살과 지도자들과 온 회중 앞에 서서 "우리의 아버지가 돌아가셨습니다...우리 아버지의 남자 친족들이 유산을 물려받을 때, 우리에게도 유산을 주십시오."라고 말하자, 모세가 그들의 사정을 주께 아뢰었다. 주께서 모세에게 "슬로브핫의 딸들이 한 말이 옳다. 그 아버지의 남자 친족들이 유산을 물려받을 때, 너는 그들에게도 반드시 땅을 유산으로 주어라. 너는 그들의 아버지가 받을 유산이 그

딸들에게 돌아가게 하여라. 너는 또 이스라엘 자손에게 이렇게 일러두어라. 어떤 사람이 아들이 없이 죽으면, 그 유산을 딸에게 상속시켜라."라고 말씀하셨다(민수기 27:1~11).

민수기 저자인 모세의 기록(BC 1445~1406: 지금으로부터 3,400여 년 전의 기록)이 우리나라에서 오늘날에 와서 이루어지게 된 셈이다.

또 종갓집 종손이신 아버지께서 나에게, "내가 지금까지 지내던 모든 제사는 나(아버지)까지만 지낼 테니 너부터는 더 이상 지내지 말라."라고 하시면서, 십계명[구약성경 (출 20:5~6)(신명기 5장에도 있음)]의 말씀을 언급하셨다.

(십계명)(출 20:5~6) [5]...나를 미워하는 자의 죄를 갚되 아버지로부터 아들에게로 3~4대까지 이르게 하거니와 [6] 나를 사랑하고 내 계명을 지키는 자에게는 천 대까지 은혜를 베푸느니라.

이렇게 성경 말씀을 인용하시고, 또 아버지께서는 "내가 하나님을 믿지 않는 죄인이 되어서, 하나님으로부터 미움을 받으면 나의 자식 7남매가 3~4대까지 벌을 받게 하는 것이 아니냐? 그보다는 하나님을 믿고 천대까지 하나님의 은혜와 사랑을 받도록 하는 것이 훨씬 더 좋겠다!"라고 하시면서, 아버지께서는 그때부터 우리 7남매는 물론 아버지의 5명의 형제에게도 전도를 시작하셨다.

아버지께서는 그 후에 아버지의 남동생 5명에게 기독교를 믿으라고 권하셨다. 곧바로 아버지께서는 당신(아버지)의 동생인 우리의 삼촌들에게 기독교를 전도하셨다. 그러나 5명의 아버지의 동생들은 모두 기독교를 반대하면서 제사는 반드시 지내야 한다고 고집하고, 아버지와 삼촌들 사이의 갈등이 시작되었다.

아버지께서는 그때부터 대대로 내려오는 제사 지내기를 그만두시고 제삿날 제사상 앞에서, 모든 다섯 형제가 지켜보는 가운데 혼자서 기도를 드리고, 삼촌들은 이전처럼 제사상 앞에서 절을 하셨다. 그때부터 그 갈등은 계속되었다.

그 후에 기독교를 섬기시던 아버지(1997.12.28.)와 어머니(2012.2.15.)께서 돌아가시고, 그 후에 삼촌들도 모두 돌아가시고, 우리 7남매는 거의 모두가 교회에 나가게 되었다.

부모님께서 돌아가신 후에, 제사 대신에 형제들이 모여서 부모님의 묘소에 찾아가기 위해 수년 동안은 시간을 정해서 모이기도 했는데, 그것도 하나님의 뜻인지 형제들 사이에 의견이 달라져서 모이기도 어려워져서 정기적으로 부모님 묘소를 찾아가던 모임도 없어지고, 각자의 편의에 따르기로 했다.

아버지께서 제사를 지내지 말라고 하신 이후부터 호주제도 역시 폐지되어서, 남녀평등이 이루어지자 이제는 남아선호 사상도 사라지게 되고, 무리하게 양자를 입양하는 일도 아무 의미가 없어지게 된 것이다.

이처럼 기독교 신앙을 가지게 되어 하나님을 믿고 의지하면, 모든 사람이 똑같이 평화스럽고 편리하게 살 수 있게 되는 것이다.

나는 세상에 칼을 주려고 왔다! 종말론적 삶을 살아야!

다음의 성경 말씀을 보자. (마 10:34~36) [34] 너희는 내가 세상에 평화를 주러왔다고 생각하지 말아라. 평화가 아니라 칼을 주려고 왔다. [35] 나는 아들과 아버지, 딸과 어머니, 며느리와 시어머니가 서로 다투게 하려고 왔다. [36] 그러므로 사람의 원수는 자기 식구가 될 것이다. (눅 12:51~53) (눅 12:51~53) [51] 너희는 내가 세상에 평화를 주러 왔다고 생각하느냐? 아니다. 내가 너희에게 말하지만 오히려 분쟁을 일으키려고 왔다. [52] 이제부터 한 집에서 다섯 식구가 서로 분쟁할 것이다. 셋이 둘과, 둘이 셋과 다툴 것이며 [53] 아버지와 아들이, 어머니와 딸이, 시어머니와 며느리가 서로 싸워 갈라질 것이다.

우리는 이처럼 예수님께서 하신 말씀[(마 10:34~36)과 눅(12:51~53)]을 잘 새겨들어야 할 것이다.. 이것은 하나님(예수님)을 믿는 것은 결단을 내리는 일인 것이다. 예수님을 믿다가 순교하신 분들이 왜 목숨을 내놓고 순교하지 않으면 안 되었는지를 생각해보면 마태복음(10:34~36)과 누가복음

(12:51~ 53)에서 예수님이 하신 말씀, 곧 하나님이 바라시는 것은 간단한 일이 아니며 인간의 관습으로 살아서는 안 된다는 것임을 알 수 있다. 사람은 인간적인 관습으로 살아서는 안 된다는 것임을 알 수 있다. 즉 하나님 중심으로 올바르게 살아야 한다는 것이다.

즉, 우리는 기독교의 '종말론'에 따라, 오늘, 이 순간에 우리가 안이하게 되는 대로 살아갈 것이 아니라, 종말에 하나님의 심판대 앞에서 하나님을 마주 대할 때, 그때 삶의 모습이 바로 오늘의 삶이 되어, 바로 지금 여기서 실천하며 살아가야 하는 것이다.

나는 하나님 곁으로 먼저 가신 부모님을 가슴으로 더욱 사랑하게 되었다. 그리고 기독교 신앙을 결단하신 아버지를 더욱 진지하게 사랑하게 되었다. 믿지 않던 동생이 지금은 교회에 나가고 이제 집사까지 되었다. 참으로 놀라운 일이라고 생각된다. 하나님은 우리를 사랑하여 칼도 주시고 사랑도 주시고 은혜도 주시는 분이심임을 알 수 있다.

나는 아버시와 어머님이 살아계실 그때 고난 속에서 힘들게 살아가시던 그 모습이 자꾸 떠오르고, 아버지께서 노무현 대통령이 호주제를 폐지한 것보다 30여 년 전에 먼저 호주제를 반대하여 스스로 호주와 장남을 포기하신 그 선견지명이 있으신 아버지의 숭고하신 뜻을 따라 우리는 이제부터 기독교를 믿고 순전히 하나님 곧 예수님께 의지하여 살아가야 하는 것이다. 즉, '기독교의 종말론'에 따라야 할 것이다.

아버지께서 그 많던 집안의 제사를 폐지하시는 혁명적인 일을 하시고, 이에 호응하듯 국가에서는 호주제도 역시 법적으로 폐지하였다. 그러나 여전히 호주제와 남녀평등이나 제사제도 등 사회적 관습이 아직도 우리 사회에 뿌리 깊게 새겨져서 남아있어서, 나와 우리 형제들을 비롯한 많은 사람이 아직도 진정한 기독교 신자가 되지 못하고 있는 것을 주변에서 많이 볼 수 있다.

어릴 때부터 기독교를 믿지 않으면, 사람의 본성은 고치기가 매우 어려우며, 세상적인 생각과 세상적인 습관과 관습 때문에, 기독교 전도는 물론, 기독교를 믿기가 너무나도 어려운 것이 아직도 큰 숙제로 남아있다. 이것은 이 세상에 '하나님의 나라'가 임하기에는 아직도 먼 여정이 남아있다는 것을 말해주고 있는 것 같다. 그러나 진정한 크리스천 – 아마도 어릴 때부터 훌륭하게 전도를 받아서 하나님의 선택을 받은 훌륭한 크리스천 - 은 이미 천국을 누리면서 그리스도의 사랑 가운데 살고 있는 것을 알 수 있다.

따라서 이제는 예수님의 말씀인 "내가 세상에 화평을 주려고 온 줄로 아느냐? 내가 너희에게 이르노니 아니라. 도리어 분쟁하게 하려 칼을 주려고 왔다."라는 말씀에 따라 우리는 사탄의 세력에 물러서지 말고, 거기에 맞서서 힘차게 일어서서 떳떳하게 하나님의 말씀을 전하며 사탄을 물리치고, 우리 인류가 평화스럽게 살아갈 수 있도록 이 세상에 하나님의 나라를 세우는 일꾼으로 용감하게 살아가야 할 것이다!

제 11 장 하나님이 찾으시는 사람·나라·세상: 하나님 나라

기독교의 하나님은 개인과 나라와 세상을 하나님 뜻대로 이끌어 가신다!

우리 주변에는 매일 하나님을 사랑하여 애타게 만나고자 하면서 하나님을 찾고 있는 사람이 있다. 그런 사람은 매일 하나님께 기도하면서 하나님을 애타게 부르짖으며 찾고 있다. 하나님을 애타게 찾고 있는 그런 사람은 하나님을 진정으로 사랑하면서 때로는 눈물을 흘리면서 하나님께 매달려서 하나님의 음성을 듣고자 하고 있다. 그런 사람은 대체로 무언가 바라는 바가 있어서 그것을 이루기 위해 하나님께 애타게 울부짖으면서 하나님과 대화하고자 하는 경우이다. 그가 바라는 것은 극심한 가난과 질병의 고통에서 벗어나기 위한 소망이 있거나 자신에게 다가오는 무서운 악마에게서 벗어나기 위한 것이거나 죽음에서 벗어나기 위한 것, 또는 자신의 소원을 이루기 위한 큰 꿈 또는 여러 가지 다른 소원이나 욕망 때문일 수도 있을 것이다.

사람이 자신의 욕망이나 바라는 소망을 이루고자 하는 것에는 여러 가지가 있을 수 있겠지만, 우리가 예수 그리스도, 즉 하나님이 원하시는 바를 분명히 알고서 바라는 것이어야만 그것이 올바른 소원이라고 할 수 있으며, 그것을 하나님으로부터 도움을 받아서 그 소원을 이루어냄으로써 이 세상을 올바로 살아가고자 하며, 이 세상에 하나님의 나라가 이루어지기를 바라고 있는 것이다.

그러나 자기가 바라는 것이 예수 그리스도, 즉 하나님을 통해서 구하는 바람이나 소원이 아니라, 단순히 자신의 일시적인 욕망일 경우에는, 그것은 하나님이 아니라 마귀나 사탄으로부터 나오는 것일지도 모르는 일이다. 마귀나 사탄은 어떤 사람에게 악을 끼치고자 하여 그 사람은 물론, 그 사람과 관련된 일이나 세상에 대해 악을 끼치고자 하는 경우일 수도 있을 것이므로, 이에 대해서는 하나님께 기도로 대응해야 할 것이다.

그러나 예수 그리스도, 즉 하나님께 애타게 매달리며 개인이나 인류에게 덕을 끼치고자 하여 이루고자 하는 사람의 소망에 대해서는 하나님은 사랑으로 응답하시며 그의 음성으로 말씀하시는 것이다.

이처럼 인류를 위해 덕을 끼치고자 하는 창의적이고 올바른 사람, 즉 인류에게 행복을 가져다주기 위해 더 나은 창의적인 사람 - 다시 말하자면, 지금보다 더 평화롭고 더 풍요롭고 더 낫고 새로운 인류의 삶을 추구하기 위해 노력하는 사람 - 이 많을수록 이 세상은 더 평화롭고 더 행복하고 더 아름다운 곳으로 되어가는 것이다.

우리는 이와 같이 인류를 위해 보다 많은 덕을 끼치는 사람이 되기 위해 살아가는 사람, 즉 크리스천이 되어야 할 것이다. 우리는 언제나 그러한 삶을 위해 노력하고 있는 크리스천들이 많은 세상을 만들어가야 할 것이다. 그렇게 하기 위해 우리는 예수 그리스도, 즉 하나님을 믿는 훌륭한 기독교인(Christian, 크리스천)이 되도록 노력해야 할 것이다.

그러나 하나님이 궁극적으로 찾으시는 창의적인 사람은 어떤 사람이며 하나님이 만들어 가시는 나라와 사회는 어떤 것일까? 기독교의 하나님이 찾으시는 진정한 참된 크리스천(기독교인)과 하나님이 만들어 가시는 우리 인류의 미래인 크리스천의 세계인 하나님 나라, 즉 하나님이 바라시는 개인과 나라와 사회, 그리고 세계는 지금도 하나님께서 스스로 묵묵히 이끌어가고 계신다!

우리는 사도 바울처럼 하나님을 믿는 일에 '열심'을 다해야 한다!

> 우리 역시 바울처럼 모든 세상적인 일보다 하나님을 믿는 일에 '열심'과 '질투하는 마음'으로 하나님을 믿고 서로 사랑하고 단결해야 할 것이다. 그러나 바울(사울)은 (당시 이스라엘을 식민지로 다스리며 핍박하던) 로마제국을 전복시키고자 하는 정치적인 운동에는 절대로 개입하지 않았다.

"바울은 갈라디아서 1:14과 사도행전 22:3에서 '열심'이란 단어를 사용하고, 빌립보서 3:6('열심으로는 교회를 핍박하고')에서 '열심'이란 단어를 사용하는데, 이 점을 그냥 지나쳐서는 안 된다. 우리가 아는 한, 바울(사울)은 (당시 이스라엘을 식민지로 다스리며 핍박하던) 로마제국을 전복시키고자 하는 정치적인 운동에는 절대로 개입하지 않았다. 유대인 열심당의 의식 속에는 이스라엘의 하나님은 그 이름 자체가 '열심'(출 34:14)이신 분으로 '질투하는' 혹은 '열심 있는' 하나님이시라는 확신이 뿌리박혀 있었다. 그리고 이스라엘의 역사에는 여호와 존귀를 보존하는 데에 '열심'이 특출한 '열심 있는 영웅들'이 많이 등장하고 있다."[189] 즉, 이스라엘 국민들은 여호와 하나님을 섬기는 일에 오직 전심을 다했다고 한다.

앞에서 "우리가 아는 한, 바울(사울)은 로마를 전복시키고자 하는 정치적인 운동에는 절대로 개입하지 않았다."고 기록하고 있다. 만일 이스라엘의 유대인들이 로마를 전복시키고자 하는 정치적인 운동에 열심이었더라면, 당시 세계 최강의 로마제국이 이스라엘이라는 작은 약소국을 훨씬 더 괴롭힘으로써 이스라엘은 훨씬 더한 고통과 핍박을 당했을 것이며, 이스라엘의 모든 교육시설 등 미래 발전을 위한 모든 기관이 견뎌내지 못하고 사라졌을지도 모르는 일이며, 그로 인해 그 후 강대한 로마제국의 강력한 조치에 의해 이스라엘이 영원히 다시 일어서지 못하고 사라졌을지도 모르는 일이다. 우리는 최선을 다해서 하나님께 매일 '질투하는' 심정을 가지고 열심히 기도함으로써 하나님의 뜻을 정확히 알고서 하나님께 매달려야 하는 것이다.

189) 로버트 레이먼드(Robert L. Reymond) 지음, 원광연 옮김, '바울의 생애와 신학', (고양시: 크리스천다이제스트, 2003), 65.

그러나 우리나라에서는 여야의 정치인들이 지나칠 정도로 '열심히' 서로 대립함으로써 멸망에까지 이르렀고 지금도 되풀이하고 있다. 그렇다! 이러한 현상은 과거 조선시대의 당파싸움에서도 그 정도가 매우 심각하여 수많은 선비들이 사화(士禍, 권력을 가진 상대 당파의 선비들로부터 정신적 및 육체적인 피해를 당하는 화)를 입었고, 이로 인해 나라가 스스로 파멸의 경지에 이르게 되었던 것이다. 그 결과로 마침내 임진왜란을 불러왔으며, 나라가 존망의 위기에까지 내몰려 지내며 간신히 생명을 이어오다가 결국에는 멸망당한 사실을 우리는 역사에서 배우고 있다.

뿐만 아니라 당파싸움으로 아까운 선비들과 그들의 가족들이 수없이 목숨을 잃었고 그 집안이 무너지고 사라져버린 것을 우리는 역사에서 배우고 있다. 오늘날에도 우리는 수많은 인재들이 당파싸움에 휩싸여 있는 것을 보면서 우리의 미래가 사라져버릴지 몰라서 걱정하고 있는 것이다.

이것을 극복하는 길은 한국에 기독교가 보다 널리 파급됨으로써 모든 국민이 하나님을 섬기는 일에 열정을 쏟아 부음으로써, 사도 바울처럼 하나님을 믿는 일에 '열심'과 '질투심'을 쏟아 부어야 할 것이다.

하나님을 만난 사람

> 하나님을 찾는 사람, 하나님이 찾는 사람
> 하나님을 만난 사람은 그리스도의 창의능력을 소유하고 있다!
> 하나님을 만난 사람은 세상을 하나님께로(천국으로) 인도하고 있다!

우리 주변에는 매일 하나님을 만나고자 하여 하나님을 애타게 찾고 있는 사람들이 있다. 그런 사람은 매일같이 하나님을 만나고자 하여 항상 하나님께 기도하고 있다. 그리고 그런 사람은 하나님을 진정으로 사랑하면서 때로는 하나님을 만나고 성령님이 주시는 눈물을 흘리면서 감격해하고 있다. 그런 사람은 대체로 무엇인가 애타게 바라는 바가 있어서 그것을 이루기 위해 하나님께 애타게 울부짖으며 매달리고 있는 것이다. 그가 바라는 것은 극심한 육체적·정신적 질병의 고통으로부터 벗어나기 위한 소망이거나 자신을 괴롭히고 있는 무서운 악마나 마귀로부터 탈출하기 위한 것이거나, 또는 자신이 바라는 간절한 소원을 이루어내기 위해 큰 꿈을 가지고 있어서 그것을 이루기 위해 하나님의 도움을 바라는 것일 수도 있다.

이렇게 애타게 기도하면서 하나님께 매달리며 이루어 내고자 하는 소망은 자기 자신의 개인적인 것을 넘어서 나라와 사회와 전 인류를 구원하고자 하는 것일 수도 있으며, 하나님은 그것에 대해 그를 사랑하면서 그것을 이루어 내도록 도와주실 것이다.

그러나 하나님이 바라시는 것은 이 세상이 하나님의 사랑으로 가득 채워지도록 하는 것이다. 하나님의 사랑으로 가득 차게 되는 세상이 하나님이 바라시는 세상이며 우리 인류의 희망이며 비전이다!

1. 두 남매 이야기

한 가정의 중년 부부 사이에 딸 윤희씨와 아들 용수씨 등 모두 네 명의 가족이 살고 있었다. 그 두 부부 중에서 남편은 한국 최고의 명문대학을 졸업하고 유명한 대기업의 회장이면서 특별히 경영 능력이 뛰어나서, 회사를 잘 운영하면서 부유하게 살고 있었다. 그의 아내이며 두 자녀의 어머니 역시 한국 최고의 명문대학의 미술학과를 졸업하고 미술에 대해 특별한 재능을 타고나서 대학 교수로 지내고 있으면서 또한 가정에서는 미술을 취미생활로 하면서, 그림도 그리고 작품을 만들기도 하며 여유롭게 지내고 있었다. 특별히 그 가정의 부인은 대학에서는 명성 있는 미술전공 교수이며, 가정에서는 딸과 아들을 섬세한 마음으로 잘 가르치고 돌보면서 가정을 잘 이끌어나가고 있었다.

그 집의 딸 윤희씨와 아들 용수씨는 모두 두뇌가 명석하여 두 사람 모두 명문대학에 들어가서 다니고 있었다. 딸 윤희씨는 음악적 재능이 뛰어나서 피아노를 전공하고, 아들 용수씨는 법대에 입학하였다. 딸과 아들은 모두 대학교에서 학교생활도 잘하고 있었다. 4명의 가족은 모두 건강하게 잘 지내고 있었고, 집안도 부유하여서 비교적 행복하게 살고 있었다. 가정에는 특별히 섬기는 종교는 없었지만 딸 윤희씨는 기독교 대학에 들어가서 기독교를 독실하게 믿으면서 매우 모범적인 크리스천이 되어 하나님을 잘 섬기고 있었다.

둘째인 아들 용수씨는 교회에 다니는 친구와 누나 윤희씨의 권유가 있어서 비교적 성실하게 일요일에는 반드시 교회에 다니고 있었다.

가정에서 가장 큰 기대를 한 몸에 받고 있는 둘째인 용석씨가 법대에 입학하자 그의 아버지는 욕심이 생겨서 아들에게 법대 재학 중에 사법고시를 보면 좋겠다는 생각을 하게 되었다. 처음에는 농담 삼아 말을 꺼냈던 것이었는데 차츰 아버지의 욕심이 커지기 시작했다. 그러다가 아버지는 둘째인 아들에게 재학 중에 사법고시를 보라고 점점 압박을 가하기 시작했다. 부유한 가정에서 자라난 용석씨는 인생의 한창때인 중요한 시기에 대학 생활을 여유롭게 즐기면서 공부를 하고자 하여 대학을 마친 뒤에 사법고시를 치르든지 아니면 졸업 후에 천천히 여유를 봐서 판검사나 변호사 등의 직업을 갖고 싶었던 것이다.

처음에는 아버지가 농담 삼아 꺼낸 이야기가 차츰 그 이야기 빈도수가 잦아지면서 저녁 식사 후에 가족이 함께 TV를 보는 시간에 자주 아버지와 아들 용석씨 사이에 언성이 높아지기 시작하더니 큰 소리로 하는 말다툼이 잦아지게 되었다. 아버지가 보기에 아들은 머리가 좋아서 똑똑하고 지금까지 명문 고등학교를 다니면서 항상 1등을 하는 수재였으므로 쉽게 사법고시에 합격할 것 같은 생각이 들었던 것이다. 그의 아버지와 어머니는 아들이 명문대학 법대에 들어가서 기분이 말할 수 없을 정도로 너무나 좋았던 것이다. 그래서 아버지는 아들이 대학 재학 중에 사법고시에 합격하면 기분이 더 좋을 것만 같았고 사람들에게 큰 자랑거리가 될 것만 같은 생각이 들었다. 어머니 역시 덩달아 아들이 재학 중에 사법고시에 합격하기를 은근히 바라고 있었다.

저녁 식사 시간 이후에 TV를 보면서 으레 소파에 앉아서 아들 용석씨의 사법고시에 관한 얘기를 하게 되었다. 음대 3학년인 딸 윤희씨는 옆에서 주로 듣기만 하면서 아버지와 동생 사이에서 중재 역할을 하면서 언성이 높아지는 것이 싫어서 짜증을 내기도 했다. 그러다가 아들과 딸은 지칠 대로 지치면 그만 자기 방으로 가버리곤 했다. 어머니는 남편을 견제하면서 너무 아들의 재학 중 사법고시를 지나치게 강요하지 말라고 참견하였다. 그러다가 어떤 때는 용석씨는 화가 나서 소파에 앉아서 잠이 들거나 또는 아버지께 반대 의견을 펼치다가 일단 대학을 졸업하고 난 후에 사법고시를 보는 것이 좋겠다고 말했다.

이런 생활이 매일 같이 계속되자 나중에는 큰소리가 오가다가 특히 화를 잘 내며 목소리가 큰 아버지는 소리를 버럭 지르곤 했다. 그러면 용석씨는 화를 풀지 못해서 얼굴이 벌겋게 달아올라 가지고는 자기 방문을 쾅 닫아버리고 자기 방으로 휙 들어가 버리곤 했다.

그런데 아버지는 아들이 법대에 들어간 것을 매우 기뻐하면서도 차츰 아들이 법대에 들어간 것에 만족하기보다 재학 중에 하루속히 사법고시에 합격할 것을 지나칠 정도로 강하게 요구하면서 아들을 정신적으로 압박을 가하는 과정에서 부자간에 극심한 논쟁이 벌어지는 일이 많았다. 아버지는 젊은 사람 못지않게 야심만만한 사람이었고, 반면에 아들 용석씨는 다소 소심하고 얌전한 성격이어서 부자간에 의견충돌이 있을 때마다 아들은 위축되고 약간의 우울증세를 보이다가 결국에는 아버지에 맞서 화를 내고야 말았다. 딸 윤희씨는 아버지와 남동생 사이에 언성이 높아지면 마음속으로 조용히 하나님께 기도하면서 아버지와 남동생 사이에 언쟁이 격화되는 것을 매우 불안해하였다. 아버지의 목소리가 커지면 매우 걱정이 되어서 엄마에게 아버지를 진정시켜달라고 도움을 요청하기도 했다. 그러면서 아버지께 가정에서 큰소리로 싸우지 말고 아버지의 소원을 하나님께 기도를 드리라고 엄마에게 부탁하거나 윤희씨도 하나님께 기도드렸다. 딸 윤희씨는 엄마의 손을 잡고 아버지에게 큰소리로 남동생과 다투지 말고 이제는 화를 자주 내기보다는 교회에 다니며 하나님께 기도를 드리라고 부탁하면서 이 일에 대해 엄마와 함께 기도하였다.

그런데 시간이 흐를수록 아버지와 아들 사이에 사법고시 시험을 조기에 보라는 아버지의 독촉 문제로 조기 사법고시에 관한 말이 나오면 으레 언쟁이 점점 더 크게 벌어지는 것이었다. 아버지는 본래 성격이 불같았고 아들 용석씨 역시 때로는 아버지를 닮아서 불같은 성격이어서 조용히 대화하는 법이 없고 언제나 싸우듯 고함을 질러대는 말투로 대화하였다. 사법고시를 보는 문제는 물론 다른 문제로 대화를 시작하다가도 아버지의 주장이 워낙 강해서 목소리가 높아지다가 마지막에 가서는 으레 언쟁이 벌어져서 부자간에 항상 얼굴을 붉히는 일이 일상이 되어버렸다.

아들이 법대 2학년이었던 때였던 어느 날 식탁에서 저녁 식사를 마치고 아버지와 용석씨가 함께 TV를 보다가, 또다시 아버지가 아들 용석씨에게 사법고시 시험에 관해서 얘기를 꺼내자 언쟁이 벌어지고 목소리가 높아지면서, 아들 용석씨가 화를 참지 못하고 문을 꽝하고 닫으면서 자기 방으로 들어가 버리자, 아버지는 버르장머리가 나쁘다면서 소리를 질렀다. 아들은 얼굴이 시뻘겋게 되어서 화를 참지 못하고 아파트 9층의 창문을 열고 밖으로 뛰어내려 버렸다. 그 일로 아들 용석씨는 그만 저세상으로 떠나고 말았다. 순식간에 벌어진 일이었다. 가정에서 아버지와 아들 사이의 말다툼이 마침내 이렇게 큰 사고를 내고야 말았던 것이다.

그 일이 있은 그 이후부터 네 식구이던 가정이 세 식구로 줄어들면서 그 집안에는 한동안 우울한 정적이 흐르고, 활기가 사라져 버렸다. 아버지는 매일 저녁 회사에서 돌아오면 술을 취하도록 마시고는 아들 용석의 이름을 불렀다. "용석아!"하면서 구슬프게 용석의 이름을 부르며 울부짖다가, 일찍 잠자리에 들었으며, 어머니는 매일 죽은 아들을 부르며 구슬프게 울었다. 활기에 넘치던 집안에 갑자기 적막함이 깔리고 울적한 기운이 집안을 감돌았다.

한편, 음대에 다니는 딸 윤희씨는 본래부터 성격이 부드럽고 활달하여 친구들을 많이 찾아다니며 친구들과 사귀면서 매우 명랑하게 지내고 있었으나 동생이 죽은 그날부터 말수가 적어지고 아버지를 멀리하며 우울하게 지내는 일이 많아졌다. 그러다가 대학생 선교회(大學生宣敎會, Campus Crusade for Christ, CCC) 등 여러 개신교 선교단체에 들어가서 기독교 활동을 하고, 함께 선교활동을 하는 친구들과 어울리면서 기독교 활동에 깊숙이 관여하기 시작했다. 동생의 죽음에 대하여 딸 윤희씨는 누나로서 그리고 집안의 장녀로서 충분히 역할을 하지 못했다는 자책감 때문에 그 이후로 자주 우울해지는 일이 많아졌다. 장녀인 윤희씨는 그 이후로 하나님께 의지하며 동생의 죽음을 잊지 못하고 항상 우울한 가운데 교회에만 열심히 다니면서 하나님을 찾아 매일 기도하면서 그 이후로 매우 진지하게 하나님을 찾기 시작했다. 윤희씨는 하나님께 기도하면서 하나님을 찾고 하나님께 의지하는 삶을 살면서 하나님께 진지하게 기도드리는 삶을 꾸준하게 이어가게 되었다. 그러면서도 학교 공부도 열심히 하였다. 동생이 없어진 공간을 메우기 위해서 집안에서 활기를 살리고자 일부러 찬송가를 부르며 아버지와 어머니를 위로하기 위해 노력했다.

윤희씨는 교회 생활에 충실하면서 하나님께 매달려 살게 되고 특히 선교활동을 많이 하게 되었고, 선교활동에 몰두하게 되면서 교회의 청년부에서 활동하게 되었다. 그러다가 마침내 음대를 졸업하고 난 후에는, 마을 근처의 여자중학교에서 교사로 근무하게 되었다. 그러다가 교회에서 청년부의 착실한 기독교 의대를 졸업한 청년 이승민씨와 사귀게 되었고, 그 성실한 기독교 의대 출신 승민씨가 의사가 되자 그 청년과 마침내 결혼하게 되었다.

결혼생활을 하면서 교회에서 피아노 반주자가 되고 교회생활을 더욱 열심히 하게 되었다. 승민씨는 마침내 자신의 아버지와 양가의 도움을 받아서 서울의 중심가에서 좀 떨어져 있는 곳에서 병원을 개업하였다.

윤희씨는 남편이자 의사인 승민씨의 병원에서 가까운 곳에 있는 여자중학교에서 교사로 지내면서 남편을 도우며, 동생 용석씨가 죽고 난 후에 외로워하시는 아버지와 어머니의 가정생활의 안정을 위해 자주 찾아보면서 많은 도움을 드리려고 노력했다. 그러면서 아들을 잃은 부모의 마음을 위로하기 위해 부모님과 같은 교회에 다니면서 차츰 안정을 되찾으며 조용하게 살아가게 되었다.

그러다가 윤희씨 부부에게 그새 딸 한명과 아들 한명이 태어나고 아이들 공부시키느라고 정신없이 바쁘게 지내게 되었다. 그래도 일요일에는 반드시 부모님과 함께 교회에 나가서 피아노 반주를 하면서 예배를 드리면 마음이 편안해짐을 느끼게 되었다.

윤희씨는 엄마와 아버지를 위해 매우 성실하게 보살피면서 하나님을 충성을 다해 섬기는 삶을 살았다. 그리고 새벽기도 역시 집근처에 있는 교회에 어머니와 아버지를 모시고 다니면서 멀리 가버린 아들 때문에 슬퍼하시는 부모님을 위해 매일 새벽에 눈물로 기도를 드렸다. 엄마로부터 교회생활을 인도받은 윤희씨는 엄마와 함께 언제나 기도를 하나님께 드리면서 하나님의 음성을 들을 수 있게 되었다. 하나님의 음성을 들으면 모든 병과 마귀가 물러가고 모든 슬픔이 사라지는 것을 느낄 수 있었다. 윤희씨의 모녀는 언제나 기도할 때 하나님께 간구하며 하나님의 음성을 통해 하나님의 응답을 듣게 되고 그 생활이 윤희씨 부부와 부모님에게 큰 기쁨을 드릴 수 있었다.

천국에 먼저 간 용석씨가 꿈속에서 누나를 찾아온 이후 집안의 달라진 삶!

용석씨가 죽고 난 후 7년이 지난 어느 날, 윤희씨는 꿈속에서 7년 전에 세상을 떠난 동생 용석씨를 만나게 되었다. 용석씨는 누나 윤희씨를 만나자 환하게 웃으며 매우 반갑게 찾아와서 바라보며 말했다. "누나! 반가워! 누나는 언제나 밝고 명랑하게 살고 있어서 참 좋구나! 나도 하나님과 천국의 삶을 누릴 수 있어서 정말 좋아! 누나도 항상 하나님께 기도드리면 나도 누나의 기도를 듣게 되어서 기뻐! 나는 아버지와 엄마를 위해 기도하고 있어! 우리 남매는 엄마와 아빠를 위해 항상 기도하며 즐겁게 살아가자! 나는 언제나 우리 엄마와 아빠와 누나를 위해 기도하고 있어! 난 천국의 삶이 참 좋아! 우리 모두 함께 이렇게 영원히 즐겁게 살아가면 좋겠어! 나는 엄마와 아빠와 그리고 누나를 바라보며 즐겁게 천국의 삶을 누리고 있어! 엄마와 아빠에게도 내 말을 전해줘! 이제 누나는 부모님을 위해 내가 못다 산 삶까지 좀 살아주면 좋겠어!"라고 하며 의미심장한 슬픈 모습과 함께 이어서 미소를 윤희씨에게 던지며 멀어져 가는 동생 용석씨의 모습을 보여주었다. 잠에서 깨어난 윤희씨는 더 이상 잠을 잘 수 없었다. 동생 용석씨가 세상을 떠나간 그날부터 마음속에 남아서 윤희씨를 괴롭히던 생각들이 다시 떠오르기 시작한 것이다. 그러나 이제는 동생이 말하던 모습이 생생하게 다시 떠오르면서 속이 시원해지고 모든 것이 행복하게 느껴지기 시작했다.

잠에서 깨어난 윤희씨는 바로 옆에서 자고 있는 사랑하는 남편과 건너 방에서 자고 있는 두 아이의 모습을 떠올렸다. 하나님을 만나서 기도드리고 함께 상의하면 무엇이든지 반드시 해결되고 행복하게 살아갈 수 있는 응답을 받을 수 있을 것만 같은 생각이 들었다. 그것은 바로 하나님이 주시는 화평이라고 여겨졌다.

그날부터 윤희씨는 남편과 두 아이에게 앞으로 교회생활을 좀 더 진지하게 하자고 제안했다. 그리고 아버지와 어머니에게 동생을 꿈속에서 만난 이야기를 해주었다. 아버지와 어머니는 매우 기뻐하시면서 그 이후로 부모님은 더욱 밝아지시고 건강해지셨다. 부모님도 그 이후로 교회에 더 열심히 다니시면서 진지하게 성경말씀을 열심히 읽으시고 구역예배에서도 성경공부에 더욱 집중하면서 새로운 크리스천의 삶에 더 기쁨을 찾기 시작했다. 그러면서 금요특별기도회에 참석하면서 성령감화의 눈물을 흘리며 기도하는 즐거움에 푹 빠져서 하나님을 만나는 기쁨을 누리게 되었다. 윤희씨는 부모님의 변화된 삶에서 기쁨을 누리게 되었고 이제 먼저 천국으로 간 용석씨도 부모님과 윤희씨와 함께 천국의 삶을 즐겁고 행복하게 누리게 된 것이다. 참으로 놀라운 변화가 윤희씨 가족들에게 찾아온 것이다.

윤희씨의 남편은 이미 지방과 그리고 서울에 있는 친구를 비롯해서 여러 크리스천 친구들과 함께 줌(Zoom)으로 항상 성경공부를 하고 있었다. 아직 어린 두 아이도 엄마에게서 어린이 성경책을 통해 귀엽게 QT를 열심히 하고 있어서, 온 가족이 더욱 열심히 성경을 읽으면서 하나님과 더욱 가까워지기 위해 노력하고 있으므로 이제는 가족 모두가 함께 천국의 삶을 누리며 즐겁게 살아가는 일은 어렵지 않으며 오히려 쉬운 일이라고 생각되었다.

그 중에서도 가장 중요한 것은 하나님을 신적(神的) 존재로서가 아니라 인격적(人格的)으로 만나는 일, 즉 '하나님의 임재(Presence of God) 안으로 들어가는 일', 다시 말하자면 '하나님과 인격적으로 만나는 체험'을 하고 싶었고, 또 점점 그렇게 되어가고 있었던 것이다. 우선 무엇보다도 하나님을 만나는 체험을 하는 것이 가장 중요한 일이었다. 그래야만 하나님에 대한 확신을 갖게 되고 크리스천이 되는 기쁨을 누릴 수 있게 될 것이기 때문이다.

하나님을 만나는 일, 즉 하나님의 임재(Presence of God)를 체험하는 일

로렌스(Lawrence, 1611~1691)는 '하나님의 임재의 연습'이라는 책을 쓴 사람으로서, '하나님의 임재'란 곧 '하나님의 품'에 안기는 일(체험)이라고 했다. 어머니의 품에 안기는 어린아이처럼 근심이나 걱정이 전혀 없는 마냥 편안한 상태와도 같은 것이다.

하나님의 임재를 체험할 수 있는 것은 크리스천이 하나님의 말씀인 성경을 읽고 묵상을 할 때 찾아오는 것인데, 하나님의 말씀(성경)을 읽지도 않고 묵상도 하지 않으면 하나님의 임재가 무엇인지 알 수가 없을 것이다. 하나님의 말씀인 성경의 본문을 읽을 때, 하나님이 나에게 무슨 말씀을 하고 있는지 들을 수 있는 경지에 들어가야만 하나님을 만나서 하나님의 음성을 듣게 되는 체험을 할 수 있다는 것을 윤희씨 부부와 부모님은 점점 더 깨닫게 된 것이다.

하나님과 친밀하게 만나는 기도는 언제나 가능하다!

정해진 시간에 조용한 곳에서 하나님과 만나서 대화를 나누는 기도 중에는 집중해서 말씀을 묵상할 수 있고, 그 묵상을 통해서 하나님의 임재 속으로 들어가게 되는 것이다. 그러다가 하나님과의 만남과 묵상의 기도가 익숙해지면 분주한 일상에서도 기도할 수 있게 되는 것을 윤희씨 부부와 부모님 그리고 두 자녀들까지도 온 가족이 함께 실감하게 된 것이다.

윤희씨는 꿈속에서 동생 용석을 만나고 나서부터 하나님의 임재를 체험하게 되었고, 하나님의 말씀인 성경을 기쁨으로 묵상하게 되었으며, 남편과 가족을 아끼고 사랑하면서 교회를 통해 집에서 멀리 떨어진 곳이나 지방이나 외국으로 다니며 전도 활동을 하고, 주말에는 남편과 아이들, 그리고 부모님과 함께 교회에 나가고, 남편과 함께 병원에서나 교회에서 노인들을 위한 봉사활동을 하며, 크리스천으로서의 사명을 다할 수 있는 보람된 삶을 즐겁게 이어갈 수 있게 되었다.

윤희씨는 때로는 먼저 저세상으로 떠나간 동생 용석이 이따금씩 보내주는 아름다운 사랑의 메시지를 포근하게 느끼면서 행복하게 가정을 이끌어가는 지극히 평범하면서도 유능한 크리스천 교사, 그리고 남편인 의사 승민씨와의 행복한 삶을 이어가고 있는 중이다.

동생 용석의 죽음은 그들의 가정을 위해 하나님의 부르심을 받은 숭고한 희생이 되었고 그의 가정과 가족들을 위해 크게 도움이 되고 있을 뿐만 아니라 가깝고 멀리 떨어져 살고 있는 사람들에게 그리스도와 하나님을 전하는 일에 크게 도움을 주는 삶을 살게 되었다. 이제 저세상에 가버린 동생 용석씨는 윤희씨의 가족 그리고 부모님과 함께 살고 있는 것처럼 기도하는 중에 자연스럽고 편안하게 만나고 또 대화할 수 있게 되어 매우 편하게 지내는 가족처럼 느껴지게 되었다.

2. 두 형제 이야기

■ 미국의 유명 대학에서 유학 중인 형인 원선씨가 한국에서 불면증에 시달리고 있는 동생 원기씨에게 미국에서 약을 구해서 보내주었더니 불면증에 시달리고 있던 동생이 형으로부터 보내준 수면제를 먹고 사망해버리자 형은 놀라서 하던 공부마저 한동안 포기하고 고민하던 중에 박사학위를 받고 직장에 다니던 중에 마침내 하나님을 만나게 되자 신학을 공부하여 목사가 되어 선교활동을 하게 된다. ■

어떤 부유한 가정에 형인 김원선씨와 동생 김원기씨라는 두 아들이 있었다. 그 두 아들은 어릴 때부터 머리가 뛰어나게 우수하다는 말을 듣고 자랐다. 그중에서 형 원선씨는 하나님을 만나게 되어서 나중에 목사가 되었는데,

여기서는 형인 원선씨가 어떻게 하나님을 만나게 되었는지에 관한 이야기를 하려고 한다. 김원선씨는 처음에는 당시 한국의 최고 명문 고등학교를 졸업하고 역시 최고의 명문 대학의 공과대학 전기공학과에 입학하여 우수한 성적으로 졸업하였다. 그리고 다시 미국의 명문대학으로 유학을 떠났다. 원선씨는 부유한 집안 출신이고 공부도 잘해서 공학 분야에서 장래가 기대되는 인재로서 미국에서 열심히 공부를 잘해서 유학을 마치고 귀국하면 앞으로 한국의 공학 분야에서 한국을 빛낼 수 있는 유명한 인재가 될 것이라는 기대를 주변사람들로부터 받고 있었다.

그런데 형인 원선씨가 미국에서 공부하는 중에 한국에서 대학을 다니고 있는 그의 동생 원기씨가 불면증으로 고생하고 있다는 소식을 듣게 되었다.

가족을 사랑할 뿐만 아니라 동생 원기씨에 대한 애정이 특별히 컸던 원선씨는 동생이 불면증을 앓고 있다는 것이 걱정되어, 한국에서도 좋은 약이 많이 있지만, 그래도 동생을 사랑하던 원선씨는 그의 동생 원기씨를 위해 혹시라도 해서 미국에서 불면증에 관한 가장 좋은 약이 무엇이 있는지를 알아보고 있었다. 마침 불면증에 좋은 약을 구해서 한국의 동생에게로 보내주었다. 그런데 그만 동생 원기씨는 어찌 된 영문인지 그 약을 먹고, 다음날 일어나지 못한 채로 사망하고 말았다. 동생의 사망 소식이 형인 원선씨에게로 전해졌다.

동생 원기씨에게 보내준 약을 먹고 사망했다는 소식을 들은 원선씨는 매우 놀라서 할 말을 잊고 며칠 동안 정신을 잃고 지냈다. 그의 어머니와 아버지는 놀라서 기절하다시피 했다. 며칠 동안 정신없이 지낸 원선씨의 가족들은 모두 할 말을 잃어버리고 멍하니 지내고 있었다. 그때부터 아버지 김승연씨는 말이 없어졌고, 어머니는 매일 원기씨의 이름을 부르며 목 놓아 울면서 슬픈 나날을 보내고 있었다.

형인 원선씨는 자신이 동생 원기씨에게 보내준 수면제를 한국에 살고 있던 동생 원기씨가 복용하고 난 후에 사망하자, 이에 대한 죄책감으로 큰 충격을 받아서 학교에도 나가지도 않고 우울증에 시달리며 지내고 있었다. 그러다가 친구의 권유를 받아서 그때 처음으로 근처에 있는 미국의 한인교회에 나가서 하나님께 매달려서 울부짖으며 매일 자신의 심경을 하나님께 아뢰며 앞으로 어떻게 해야 할 것인지를 하나님께 기도하며 매달리면서 상의하는 기도를 드렸다. 전에 어릴 적에 가끔 교회에 다닌 적이 있는 원선씨는 교회에 나가서 기도를 드리면서 하나님께만 매달려서 자신이 하던 공부하기를 포기하다시피 했다. 마치 자기가 보낸 약으로 동생 원기씨를 계획적으로 죽이기라도 한 것처럼 느끼게 된 원선씨는 스스로 동생을 살인한 죄인이 된 것처럼 느끼기 시작하게 되었다. 그리고 자신이 동생을 죽인 죄인이라고 스스로 믿기 시작하게 된 것이다. 그는 자기가 공부하고 있던 것을 거의 포기하다시피 했으나, 다시 마음을 고쳐먹고, 자기 전공분야에서 박사학위 과정을 마치기로 결심했다. 그리고 본래 수재였던 그는 어렵지 않게 마침내 박사학위를 받게 되었다.

원선씨는 동생이 자기가 보낸 약을 먹고 죽은 이후에도 그 사실에 대해 점점 더 맹렬하게 하나님께 매달리며 매일처럼 사죄하는 기도를 드리면서 마침내 박사학위 과정의 공부를 마치게 되었다. 그의 마음속에는 전공과목을 공부하려는 마음과 함께 항상 하나님께 대해 사죄하는 두 가지 마음이 함께 자리하고 있었다.

전공분야에서 박사학위를 받고 직장에 다니다!

원선씨는 박사학위를 받고난 후에, 전자 관련 회사에 취업하게 되었다. 원선씨의 학력과 경력이 너무나 탁월하여 좋은 자리에 쉽게 취직할 수 있게 되었다. 마치 원선씨를 기다리기나 한 것처럼 아주 적합한 자리였다. 보수도 좋아서 마침 공부하던 중에 한국에서 사귀고 있던 약혼녀와 결혼을 하게 되었고 부인은 미국으로 와서 함께 가정을 이루며 살게 되었다.

원선씨는 기도생활을 하던 중에 하나님의 음성을 듣게 된다!

원선씨는 하나님의 음성을 듣고 싶어서 새벽기도는 물론, 금요철야 기도회, 그리고 산상기도회 등에 빠지지 않고 열심히 참석했다. 물론 결혼한 아내와 함께 참석했고, 아내는 본래부터 원선씨보다 더 신실하고 더 적극적인 크리스천이었다. 이 두 부부는 언젠가는 이사야(Isaiah) 선지자가 기도 중에 보좌에 앉으신 거룩하신 하나님을 뵙고 하나님의 음성을 들었던 것처럼(이사야 6:1~13), 하나님을 뵙고 하나님의 음성을 들을 날을 기대하면서 교회생활을 열심히 하며 기도를 계속하였다. 이렇게 원선씨 부부는 오랜 기간을 미국에 살면서 같은 한인교회에서 오랫동안 참된 크리스천의 삶을 살게 되었다. 그 교회에서 집사가 되었고 교회 봉사활동에도 열심이었다.

하나님의 음성을 마음으로 듣게 된 원선씨

어린 사무엘은 하나님이 부르시는 소리를 세 번이나 들었다(사무엘상 3:3~9). 그런데 함께 있던 엘리(Eli) 제사장은 듣지 못했다. 이 예를 통해 하나님께서 말씀하실 때 우리 귀를 통해 말씀하시는 것이 아니라 우리 마음에 말씀하신다는 것을 알 수 있다. 따라서 우리가 하나님의 음성을 듣는 것은 귀를 통해서가 아니라 마음을 통해서인 것을 알 수 있으며, 따라서 기도 중에 하나님의 음성을 듣기 위해서는 마음에 집중해야 하는 것을 알 수 있다.

그렇게 여러 해 동안 교회를 다니던 중에 원선씨는 드디어 새벽기도에서 분명하게 하나님의 음성을 듣게 되었다. 스스로 부끄럽게 느끼는 간증이지만 그는 새벽기도에서 교회 장로가 되게 해 달라고 기도를 한 것이다. 스스로 판단해도 충분히 장로의 자격이 있는데 아직도 집사였던 것이다. 원선씨가 스스로 장로의 자격이 있다고 생각한 이유는,

첫째, 그는 선교사역을 열심히 했기 때문이다. 원선씨는 집사로 3년간 교회 선교부장을 맡아 교회의 선교지출액을 매년 세 배로 증액시켰고, 교회 밖에서도 WMC(World Mission for Christ) 선교회의 후원회장이 되어 미국 전역에서 후원회원을 모집하고 매달 수천 달러를 모금하여 아프리카 Kenya에 나가있는 선교사들을 후원하였다. 그때 모금을 위해 전화로 자기가 아무개 집사라고 하면 후원을 완곡하게 거절하는 분도 계셔서 '선교를

하려면 적어도 장로는 되어야 하겠구나!'하고 씁쓸하게 웃었던 기억이 있었던 것이다.

그러던 어느 날 새벽에 원선씨가 기도하고 있는데 갑자기 음성이 들렸다. 그 음성이 얼마나 크고 분명하게 들리는지 마치 자기 귀로 듣는 것 같았다. 그런데 그 음성이 바로 하나님의 음성이었다. 하나님은 먼저 "너는 왜 장로가 되려고 하느냐?"라고 물으셨다. 그는 너무 놀라기도 했지만 부끄러워서 얼른 대답을 하지 못했다. 그는 장로가 되고 싶었던 여러 이유 중에는 교회에서 옳은 대접을 받고 싶은 욕심도 있었기 때문이다. 원선씨가 우물쭈물하고 대답을 못하고 있는데 하나님은 이어서 "너는 내 책에 이미 장로가 되어 있다!"라고 말씀하셨다. 그 순간 그는 목을 놓아 울었다. 하나님께서 인정해 주신다는 것이 너무 감격스러웠다. 이것이 원선씨가 분명하게 하나님의 음성을 가장 확실하게 들은 첫 번째 경험이었다.

원선씨는 하늘을 날듯이 기뻤다. 그 후로 그는 장로가 되고 싶은 마음을 깨끗이 접었다. 그랬더니 원선씨의 영혼이 얼마나 자유로워졌는지 모른다. 공공연한 사실이지만 한국교회에서 장로가 되려면 담임목사와 당회원의 눈도장을 받아야 한다. 또 은연중에 선거운동도 해야 한다. 장로로 안수 받으면 엄청난 헌금도 해야 한다. 그런데 원선씨는 그럴 필요가 없게 된 것이다. 그리고 1년 뒤에 그는 장로로 피택 되었기 때문이다.

새벽기도가 하나님과 사귐을 갖는데 좋은 시간임에도 불구하고 많은 한국교회들이 새벽기도를 간구기도의 시간으로만 사용하는 것은 안타까운 일이다. 이런 간구기도는 굳이 새벽에 교회에 나와서 할 필요가 없다고 예수님이 말씀하셨다.

■ (현대인의 성경)(마 6:6) "그러나 너는 기도할 때 골방에 들어가 문을 닫고 보이지 않는 데 계시는 네 아버지께 기도하여라. 그러면 은밀히 보시는 네 아버지께서 갚아 주실 것이다(다 들어주실 것이다)." ■

한국교회의 예배

한국교회에는 수요예배, 금요예배, 구역예배 등 수많은 예배가 있는데 새벽에까지 또 성가대도 동원하고 설교도 하는 예배를 드릴 필요가 있을까? 하나님은 그 시간에 찬양, 설교를 모두 드리는 예배보다 하나님 앞에 나와서 하나님과 사귐을 갖는 새벽기도를 더 기뻐하지 않으실까? 그 이후로 원선씨는 하나님과 수시로 교감하고 소통하게 되었다. 원선씨는 새벽기도를 좋아한다. 아직도 어둠이 걷히지 않은 이른 새벽에 하나님, 곧 예수님을 만나서 데이트하듯 얘기를 나누며 속삭인다는 것은 마치 애인을 만나는 것처럼 설레고 흥분되는 것을 체험하게 되었다.

하나님과 수시로 대화하던 원선씨는 마침내 신학교에 입학하였다.

원선씨는 하나님께 점점 더 매달리며 하나님과 더욱 가까워지고자 하여 그 후 마침내 신학교에 들어가고 싶은 마음이 생기게 되었다. 원선씨의 마음속에는 하나님을 만나고자 하는 마음밖에 없어서 하나님을 찾아서 신학 공부를 하고 싶었던 것이다. 이미 전기공학 분야에서 박사학위를 받았지만, 또한 그때부터 동생의 죽음과 부모님의 정신적 고통에 대해 죄책감을 견디지 못하여 아직도 동생을 잊을 수 없어서, 진정으로 하나님께 사죄하고 모든 것을 잊기 위해서, 그리고 그 중에서 하나님을 더욱 간절히 찾으면서 점점 더 신학 공부를 갈망하여 신학공부를 시작하였고 신학공부에 점점 더 몰두하게 되었다. 그는 조금도 쉬지 않고 신학을 줄기차게 공부하면 할수록 신학 공부에 빠져들게 되었고 신학 공부가 본래의 전공인 전기공학보다 훨씬 더 흥미롭게 느껴졌다. 그는 마치 신학공부에 홀린 듯이 정신없이 몰두해서 신학 공부를 마치고 마침내 목사가 되었다.

하나님의 음성을 들은 이후로 원선씨는 하나님과 수시로 소통(대화)하면서 지냈다. 거듭나고 나서부터 원선씨에게 꿈이 생겼다. 말씀이 너무 좋아서 직장에서 조금 일찍 은퇴한 후에 한국에 나가 신학교 교수가 되는 꿈이었다. 그래서 원선씨는 신학교(Fuller Theological Seminary)에 입학을 하였던 것이다.

그런데 졸업이 가까워 오면서 기도할 때마다 하나님은 원선씨에게 목사가 되어 교회를 개척하라고 말씀하시는 것이었다. 원선씨는 왜 목사가 될 수 없는지 말씀을 드렸다. 첫째는, 이민교회 개척이 힘이 많이 드는데 이미 50대 중반인 원선씨는 체력적으로 자신이 없고, 둘째로는, 별로 사교적이지 않은 성격과 어눌한 말솜씨 때문에 목사의 자질이 없으며, 셋째는, 신학교 교수가 되는 뚜렷한 꿈이 있기 때문이라고 말씀드렸다. 그러나 하나님은 조금도 물러서지 않으시고 계속해서 강하게 밀어붙이셨다. 결국 하나님 뜻에 순종하여 신학교를 졸업한 후에 목사가 되었고, 교회를 개척하였다. 특히 중국으로 건너가서 교회를 개척하였고, 땅 끝까지 복음을 전하게 되었다.

원선씨는 미국에서 목사가 된 후에 처음에는 한인 교회 주변의 한인들과 유학생들을 위한 목회를 하면서 선교활동을 하기 시작했다. 그러다가 중국으로 선교여행을 가서 선교활동을 하였다. 그는 그 후에 그의 아들과 손자에 이르는 3대까지 독실한 기독교 집안을 이루어 나가게 되었다.

신앙의 제1세대

원선씨가 그토록 찾고 있던 행복과 인생의 목표를 처음으로 그리스도 안에서 찾은 후에, 아내에게 자기가 알게 된 복음을 전하기 위해 새벽까지 설명해주곤 했다. 그렇게 거듭나기 전까지는 아내와 다투느라고 새벽까지 언쟁을 계속했는데, 거듭난 후로는 원선씨가 깨달은 복음을 설명하느라고 새벽까지 이야기를 나누었던 것이다. 이러한 과정을 통해서 원선씨 부부는 그 가정의 제1세대 크리스천이 되었다.

신앙의 제2세대

원선씨가 거듭나던 해에 그의 딸은 8살이었고 아들은 6살이었다. 원선씨 부부가 갓 크리스천이 되었을 무렵까지만 해도 아이들이 명문학교에 가도록 은근히 압력을 주었다. 왜냐하면 그들 부부가 한국의 명문 중 · 고등학교와 대학교를 졸업하고 미국에 유학 와서 박사학위를 받아 안락한 삶을 살고 있었기 때문에 자식들도 그렇게 살기를 원했던 것 같다.

그런데 거듭나고 얼마 지나지 않았을 때 하나님께서 원선씨에게 큰 깨달음을 주셨다. 아마도 그들 부부가 신앙을 자녀들에게 물려줄 수 있었던 것이 바로 이 깨달음이 있었기 때문이 아닌가 생각되었다. 하나님께서 깨닫게 해주신 것은 첫째, 자녀들은 우리 부부의 소유가 아니고 하나님의 소유라는 것, 둘째, 자녀들이 부모 품을 떠나기 전에 경건한 크리스천으로 키우는 책임을 주셨다는 것, 셋째, 자녀들은 하나님의 귀한 소유이기 때문에 귀하게 다루어야 한다는 것, 넷째, 자녀들의 장래는 하나님이 책임져 주신다는 것이었다. 따라서 원선씨 부부가 자녀의 장래를 걱정해서 좋은 학교에 가라고 압력을 줄 필요가 없다는 것을 깊이 깨닫게 된 것이다.

원선씨 부부는 이런 깨달음을 가지고 아이들을 키웠다. 자녀들의 의견을 존중해주고 매사에 인격적으로 대해주었다. 성적이 떨어졌다고 야단치거나 의사나 변호사가 되라고 강요하지도 않았다. 한 번은 딸이 중고등부 수양회에 다녀와서 원선씨 부부에게 고맙다고 말해주었다. 수양회에서 어떤 친구가 울면서 간증을 했는데, 자기는 능력이 안 되는데 부모가 자꾸 일류대학에 가야 한다고 압력을 심하게 주어서 자살을 시도했다는 것이었다. 그런데 우리 딸은 엄마와 아빠가 그런 압력을 주지 않아서 고맙다는 것이었다.

원선씨가 목회하면서 관찰한 바에 의하면, 부모의 잔소리를 많이 듣고 자란 아이들일수록 부모로부터 멀리 떨어진 곳에 있는 대학교로 진학을 한다는 것이다. 부모의 잔소리가 없으니 교회도 나가지 않게 된다는 것이다. 졸업할 때는 완전히 무신론자가 되어 돌아온다는 것이 참으로 안타까웠다. 그러나 원선씨의 아이들은 다른 주에 있는 대학교에 갈 수도 있었지만, 아예 원서조차도 내지 않고 원선씨 부부가 살고 있는 캘리포니아(California)주 안에서 대학교를 정했다. 그들의 딸은 북가주의 명문 대학인 UC Berkeley에 합격이 되었는데도 집에서 가까운 남가주 Los Angeles의 UCLA로 진학해서 주말마다 집에 다녀가곤 했다. 집에 와서 엄마가 해주는 집밥도 먹고 세탁도 해가지고 간다. 딸은 집에 오는 것을 좋아했다. 집에 오면 학교에서 쌓인 스트레스가 다 풀린다고 했다. 감사하게도 원선씨의 집은 딸에게 안식처가 되어주었다.

미국에서는 자녀들이 고등학생 때부터 자동차 운전을 한다. 자기들의 사회생활이 시작되는 것이다. 딸도 주말이나 방학 때 집에 오면 자기 친구들과 어울리다 자정이 넘어 올 때가 있다. 그러나 늦게 귀가한다고 잔소리를 하지 않았다. 부모는 아이들을 믿어주었다. 믿어주니까 오히려 책임 있는 아이들로 자라갔다.

딸과 아들은 모두 좋은 신앙인으로 성장하였다. 원선씨가 목회할 때 의과대학에 다니고 있던 아들은 며느리와 함께 매주 멀리서 운전해 와서 교회의 중고등부 교사로 섬겨주었고, 딸과 사위는 유년부 교사로 수고해주었다.

신앙의 제3세대(손주 이야기)

원선씨의 딸과 아들이 모두 결혼하여 원선씨에게 5명의 손주들이 있다. 딸이 낳은 외손자가 첫 손주여서 각별한 사랑을 받으며 자랐다. 다른 손주들 이야기도 있지만 여기서는 외손자 이야기를 통해서 원선씨 부부의 집안 제3세대 신앙에 대해 이야기를 하려고 한다.

원선씨 부부의 외손자는 그들의 집에서 차로 10분쯤 떨어진 곳에 살고 있어서 거의 매일 보다시피 했다. 외손자가 Preschool에 다니면서 글 읽는 것을 깨우치자마자 그의 엄마(원선씨 부부의 딸)가 열권으로 된 Power Bible이라는 그림성경을 사주었다. 외손자는 신기할 정도로 그림 성경을 좋아했다. 가족이 외식을 하러 나갈 때도 그림성경을 꼭 한 권 가지고 가서 음식을 기다리는 동안 읽었다. 얼마나 열심히 읽었는지 구약시대 사사(士師)들의 이름은 물론, 사도 바울의 선교여행 지명까지 줄줄 외우고 있었다. 그리고 이해가 되지 않는 것은 목사인 원선씨에게까지 어려운 질문을 했다. 원선씨는 그 아이와의 대화를 통해서 외손자가 거듭났다는 것을 확인할 수 있었다. 그때가 6살쯤 되었을 때였다. 그림성경을 읽고 거듭난 것이다.

외손자가 아직 초등학교 다닐 때였는데 가죽표지로 된 어른용 NIV 성경책을 선물로 사주었다. 얼마나 기뻐하고 애지중지하는지 아침에 일찍 일어나서 학교에 갈 때까지 읽고, 저녁에는 취침 전까지 읽었다. 한 번은 딸이(그의 엄마가) 전화를 했다. 다음날 아침 일찍이 학교에 가야하는데 밤늦게까지 성경을 읽고 있다면서, 야단을 쳐야 하는지 말아야 하는지 모르겠다는 것이었다. 원선씨는 외손자가 제대로 성경을 이해하면서 읽고 있는지 궁금해서, 왜 성경을 읽느냐고 물어보았다. 자기는 시편을 읽으면 위로를 받는다고 했다. 그리고 히브리서 11장을 읽으면 신이 난다고 대답했다. 성경을 읽으면서 은혜를 받는 것을 확인할 수 있었다.

외손자가 중학생이 되면서 Saddleback 교회(Rick Warren 목사 담임)에 다녔는데, 그 교회는 주일은 물론, 매주 수요일 저녁에도 유년부와 중고등부 성경공부가 있었다. 외손자는 자기 반에서 성경을 가장 많이 아는 학생이었다. 한 번은 교회에서 중고등부 동계 수양회로 산에 올라갔던 일이 있었다. 토요일 저녁에 하산하기로 되어 있었는데 갑자기 눈이 많이 내려서 길이 차단되어 산에서 하루를 더 머물러야 했다. 그때 함께 산에 올라갔던 친구 하나가 아직 예수님을 영접하지 않았던 모양이었다. 그날 저녁에 외손자는 그 친구에게 복음을 전하고, 친구가 가지고 있는 여러 가지 질문에 대답을 해주며 함께 시간을 보냈는데, 결국 그날 저녁에 예수님을 영접했다고 한다. 인솔해 갔던 부목사가 처음부터 이 과정을 지켜보았고, 그 후로 외손자에게 Pastor(목사)라는 별명을 붙여주었다.

원선씨의 외손자가 이런 신앙을 갖게 된 배경에는 원선씨의 사위가 있었다. 그의 사위는 모태신앙이다. 그의 부모님이 한국에서 영락교회를 다니는 분들이었다. 딸과 사위는 결혼하고 나서부터 매일같이 가정예배를 드렸다고 한다. 어떤 격식을 갖춘 예배라기보다 취침 전에 온 가족이 식탁에 둘러앉아서 각자 그날그날 하나님이 베푸신 은혜를 감사하며 나누고, 다음 날을 위해 기도하는 식으로 가정예배를 드렸다고 한다. 이렇게 외손자는 어릴 때부터 하나님 중심의 토양(분위기)에서 성장하였던 것이다.

지금도 외손자와 신앙과 신학에 대해 상당히 깊은 대화를 나눈다. 외손자는 이제 18세가 되었으며 곧 대학교에 진학하게 된다. 앞으로 하나님께서 이 아이를 어떻게 사용하실는지 생각하면 흥분이 된다. 원선씨 부부로부터 시작된 신앙은 이렇게 제3세대까지 전수되어 왔다.

원선씨가 한국에서 명문 고등학교와 대학을 나오고 미국에서 대학을 다니던 중에 한국에서 불면증에 걸려있는 동생을 위해 보내준 약을 동생이 먹고 죽은 사실로 인해 정신적 혼란에 빠져있었다. 그는 정신적 고통을 견디지 못해 괴로워하고 있었던 것이다. 마침내 하나님의 부르심을 받아 신학을 공부하게 되었다. 그는 동생의 죽음으로 인해서 마침내 목사가 되었고, 그 후에 중국에서 선교활동을 하게 되었으며, 3대에 걸쳐 기독교 신앙의 가정을 이어가게 된 것이다. 원선씨의 동생 원기씨의 죽음은 헛되지 않은 또 하나의 하나님의 부르심이었던 것이다. 원기씨는 또 원선씨 가정을 위해 돌아가신 그리스도와 같은 분이셨던 것이다.(심홍섭, "잠언 8장 17절" TMCC 일부 참조)

3. 부활 이야기

이 글의 주인공인 남일은 아내와 어린 딸을 함께 데리고 미국으로 유학을 떠났다. 남일이 박사학위 과정을 수료하기 바로 직전에 그의 아내가 뇌종양으로 쓰러져서 뇌수술을 받게 된다. 그러자 그는 어린 딸을 데리고 아내를 간호하며 미국에서 힘들게 살아온 모든 이야기를 그의 친구 요한(이 글에서는 "나"로 소개됨)에게 알려준 것을 여기에 소개한다. 우리가 나아가야 할 길. 우리 민족과 인류가 나아가야 할 길! 그것은 그리스도의 길이요 부활의 길이다!

- **유학중 남일이 온갖 어려움을 딛고 살아온 이야기!**

1) 뇌종양으로 쓰러진 아내를 간호하며 어린 딸과 살아온 친구 남일 이야기!
2) 지난날의 불행에서 벗어나서 나아가야 할 새로운 그리스도의 부활의 길!
3) 남일의 힘든 삶을 알게 된 요한은 남일의 갑작스런 그의 죽음으로부터 부활하여 새로운 삶을 살게 된다!

남일과 아내 영희씨와 딸 영애를 비롯한 세 가족 이야기!

남일은 나 요한이 인간적으로 좋아하는 친구일 뿐만 아니라 그와 그의 딸에게 닥친 어렵고 힘든 운명을 잘 견뎌낸 것을 알고 그를 진정으로 사랑하고 좋아한다. 남일은 하나님의 사랑에 의지하여 모든 것을 잘 극복해내고, 사랑하는 어린 딸을 잘 키워낸 그의 굳세고 아름다운 삶에 대한 의지를 친구로서 사랑하며, 그를 지켜주신 하나님의 사랑에 감사하며 이 글을 쓰고 있다. 남일은 아내 영희씨가 쓰러진 그날부터 하나님께 매달리며 깊은 고뇌와 묵상 속으로 빠져 들어갔다. 그리고 마침내 하나님의 사랑의 음성을 듣기 시작하였고, 언제나 하나님과 대화하며 살아왔다.

또한 나 요한은 친구 남일은 물론 그의 어린 딸 영애가 어릴 때부터 엄마를 잃고 난 후에는 아빠를 잘 따르면서 자기에게 주어진 삶을 슬픔 속에서도 꿋꿋하게 살아온 삶을 생각하면서, 하나님이 계심을 깨달아 알게 되었다. 그리고 이 두 부녀의 사이에 깃들어 있는 하나님의 사랑이 모든 것을 이겨내고 용감하게 살아갈 수 있도록 해주신 것을 깨닫게 되었다. 그리고 그 하나님의 사랑을 우리 모든 사람에게도 똑같이 전달되고 있음을 깨달아 알도록 바라는 마음에서 이 글을 쓰고자 하는 것이다.

이 이야기는 나 요한의 친구인 남일과 그의 딸 영애의 삶이 나의 인생에 매우 큰 영향을 미치고 있는 것을 느끼며, 또 남일의 삶 자체에서 나는 기독교 신앙, 즉 하나님의 사랑을 느낄 수 있었고 또한 그의 삶에서 하나님의 음성을 듣게 되고 하나님의 사랑의 깊이를 깨닫게 되는 신앙의 깊이를 느낄 수 있게 해주었기에, 그 이야기를 글로 써야겠다는 의무감마저 느끼게 된 것이다.

특히, 나는 남일과 어릴 때부터 같이 자라난 친구이면서 대학에서도 동문으로 지내면서 옆에서 지켜보았기 때문에, 남일에 대해서 너무나도 잘 알고 있으면서, 또 나는 남일을 나의 가까운 다정한 친구로서, 내가 너무나도 진지하게 신앙의 차원에서 사랑하고 있는 친구이기 때문에 이 글을 써야겠다고 느끼게 되었다. 그는 친구인 나에 대해서, 자신이 미국 유학생활에서 겪은 일이 너무나 슬프고 괴로웠던 삶에서 하나님을 깨달아 만나게 된 사연을 나에게 자세히 알려주고, 그것을 나도 그대로 느끼게 된 것을 그가 알게 되어 그것을 내가 대신 써주기를 바라면서 부탁했기에 나는 기꺼이 남일의 부탁을 결코 남의 일이 아니라 나의 일로 생각하며 써 내려가기 시작한 것이다.

그래서 나는 남일의 사정을 듣고서 매우 큰 관심과 흥미와 사랑을 느끼고 그의 부탁대로 내가 대신 쓰기로 결심하였다.

그래서 나의 사랑하는 친구 남일과 그의 딸 영애의 삶 속에 겉으로 보이지 않는 깊은 내면적인 신앙과 사랑이 깊숙이 자리하고 있으며, 거기에는 하나님, 즉 예수 그리스도의 사랑이 깊이 내재하고 있는 것을 느낄 수 있었다. 지금은 이 세상을 떠나 하나님과 함께 천국의 삶을 누리고 있는 친구인 남일에게 나의 진실한 우정과 사랑을 전하고, 또 이 글을 읽는 독자에게 예수 그리스도, 즉 하나님의 한없이 깊고 포근한 사랑이 전해지기를 간절히 바라는 바이다.

남일의 학창 시절과 미국 유학, 귀국, 그리고 대학교수 시절

남일은 영국 태생 미국인 선교사가 세운 기독교 대학인 연세대학교 화학공학과에서 1964년 3월부터 4년 동안 공부하고 졸업하였다. 입학시험에서 화학공학과 뿐만 아니라 공대 전체에서 수석으로 합격했기 때문에 입학금을 비롯한 학비의 많은 부분이 면제되었고, 외부 장학금도 받았으며, 또 아르바이트(가정교사)를 하면서 서울에서 지내는 데 필요한 생활비까지 벌어서 공부할 수 있었다. 그 당시에 남일의 고향집에 계신 부모님은 그때 시골에 살던 모든 부모님들처럼 가난하게 살고 계셨기 때문에 남일은 장학금을 받고 또한 어렵게 스스로 노력하여 대학과정을 마칠 수 있었다.

항상 많은 가족을 먹이시느라고 아버지는 하루 종일 일하셨으며, 남일의 어머니는 많은 가족들로 인해서 하루 종일 부엌을 떠나실 수 없는 가운데서도 논과 밭일로 바쁘셨다. 남일은 그런 아버지와 어머니를 머리에 떠올리면 언제나 항상 가슴이 미어지도록 아프고 가슴이 답답하고 먹먹해짐을 지금도 느끼고 있다고 말했다. 그는 그 당시 가난으로 고생하신 그의 부모님과 형제들 생각으로 가슴이 아프고 정신이 아찔해지면서 자주 슬퍼서 눈물이 나서 견딜 수가 없을 지경이라고 말하곤 했다.

남일의 결혼과 미국유학, 그리고 남일과 결혼한 아내 영희씨의 암투병, 그로 인한 남일과 어린 딸 영애의 삶과 시련!

남일은 박사학위 과정에서 공부하기 위해 미국으로 떠나기 전인 1974년 어느 가을날 영희씨를 처음 만나서 미국으로 떠나기 직전에 결혼하였다.

미국 동부 버지니아주 블랙스버그에 있는 버지니아주립대학(Virginia Polytechnic Institute and State University) 박사학위 과정에서 아내 영희씨와 어린 영애를 데리고 낯선 미국 땅에서 함께 생활하면서 지냈다.

남일의 아내 영희씨가 뇌종양으로 쓰러지고, 어린 딸은 외로운 삶을 살다.

유학생활을 하는 중에 남일의 아내 영희씨는 남일에게 자주 머리가 아프다고 호소했다. 그래서 진단을 받아보려고 1977년 4월 28일 아직 2살밖에 안 된 딸(영애)을 데리고 머리가 아프다고 호소하는 아내와 함께 병원으로 진단을 받으러 갔다.

그런데 병원에서 의사로부터 진단받던 중에 남일의 아내 영희씨가 갑자기 경련을 일으키며 남일과 어린 딸 영애가 지켜보는 앞에서 앉아있던 의자에서 바닥으로 쓰러졌다. 남일은 갑자기 쓰러진 아내를 붙잡아 일으켰다. 남일은 깜짝 놀랐고, 아직 제대로 말도 하지 못하는 딸 2살짜리 영애는 놀라서 울기 시작했다.

진단 결과 의사는 남일의 아내의 병이 악성 뇌종양(암)이라고 했다. 남일은 한국의 가족들에게 알리고, 당시에 한국에서 최고의 병원으로 알려진 남일이 다니던 연세대학교 세브란스 병원에 치료 가능성을 타진했다. 그 당시 세브란스 병원에서는 양성이면 치료할 수 있지만, 악성(암)일 경우에는 치료가 어렵다는 연락을 받았다.

진료 담당 의사는 이와 같은 상태에서는 한국으로 가기 위해 비행기 탑승도 불가능하며, 병세가 위독하여 하루빨리 수술을 받아야 한다고 했다. 그리고 남일의 주변 사람들은 모두가 당시로서는 미국이 한국보다 의료기술에서 더 앞서있다고 하면서 한국보다는 미국에 와있는 동안 미국에서 수술과 치료를 받는 것이 낫다고 충고해 주었다. 남일은 그 말에 따르기로 했다.

담당의사는 그로부터 4일 후인 5월 2일(월요일)에 수술을 받을 수 있도록 주선해 주었다. 남일과 그의 딸 영애에게는 낯선 땅 미국에서 온갖 어려움과 슬픔으로 가득한 인생길이 시작되고 있었으며, 하나님의 존재가 서서히 그리고 절실하고도 무겁게 다가오기 시작하였다.

아직 말도 잘하지 못하는 2살짜리 딸 영애는 엄마가 쓰러질 때부터 놀라서 눈물을 흘리면서 무슨 영문인지도 모르고 겁에 질려 아빠인 남일을 붙잡고 졸졸 따라다니면서 차를 타고 또한 아장아장 걷기도 하며 아무 말도 못하고 살고 있는 아파트로 돌아왔다. 남일은 뜻밖에 당한 일에 너무 놀라서 정신이 아득해지면서 혼란스럽고 가슴이 답답함을 느꼈다. 남일과 어린 딸 영애가 걸어야 할 힘든 인생 여정은 바로 그때부터 시작되고 있었다.

남일의 아내가 뇌종양 수술을 받게 되고, 남일과 어린 딸의 슬픔과 고통의 삶이 시작되다.

1977년 5월 2일(월), 남일은 뇌종양을 앓고 있는 아내를 병원에 입원시켰다. 그리고 5월 4일(수), 남일의 아내는 수술을 받았다. 담당 의사는 수술을 마친 후에 수술이 순조롭게 잘되었다고 남일에게 말해주었다. 그러나 악성종양(암)이므로 당시의 의술로는 앞으로 1년 반 정도 후에는 재발하여 더 이상 살아갈 수 없을 것이라는 청천벽력과도 같은 의사의 말을 남일은 듣게 되었다.

남일은 가슴이 철렁 내려앉았고 정신이 아찔했다. 무엇보다도 어린 딸 영애의 앞날을 생각하니 눈앞이 캄캄했다. 남일은 아내 영희씨에게는 수술이 잘됐다고 좋게만 말해주었다. 이제 아내가 뇌종양 수술을 받고 병원에 입원하고 없는, 쓸쓸한 아파트에서 딸 영애를 데리고 단둘이서 지내야만 했다. 어린 딸 영애는 무슨 영문인지 아무것도 모르고 아빠를 따라서 차를 타고 또 아장아장 걸어서 아파트로 갔다. 그리고 영애는 방안을 살펴보며 엄마를 찾는 듯이 두리번거리며 살피다가 실망한 듯 주저앉더니 아빠가 해주는 밥을 먹고는 아무 말이 없었다. 그러나 이따금 어둑해진 방안을 구석구석 두리번거리면서 엄마를 찾는 것 같은 모습을 보이곤 했다. 그러다가는 아빠 눈치만 보면서 방 안에서도 어디나 아빠를 항상 졸졸 따라다녔다. 엄마가 쓰러지는 모습을 보았던 그때, 그 불쌍한 어린 딸 영애는 얼마나 놀랐는지 이제는 아무 말로 하지 못하고 엄마를 부르는 일도 없어졌다. 그것이 남일에게는 한없이 불쌍해 보였다. 그리고 무슨 불평을 하거나 요구하는 일도 없이 기가 죽어서인지 그저 아빠만 졸졸 따라다녔다. 그런 모습을 보는 남일은 어린 딸 영애가 너무 불쌍해서 견딜 수가 없었고 가슴이 아프고 저려오는 것을 느꼈다. 그리고 그때부터 남일은 하나님의 도움과 사랑에만 의지하여 살 수 밖에 없었다.

남일은 어린 딸 영애와 공항에서 눈물의 이별을 하다.

그동안 약 10일 동안 남일의 학교생활을 위해 낮 시간(오전 9시~오후 5시)에는 딸을 탁아소에 맡겨두기로 했다. 딸 영애를 탁아소에 맡겨두고 찾아오는 탁아소 생활이 10년보다도 더 길게 느껴지는 기간이 지나고, 마침내 어린 딸 영애를 한국으로 보내는 날이 되었다. 약 10일 동안의 탁아소 생활에서 벗어나서 지금 한국으로 가면 할머니와 즐겁게 지낼 수 있을 것이라는 생각을 하며 남일은 어린 딸과 헤어질 생각을 하면 가슴이 아팠지만, 그나마 박사학위 과정의 마지막 단계를 준비할 수 있어서 가슴이 후련해지는 안도감도 느낄 수 있었다.

남일은 1977년 5월 16일(화), 영애를 서울행 비행기로 한국으로 떠나보내기 위해 영애를 데리고 차로, 또한 어린 귀여운 딸의 손을 잡고 공항으로 갔다. 어린 딸 영애는 아무것도 모르고 아빠인 남일에게 알 수 없는 말을 무어라고 조잘대면서 졸졸 따라나섰다. 남일은 영애와 곧 헤어지게 되는 것이 안타까워 공항으로 가는 도중에 몇 번이나 껴안아주었다. 이제 어린 영애가 서울 김포공항에 가면 할머니(남일의 어머니)를 만나게 될 것이라는 생각, 그리고 어린 딸 영애가 한국에 간 후에 미국에서 아내 영희씨를 병원에 가서 돌보는 일, 또한 박사학위 공부를 하는 일이 더 수월해질 것이라는 등 여러 가지 생각들이 남일의 머릿속을 떠돌아다녔다.

공항에서 남일은 아무것도 모르고 잘 놀고 있던 불쌍한 어린 딸 영애를 한국으로 보내기 위해 스튜어디스에게 맡기자, 영애는 남일에게서 떨어지지 않으려고 발버둥 치며 울었다. 발버둥 치며 울부짖는 딸 영애를 스튜어디스에게 억지로 떠밀어 안겨주고 남일은 공항 전송대로 뛰어 들어가서 14:00시에 대한항공 비행기가 이륙하는 광경을 지켜보았다. 어린 딸과는 말할 수 없이 슬픈 이별이었다. "오, 하나님! 왜 이런 일이 나에게 일어나고 있는지 그 이유와 내가 앞으로 해야 할 일을 반드시 깨닫게 해주십시오!"라고 남일은 하염없이 흐르는 눈물을 닦으며 소리도 내지 못하고 가슴속으로 흐느꼈다.

그렇게 해서 아직 말도 하지 못하는 딸을 한국으로 보내고 난 후에 남일은 슬픔을 억누르고 곧바로 학교 연구실로 돌아왔다. 그 후부터는 연구하고 논문을 쓰는 일에 더욱 수월하게 잘 집중할 수 있었다. 또 그렇게 해야만 했다. 그러나 여전히 아내 영희씨를 만나러 매일 병원에 다니는 일은 달라지지 않는 일상이었다. 그러나 어린 딸 영애를 데리고 있을 때보다는 아내를 면회하러 가는 일이 훨씬 더 수월하고 여유로워졌으며 연구에도 더 잘 몰두할 수 있었다.

남일이 유학생활을 마치고, 수술 받은 아내와 함께 한국에 돌아오다.

남일의 아내 영희씨는 병세가 많이 회복되어 가는 듯했으나 퇴원한 후에도 가끔 어지럽고 걸음걸이가 자유롭지 못하여 때로는 그 즉시 병원에 가서 진료를 받으면서, 영애가 한국으로 떠나간 후에는 아파트에서 남일과 둘이 함께 살았다. 그러나 가끔 병세가 좀 심하게 악화하는 일이 자주 있었다. 남일은 아내 영희씨가 눈치 채지 못하도록 그리고 걱정하지 않게 하려고 그저 "곧 괜찮아질 것이야!"라고 말해주었다.

1978년 2월이 되자 남일은 박사학위 논문 발표를 마치고, 그동안 아파트에서 함께 지내던 아내 영희씨와 함께 한국으로 돌아갈 준비를 했다. 남일은 연세대학교 입학시험에서 화공과는 물론 공대 전체에서 수석합격을 하였으므로, 그것이 연세대학교에 교수로 채용될 때도 크게 도움으로 작용하여 연세대학교 교수채용에서 크게 인정을 받아 쉽게 채용될 수 있었다.

미국에서 박사학위를 수여받고, 이미 취업이 확정된 한국의 연세대학교에서 신학기는 3월 2일에 시작하므로 3월 2일 이전에 한국에 귀국해야 했다. 아내 영희씨는 남일이 유학하는 기간에 중병인 악성 뇌종양(암)으로 수술을 받고 미국에서 회복하면서 지내고 남일이 박사학위 과정을 마치자, 함께 귀국할 준비를 서둘렀다. 남일은 연세대학교 신소재(당시 요업)공학과의 조교수로 발령을 받았기 때문에 3월 2일에 강의가 시작되기 전에 귀국해야 했다. 남일은 아내 영희씨가 세브란스병원에 입원할 수 있도록 사전에 협조를 요청해놓고 한국으로 돌아왔다. 그리고 남일의 부부는 그토록 그리워하던 어린 딸 영애를 공항에서 만나 세 사람은 기뻐서 어쩔 줄 몰라 하며 눈물의 포옹을 하였다. 거의 1년 만에 만나는 딸과의 만남이었으므로, 딸 영애는 좀 부끄러워하는 표정을 지었으나 분명히 기뻐하고 반가워하는 모습이었다.

미국을 떠날 때 아내 영희씨의 담당 의사가 남일에게 "앞으로 1년 반에서 2년 정도 후에 아내는 병(뇌종양)이 재발하게 될 것"이라고 말해준 대로 귀국한 후에 영희씨의 병은 재발하였고, 세브란스병원에서 몇 차례 수술을 더 받아야 했다. 물론 남일은 아내에게는 그런 자세한 말을 해주지 않고 숨겼다. 남일은 아내가 자신의 불행한 미래를 알고서 죽음의 공포 속에서 두려워하면서 살기를 원하지 않았기 때문이다. 아내 영희씨는 남편인 남일의 말을 잘 믿고 의지하고 있는 것처럼 보였다.

그러나 남일은 아내의 병이 재발할 것이라는 의사의 진단결과를 처가의 장인과 장모님께 자세히 말씀드렸기 때문에 처가에서는 영희씨에게 끝까지 기대를 걸고 온갖 치료 방법에 대해서 의사와 의논도 하고, 또 교회와 기도원에 다니며 영희씨의 병 회복을 위해 혹시나 하는 기대를 가지고 많은 노력을 기울였다.

그러나 의사가 말해준 기간보다 훨씬 더 긴 기간인 약 4년이 지난 1981년

1월 20일 몹시도 추운 날, 주치의로부터 더 이상 입원해 있을 필요가 없다는 말과 함께 주치의는 남일에게 아내 영희씨의 퇴원을 허락하였다. 그리고 산소공급을 끊고 아내 영희씨를 자택으로 데려와서 방에 뉘었다. 그것은 영희씨를 이 세상에서 마지막까지 함께 살아온 집에서 떠나보내기 위한 일이었다. 그날 오후 6시경부터 남일의 아내 영희씨의 호흡이 빨라지기 시작하더니 밤 11시경에 마침내 고통스러웠던 오랜 기간의 투병을 끝내고 이 세상을 떠나고 말았다. 그날은 마침 음력으로 남일의 생일날이었다. 남일은 자기의 생일에 맞추어 준비한 미역국 한 숟갈을 아내의 입에 넣어주면서 옛날을 떠올리며 흐느껴 울었다. 남일의 아내 영희씨는 남편 남일이 떠 먹여주는 미역국을 순순히 잘 받아먹었다. 그리고 잠시 후에 숨을 몰아쉬더니 한 많은 이 세상을 떠나고 말았다. 어린 딸 영애는 엄마 옆에서 저녁 10시 정도까지 엄마를 바라보며 있다가 엄마의 숨이 끊어지기 한 시간 전쯤에 스르르 잠이 들어버렸다. 남일의 부모님은 눈물을 흘리시며 아직 젊은 나이에 남편과 딸을 두고 쓸쓸히 세상을 떠나는 영희씨를 바라보면서 슬피 우셨다.

남일의 아내가 떠나가던 그 순간, 남일이 아내 영희씨를 데리고 교회에 다니면서 하나님의 위로를 받으며 지내던 모든 일이 남일의 머릿속을 스쳐 지나갔다. 남일은 그동안 남일의 삶이 눈물 속에 떠내려가는 것 같이 느껴졌다.

남일은 어린 딸 영애에게 엄마의 마지막 순간을 거의 다 보게 해주었다. 어린애가 부모의 죽음을 보게 되면 모든 미련을 다 버리고 더 강해지고 용감하게 더 잘 살아가리라고 생각했기 때문이다.

남일의 딸 영애가 유치원을 졸업하는 날

1981년 2월 20일(금)(남일의 아내가 세상을 떠나고 한 달 후) 눈이 내리다.

오늘은 나의 사랑하는 귀여운 딸 영애가 유치원을 졸업하는 날이다.

"오늘 유치원 졸업식에 엄마를 모시고 오라고 선생님이 말씀하셨어요!"라고 어린 딸 영애가 아침 식사 때 말했다. 남일은 어린 딸 영애가 하는 말을 듣고는 "영애는 엄마가 돌아가시고 없으니 아빠가 가야되겠구나."라고 생각하고 "그래! 아빠가 할아버지와 함께 갈께!"라고 말했다. 마침 영애의 할아버지께서 고향에서 지내시다가 그날 남일의 집에 와 계셨다. 시간에 맞춰서 남일은 아버지와 함께 유치원으로 갔다.

영애는 아빠와 할아버지가 오신 것을 보자 영애는 기뻐하기 보다는 매우 실망하며 슬픈 표정을 지었다. 그리고는 아무 말 없이 눈물을 흘리며 손등으로 눈물을 닦고 있었다. 친구들은 모두 엄마가 와 있는데 영애만 엄마가 없으니 그것이 너무나 서러운 것 같았다. 남일은 가슴이 미어지는 것만 같았다. 그래도 남일은 아버지가 옆에 계셔서 모른척하고 아무 말 없이 그냥 서 있었다. 곁눈으로 아버지를 힐끗 쳐다보았더니 아버지는 손수건을 꺼내서 눈물을 닦고 계셨다. 그러나 남일은 그대로 졸업식을 지켜볼 수밖에 없었다. 남일은 그때서야 멀리 살고 있는 영애의 이모라도 좀 와달라고 미리 부탁하지 않은 것을 후회했다.

남일과 영애의 할아버지는 하는 수 없이 멀찍이 떨어져서 졸업식 광경을 지켜보고 있었다. 졸업식이 끝나자, 엄마와 함께 온 가족들과 유치원을 졸업하는 아이들이 사진을 찍으면서 즐거워하며 웃고 있는데, 영애가 남일에게 다가와서 졸업 가운을 벗어놓더니 "아빠! 어서 집에 가요!"라고 하면서 집으로 빨리 가자고 재촉했다. 남들 보기에 엄마 없는 자기 자신이 처량해 보이는 것 같아서인지 빨리 그 자리를 피하고 싶었던 것 같았다. 남일은 예상하지 못했던 그 일로 인해서 발생한 당황함을 감추지 못하고 슬픔을 억누르고 어찌할 바를 몰라서 마음속으로 "오! 하나님!"하고 하나님을 부르짖었다! "하나님! 도와주세요! 나에게는 하나님밖에 도와주실 분이 아무도 없습니다! 하나님의 도움이 필요합니다! 하나님 도와주세요!"라고 하면서 마음속으로 울부짖었다. 많은 사람에게 기쁘고 즐거운 졸업식 날이 영애와 남일, 그리고 남일의 아버지에게는 너무나도 슬픈 날이었다. "영애야! 너에게는 더 기쁘고 더 즐겁고 더 행복한 축복된 날이 올 거야! 하나님께서는 누구보다도 너에게 복을 더 주시고 너를 사랑해 주실 거야! 하나님께서는 너 스스로 모든 것을 다 받아들일 수 있도록 하나님이 너를 더 큰 사람, 더 큰 그릇으로 키워주실 거야!"라고 남일은 마음속으로 영애에게 말해주고 싶었다. 그래서 남일은 실제로 그렇게 마음속으로 속삭였다. 남일은 한없이 가슴이 아팠다. 남일은 영애의 유치원 졸업식 날이 정말 견딜 수 없이 가슴이 아픈 날이었다고 나에게 말해주었다.

남일이 아내를 하늘나라로 떠나보낸 후

남일의 이야기를 마치며

지금까지 남일은 학창 생활을 모범적으로 훌륭하게 잘하였고, 졸업 후에는 군대 생활도 잘 해내었다. 그 후에는 미국으로 가서 유학하는 동안 아내 영희씨가 뇌종양에 걸려서 수술을 하여 입원해 있는 중에 아직 어려서 말도 잘못하는 딸과 함께 지내던 일, 그리고 박사학위를 받고 한국에 돌아와서 대학에서 교수 생활을 하는 중에 아내가 뇌종양이 재발하여 투병하는 동안 어린 딸과 함께 힘들게 지내던 일 등에 대해서 가장 친한 친구인 나 요한에게 자세하게 말해주었다.

남일이 인생의 위기에서 하나님께 매달렸을 때, 하나님의 음성을 들었다.

남일이 하나님께 매달려 기도할 때마다 하나님은 응답해주셨다. 하나님은 남일이 갈 길을 인도해주셨고, 남일은 하나님의 뜻을 따라 인생을 살았다. 이처럼 하나님은 우리 모든 인간 한 사람 한 사람의 삶을 인도하고 계시다는 것을 남일은 하나님의 음성을 통해서 자세하게 들을 수 있었으며, 또한 남일은 그 깨달음을 그의 친한 친구인 나 요한에게 자세하게 말해주었고, 나도 그것에 대한 확신을 할 수 있었다.

남일의 친구인 나 요한은 왜 이 글을 쓰는가?

이 글은 나의 친구 남일이 그동안 이 세상의 삶을 너무나도 가슴 아파하며 힘들게 살았지만, 그러나 남일은 하나님께 기도하고 대화하면서 함께 마음을 나누면서 살아온 그 삶이 너무나도 행복했다고 나에게 말해주었다. 나 요한의 진정한 친구인 남일은 그의 인생 중에서 가장 꽃다운 시절인 청년기에 아내가 뇌종양이란 엄청나게 고통스러운 질병을 앓으면서 생사의 갈림길에서 헤매는 동안, 어린 딸과 함께 힘들고 슬프고 외로운 삶을 살았던 것이다. 남일은 아내가 어린 딸을 그에게 남겨둔 채로 먼저 하늘나라로 가버린 안타까운 사연을 간직한 채 오직 하나님께 올려드리는 기도에만 의지하여 어린 딸 영애를 키우며 하나님과 세상 사이에서 괴로워하며 외롭게 살아왔다고 나 요한에게 말해주었다. 그러나 그 고통과 외로움은 오직 그리스도를 믿는 믿음으로 이겨낼 때 행복을 느낄 수 있었다고 말했다.

이 글을 쓰면서 나는 친구인 남일이 살아온 그 인생을 나 자신의 삶으로 가져와서 그동안 하나님께 의지하여 살아온 나의 인생을 반성하고, 남일을 본받아 새로운 인생을 살아보고 싶은 욕망으로 가득차서, 인간 세상을 어떻게 살아내는 것이 과연 하나님이 바라시는 올바른 삶인지 알고 싶어졌다. 그래서 그것을 글로써 나타내고 싶었다.

그가 한창때 너무나 힘들어하면서 하나님께 기도하며 살아온 일을 생각할 때 친구인 나 역시 한없이 괴로워했고 슬퍼했다. 나는 하나님께 기도하면서 남일의 삶을 나 자신의 것으로 받아들여서 때로는 슬퍼하며 또한 때로는 사람의 삶의 고통을 절절히 느끼면서 이 글을 쓰고 있다.

남일의 부활과 나 요한의 새로운 삶 - "새로운 나!"

> 내가 가장 사랑하던 친구 남일의 삶과 그의 죽음은 나와 그리고 우리 주변 수많은 사람들을 구하기 위한 희생이었던 것이다. 남일이 죽고 3개월이 지난 어느 날 나는 꿈속에서 남일을 만나게 되었다!

남일은 2000년 6월 어느 날 남일은 25살의 딸 영애를 이용운 의사와 결혼시켰다. 이용운 의사는 미남이면서 머리가 매우 우수하고 인품이 뛰어난 젊은이로서 믿음직스러웠다. 부모님도 매우 훌륭하신 분들이었다.

그런데 나와 가장 친하게 지내던 친구 남일은 그의 딸 영애를 결혼시킨지 1년이 되는 2001년 6월 어느 날 밤, 잠을 자던 중에 그만 세상을 떠나고 말았다. 의학적으로 말하자면 그것은 아마도 심장 마비인 것 같았다. 그러나 나는 이 세상에서 겪어온 슬픔을 이기지 못하고 외롭게 살고 있던 그는 하나님께로 조용히 가기로 원했고 또한 하나님의 필요에 의해서 데려가신 것이라는 생각이 들었다. 그래서 남일이 하나님이 계시는 하늘나라로 갔다는 소식을 듣고서 나는 한없이 슬펐다. 나는 오랫동안 정신이 나간 듯했다. 내가 가장 사랑하는 친구이기도 하지만, 그의 삶 자체가 곧 나 자신의 삶이면서 그의 죽음 자체가 나 자신의 죽음으로 다가왔기 때문이다. 나는 지금도 나의 친구 남일의 삶을 내가 그대로 본받아 살고 싶을 정도로 나에게 감동을 주고 있으며, 그의 삶이 나의 삶이 되어야겠다는 생각으로 가득 차 있다.

그 후, 3개월이 지난 어느 날, 남일이 내 꿈속에 나타나서 반갑게 만날 수 있었다. 그는 미소를 머금고 나 요한에게로 서서히 다가오면서 내게 손을 내밀었다. 내가 손을 내밀어 그의 손을 잡으니, 그는 "어이! 요한! 나는 천국에서 하나님과 행복하게 살고 있네!"라고 하면서 나를 힘껏 껴안았다. 나도 그를 힘껏 껴안자, 그는 아무 말 없이 내 몸 속으로 들어와서 스르르 녹아져서 내 몸 속으로 스르르 사라져 버리면서, 우리 두 사람은 한 몸으로 변화되어 버렸다.

나 요한은 하나님의 음성을 듣게 되고, 남일을 위해서 해야 할 일을 깨닫게 되었다!

나 요한은 하나님께서 내 마음속에 이렇게 말씀해주시는 음성을 들을 수 있었다: "요한이 너는 이제 남일과 한 몸이며 같은 사람이다!" 그리고 이어서 "너는 지금부터 남일의 못 다한 삶을 살아야 한다!"라는 음성을 들을 수 있었다. 또 '인생의 가장 젊고 중요한 시기에 모든 인간적 욕구를 억제당한 채로 고통스러운 삶을 살았던 남일의 삶을 이해하고 사랑하면서 그를 위해, 그리스도를 위해, 그리고 모든 세상 사람을 위해 살아다오!'라는 음성을 들을 수 있었다. 처음에는 그 음성의 의미를 완전히 이해하지 못했으나, 그 후 차츰 깨닫게 되고 남일의 삶을 점점 더 깨달아 알 수 있게 되면서 남일을 더욱 사랑하게 되었다. 나는 지금도 남일을 점점 더 알아가고 있는 중이다.

[나 요한은 남일과 한 몸이 되어버렸다. 그 후로 불가사의하게도 나의 모든 것이 모두 남일의 것으로 변화되어 버리고, 나 자신이 남일처럼 하나님의 사람이 되어가는 것처럼 느껴졌다!]

이렇게 나의 사랑하는 친구 남일이 살아온 삶을 나 자신의 삶으로 진지하게 받아들이고, 남일을 나의 진정한 친구로서 또한 하나님을 믿는 진지한 크리스천으로서 받아들여서, 이제는 나 자신이 하나님께 충성하는 마음으로 나 스스로가 그를 본받아서 진지하게 살아가게 되고, 나는 마치 남일이 되어버린 것 같이 느껴졌다.

꿈속에서 우리가 만난 장소는 내가 다니고 있던 교회당 건물이었다. 주변이 환하게 밝은 교회당 안에 걸려있는 십자가 아래에서 남일은 환하게 밝은 얼굴로 나타나서 나에게로 다가오더니 서서히 나와 몸이 겹치면서 한 몸을 이루게 되고, 그 순간 나는 나의 친구 남일이 되고 있음을 느낄 수 있었다. 그리고 나는 기쁨에 넘쳐 어쩔 줄을 모를 만큼 한없는 기쁨과 놀라움으로 한동안 어쩔 줄을 모르다가 꿈에서 깨어났는데, 나는 그 이전의 내가 아니라 완전히 새로운 사람이 되어있음을 깨달아 알 수 있었다. 그것은 마치 예수 그리스도께서 십자가에서 부활하는 느낌과도 같은 것이었다.

나 요한이 남일을 받아들여서 새로운 나 자신인 남일이 되어 새 삶을 살게 되다!

이미 나 요한은 나의 친구 남일과 겹쳐서 이제는 과거의 내가 아닌 새로운 사람이 된 나를 하나님께 보여드리고 싶었고, 또 나의 새로운 삶을 여기서 소개하고자 한다.

나 요한의 새로운 삶

연세대학교에서 33년 6개월 근무하는 중간 시점인 27년째인 2005년 5월 14일 연세대학교 창립 120주년 기념식에서 내가 가르친 모든 학생의 강의평가를 기준으로 연세대학교 역사상 처음으로 선발하는 '베스트 티처 어워드(Best Teacher Award)'의 수상자로 선발되었다!

나 요한은 그동안 나의 친구 남일과 함께 살아온 둘도 없는 친구로서, 나는 기독교 대학인 연세대학교에서 공부하고 그 후에 교수로 지내온 남일의 진정한 친구로서 그리고 남일로서 살아가게 되었다. 그 이후부터 나는 하나님이 나에게 주신 나의 참(본)모습인 남일을 본받아서 최선을 다해 열심히 살아가고 있다. 그렇게 최선을 다해 살아서 2005년 5월 14일 연세대학교 창립 120주년에 '베스트 티쳐 어워드(Best Teacher Award)'를 수상하게 되었고, 이 귀한 상 역시 나를 이끌어준 나의 참모습인 나의 친구 남일 덕분에 받은 것임을 깨닫게 되었다. 그것을 아래에 소개하고 나 요한의 본모습인 '남일'을 나의 영원한 모습으로 여기면서 남일을 한없이 존경하고 사랑한다.

교수 생활을 마치고 새로운 길을 가다

나는 1978년 3월 2일부터 연세대학교에서 교수 생활을 시작하여 2011년 8월 31일 정년퇴임 할 때까지 33년 6개월 동안 연세대학교에서 교수로 근무하였다. 그리고 그동안 친구 남일의 삶을 배우고 경험하였으며, 정년퇴임을 하기도 전에 나는 이미 신학대학에 입학하여 신학공부를 시작하고 싶었다.

그래서 실제로 정년퇴임을 하기 1년 6개월 전에 정년퇴임 이전의 여유로운 시간을 이용하여 연세대학교 강의를 오후 2시에 강의를 끝내고, 오후 4시부터(즉 2010년 3월의 신학기 시작과 함께 화·목·토의 오후 4시부터)

시작되는 신학대학원의 수업시간에 맞추어 공부할 수 있도록, 횃불트리니티신학대학원대학교(Torch Trinity Graduate University) 목회학석사(Master of Divinity) 과정에 입학하였다. 이렇게 하여 하나님에 관한 공부인 기독교 신학공부를 시작하여 2012년 12월까지 6학기 동안 공부하여 목회학 석사(Master of Divinity: M.Div.) 학위를 받았다.

기독교와 새로운 삶

- 지나간 시간을 뒤로 하고 희망의 새 길을 찾아 나선 나 요한!
- 교수를 은퇴하고 신학을 공부하며 새로운 미래를 위해 희망과 비전을 찾아서!

횃불트리니티 신학대학 입학식에서 만난 하용조 목사!

> 내가 신학을 공부하러 들어간 그 신학대학의 총장은 나와 동갑내기 하용조 목사였다!

나는 죄성을 가진 육신으로 태어난 죄인으로서 인간적인 갈등을 많이 겪으면서 살아야 했다. 그래서 나는 나 자신을 알기 위해 하나님과 예수 그리스도에 대해서 더 많이 알고 싶었다. 마침 그때 나의 사랑하는 제자인 최승철 아주대 교수로부터 권유를 받아서 그가 다니던 온누리교회가 후원하는 신학대학인 횃불트리니티신학대원대학교에 입학하여 공부하게 되었다. 나는 이 권유가 우연히 된 것이 아니라 하나님으로부터 전해온 결정적인 메시지라고 생각한다. 나는 그때 신학 공부를 열망하고 있었기 때문이다. 그래서 하나님으로부터 온 그 메시지를 진지하게 받아들였다. 그래서 대학교수를 은퇴하기 1년 반 전부터 은퇴 직전의 교수가 누릴 수 있는 여유로운 교수생활에서 시간을 할애하여, 직장인을 위해 오후 4시부터 10시까지 수업을 하는 횃불트리니티신학대학원대학교(Torch Trinity Graduate University) 목회학석사(Master of Divinity) 과정에 다니기로 결심하고 입학하여 열심히 다녔다.

신학대학에서 공부하는 과정의 학생 대부분은 20~40대였는데, 나는 수강생 중에서 최고령인 65세로서 당시 온누리교회 담임목사이면서 횃불트리니티 신학대학 총장님인 하용조 목사와 동갑내기였다. 입학식에서 하용조 목사는 강단에서 입학식이 진행되는 도중에 하얀 백발을 휘날리고 있는 나를 뚫어지게 바라보고 있던 모습이 떠오른다. 나 요한은 하용조 목사의 모습에서 먼저 천국으로 떠나간 나의 친구 남일의 모습을 보았다. 내가 하용조 총장님을 꼭 찾아가 만나고 싶었으나 그분은 나를 기다려 주지 않으시고 내가 신학교를 다니던 도중에 돌아가시고 말았다. 하용조 목사님이 돌아가시자 나는 신학강의 시간에 교수님과 학생들 앞에서 "아마도 내가 하용조 목사님이 못다 하신 사업을 이어야겠다."라고 말했던 것을 잊을 수 없다.

신학대학을 졸업하고 기독교 문서 선교활동을 하기 위해 책을 저술하다.

2012년 12월에 신학대학을 졸업할 때 나는 이미 목사의 정년인 65세를 지났으므로, 나는 기독교 전도를 위해서 문서사역을 하기로 작정하고 기독교를 알기 쉽게 설명하기 위해 기독교 관련 책을 많이 읽으면서 글을 쓰기로 마음먹었다.

신학공부를 끝마친 후에 나는 '기독교는 인류의 희망이며 비전'이라는 제목을 정하고 책을 쓰면서 어린 손녀와 손자들의 손을 잡고 산책을 하면서 인류의 미래를 위해 해야 할 일에 대해 사색을 하였다. 그리고 하용조 목사님이 이미 시작하신 '목숨을 건 일본사랑 러브 소나타' 운동에 관해서 관심을 가지기 시작하고 그가 쓰신 책인 '목숨을 건 일본사랑 러브 소나타'[190]를 읽고 크게 감명을 받았다.

190) 하용조, 「목숨을 건 일본사랑 러브 소나타」, (서울: 두란노서원, 2012).

한·일 관계 정상화를 위한 하용조 목사의 러브소나타 운동

- 한국이 시작한 '러브소나타' 운동으로 변화하고 있는 일본
- 기독교의 관점에서 생각하는 한·일 관계! '목숨을 건 일본사랑 러브 소나타'

그림 30. 온누리교회 하용조 목사[191]

온누리교회 하용조 목사님(그림 30)은 한동안 일본에서 지내면서, 목사의 입장에서 일본을 바라보고, 지금까지 한·일 간의 불편한 문제들이 한·일 양국 사이에서 서로 잘 타협되지 않고 또 원만히 해결되지 않는 문제를 좋은 방향으로 이끌어 해결하기 위해서는 어떻게 해야 할 것인가에 대해 하나님께 기도하는 중이셨다. 그러던 중, 마침내 하용조 목사님은 하나님으로부터 '목숨을 건 일본사랑 러브 소나타'[192] 운동이라는 응답을 받게 되었다. 그가 하나님으로부터 받은 응답 즉, '목숨을 건 일본사랑 러브 소나타' 운동은 다음과 같다.

하용조 목사가 하나님으로부터 받은 응답 '목숨을 건 일본사랑 러브 소나타' 운동의 핵심

인류를 위한 최선의 교육원리인 기독교가 한·일 양국에 어떤 도움을 주었으며, 앞으로는 어떤 도움을 줄 것인가? 일본의 황국사관(皇国史観)[193]에서

191) https://ko.wikipedia.org/wiki/%ED%95%98%EC%9A%A9%EC%A1%B0
192) 하용조, 「목숨을 건 일본사랑 러브 소나타」, (서울: 두란노서원, 2012), 171.

나오는 수직적 단결력으로 수백 년 동안이나 한국을 침략하고, 아직도 '일본 우월주의'에 사로잡혀있는 일본의 '가해자의 오만'을 바라보면서, 한국의 하용조 목사는 '한국에도 피해자의 오만이 있다'고 말한다. 그는 이 '피해자의 오만'을 하나님께 회개하면서, 한국이 먼저 사랑으로 일본의 '가해자의 오만'을 용서하고 포용해야만 한국은 진정한 하나님의 제사장 나라가 될 수 있다고 말한다. '일본사랑 러브 소나타' 운동이 과연 얼어붙은 한·일 관계를 화해시킬 수 있을 것인가?[194)]

한국과 일본의 기독교 전래

한국보다 300여년 먼저 일본에 서양으로부터 기독교가 들어왔으나, 일본은 화혼양재(和魂洋才)[195)]로 기독교를 배척하고 과학기술과 무기를 받아들였다. 한국은 기독교의 신(神)(여호와, 야훼)을 한국 고유의 전통적인 신(神)인 '하나님'으로 받아들이고, 영 · 미의 선교사들에게서 성경(하나님의 말씀)을 배워서 하나님을 섬기면서 독립을 하고 '제사장나라'로 발전하였다.

어느 나라든지 그 나라에 기독교가 들어가게 되면 서양으로 눈을 돌리기 시작하여 외국과의 교류가 활발해진 것이 사실이다. 일본은 우리나라보다 300여년이나 앞선 1549년에 프란시스코 사비에르(Francisco Xavier, 1506~1552)[196)]라는 선교사에 의해 기독교가 전래되었다.

일본은 1543년 일본 규슈(九州) 가고시마현(鹿兒島縣) 다네가시마(種子島)에 표류하던 선박에 타고 있던 포르투갈인이 화승총(火繩銃)인 조총(鳥銃)과 제조법을 전하여 대량생산에 성공하였다. 같은 해 대마도 도주가 이

193) 황국사관(皇国史観): 일본의 역사를, 만세일계의 천황 중심의 국가주의적인 관점에서 보는 역사적 견해를 일컫는다. 일본 제국의 77년간을 상징하는 역사관이다.

194) 이홍림, "위대한 대한민국(조선) 세라미스트들의 기술력으로 성장한 일본은 침략주의에서 벗어나 평화주의의 길을 택함으로 위대한 일본으로 거듭나서 보답해야 한다!", (서울: 한국세라믹학회, 2014, 12), 17[4], 68~104.

195) '화혼'이란 일본의 전통적 정신을, '양재'란 서양의 기술을 말한다. 일본의 자국 것이 魂(혼)이고 서양 것(기술)을 才(재)로 삼는다. 근대화 시기 일본의 구호이다.

196) 에스파냐 북부에 있던 나바라 왕국 귀족가문 출생으로 파리대학교에서 공부하였으며, '동양의 사도'로 불리는 선교사.

화승총(조총)을 1543년 조선에 바쳤으나 창고에 넣어둔 채로 전쟁에는 무관심했다. 일본은 이 조총을 가지고 임진왜란을 일으켜 조선을 침략하였다.

또 일본은 근대화시기 일본의 구호는 화혼양재(和魂洋才)였는데, '화혼(和魂)'이란 일본의 전통적 정신을 의미하고, '양재(洋才)'란 서양의 기술을 뜻하는데, 일본의 혼(魂, 정신)과 서양의 재(才, 기술)를 취한다는 뜻이다. 따라서 일본은 임진왜란(1592~1598) 때는 서양에서 받아들인 조총을 사용하여 조선을 침략한 것처럼 일제침략(1875~1945) 때는 서양에서 받아들인 기술로 무장하고 침략전쟁을 일으켜서 청나라와 러시아에 승리하고 한국을 강탈하였다. 이 모든 침략행위는 배타적 국수주의 종교인 신도(神道)와 천황제로 인한 황국사관(皇國史觀)에 의한 것이며, 이것은 기독교와 상반되는 배타적 국수주의 사상인 신도에서 기인되는 것으로, 일본이 국수주의로 단결하여, 서양의 기술로 무장하고 침략전쟁을 일으켰으나, 결국 기독교국인 미국이 주도하는 연합군에게 패하고 말았다. 그러나 문제는 여전히 배타적 국수주의 신도 사상에 사로잡혀있는 일본 우익의 지도자들에 의해서 일본이 변하지 않는 것이 큰 문제가 되고 있는 것이다.

한국은 기독교의 신인 여호와를 '하나님'으로 받아들여 기독교의 나라 '제사장 나라'가 되다!

한국은 과거부터 전통적으로 '하나님'을 섬겨왔는데, 이 '하나님'은 이스라엘이 섬기는 유일신인 '여호와 하나님'과 마찬가지로 한국의 유일신 '하나님'으로 섬기게 된 것이다. 그러나 일본은 기독교를 배척하고 서양의 무기와 과학기술만을 우선적으로 받아들였으나, 반대로 한국은 무기나 과학기술보다는 기독교를 우선적으로 받아들였다. 그래서 과학기술은 다소 뒤처져서 침략을 당해 고통과 고난을 당해왔다. 한국은 이스라엘처럼 하나님을 유일신으로 믿는 강한 믿음으로 '제사장나라'가 되었으므로 하나님의 도움으로 모든 열심을 다하여 밝은 미래를 개척하여 기어코 유일신인 하나님을 믿는 세계 최고의 '스마트 코리아(Smart Korea)'를 달성해낼 것이다.

일본보다 300여년 후에 영 · 미의 선교사들이 한국(조선)에 기독교를 전해 주었고, 한국(고조선)의 건국이념인 홍익인간 사상의 근원인 '하나님'을 근본적으로는 기독교의 '신(God, 여호와, 야훼)'과 일치시켜 받아들임으로써, 자연스럽게 기독교를 우리의 전통신앙과 일치시켜서 우리의 신앙으로 받아들일 수 있게 된 것이다. 한국은 '하나님'을 섬기지 않는 중국과 일본의 침략으로 오랜 기간 동안 고통과 고난과 굴욕을 당해왔으나, 마침내 새로이 받아들인 기독교의 힘으로 독립을 이루어내고 자유민주주의를 실현할 수 있게 된 것이다.

일본은 기독교를 배척하고 서양의 무기와 과학기술을 우선적으로 받아들였으나, 반대로 한국은 박해와 순교 등 어려운 고비는 있었지만 무기나 과학기술보다는 기독교를 우선적으로 받아들였다. 이제 한국은 하나님을 믿는 강한 믿음으로 기독교국이 되었으므로 하나님의 도움으로 모든 열심을 다하여 밝은 미래를 개척해내고 기어코 '스마트 코리아(Smart Korea)'를 달성해내어야 할 것이다.

한국은 '피해자의 오만'에 빠져있는가?

하용조 목사의 목숨 건 일본사랑 '러브 소나타'

동경 러브 소나타 실행위원장이며 요도바시교회 담임목사인 미네노 타츠히로씨는 하용조 목사님이 생전에 처음 만난 사람들 앞에서 다음과 같이 간증을 자주 했다고 전한다. "저는 원래 일본 사람이 싫었습니다. 그러던 어느 날, 십자가 위의 주님이 제게 말씀하셨습니다.

'용조야, 너는 왜 일본 사람을 미워하느냐. 죽을 수밖에 없는 죄인인 너를 내가 구원했고 사랑했던 것처럼 너 역시 일본 사람을 용서하고 사랑해야 하지 않겠느냐.'

그 순간 저의 생각은 완전히 바뀌어 일본을 사랑하게 되었습니다. 나아가 제 병을 치료하기 위해 일본에 머물면서 일본 선교에 대한 막중한 사명과 책임을 통감하며 일본과 '사랑'에 빠져버렸습니다."[197]

한국은 '피해자의 오만'을 어떻게 극복할 것인가?

"여태껏 우리는 일본은 가해국, 한국은 피해국이라는 생각에 젖어 있었습니다. 하지만 하나님께서는 우리가 먼저 회개하기를 원하셨습니다. 새벽기도에서 하나님이 가르쳐 주신 것은 우리에게 '피해자의 오만'이 있다는 사실이었습니다. 그것을 깨닫는 순간 우리는 일제히 큰 충격을 받았습니다. 눈물을 흘리며 회개하기 시작했습니다. 그리고 일본에 가서 일본 사람들을 위해 기도하고 우리의 회개를 보이고 하나님의 사랑을 전파하자는 결심을 했습니다. 이리하여 '러브 소나타'가 시작된 것입니다."[198]

이상에서 보면, 하용조 목사의 '러브 소나타' 선교활동은 일본에 큰 영향을 주고 있는 것이 사실이지만 일본의 메이지유신과 더불어 신도(神道)의 국교화 정책으로 인해, 천황중심의 황국사관이 깊숙이 자리 잡고 있는 일본을 기독교 선교에 의해 변화시키는 일은 실로 엄청나게 어려운 일이라고 생각된다. 그러나 진정으로 한일관계를 발전시키기 위해서는 인류의 구원을 위한 최선의 방법인 사랑과 기독교 교육의 원리에 속하는 '러브소나타' 운동이 매우 중요하며, 매우 큰 효과를 거둘 수 있을 것이라고 생각된다. 오늘날 인류가 비록 인간이 개발해낸 IT 및 인공지능(AI) 기술 등 최첨단의 모든 과학기술을 총동원한다고 해도, 또는 인간이 개발한 그 어떤 놀랍고 비밀스러운 최첨단의 과학기술로도 하나님의 능력을 넘어설 수는 없을 것이며, 오직 하나님을 믿는 믿음으로만이 오늘날 최대의 난제인 한·일양국의 문제와 국제관계 등의 모든 문제를 해결해내고, 세계의 중심에 우뚝 서서 하나님 나라인 '스마트 코리아'를 창조해낼 수 있을 것이라고 생각된다.

---

197) 하용조, 「목숨을 건 일본사랑 러브 소나타」, (서울: 두란노서원, 2012), 87-88.
198) Ibid., 171.

독일이 전범사실을 사과하는 용기는 어디서 나오는가?

'러브 소나타' 운동으로 한·일 관계는 해결될 수 있는가?

일본은 신도(神道)의 영향으로 기독교인 수가 전 국민의 1%도 못되는 반면, 종교 개혁자 루터를 배출한 독일은 기독교의 핵심인 '모든 사람이 죄인'(롬3:10)이라는 사상과 '새사람으로 거듭남'(요3:3)의 사상이 담긴 성경을 기초로 하는 기독교 국가이다. 비록 나치 독일은 홀로코스트 등 엄청난 전쟁범죄를 저질렀지만 성경(하나님 말씀)에 기초한 사과와 반성을 통해서 새로운 나라로 다시 태어날 수 있다고 믿는 국민들이기 때문에, 실제로 그들이 하나님의 말씀이라고 믿고 있는 성경 말씀이 바탕이 되어 반성과 화해의 노력을 함으로써 침략전쟁의 피해국들로부터 신뢰를 회복하고 오늘날 유럽에서 리더십을 되찾고 있는 중이다.

현재 하용조 목사로부터 출발한 '목숨 건 일본사랑 러브 소나타' 운동은 일본도 독일처럼 침략전쟁의 악몽에서 벗어나서 새로운 나라로 출발할 수 있도록 도와주는 일이라고 생각된다. 하용조 목사님은 일본에 찾아가서 병마와 싸우며 '목숨을 걸고' 이 운동을 하다가 마침내 하나님께로 돌아가시고 그 동역자들이 이 운동을 이어가고 있다. 독일은 하는데 일본은 왜 못하는가? 이것은 얼마든지 가능한 일이라고 생각되지만, 여기에는 큰 문제가 숨어 있다. 독일은 성경을 하나님의 말씀으로 믿고 있지만, 일본은 전후(戰後)에도 여전히 일본을 강력하게 지배하는 우익들이 하나님이 아닌 그들의 천황(天皇)을 이전부터 믿어온 '마음의 습관'으로 신도(神道)의 신(神)이라고 믿으면서 반성과 회개 없이 오직 천황 중심의 황국사관(皇國史觀)을 지키고 있다.

일본인들에게 기독교의 진정한 '하나님 사랑'을 알려주기 위해 하용조 목사님은 '러브 소나타' 운동을 시작하였으며, 이 '러브 소나타' 운동으로 결국 한·일 양국을 화해시키고 미래의 동반자가 되도록 할 가능성을 기대하고 있는 것이다. '러브 소나타'를 위해 목숨을 걸고 일하시다 소천하신 하용조 목사님의 동역자들이 지금도 '러브 소나타' 활동을 계속하고 있으며, 또 하나님의 사랑과 능력은 무한하므로 이루어내지 못할 일이 없을 것이다.

전쟁이 끝난 후, 일본과 독일은 무엇이 달랐는가?

전쟁이 끝난 후에 독일은 과거로부터 믿어온 기독교의 영향으로 인해서 패전국에 대해 사과를 하였지만, 일본은 진정어린 사과를 하지 않았다. 독일은 본래 기독교국이었으므로 기독교적 반성을 하였다. 독일 수상은 전쟁 희생자를 추모하기 위해 무릎을 꿇었다. 그러나 신도의 기초 위에 선 일본의 천황은 무릎 꿇고 사과하지 않았으며, 신도의 주체인 천황이 무릎을 꿇고 사과하는 것은 배타적 국수주의 일본 종교인 신도(神道)와 천황 그 자체를 부인하는 일이기 때문일 것이다.

브란트 서독 총리는 제2차 세계대전의 전쟁범죄에 대해 무릎을 꿇었다.

'바르샤바의 무릎 꿇기(Kniefall von Warschau)'는 1970년 12월 7일 폴란드를 방문 중이던 빌리 브란트 서독 총리가 바르샤바에 있는 바르샤바 봉기 희생자를 추모하는 기념비 앞에서 무릎을 꿇은 사건이다(그림 31).

빌리 브란트의 행동은 나치 독일이 일으킨 제2차 세계 대전의 전쟁 범죄에 대한 반성의 의미로 해석되었다. 빌리 브란트는 서독과 동구권 국가 간의 관계 개선에 나선 공로를 인정받아 1971년에 노벨 평화상을 수상했다.

그림 31. 폴란드 바르샤바에 설치된 빌리 브란트 기념 부조[199]

그러나 일본은 현직 총리나 천황이 한국에 와서 무릎을 꿇고 사과한 일은 없었다. 일본은 기독교국이 아니라 신도(神道)의 신(神)이 지배하는 나라이기 때문이다.

회개와 결심은 새로운 출발

나는 대학교수에서 은퇴하면서 새로운 마음가짐으로 신학 공부를 시작하게 되었는데, 그것은 지금까지 내가 살아온 삶을 되돌아보고 반성하면서, 하나님께 충실하지 못했던 것에 대해 진정으로 회개하는 마음 때문이었다. 또 그것은 내가 한국은 물론 전 세계의 인류에게 희망과 비전을 전해주고자 하는 열정을 품고 신학을 공부하고 싶었기 때문이다. 사실 무엇보다도 아직 순수한 마음을 가진 나의 손녀와 손자들을 비롯한 미래 세대에게 희망과 믿음을 심어주고 싶은 의욕이 내 마음속에 가득 차 있었고, 미래 세대에게 기독교를 전하고 가르침으로써 훌륭한 미래에 대한 비전을 심어주고 싶었기 때문이었다. 그래서 결국에는 온 세상이 그리스도의 사람으로 가득한 곳이 되기를 바라고 있기 때문이다.

교수직에서 은퇴하고 나서 신학대학을 졸업하고 하나님 앞에 섰을 때 비로소 나는 진정으로 하나님 앞에서 회개하는 마음을 가지고 열심히 기도하고 공부하게 되었고, 새삼 하나님을 더 잘 알게 되었다. 참으로 너무 늦은 일이지만 정말 모든 힘을 다 바쳐서 하나님께 진지하게 매달려서 열심히 신학을 공부하였다.

사람이 진정으로 회개하게 될 때 비로소 하나님의 사람이 되는 것이라고 느끼게 되었다. 그 이전까지의 나의 삶은 여전히 죄인이요 사탄의 자식으로 사는 삶이라고밖에 생각되지 않았다. 은퇴할 나이가 되어서야 이제 나는 겨우 새로운 출발을 하게 된 것이다. 이것은 (롬 3:23~24) 및 (갈 2:20)과 같은 성경 말씀을 묵상하면서 하나님으로부터 받은 은혜 때문이라고 생각하게 되었다.

199) 바르샤바의 무릎 꿇기 - Wikiwand

■ (롬 3:23~24) "[23] 모든 사람이 죄를 지어 하나님의 영광스러운 표준에 미치지 못하였으나 [24] 예수 그리스도께서 마련하신 구원의 길을 통해 하나님의 은혜로 값없이 의롭다는 인정을 받게 되었습니다." ■

■ (갈 2:20) "내가 그리스도와 함께 십자가에 못 박혀 죽었으므로 이제는 내가 사는 것이 아니라 내 속에 그리스도께서 살아 계십니다. 지금 나는 나를 사랑하시고 나를 위해 죽으신 하나님의 아들을 믿는 믿음으로 살고 있습니다." ■

그러나 아직도 나는 여전히 부족한 사람이라고 느끼고 있을 뿐이다.

하나님이 세우신 모든 학교 교육의 방향은 무엇인가?

대학 교육의 사명은 인류의 밝은 미래를 창조하는 것

모든 대학과 교육기관은 하나님이 세우셨다. 대한민국을 세계의 선도 국가로 올바로 세우기 위해서 명심하고 지켜야 할 일은, 하나님이 세우신 대학에서 훌륭한 인성과 실력과 능력 있는 사람을 기르고, 특히 하나님의 뜻을 받들어 시험 부정행위(커닝 등)를 비롯한 모든 부정행위를 하지 않는 올바르고 정직하고 유능한 인재를 길러내어 우리나라 사회는 물론 전 세계 인류의 미래를 올바로 이끌어가도록 해야 하는 것이다!

대학에서 실력 있고 정직하고 유능한 학생을 길러내야 한다!

나라와 세계의 발전을 가로막는 가장 나쁜 것은 하나님의 뜻에 어긋나는 시험부정행위(커닝: Cunning)를 비롯한 모든 부정행위이므로 이를 바로잡아야 하는 것이다!

나는 운이 좋게도 초등학교로부터 박사학위 과정을 마치고 교수가 될 때까지 시험을 치르는 과정에서 부정행위(커닝, Cunning)를 한 적이 없다. 그것이 바탕이 되어 나는 교수 생활을 하면서 학생들을 가르치고 학생들의 성적을 평가하기 위해 시험을 치를 때 항상 내가 직접 여러 명의 조교와 대학원생들을 시험감독 보조원으로 함께 데리고 시험장에 들어가서 처음부터 끝까지 시험감독을 직접 관리하면서 절대로 시험 부정(커닝, Cunning)을 허용하지 않았다. 나는 시험을 치르기 전부터 철저히 감독함으로써 시험부정을 사전에 미리 방지하는 것이 가장 현명한 방법이라고 생각한다.

우리나라는 초 · 중 · 고등학교에서부터 시험시간에 부정(커닝)행위를 엄격히 규제하여 정직한 학생으로 길러야 한다. 그것은 우리나라에서는 대학입시제도가 매우 엄격히 관리되고 있으므로 이에 따라 수학능력시험이나 초 · 중 · 고등학교의 성적관리는 매우 철저히 관리되고 있다고 볼 수 있을 것이다.

그러나 일단 대학에 들어가서 대학 생활을 하게 되면 상황은 많이 달라지는 모습을 보게 된다. 대학에서 학생이 교수의 강의를 듣고 의문점에 대해서는 질문도 하고 스스로 문제점을 해결하기 위해서 열심히 자신의 전공 분야에 대해서 깊이 파고들면서 각자의 분야에 대해서는 완전한 전문가가 되어야 할 뿐만 아니라 더 새로운 분야를 개척해 나갈 수 있는 능력을 갖추도록 해야 하며, 그렇게 해야 나라와 사회가 올바르고 빠르게 발전할 수 있기 때문이다. 그래야 대학에서 공부하는 동안 자신의 미래를 펼쳐나갈 꿈을 키우고, 또 인류의 미래를 밝혀나갈 비전을 키울 수 있기 때문이다.

그러나 막상 대학에 들어가면 초 · 중 · 고등학교 때 교사들에 의해서 철저하게 통제되던 것과는 달리 대학에서는 모든 활동에서 이미 성인으로 대우하여, 대학생들을 믿고 교수가 학생들의 개인적인 프라이버시(Privacy)를 존중하여 시험이나 학생의 활동을 엄격하게 통제와 관리를 하기보다는 학생들을 존중 및 관대하게 대하는 경향이 있어서, 이것이 오히려 학생들의 개인적인 인격과 인성 차이로 인하여 부정행위를 유발할 가능성을 높여줄 수가 있다. 그러나 올바른 나라와 사회를 가꾸기 위해서는 모든 부정행위(커닝 등)에 대해 교수가 직접 사전에 철저히 방지해야 하는 것이다.

그렇지 않아서 만일 작은 부정행위라도 발생한다면, 그것은 결국 개인의 인성을 파괴하고 나라와 사회의 법과 질서를 비롯하여 결국에는 학문과 문화의 발전을 무너뜨리는 원인이 될 수 있다는 것을 잊지 말아야 하는 것이다.

미국 ACT(American College Testing: **미국 대학 입학 자격시험**)**에서 한국을 상습 시험부정행위 국가로 낙인찍다**.

> 시험 부정(커닝)은 나라의 미래를 어둡게 한다! 학교 교육에서 부정행위와 원칙을 지키는 일에 대해 엄격하지 않으면 나라의 미래를 어둡게 할 것이다.

최근 '툭하면 문제 유출... ACT 한국 시험장 26곳 폐쇄, - 상습 부정행위 국가로 낙인찍혔나? -'라는 제목의 주요 신문 보도[200]에 따르면 "한국을 비롯해 전 세계 130개국에서 치르는 ACT(American College Testing: 미국 대학 입학 자격시험)의 국내 시험 방식이 다음 달부터 크게 달라진다. 이 시험을 주관하는 미국 ACT사는 2016년 11월 7일 자사 홈페이지를 통해 '올 12월 예정인 시험부터 한국에서는 ACT사가 지정한 한 장소에서만 시험을 치르고, 시험 감독관도 본사에서 파견하겠다.'라고 발표했다. 다른 나라에서 치르는 시험에 대해서는 별도 언급이 없으나, 한국만을 대상으로 한 발표였다. ACT는 SAT(Scholastic Aptitude Test)와 함께 대부분 미국 대학이 요구하는 시험으로, 우리나라로 치면 대입수능시험이다. ACT는 발표문에서 '한국에서 일부 부도덕한 사람들의 범죄 행위(Criminal Action)가 열심히 공부한 학생들 노력을 헛되게 하도록 더 이상 놔두지 않겠다.'라면서 '(미국)본사 감독관 입회하에 한 장소에서만 시험을 보게 해 ACT 시험의 보안과 형평성을 강화할 것'이라고 밝혔다.

우리나라를 사실상 '시험 부정행위 의심 국가'로 낙인찍은 셈이다."라고 한다. 우리나라 교육의 문제점이라고 볼 수 있는 대목이다. 초등학교로부터

200) 조선일보, 2016.11.8.

대학에 이르기까지 학교 교육자들과 학부모들이 학생들에게 원칙을 지킬 것을 가르쳐야 할 것이다. 시험에서 부정행위를 하지 않도록 철저하고 올바르게 교육하는 일이 매우 중요한 것이다. 그렇게 하지 않으면, 자라나는 과정에서 학생들이 원칙을 지키지 않게 되고, 원칙을 무시하는 습관이 들게 되면, 자라나서 나라의 지도자가 될 경우, 나라에 나쁜 영향을 미치게 되고, 후세들에게 올바른 교육을 시킬 능력도 없게 되는 것이다.

이러한 의미에서 볼 때, 우리나라의 대통령들이 모두 불행한 종말을 맞게 되는 것과 국회의원들이 날마다 당파싸움만 벌이면서 나라의 정치를 올바로 이끌지 못하는 원인이 학교 교육에서 부정 시험을 막아내지 못하는 것과 같은 일이 원인이 되어 생겨나는 것이라면, 가정과 학교에서 미래세대 교육을 위해 지금보다 더욱 철저히 교육해야 할 것으로 생각된다.

이처럼 국민이 원칙을 지키는 일과 미래세대 교육에서 철저하지 못하면 결국 나라와 사회가 바로 서지 못하게 되고, 나라와 사회의 질서를 파괴하는 악순환의 고리는 계속해서 이어지게 되면서, 우리 대한민국이 강하고 스마트한 나라가 되기는 매우 어려운 일이 될 것이다. 진정으로 우리가 세계를 주도하는 훌륭한 나라, 즉 스마트 코리아(Smart Korea)가 되기 위해서는 바로 지금부터 학교교육에서, 특히 대학교육에서 '의식혁명'을 일으켜야 하며 이것은 영원히 지속되어야 할 과제라고 생각된다.

한국과 일본의 학문적 성과의 비교

> 정직하고 실력 있는 유능한 학생을 길러내기 위해 나라 발전을 막는 가장 나쁜 시험부정행위를 막아야 한다! 정직하고 엄격한 교육에서 창의성이 발휘되고 노벨상도 나온다!

실제로 지금 우리나라 대학의 상황은 어떤가? 대학생이 자기의 꿈이 곧 인류의 미래를 위한 비전이 되도록 하기 위해서는 현재 자기가 좋은 학점을 받는 일도 중요하지만, 자기의 비전을 만들어가기 위해 어떤 생각을 펼쳐나가야 할 것인가에 더 관심을 가져야만 하는 것이다. 학생이 그렇게 생각하도록 만들기 위해서는 먼저 가르치는 교수의 자질과 능력과 그가 가진 비전과 한국의 교육적 바탕이 매우 중요한 것이다.

우리 한국 사회는 이러한 자질을 갖춘 교수를 받아들일 준비가 되어 있는가? 이렇게 생각을 하게 되면, 우리 한국 사회의 교육적 · 문화적 바탕을 생각해보아야 할 것이다. 2022년 현재 노벨 과학상 수상자의 수를 먼저 생각해 보면, 일본이 24명 이상이지만 우리나라는 전무하다. 이것은 우리나라의 대학의 학문적 수준의 현실을 말해주고 있다. 이것은 무엇을 의미하고 있는가? 창의적인 사고는 정직성과 관련이 있으며, 또한 정직성은 창의적이고 역동적인 능력을 만들어낼 수 있는 것이다.

일본은 무(武, 칼)가 문(文)을 지배해온 사회이다. 일본에서는 사무라이(무사)가 일반인에게 자결을 명령할 수 있었다. 일본은 칼이 지배하는 매우 무서운 사회였다. 일본은 일본 고유의 정신인 대화혼(大和魂, 일본 정신)에서 유래하는 존황주의(尊皇主義)의 천황파시즘에서 나오는 군국 · 침략주의 정책으로 국민을 매우 엄격하게 통제함으로써 윗사람의 명령에 절대 복종하는 일사불란(一絲不亂)한 사회를 만들어왔다. 그래서 과거 일본의 무사도(武士道)에서는 '죄를 저지른 자를 바로 죽이는 것이 허용'되는 '기리스테고멘(切捨御免, きりすてごめん)[201] 이라는 제도가 있어서 사무라이가 칼을 차고 다니면서 죄를 지은 자를 재판 없이 곧바로 칼로 베어 죽임으로써 엄하게 일본 백성을 다스렸다.

반면에 한국은 일본과는 정반대로 죄를 저질러도 일본처럼 하지 않는 너그러운 한국 사회에서는 예나 지금이나 사회적 부정이 많이 일어나고 있다고 볼 수 있다.

또 오래전부터 서양은 엄격한 기독교 사회여서, 어릴 때부터 작은 죄라할

201) 기리스테고멘(切捨御免, 斬捨御免, きりすてごめん)이란 일본 에도 시대 무사 계층의 특권 중 하나로 성을 가질 수 있는 권리, 칼을 찰 수 있는 권리와 함께 상공인, 농민 등의 계층에서 무사에게 무례를 범할 경우, 살해할 수 있는 권리이다. 부레이우치(無礼討)라고도 한다.

지라도 지을 수 없도록 매우 엄격하게 교육을 받았으나, 한국에서는 그렇지 않았다.

학생 때는 초·중·고등학교는 물론 대학에서도 정직한 사람으로 키우기 위해서는 학교 교육에서 시험 부정(Cunning) 등의 부정행위를 매우 엄격하게 다루어야 할 필요가 있으나, 한국에서는 전통적으로 일본과 서양에 비해서 온화하게 다루었기 때문에 일본과 서양 사회에 비해서 엄격하지 않은 차이가 있다고 볼 수 있다.

특히 학문을 연구할 때는 고도의 정직성이 필요한 것이다. 진리를 추구할 때는 정직한 사고와 논리를 따라야 하는 것이다. 그래야만 더 쉽고 바르게 진리가 나타나게 될 것이다. 일본이 2023년 현재 노벨 과학상 수상자가 24명이 될 때까지 한국은 왜 한 명도 받지 못했는가? 이에 대해서는 시설과 장비 및 재정적인 뒷받침이 무엇보다도 중요할 것이다. 여기서 정직성을 논하는 것은 다소 무리일지 모르지만, 높은 수준의 학문을 할 때는 분명히 얼마만큼은 정직성과 연관이 있을 것이다. 우선 초·중·고등학교와 대학에서 학생을 가르침에 있어서는 엄격하고 정직한 학문적 태도를 가르치는 것이 매우 중요하다고 생각된다. 그중에서도 가장 엄격하게 다루어야 할 것은 시험부정(Cunning)일 것이며, 우리는 학교 교육을 비롯하여 정치·경제·문화·사회의 모든 분야에서 모든 부정행위에 대해서 엄격하게 다루어야 우리 대한민국이 세계에서 가장 앞서가면서 세계를 선도하는 나라가 되도록 발전해나갈 수 있을 것이라고 생각된다.

대학생들에게 시험 부정(Cunning)을 엄격하게 통제했을 때 최고의 강의평가를 받았다!

> 학생들은 엄격한 시험통제를 원하며, 시험부정(Cunning)을 원하지 않는다!

내가 연세대학교에서 27년 동안 교수 생활을 하던 중 2005년 5월 14일 연세대학교 창립 120주년 기념식에서 학생의 강의평가를 기준으로 '베스트

티처 어워드(Best Teacher Award)'를 받았던 이유 중의 하나는 내가 철저하게 시험부정(Cunning)을 통제했던 것이 하나의 중요한 원인이라고 생각한다. 그것은 공부한 만큼의 효과를 나타낼 수 있도록 엄격하게 시험 분위기를 통제함으로써 학생의 능력을 잘 반영하도록 조건을 마련해주었기 때문일 것이다. 따라서 학생 대부분은 시험 부정(Cunning)을 철저하게 막아주기를 원하고 있다는 것을 증명하고 있는 것을 말해주고 있는 것이다.

학생의 능력을 공정하게 평가해주면 이처럼 학생들의 학습 의욕을 높여주고, 학생들의 인성을 높여주는 효과와 함께 공정하고 정직한 사회를 만드는데 중요한 효과를 나타낸다고 할 수 있을 것이다.

한국인의 창의성은 세계적으로 탁월하다!

노벨상은 그 심사과정에서 학문적 창의성과 탁월성을 인정받게 되므로 가장 중요한 것이 수상자의 학문적 정직성에 바탕을 두고 있다고 볼 수 있다. 일본은 한국과 비교해서 단결력이 커서 국력이 한국에 비해 큰 것이 장점이어서 과거에 일본 국민이 굳게 단결하여 국력을 키워서 한국을 지배한 적이 있으며, 정직성을 살려서 노벨 과학상 수상자를 많이 배출한 것도 사실이다.

그러나 옛날(500여 년 전)에는 한국이 금속인쇄술과 한글을 발명하는 등 과거에는 창의력에서는 일본이나 영국, 미국 등 세계적인 여러 선진국보다 크게 앞선 것도 사실이다. 금속인쇄술의 발명으로 성경을 세계에 보급하여 종교개혁 · 지식보급 · 과학기술혁명을 일으키고, 한글 발명으로 한국의 과학기술 등 지식을 신속하게 보급하고 성경을 한글로 번역하여 한국에 기독교를 신속히 보급함으로써 동아시아 최초의 자유민주주의 기독교 대한민국을 세웠다.

만일 노벨상이 1900년보다 오래전에 제정되었다면 한국이 금속인쇄술과 한글의 발명으로 노벨상을 가장 먼저 받았을 것이며, 그에 이어서 가장 많이 받아서 세계 최강의 나라가 되어서 이웃나라인 중국과 일본으로부터 침략도 받지 않았을 것이라고 추정해볼 수도 있을 것이다. 더구나 세계에서 문자를 만들어서 사용하는 나라는 놀랍게도 우리 대한민국밖에 없다는 것은 분명하게 우리나라의 높은 창의성을 보여주는 놀라운 사실이다. 이처럼 과거에는 한국인의 창의력은 뛰어나게 훌륭하다고 할 수 있는데, 오늘날의 현실은 왜 그에 따르지 못하고 있는 것인지에 대하여 깊이 생각하고, 앞으로 발전해나갈 대한민국의 놀라운 미래를 세워나갈 준비를 해야 하며, 더욱 훌륭하고 새로운 비전을 열어나가야 할 것이다.

인생의 산책길에서 만난 클라크와 우치무라!

2024년 8월 21일~8월 22일 홋카이도 대학을 방문하여 교정을 산책하며 클라크의 동상과 우치무라 간조의 사진과 기록물을 만나다.

홋카이도대학을 방문하여 클라크 총장과 우치무라 간조를 만나다![202)]

〈일본 정부의 초청으로 삿포로 농학교(현 홋카이도대학)의 총장에 취임(1876~77)했던 미국인 윌리엄 클라크와 일본제국주의〉

윌리엄 클라크는 미국의 화학, 동물학, 식물학 교수였다. 그는 윌리스턴 신학교를 졸업하고 애머스트 대학을 졸업 후, 괴팅겐 대학에 유학하여 화학과 식물학 학위를 받고 1852년 귀국하여 애머스트 대학교수와 매사추세츠 주립 농대학장을 역임(1867~1876)했으며, “Boys, be ambitious for Christ!”라는 유명한 말은 삿포로 농업대학의 초대 학장이었던 윌리엄 클라크(William Smith Clark, 1825~1886)의 말이다. 또한 괴팅겐 대학에 유학, 화학과 식물학을 연구하여 학위를 얻었다. 또한 일본 정부의 초청을 받고 삿포로 농학교(현 홋카이도대학)의 총장에 취임하였다(1876~77).

202) 우치무라 간조-위키백과, 우리 모두의 백과사전(wikipedia.org)

그림 32. 홋카이도대학에 있는 클라크 박사 흉상
(2024.8.22. 방문 때 촬영)

그는 선진 농업과 낙농업을 홋카이도에 정착시켰고 학생들에게 깊은 기독교적 정신과 감화를 전달하였다. 우치무라 간조(內村鑑三) 등 일본 기독교계에 중요한 인물들을 졸업시켰다.

평신도 선교사 홋카이도 대학의 클라크 박사

일본 열도의 최북단에 위치한 홋카이도는 원주민이라고 할 수 있는 아이누족이 살고 있었다. 아이누(Ainu)라는 말은 사람을 뜻하는 말로 사할린에 거주하던 종족으로 인종학상으로는 유럽과 몽고인종의 피가 섞여 있으며 수렵이 주업이었으나 오늘날에는 농업으로 바뀌었다.

메이지 시대부터 본토인들을 이주시켜 일본인들과의 혼혈로 인종적 특징과 습성은 사라지고 문화, 풍습, 언어, 주거, 의복에 이르기까지 일본화 되었다. 메이지유신 후 근대국가로의 힘찬 발걸음을 내딛은 일본은 미개척지 땅인 홋카이도를 발전시키기 위한 농업기술자 양성을 위해 1876년 미국의 지도자를 초청했다.

당시 미국 매사추세츠 농과대학학장으로 재임 중이었던 클라크 박사는 초청을 승낙함에 있어 몇 가지 조건을 제시했다. 학생 전원에게 예배와 성경공부를 시킬 수 있도록 허용해 줄 것을 요구했는데 신도(神道)의 일본으로서는 대단히 어려운 제의였다.

당시 일본은 오랜 쇄국정치로 조선과 중국을 통해서만 세계를 보아왔는데 1542년 표류하던 포르투갈 선박이 다네가시마에 표착한 것이 유럽과의 최초의 접촉이었고, 그 후 1549년 정식으로 기독교(카톨릭)가 들어왔다. 70년 후 기독교 금지령이 내리기까지 80만의 신자가 신앙생활을 했다. 당시 인구가 1500~2000만 명인 것을 감안하면 놀라운 하나님의 역사가 아닐 수 없다.

1612년 도쿠가와 막부는 금교령을 발포하고 선교사를 체포, 추방시켰다. 기독교 탄압의 이유는 첫째, 기독교 나라인 서양 제국의 침략이 두려웠고, 둘째, 이 세상 지배자인 천황의 권세를 부정하지 않으면 안 된다는 점, 셋째, 도쿠가와 막부 가운데 몰래 그리스도인 된 사람들이 적발되었고, 넷째, 일본의 신도를 뛰어넘는 기독교 신앙의 강함과 초월성에 놀라서였다.

1873년 300년 만에 기독교가 해금되었지만 일본이 클라크 박사의 제의를 받아들인 것은 놀라운 일이었다. 1876년 제1기 삿뽀르 농학교가 개교되었을 때 16명의 학생들이 입학했고 '일하기 싫거든 먹지도 말라'는 성경말씀을 가르치며 학생들과 함께 헌신적으로 기독교 사랑을 보여주어 학생들 전원이 기독교로 개종하였다.

특히 "Boys be ambitious!(일본이 for Christ를 빼어버림)! 즉, 소년이여 그리스도를 위하여 야망을 가져라!"라는 유명한 말은 지금도 학교 정문에 들어서면 큰 돌비석에 새겨져 있고 교과서에도 실려 있다. 그러나 "for Christ"가 빠진 것은 그 당시 침략주의 일본만을 위한 배타적 국수주의 종교인 신도(神道)를 섬기고 있었기 때문에 일본은 모든 인류를 위한 보편적인 종교인 기독교를 받아들일 수 없었기 때문이다.

평신도 선교사 클라크 박사가 길러낸 우치무라 간조(內村鑑三)

일본 신도에 근거한 일제와 천황제에 항거하며 기독교를 지킨 우치무라 간조

당시 삿포로 농학교 2기생으로 입학한 학생들 중에 우치무라 간조(內村鑑三)가 있었다. 무사집안의 아들인 당시 17세의 우치무라는 클라크 박사의 헌신적인 모습과 신앙에 감동을 받았다. 그는 상급생의 강권으로 예수 믿는 자의 계약이란 문서에 서명을 하고 스스로 성경 공부를 하며 기도와 전도에 힘쓰는 신실한 그리스도인이 되었다.

우치무라는 농학교에서 어류학을 전공하고 일본산 어류목록을 편찬하였다. 1891년 4월 19일 제1고등중학교(지금의 국립 동경대학 교양학부) 교사 재직 중 강단에서 거행된 교육칙어 봉독식에 일본 천황 친필의 서명에 대해 전체 교직원과 학생들 앞에서 90도로 허리를 숙이는 경례를 해야 하는데 우치무라는 그리스도인으로 고개만 숙이는 인사만 한 것이 불경죄로 사회문제화 되었다.

이것은 3대 불경 사건 중 하나로 기록되었고 결국 이 일로 교직을 박탈당하고 주민들마저 우치무라 가족을 외면하고 심지어 물건을 사지도 못할 정도로 박해를 받았다. 이 일 이후 우치무라는 경제난과 아울러 심신이 약해져 폐병에 걸렸으나 부인의 헌신적인 간호와 하나님의 은혜로 2개월 만에 일어날 수 있었다. 그러나 부인은 병들어 그 해 세상을 떠났다. 우치무라의 저서 가운데 '기독신도의 위로(제17권)' 첫 장에 이렇게 기록되어 있다.

"일본제국주의 시대인 1891년 4월 19일 소위 제1고등중학교 불경 사건 후에 나를 위해 목숨을 바친 아내에게 삼가 이 책을 바친다. 그녀의 영이 하늘에서 주님과 함께 평안하기를 빈다." 생전에 우치무라 간조는 70여권의 저서를 남겼다. 일본인 그리스도교 사상가, 문학자, 전도자, 성서학자로서 많은 책을 남겼는데 그 중 "나는 어떻게 크리스천이 되었나?"라는 책이 영문으로 쓰였고 당시 10개 국어로 번역되기도 했다. 우치무라는 미국에서 이학사 학위를 받고 신학교에도 입학했으나 학위는 받지 못하고 귀국하여 삿포로에 독립교회를 세웠으나 후에 무교회주의자가 되었다.

1876년 평신도 선교사로 헌신한 클라크 박사의 노력으로 삿포로 농학교로 시작된 현재 홋카이도 대학은 그 후 동북제국대학 농과대학, 홋카이도 제국대학으로 이름이 바뀌었다. 학생 중 홋카이도 출신자는 50%이며 본토에서 유학 온 학생들로 국립대학 중 5위 안에 드는 유명대학이 되었다.

우치무라 간조(内村鑑三, 1861.3.26.~1930.3.28)는 일본의 개신교 사상가이다. 서구적인 기독교가 아닌, 일본인들에게 말씀하시는 하나님의 가르침 즉, 일본적인 기독교를 찾고자 한 사상가로 평가받는다.

그는 다카사키 번사 우치무라 요시유키의 장남으로 에도 고이시가와(小石川)에서 태어났다. 미국 농학자인 윌리엄 스미스 클라크가 세운 삿포로농학교를 다니던 중 친구의 전도로 기독교인이 되었다. 대학생 시절 그는 친구들과 기도 모임을 구성하여 신앙생활을 했는데, 모임은 성직자와 평신도의 구분이 없는 민주적인 공동체였다. 이러한 새로운 신앙경험은 우치무라의 기독교 사상에 영향을 주었다.

대학교를 졸업한 1882년 우치무라와 친구들은 삿포로 독립교회를 통해 서구의 교회가 아닌 일본적 교회를 설립하고자 했다. 교회는 5명의 위원들에 의해 공동으로 운영되었는데, 일상적인 교회의 일은 그들이 함께 처리했고 그 외의 것은 언제나 투표로 처리했다. 또 교회의 회원은 의무적으로 교회를 위해서 일해야만 했다.

1884년 미국 애머스트 칼리지 3학년으로 편입하여 명예상을 받고 졸업한 뒤 하트포드 신학교에 진학하였으나 4개월 만에 학업을 포기했다. 자신이 신학을 포기한 이유에 대해 "나는 더 이상 신학공부를 할 수 없게 되었다. 지난 3년간의 극심한 정신적 긴장으로 신경이 불안정해지고 매우 심각한 만성 불면증에 시달리게 되었기 때문이다. 휴식이나 진정제, 기도도 효과가 없었고, 내가 선택할 수 있는 유일한 길은 고향 땅으로 돌아가는 것밖에 없었다."라고 말했다. 결국 1888년 일본으로 귀국하였고, 도쿄에 있는 제일고등중학교 교원으로 취직하였다. 하지만, 1891년 일본 천황의 절대권력의 상징인 '교육칙어' 봉독식 때 예를 갖춰 인사를 하지 않았다는 '불경사건'으로 일본 천황을 숭배하는 존황파(尊皇派)들에게 미움을 받아, 보복 테러의 표적이 되어 아내와 자식 그리고 직장을 잃었다. 우치무라는 교원으로 활동하면서 글을 쓰기 시작했는데, '나는 왜 기독교인이 되었는가?'(How I Became a Christian), '구안록'(求安録) 등을 저술했다. 1930년 도쿄에서 70세에 별세했다.

(우치무라의 신학)

한국교회에서 우치무라 간조의 신학은 무교회주의라고 해서 불온시 되기도 했다. 하지만 이는 무교회주의를 잘못 이해한 것으로, 무교회주의는 기존 교회에 대한 반발이 아니라 성서의 권위를 존중한 복음주의이다. 교회가 아닌 성서가 기독교 신앙의 원천이라는 오직성서(Sola Scriptura) 주의자였다. 그는 성서가 하나님의 영감으로 기록된 하나님의 말씀임을 믿는다고 고백하였으며, "나의 신앙은 예수 그리스도의 십자가 보혈로 말미암아 얻은 구원에 대한 감사일뿐이다."라면서 그리스도의 십자가만을 강조하였다. 그가 무교회주의를 주장한 이유도 기독교 신앙의 근거는 가시적인 교회 즉, 예배당이 아닌 성서뿐이라고 보았기 때문이다. 그는 "기독교 신앙의 유일한 근거는 성서뿐, 교회와 그 관습은 기독교를 담아내는 껍데기"라고 하였다. '구안록'에서는 죄인인 사람은 스스로 평안을 구할 수 없으나, 예수께서 우리의 구원을 위하여 자신을 희생하셨기 때문에 평안을 얻는다고 했다.

(한국 교회에 미친 영향)

우치무라에게 영향을 받은 제자로는 한국의 무교회주의 개신교 운동가인 김교신, 함석헌, 송두용, 최태용 등이 있다.

에필로그

하나님과 동행하는 삶

- 교회 생활: 저는 저의 부부와 모든 가족(손녀, 손자, 딸, 사위)과 함께 매주 교회에 나가서 하나님의 말씀을 듣고, 묵상하고, 기도하고 하나님과 대화하면서 또 전도하며 살아가고 있습니다. 그동안 예향교회(유근언 목사)와 분당소망교회(김태근 목사)를 섬겼으며, 지금은 내수동교회에서 박희천 원로목사님과 박지웅 담임목사님을 비롯한 여러 목사님의 은혜로운 말씀을 듣고 감사하고 있습니다. 횃불트리니티신학대학원대학교에 다닐 때 하용조 총장님과 여러 교수님으로부터 배운 은혜로운 강의에 대해 감사드립니다.

- 1964년 저가 연세대학교에 입학했을 때, 기독교의 진리를 가르쳐주신 연세대학교에 대해 깊이 감사를 드리며, 그때 부모님이 열정적인 기독교인이 되시도록 이끌어주신 하나님께 영광을 올려드립니다.

(가족관계)

부모님: 이유석(아버지)과 김도철(어머니)

우리 부부: 이홍림과 오미경(아내)

큰딸: 경혜<경민>(사위: 이종호)의 두 딸: 1)준, 2)진

둘째: 혜령(사위: 방정호)의 딸: 지유, 아들: 서진

셋째: 경화(사위: 김태욱)의 딸: 윤영, 아들: 1)학준, 2)학현

제 3 부

영원한 추억의 앨범!
“진리와 자유”

제3부
영원한 추억의 앨범! "진리와 자유"

2002. 5. 29 고온재료종강기념

2002. 6. 4 재료공정원리종강기념

2002. 12. 4 세라믹스의 기계적 성질 종강기념

2007. 6. 5 학부수업 종강기념

2009. 5. 26 이동현상론_종강기념

학생들과 즐거웠던 잊을 수 없는 추억의 강의 시간!!!
여기에 모든 노력과 열정과 젊음을 쏟아 놓았다!

연세대학교 창립 제120주년 기념식(2005년 5월 14일)에서 2005 연세대학교 최우수강의교수상 수상

그리운 학생들과 강의실! 젊은 학생들을 위하여 여기서 나의 모든 노력과 열정과 젊음을 쏟아놓았다! 학생들과 함께 즐거웠던 추억의 강의에서 얻은 아름다운 결실!

2008.7.15

이형직 교수의
"언덕 위의 하얀 집!"에서 만남

2009. 1. 8

한국화학관련학회연합회 신년식

신년하례식 및 백성기 포스텍총장과 차기 한국세라믹학회 회장 인수인계

2009. 7. 19 통일전망대

한국세라믹연합회 및 한국세라믹기술협의회 회원 가족의 만남

2008. 4. 26

연세대학교 취임 30주년기념
재상봉행사

2008.

고온재료연구실 모습

연구실 MT

보고 싶은 얼굴들~!

1978년 졸업자

그리운 얼굴들~!

1986년 졸업자

그리운 얼굴들~!

1988. 8 졸업기념

최순목 · 박성은 동문

1998

고온재료연구실 합창단!
그리운 그 모습!!!

보고 싶은 그리운 얼굴들~~~ 지금은 어디에?

남자 석·박사뿐이던 고온재료 연구실에 유능한 여자 석·박사도 탄생!
남자와 여자 석 · 박사들 모두 힘내시고 승리하세요!~

2003. 7. 18

열심히 연구하는 그 옛날의 모습!
고생했지만 참 재미있고 즐거웠던 추억도 있습니다!
열심히 연구하는 김성순 동문의 그때 모습!

2004. 1. 7

10m 상공에서 낙하하면서 착지하는 멋진 순간!!!
스키 실력을 자랑하고 있는 질주 본능의 이규형 동문!

2004. 3. 23 권법? 김성순 동문!

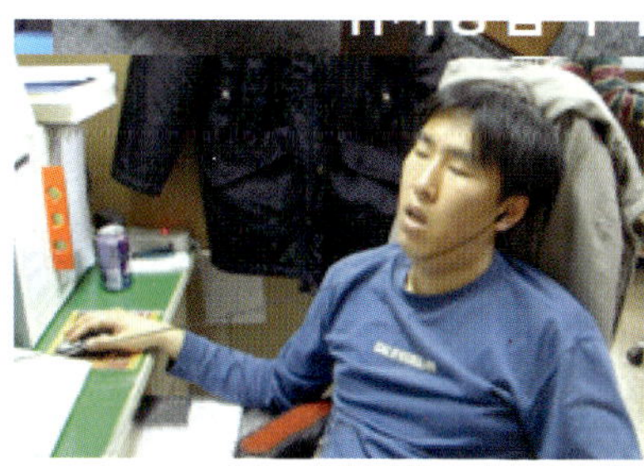

2004. 3. 26 명상중입니다.

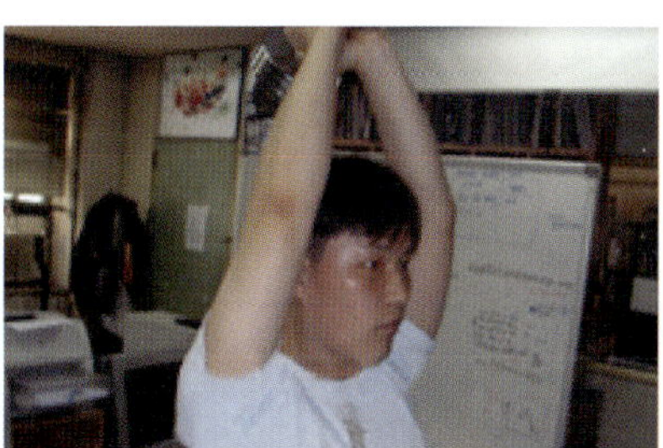

2004. 6. 4 근육맨을 향해!

2004. 6. 12 취사중입니다.

추억이 되어버린 그 옛날 연구실 정경!!! 이제는 멀어진 그 옛날이 그립습니다!
밥도 먹고, 운동도 하고, 잠도 자고, 김성순 동문은 뭘 하세요?

2010. 5. 14

스승의 날 기념! 정이 넘치네요!

그리운 그 옛날의 추억입니다!

죽는 날까지 하늘을 우러러
한 점 부끄럼 없기를,
잎새에 이는 바람에도 나는
괴로워했다.
별을 노래하는 마음으로 모든
죽어가는 것을 사랑해야지.
그리고 나한테 주어진 길을
걸어가야겠다.
오늘 밤에도 별이 바람에 스치운다.

(윤동주 서시)(윤동주 시인의 '시비' 옆에서)

제자들을 길러내시는데 일생을
바치신 교수님의 그 동안의 노고에
감사드리며, 교수님과 103분의 연구실
동문선후배님들의 추억을 길이
간직하고자 이 사진자료를 바칩니다.

사진 수필 / 편집 : 정성민('92)
사진 수집 협조 : 서원선('78), 최순목('89)
2011. 5. 26 편집

2011. 6. 11. 이홍림 교수 은퇴식

이홍림 교수 은퇴 종강 강연: '새 길을 찾아서'

논문집(새길을 찾아서) 증정: 제자 홍기곤 박사

일본 나고야대학 코모토 교수 축사

2011. 6. 11. 은퇴식

이홍림 교수 은퇴식 축사. 축하 케이크 커팅! 일본 나고야대학에서 코모토 교수 참석!

2011. 6. 11. 이홍림 교수 은퇴식에서 제자 및 코모토 교수가 함께!

2011. 6. 11.

은퇴식(고별강연) 때 이홍림 교수 부친(이유석 옹)의
"특허의 창의성" 강의(최승철 교수)

이홍림 교수의 '베스트티처 상 수상' 설명(최승철 교수)

은퇴식에서 이홍림 교수의 '새 길을 가다' 설명(최승철 교수)

2011. 6. 8. 이홍림 교수 정년고별강연에서 임응극·오재현 교수님의 격려의 말씀

2011. 6. 8. 이홍림 교수 고별강연

만찬장에서 오재현 교수님 축사

2011. 6. 8.

정학영 · 최환영 화공과 동문(고별강연장)

이대용·백승민·양승학·이홍림
(화공과 64학번 60년 친구)

한국 세라믹스의 발전과 세라믹코리아!

한국의 세라믹스의 발전에 이바지해온 세라믹코리아

▶ 제1회 세라믹코리아 우수집필상 시상식 ◀

- 수상자: 이홍림 연세대학교 교수
- 시상자: 황호연 세라믹코리아(월간세라믹스) 회장

제1회 세라믹코리아 우수집필상 시상식이 지난달 17일 본사 회의실에서 개최됐다. 상금과 상패가 전달된 이날 연세대학교 이홍림 교수는 "독자들의 투표로 선정되는 우수집필상의 초대수상자로 선정되어 매우 영광스럽게 생각하며 세라믹코리아 독자분들게 감사드린다"며 수상소감을 밝혔다.

안광석 기자

[세라믹코리아 우수집필상 수상 소감: 수상자 이홍림]

제1회 세라믹코리아(월간세라믹스) 우수집필상을 받게 된 것은 저에게 있어서 매우 영광스러운 일이라고 생각하면서, 주관기관이신 세라믹코리아는 물론 독자 여러분께 감사의 말씀을 드립니다.

우리나라 모든 산업 분야를 통틀어서 볼 때, "세라믹코리아"와 같이 세라믹 산업과 관련된 산 · 학 · 연 · 관을 아우르는 독립 미디어 업체나 기관은 없습니다. 따라서 "세라믹코리아"만이 하나의 산업분야인 세라믹스 분야와 관련된 지식과 정보를 관련 산 · 학 · 연 · 관계에 대하여 공급하고 소통시키면서, 상호 관계를 연결지어주는 유일한 기관입니다. 특히 오늘날에 있어서 어느 개인이나 기관이나 나라라 할지라도 지식과 정보의 원활한 소통 없이는 발전하거나 생존할 수 없습니다.

그런 의미에서 "세라믹코리아"의 존재는 우리나라 세라믹스 산업의 발전에 좋은 영향을 주고 있을 뿐만 아니라 다른 모든 산업 분야에 대해서도 피급효과를 주고 있는 모범적인 미디어 기관이라고 생각됩니다.

따라서 이와같이 우리 사회에 대하여 훌륭한 모범이 되고 있는 미디어 기관으로부터 "우수집필상"을 받게 되는 것은 매우 영광스러운 일이라고 생각하며 이에 세라믹코리아와 독자 여러분께 대하여 감사드리는 바입니다.

2011. 6.20 연세대학교 신소재공학과

교수 이홍림

[세라믹코리아 2011년 07월호 통권 278호]

"새 길을 찾아서"…이홍림교수 종강식

연세대 이홍림 교수 종강식(세라믹코리아 참석 보도)

연세대학교 신소재공학과 이홍림 교수의 종강연이 2011년 6월 8일 연세대학교 제3공학관 대강당을 가득 메운 제자들의 뜨거운 갈채속에 개최됐다.

이날 고별 강연에서 이홍림 교수는 "플라톤이라는 출중한 제자가 있었기에 소크라테스를 기억할 수 있듯이, 지금 이 자리에 있는 여러분들이 어떠한 인재들로 성장하느냐에 따라 저에 대한 평가도 달라지게 될 것"이라며 "여러분이 가지고 있는 과학기술을 인문학과 결합해 보다 창의적이고 창조적인 아이디어를 만들어 내고 또 이를 실현시켜 일류의 삶을 향상시켜 줄 것"을 당부했다.

지난 33년간 연세대학교에서 교편을 잡아온 이홍림 교수는 지난 2008년 한국 세라믹학회 회장, 2009년 한국 화학관련학회연합회 회장을 비롯해 지난해부터 코리아 세라믹신성장포럼의 공동대표로 활동하는 등 세라믹계 발전에 큰 이정표를 남겨왔다.

한편 이날 제자들은 그간의 연구성과를 기념하는 '새 길을 찾아서...'라는 연구논문집을 마친 이홍림 교수에게 헌정했다.

안광석 기자 doraz@naver.com

고별강연(2011.6.8.)장: 세라믹공학과 동문과 함께

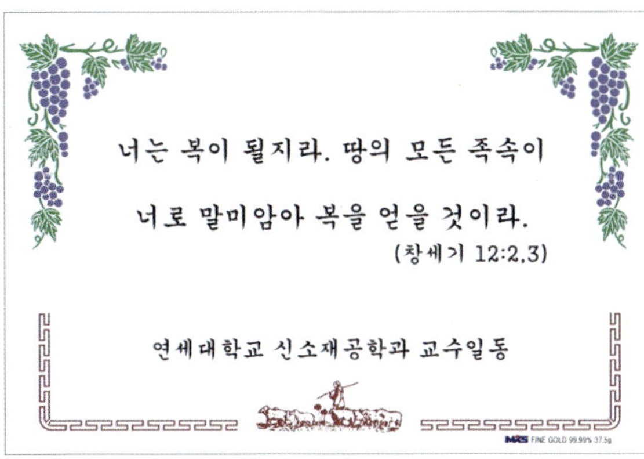

<성경 공부를 시작한 6명의 공대 교수>

연세대학교 공과대학 김도훈 교수(금속공학과), 김상식 교수(건축공학과), 김수일 교수(토목공학과), 박영필 교수(기계공학과), 이명호 교수(전기공학과), 이홍림 교수(세라믹공학과) 이상 6명은 1980년 어느 날부터 매주 수요일 오후 5시에 한 장소(주로 이명호 교수님 연구실)에 모여서 이명호 교수(장로)의 주도로 성경공부를 하였다. 후에 공과대학 전체 교수 성서연구회가 되었고, 이는 전교 교수성서연구회로 이어졌다.

(연세대 교수성서연구회 지도: 연세대학교 교목실)

사랑과 행복과 믿음이 있는 '꽃길' 인생